Die internationale Zuständigkeit bei Verbraucherstreitigkeiten

Europäische Hochschulschriften

Publications Universitaires Européennes
European University Studies

Reihe II
Rechtswissenschaft

Série II Series II
Droit
Law

Bd./Vol. 3826

PETER LANG
Frankfurt am Main · Berlin · Bern · Bruxelles · New York · Oxford · Wien

Esther Teuber

Die internationale Zuständigkeit bei Verbraucherstreitigkeiten

Reformüberlegungen im deutschen Recht

PETER LANG
Europäischer Verlag der Wissenschaften

Bibliografische Information Der Deutschen Bibliothek
Die Deutsche Bibliothek verzeichnet diese Publikation in der Deutschen Nationalbibliografie; detaillierte bibliografische Daten sind im Internet über <http://dnb.ddb.de> abrufbar.

Zugl.: Konstanz, Univ., Diss., 2003

D 352
ISSN 0531-7312
ISBN 3-631-51915-X

www.peterlang.de

Vorwort

Die vorliegende Arbeit wurde im Sommersemester 2003 vom Fachbereich Rechtswissenschaft der Rechts-, Wirtschafts- und Verwaltungswissenschaftlichen Sektion der Universität Konstanz als Dissertation angenommen. Die Arbeit befindet sich auf dem Stand von Dezember 2002. Das Promotionsverfahren wurde mit der mündlichen Prüfung am 10. Juli 2003 abgeschlossen.

Mein besonderer Dank gilt meinem Doktorvater, Herrn Prof. Dr. Rainer Hausmann. Er hat nicht nur während meines Studiums mein Interesse für internationale Rechtsfragen geweckt, sondern auch diese Arbeit angeregt, die er stets freundlich betreute und mit wertvollen Hinweisen förderte.

Frau Prof. Dr. Astrid Stadler bin ich für die zügige Erstellung des Zweitgutachtens zu Dank verpflichtet.

Hervorheben möchte ich die Hilfe von Frau Ulrike Liebert, die das Manuskript Korrektur gelesen hat und mir stets aufmunternden Zuspruch gewährte.

Herzlich bedanke ich mich zudem bei meinen Eltern, die mir durch Ihre Unterstützung die Promotion ermöglichten.

Schließlich danke ich meinem Ehemann Hanno Teuber für seine Unterstützung. Er hat die Arbeit durch alle Stadien hindurch begleitet. Seine stete Bereitschaft zu sachlichen Diskussionen und sein unermüdliches Korrekturlesen des Manuskripts haben mir sehr geholfen. Ihm und meinen Eltern ist diese Arbeit gewidmet.

Konstanz, im August 2003 — Esther Teuber

Inhaltsübersicht

Einleitung 1

§ 1 Problemstellung 1

§ 2 Gang der Untersuchung 2

Teil 1: Verbraucherschutz durch Zuständigkeitsvorschriften im EuGVÜ/LGVÜ 4

§ 3 Verbraucherschutz durch Internationales Zivilprozessrecht 4

§ 4 Internationale Zuständigkeit im EuGVÜ/LGVÜ 8

§ 5 Verbraucherschutz gemäß Art. 13 EuGVÜ/LGVÜ 17

§ 6 Gerichtsstandsregelungen gemäß Art. 14 EuGVÜ/LGVÜ 54

§ 7 Schranken für Gerichtsstandsvereinbarungen, Art. 15 EuGVÜ/LGVÜ 61

§ 8 Rügelose Einlassung gemäß Art. 18 EuGVÜ/LGVÜ 76

§ 9 Ergebnis: Verbraucherschutz durch die Vorschriften des EuGVÜ/LGVÜ 80

Teil 2: Verbraucherschutz durch Zuständigkeitsvorschriften in der EuGVO und dem Entwurf zu einem Haager Übereinkommen 82

§ 10 Justizielle Zusammenarbeit in Zivilsachen 82

§ 11 Neuregelungen in der EuGVO 94

§ 12 Verbraucherschützende Zuständigkeitsregelungen 97

§ 13 Internationale Zuständigkeit in Verbrauchersachen nach dem Entwurf eines Haager weltweiten Zuständigkeitsübereinkommens 116

§ 14 Ergebnis: Verbraucherschutz durch Zuständigkeitsvorschriften der EuGVO und des Entwurfs zu einem Haager Übereinkommen 128

Teil 3: Rechtsvergleichende Untersuchungen 130

§ 15 Das Recht der internationalen Zuständigkeit in Deutschland 132

§ 16 Das Recht der internationalen Zuständigkeit in Österreich 165

§ 17 Das Recht der internationalen Zuständigkeit in der Schweiz 180

§ 18 Das Recht der internationalen Zuständigkeit in England 195

§ 19 Das Recht der internationalen Zuständigkeit in Italien 209

§ 20 Ergebnis der rechtsvergleichenden Untersuchung 221

Teil 4: Reformüberlegungen 223

§ 21 Überlegungen zu einer Reform der internationalen Zuständigkeit im deutschen Recht 223

§ 22 Schlussbetrachtung 237

Inhaltsverzeichnis

Einleitung 1

§ 1 Problemstellung 1

§ 2 Gang der Untersuchung 2

Teil 1: Verbraucherschutz durch Zuständigkeitsvorschriften im EuGVÜ/LGVÜ 4

§ 3 Verbraucherschutz durch Internationales Zivilprozessrecht 4

A. Begriff des Verbrauchers im europäischen Recht 4
B. Können die Vorschriften des Internationalen Zivilprozessrechts Verbraucher schützen? 5

§ 4 Internationale Zuständigkeit im EuGVÜ/LGVÜ 8

A. Grundlagen 8
I. Entstehung und Entwicklung der Staatsverträge 8
II. Verhältnis von LGVÜ und EuGVÜ 10
B. Anwendungsbereich der Übereinkommen 10
I. Räumlicher und zeitlicher Anwendungsbereich 10
II. Sachlicher Anwendungsbereich 11
III. Persönlicher Anwendungsbereich 11
IV. Grenzüberschreitender Bezug 12
1. Anwendbarkeit der Staatsverträge auf Inlandssachverhalte 12
2. Drittstaatenproblematik 12
a. Fehlender Bezug zu einem weiteren Vertragsstaat 12
b. Bezug zu einem weiteren Vertragsstaat bei Artt. 17 und 18 EuGVÜ/LGVÜ 14
C. Allgemeiner Gerichtsstand 15

§ 5 Verbraucherschutz gemäß Art. 13 EuGVÜ/LGVÜ 17

A. Persönlicher Anwendungsbereich (Art. 13 Abs. 1 EuGVÜ/LGVÜ) 17
I. Begriff des Verbrauchervertrages 17
1. Vertragsverhältnis 17
a. Grundlagen 17
b. Annexzuständigkeit am Verbrauchergerichtsstand 20
c. Eigene Stellungnahme 20
2. Gewerbliche oder berufliche Tätigkeit 21

3. Geschäftszweck 23
a. Abstellen auf objektive oder subjektive Kriterien 23
b. Abstellen auf objektive Kriterien bei tatsächlicher Mehrfachnutzung 24
c. Eigene Stellungnahme 25
II. Vorbehalte zugunsten von Art. 4 und Art. 5 Nr. 5 EuGVÜ/LGVÜ 26
III. Verträge zwischen zwei Verbrauchern 26
IV. Verbandsklagen 27
B. Sachlicher Anwendungsbereich (Art. 13 Abs. 1 EuGVÜ/LGVÜ) 28
I. Kauf beweglicher Sachen auf Teilzahlung (Art. 13 Abs. 1, Nr. 1 EuGVÜ/LGVÜ) 28
II. Kreditgeschäft zur Finanzierung eines Kaufs beweglicher Sachen (Art. 13 Abs. 1, Nr. 2 EuGVÜ/LGVÜ) 30
III. Andere Verbraucherverträge (Art. 13 Abs. 1, Nr. 3 EuGVÜ/LGVÜ) 30
1. Erbringung von Dienstleistungen 31
a. Darlehensverträge 32
b. Verträge über Immobilien 33
c. Timesharing-Verträge 33
d. Verträge im E-Commerce 34
2. Lieferung beweglicher Sachen 34
3. Inlandsbezug 36
IV. Vergleich mit Art. 5 EVÜ 39
C. Zweigniederlassung am Wohnsitz des Verbrauchers (Art. 13 Abs. 2 EuGVÜ/LGVÜ) 40
I. Auslegung des EuGH 40
II. Auslegung der Literatur 41
III. Wohnsitz im gleichen Vertragsstaat 41
D. Beförderungsverträge (Art. 13 Abs. 3 EuGVÜ/LGVÜ) 42
E. Verbraucherverträge im E-Commerce 43
I. Einführung 43
II. Verbrauchervertrag 44
III. Angebot oder Werbung im Wohnsitzstaat des Verbrauchers 44
1. Abgrenzungskriterien 46
2. Schutzmöglichkeiten für den Anbieter 48
IV. Rechtshandlung des Verbrauchers 50
1. Aktive Website 51
2. Passive Website 52
V. Zusammenfassung 53

§ 6 Gerichtsstandsregelungen gemäß Art. 14 EuGVÜ/LGVÜ 54

A. Internationale Zuständigkeit bei Aktiv- und Passivprozessen von Verbrauchern 54
I. Das Problem der örtlichen Zuständigkeit im deutschen Recht 54
II. Wohnsitz des Verbrauchers 58
B. Widerklagen 59

C. Zusammenfassung 60

§ 7 Schranken für Gerichtsstandsvereinbarungen, Art. 15 EuGVÜ/LGVÜ 61

A. Art. 15 Nr. 1 EuGVÜ/LGVÜ 61
B. Art. 15 Nr. 2 EuGVÜ/LGVÜ 61
C. Art. 15 Nr. 3 EuGVÜ/LGVÜ 62
I. Niederlassung am Wohnsitz des Verbrauchers 63
II. Anwendungsfälle des Art. 15 Nr. 3 EuGVÜ/LGVÜ 64
1. Sitzverlegung des Unternehmens 64
2. Auseinanderfallen von Wohnsitz und gewöhnlichem Aufenthalt bei einer Vertragspartei 65
3. Umzug einer Vertragspartei in einen Drittstaat 67
D. Verhältnis zu Art. 17 EuGVÜ/LGVÜ 67
I. Maßgeblicher Zeitpunkt 68
II. Verhältnis zu Art. 17 Abs. 4 EuGVÜ/LGVÜ 69
III. Formvoraussetzungen 70
E. Inhaltliche Kontrolle von Zuständigkeitsvereinbarungen im Anwendungsbereich des 4. Abschnitts 72
F. Zusammenfassung 74

§ 8 Rügelose Einlassung gemäß Art. 18 EuGVÜ/LGVÜ 76

A. Grundlagen 76
B. Anwendbarkeit des Art. 18 EuGVÜ/LGVÜ auf die verbraucherschützenden Vorschriften 76
C. Eigene Stellungnahme 78

§ 9 Ergebnis: Verbraucherschutz durch die Vorschriften des EuGVÜ/LGVÜ 80

Teil 2: Verbraucherschutz durch Zuständigkeitsvorschriften in der EuGVO und dem Entwurf zu einem Haager Übereinkommen 82

§ 10 Justizielle Zusammenarbeit in Zivilsachen 82

A. Grundlagen der Revision des EuGVÜ 82
B. Ablösung des EuGVÜ durch einen Gemeinschaftsrechtsakt: Chance oder Gefahr? 84
I. Chancen 84
II. Gefahren 85

C. Verhältnis der EuGVO zum LGVÜ 87
D. Bereitstellung eines gesonderten Verbraucherprozessrechts auf der Grundlage des Art. 153 EG? 89
E. Auslegung der EuGVO 90

§ 11 Neuregelungen in der EuGVO 94

A. Grundlagen 94
B. Wohnsitz anstatt gewöhnlicher Aufenthalt 94
C. Sitzbestimmung bei Gesellschaften und juristischen Personen 95

§ 12 Verbraucherschützende Zuständigkeitsregelungen 97

A. Der 4. Abschnitt der EuGVO 97
B. Art. 15 Abs. 1, lit. c EuGVO 98
  I. Vertragsart 99
  II. Inlandsbezug 100
  III. Ausrichten der Tätigkeit 101
C. Art. 15 Abs. 3 EuGVO 103
D. Artt. 16, 17 EuGVO 104
E. Der 7. Abschnitt der EuGVO 105
F. Verbrauchergeschäfte im E-Commerce 106
  I. Ausrichten der Tätigkeit des Anbieters 106
    1. Aktive Website 108
    2. Passive Website 108
  II. Rechtshandlungen des Verbrauchers 111
  III. Auswirkungen der neuen Vorschrift 113
G. Zusammenfassung 114

§ 13 Internationale Zuständigkeit in Verbrauchersachen nach dem Entwurf eines Haager weltweiten Zuständigkeitsübereinkommens 116

A. Haager Konferenz für Internationales Privatrecht: Entwicklung eines weltweiten Übereinkommens 116
B. Internationale Zuständigkeit in Verbrauchersachen nach dem Entwurf der Diplomatischen Konferenz vom Juni 2001 117
  I. Allgemeines 117
    1. Sachlicher Anwendungsbereich 117
    2. Räumlicher Anwendungsbereich 118
  II. Verbrauchergerichtsstand (Art. 7 KE) 118
    1. Verbrauchervertrag (Art. 7 Abs. 1 KE) 119
    2. Aktivprozesse der Verbraucher (Art. 7 Abs. 2 KE) 120
    3. Passivprozesse der Verbraucher (Art. 7 Abs. 4 KE) 122
    4. Gerichtsstandsvereinbarungen (Art. 7 Abs. 5-7 KE) 122

5. Recht des Beklagten, die Zuständigkeit des Gerichts zu bestreiten 123
III. Auswirkungen des Entwurfs auf den E-Commerce 124
1. Aktivprozesse der Verbraucher 125
2. Passivprozesse der Verbraucher 126
C. Entwicklungsperspektiven des Haager Übereinkommens 126

§ 14 Ergebnis: Verbraucherschutz durch Zuständigkeitsvorschriften der EuGVO und des Entwurfs zu einem Haager Übereinkommen 128

Teil 3: Rechtsvergleichende Untersuchungen 130

§ 15 Das Recht der internationalen Zuständigkeit in Deutschland 132

A. Verhältnis von nationalem Recht und europäischem Recht 132
B. Das System der internationalen Zuständigkeit im deutschen Recht 132
C. Die verbraucherschützenden Gerichtsstandsregelungen in Deutschland 132
I. Allgemeine Gerichtsstände 133
II. Besondere Gerichtsstände 134
1. Gerichtsstand der Niederlassung (§ 21 ZPO) 134
2. Gerichtsstand des Vermögens (§ 23 ZPO) 134
3. Gerichtsstand des Erfüllungsortes (§ 29 ZPO) 135
4. Gerichtsstand für Haustürgeschäfte (§ 29c Abs. 1, S. 1 ZPO) 136
5. Sondergesetze 139
a. *§ 48 VVG* 139
b. *§ 109 VAG* 141
c. *§ 6 Abs. 2 AuslInvestmG* 141
d. *§ 56 LuftVG* 141
e. *§ 440 HGB* 142
6. Gerichtsstand kraft Sachzusammenhangs 143
a. *Die Ansicht in Literatur und Rechtsprechung* 143
b. *Eigene Stellungnahme* 144
III. Ausschließliche Gerichtsstände 145
1. Gleichlauf von ausschließlicher örtlicher und ausschließlicher internationaler Zuständigkeit? 145
a. *Streitstand in Literatur und Rechtsprechung* 145
b. *Eigene Stellungnahme* 148
2. Die einzelnen Gerichtsstände 149
a. *§ 29a ZPO* 149
b. *§ 29c ZPO* 150
c. *§ 26 FernUSchG* 151
IV. Gerichtsstandsvereinbarungen 151
1. § 38 Abs. 3 ZPO 153
2. § 38 Abs. 2 ZPO 153
D. Auswirkungen auf den Verbraucherschutz 155

	I.	Der Verbraucher in der Rolle des Beklagten	155
	II.	Der Verbraucher in der Rolle des Klägers	156
	III.	Internet-Verträge	157
	1.	Schutz der Verbraucher durch § 29c ZPO, § 26 FernUSchG	157
	2.	Schutz der Verbraucher durch weitere Vorschriften der ZPO	160
	IV.	Abschließende Bewertung	161
E.	Auswirkungen der ZPO-Reform		162
§ 16	**Das Recht der internationalen Zuständigkeit in Österreich**		**165**
A.	Zur österreichischen Terminologie		165
B.	Verhältnis von nationalem Recht und europäischem Recht		166
C.	Das System der internationalen Zuständigkeit im österreichischen Recht		166
	I.	Allgemeine Gerichtsstände	167
	II.	Besondere Gerichtsstände	168
	1.	Gerichtsstand der Niederlassung (§ 87 JN)	168
	2.	Gerichtsstand des Erfüllungsortes (§ 88 JN)	168
	3.	Fakturengerichtsstand (§ 88 Abs. 2 JN)	169
	4.	§§ 89, 93 Abs. 2 JN i.V.m. Art. 59 a ScheckG	169
	5.	Gerichtsstand des früheren allgemeinen Gerichtsstandes (§ 97 JN)	169
	6.	Gerichtsstand des Vermögens (§ 99 JN)	169
	III.	Gerichtsstandsvereinbarungen	170
	IV.	Zuständigkeit nach dem Konsumentenschutzgesetz	172
	1.	§ 14 Abs. 1 KSchG	172
	2.	§ 14 Abs. 2 KSchG	174
	3.	§ 14 Abs. 3 KSchG	174
	V.	Heilung fehlender internationaler Zuständigkeit	175
	VI.	Ordination (§ 28 JN)	176
D.	Auswirkungen auf den Verbraucherschutz		176
	I.	Der Verbraucher in der Rolle des Beklagten	177
	II.	Der Verbraucher in der Rolle des Klägers	177
	III.	Internet-Verträge	178
	IV.	Abschließende Bewertung	179
§ 17	**Das Recht der internationalen Zuständigkeit in der Schweiz**		**180**
A.	Verhältnis von nationalem Recht und europäischem Recht		180
B.	Das System der internationalen Zuständigkeit im schweizerischen Recht		181
	I.	Allgemeine Gerichtsstände	181
	1.	Gerichtsstand des Wohnsitzes	181
	2.	Gerichtsstand der Notzuständigkeit	182
	3.	Gerichtsstandsvereinbarungen	182
	4.	Gerichtsstand der vorbehaltlosen Einlassung	183
	5.	Gerichtsstand der Widerklage	184
	II.	Besondere Gerichtsstände	184

1. Gerichtsstand des Vertrages (Art. 112 IPRG) 184
2. Gerichtsstand des Erfüllungsortes (Art. 113 IPRG) 185
3. Gerichtsstand des Konsumenten (Art. 114 Abs. 1 IPRG) 186
a. Konsumentenvertrag 187
b. Art. 120 Abs. 1, lit. a IPRG 188
c. Art. 120 Abs. 1, lit. c IPRG 189
d. Art. 120 Abs. 1, lit. b IPRG 189
III. Unverzichtbarkeit der gesetzlichen Gerichtstände gemäß Art. 114 Abs. 2 IPRG 190
C. Auswirkungen auf den Verbraucherschutz 191
I. Der Verbraucher in der Rolle des Beklagten 191
II. Der Verbraucher in der Rolle des Klägers 192
III. Internet-Verträge 193
IV. Abschließende Bewertung 194

§ 18 Das Recht der internationalen Zuständigkeit in England 195

A. Verhältnis von nationalem Recht und europäischem Recht 195
B. Das System der internationalen Zuständigkeit im englischen Recht 196
C. Jurisdiction in personam 197
I. Zuständigkeitsbegründung durch Zustellung im Vereinigten Königreich 197
1. Natürliche Personen 197
2. Personengesellschaften 198
3. Kapitalgesellschaften 199
II. Zuständigkeitsbegründung durch Auslandszustellung 199
III. Unterwerfung 201
IV. Forum non conveniens-Lehre 203
1. Beweislastverteilung 204
2. Anwendung der forum non conveniens-Lehre im Rahmen des EuGVÜ 205
D. Auswirkungen auf den Verbraucherschutz 206
I. Der Verbraucher in der Rolle des Beklagten 206
II. Der Verbraucher in der Rolle des Klägers 207
III. Internet-Verträge 207
IV. Abschließende Bewertung 208

§ 19 Das Recht der internationalen Zuständigkeit in Italien 209

A. Verhältnis von nationalem Recht und europäischem Recht 209
B. Das System der internationalen Zuständigkeit im italienischen Recht 209
I. Art. 3 Abs. 1 IPRG 209
II. Art. 3 Abs. 2 IPRG 210
1. Zur Vorlagefähigkeit des nationalen Rechts 212
a. Die Rechtsprechung des EuGH 212
b. Die Ansicht der Literatur 214
c. Eigene Stellungnahme 216

	III.	Art. 4 IPRG	216
C.	Auswirkungen auf den Verbraucherschutz		218
	I.	Der Verbraucher in der Rolle des Beklagten	218
	II.	Der Verbraucher in der Rolle des Klägers	218
	III.	Internet-Verträge	219
	IV.	Abschließende Bewertung	219
§ 20	**Ergebnis der rechtsvergleichenden Untersuchung**		**221**
Teil 4: Reformüberlegungen			**223**
§ 21	**Überlegungen zu einer Reform der internationalen Zuständigkeit im deutschen Recht**		**223**
A.	Einführung		223
B.	Anwendungsbereich des nationalen Rechts		224
	I.	Der Verbraucher in der Rolle des Klägers	224
	II.	Der Verbraucher in der Rolle des Beklagten	225
	III.	Gerichtsstandsvereinbarungen und rügelose Einlassung	225
C.	Modellüberlegungen		225
D.	Regelungsgehalt eines autonomen Verbrauchergerichtsstandes		227
	I.	Gerichtsstandsregelung	227
	1.	Anlehnung an Art. 16 EuGVO	227
	2.	Anlehnung an Art. 15 Abs. 2 EuGVO	229
	II.	Persönlicher Anwendungsbereich	230
	III.	Sachlicher Anwendungsbereich	230
	1.	Anlehnung an Art. 15 Abs. 1 EuGVO	230
	2.	Anlehnung an Art. 15 Abs. 3 EuGVO	232
	IV.	Gerichtsstandsvereinbarungen und rügelose Einlassung	232
	1.	Gerichtsstandsvereinbarungen	232
	2.	Rügelose Einlassung	233
	V.	Ergebnis	234
E.	Form der Angleichung		234
F.	Auslegung des angeglichenen Rechts		235
§ 22	**Schlussbetrachtung**		**237**
A.	Weltweite und europäische Lösung		237
B.	Zusammenfassung der Ergebnisse		239

Abkürzungsverzeichnis

a.A. / A.A.	andere(r) Ansicht
Abs.	Absatz
ABl.EG	Amtsblatt der Europäischen Gemeinschaften
a.F.	alte Fassung
AG	Die Aktiengesellschaft
AJP	Aktuelle juristische Praxis
All ER	All England Law Reports
Anh.	Anhang
Anm.	Anmerkung
Art.	Artikel
AWD	Außenwirtschaftsdienst (jetzt RIW)
BB	Betriebs-Berater
BBl.	Bundesblatt der schweizerischen Eidgenossenschaft
Bd.	Band
BGBl.	Bundesgesetzblatt
BJIL	Brooklyn Journal of International Law / Brooklyn Law School
BT	Bundestag
BR	Bundesrat
CR	Computer und Recht
CRi	Computer und Recht international
DB	Der Betrieb
ders.	derselbe
dies.	dieselbe(n)
DRiZ	Deutsche Richterzeitung
EBE/BGH	Eildienst: Bundesgerichtliche Entscheidungen
Einl.	Einleitung
ELR	European Law Reporter
endg.	endgültig
EuR	Europarecht
EuZW	Europäische Zeitschrift für Wirtschaftsrecht
EWiR	Entscheidungen zum Wirtschaftsrecht
EWS	Europäisches Wirtschafts- und Steuerrecht
f.	folgende
FAZ	Frankfurter Allgemeine Zeitung
ff.	folgende
Fn.	Fußnote
FS	Festschrift
GIUNF	Sammlung von zivilrechtlichen Entscheidungen des kaiserlich-königlich Obersten Gerichtshofes, Neue Folge
GS	Gedächtnisschrift
IntCompLQ	International and Comparative Law Quaterly
IPRax	Praxis des Internationalen Privat- und Verfahrensrechts
i.S.d.	im Sinne des / der
i.V.m.	in Verbindung mit

JBl	Juristische Blätter
JuS	Juristische Schulung
JurPC	Internet-Zeitschrift für Rechtsinformatik
JZ	Juristenzeitung
Kap.	Kapitel
KE	Kommissionsentwurf
K&R	Kommunikation & Recht
krit.	kritisch(er)
lit.	litera
m.	mit
MDR	Monatsschrift für deutsches Recht
MMR	Mulitmedia und Recht
m.w.N.	mit weiteren Nachweisen
NJW	Neue Juristische Wochenschrift
NJW-RR	Neue Juristische Wochenschrift Rechtsprechungs-Report
Nr.	Nummer
ÖJZ	Österreichische Juristen-Zeitung
RabelsZ	Rabels Zeitschrift für ausländisches und internationales Privatrecht
Rep.	Report
Rev. Crit.	Revue Critique de Droit International Privé
Riv. Dirt. Int.	Rivista di Diritto Internazionale
RIW	Recht der internationalen Wirtschaft
RL	Richtlinie
Rn.	Randnummer
Rs.	Rechtssache
S.	Seite / Siehe
Slg.	Sammlung
SZW/RSDA	Schweizerische Zeitschrift für Wirtschaftsrecht / Revue suisse de droit des affaires
v.	versus
VersR	Versicherungsrecht
vgl.	vergleiche
VuR	Verbraucher und Recht
W.L.R.	The Weekly Law Reports
WM	Wertpapiermitteilungen
wrp	Wettbewerb in Recht und Praxis
z.B.	zum Beispiel
ZEuP	Zeitschrift für europäisches Privatrecht
ZfRV	Zeitschrift für Rechtsvergleichung
ZIP	Zeitschrift für Wirtschaftsrecht
ZMR	Zeitschrift für Miet- und Raumrecht
ZR	Blätter für Zürcherische Rechtsprechung
ZSchR	Zeitschrift für schweizerisches Recht
ZVglRWiss	Zeitschrift für Vergleichende Rechtswissenschaft
ZZP	Zeitschrift für Zivilprozeß
ZZP Int.	Zeitschrift für Zivilprozeß International

Im übrigen vgl. *Kirchner / Butz*, Abkürzungsverzeichnis der Rechtssprache, 5. Aufl., Berlin 2003.

Einleitung

„A los amigos todo, a los enimigos nada, al extrano la ley.“[1]
Spanien

§ 1 Problemstellung

Das internationale Zivilprozessrecht gewinnt zunehmend an Bedeutung. Moderne Medien wie das Internet haben die Zahl grenzüberschreitender Rechtsstreitigkeiten in den letzten Jahren stark ansteigen lassen. Der internationale Warenverkehr beschränkt sich dabei längst nicht mehr auf den europäischen Binnenmarkt. EG-Bürger[2] können ihre Ware ohne großen Aufwand weltweit erwerben. Der Schutz von Verbrauchern bei grenzüberschreitenden Rechtsstreitigkeiten gelangte in den letzten Jahren daher auch vermehrt ins Blickfeld der Gesetzgeber.

Im internationalen Prozessrecht können Verbraucher auf vielfältige Weise geschützt werden. Denkbar sind z.B. verbraucherschützende Formvorschriften oder Beweisregeln. Im Falle einer grenzüberschreitenden Individualverbraucherstreitigkeit ist aber zunächst die Frage entscheidend, welches Gericht international zuständig ist.

Seit dem Inkrafttreten des Amsterdamer Vertrages im Jahre 1999 steht dem europäischen Gesetzgeber mit Artt. 61, 65 EG[3] nun erstmals eine eigenständige Kompetenz für die justizielle Zusammenarbeit in Zivilsachen zu, die die Gemeinschaft zum Erlass von Harmonisierungsmaßnahmen im Bereich des internationalen Privat- und Prozessrechts ermächtigt. Im Dezember 2000 erließ der Rat der Europäischen Union die Verordnung (EG) Nr. 44/2001 über die gerichtliche Zuständigkeit und die Anerkennung und Vollstreckung von Entscheidungen in Zivil- und Handelssachen (EuGVO), die in ihrem Anwendungsbereich das Brüsseler Gerichtsstands- und Vollstreckungsübereinkommen von 1968 (EuGVÜ) ablöst. Besonderen Wert wurde bei der Revision des EuGVÜ auf die Vorschriften zum Schutz der Verbraucher gelegt. Die bereits im EuGVÜ und dem Parallelübereinkommen von Lugano (LGVÜ) enthaltenen Zuständigkeitsregeln für Verbraucher sollten überarbeitet und an die neuen Gegebenheiten angepasst werden. Im Verhältnis zu Drittstaaten fehlt es jedoch an einer einheitli-

---

1 Zitiert nach *Bohnet / Frey / Huck*, in: Gene, Kultur und Recht, 2000, S. 61.

2 Zur Verwendung der Begriffe Europäische Union (EU) und Europäische Gemeinschaft (EG) vgl. *Jeske*, NJW 2001, S. 1986 f.

3 Zur hier verwendeten Zitierweise der Europäischen Verträge vgl. Dokumentation in: JuS 2000, S. 99 f.

chen Regelung der internationalen Zuständigkeit für Verbraucherstreitigkeiten. Diesen Bereich regelt nach wie vor jeder Gerichtsstaat nach seinem nationalen Recht.

Einen ersten Schritt zu einer „weltweiten" Vereinheitlichung der internationalen Zuständigkeit und Vollstreckung hat die Haager Konferenz für internationales Privatrecht gemacht. Im Oktober 1999 und im Juni 2001 legte sie jeweils neue Entwürfe für ein Zuständigkeits- und Vollstreckungsübereinkommen vor.[4] Insbesondere im Bereich der Verbraucherstreitigkeiten bestehen aber noch erhebliche Unstimmigkeiten. Eine Einigung ist noch nicht in Sicht.

In Deutschland fehlt es außerhalb des Anwendungsbereichs von EuGVÜ, EuGVO und dem LGVÜ an verbraucherschützenden Zuständigkeitsregeln für den internationalen Rechtsverkehr. Diese Arbeit will einen Beitrag dazu leisten, bei Fragen der internationalen Zuständigkeit die bestehenden Schutzlücken des deutschen Rechts im Bereich der Verbraucherstreitigkeiten zu schließen.

§ 2 Gang der Untersuchung

Ziel dieser Untersuchung ist es, ein Modell für eine Vorschrift im deutschen Recht zu entwickeln, die bei grenzüberschreitenden Verbraucherstreitigkeiten die Frage der internationalen Zuständigkeit regelt, wenn das europäische Zuständigkeitsrecht keine Lösung bereit hält. Außer Betracht bleiben dabei außergerichtliche Streitbeilegungsstellen.

Zu untersuchen sind Reichweite und Schutzwirkung der europäischen Zuständigkeitsvorschriften (EuGVÜ, LGVÜ und EuGVO) in Verbrauchersachen. Im Verhältnis zu Drittstaaten bietet die Haager Konferenz für internationales Privatrecht mit ihrem Entwurf vom Juni 2001 für ein „weltweites" Zuständigkeits- und Vollstreckungsübereinkommen einen möglichen Lösungsansatz. Die verbraucherschützenden Zuständigkeitsvorschriften dieses Entwurfs sind darzustellen. Rechtsvergleichend ist zu untersuchen, wie andere europäische Staaten Verbraucher in Fällen mit Bezug zu Drittstaaten schützen. Besondere Aufmerksamkeit ist dabei auf den E-Commerce zu richten, der Verbrauchern den grenzüberschreitenden Erwerb von Waren und Dienstleistungen erleichtert hat. Aus den Ergebnissen dieser Untersuchungen ist dann ein eigener Lösungsansatz für das deutsche Recht zu formen.

Diese Untersuchungsgegenstände führen zu folgendem Aufbau der Arbeit: In Teil 1 werden die verbraucherschützenden Zuständigkeitsvorschriften im EuGVÜ und LGVÜ dargestellt. Dies geschieht unter besonderer Berücksichtigung der wachsenden Bedeutung von Verbrauchergeschäften im Internet.

[4] Diese Entwürfe sollen nun bis Ende 2003 erneut überarbeitet werden.

In Teil 2 werden die Neuerungen untersucht, die sich aus der Verordnung über die gerichtliche Zuständigkeit und die Anerkennung und Vollstreckung von Entscheidungen in Zivil- und Handelssachen (Verordnung EG 44/2001) ergeben. Den Schwerpunkt dieses Teils bilden Verbraucherverträge, die über das Internet abgeschlossen wurden. Im Anschluss daran wird der derzeitige Stand der Haager Konferenz für internationales Privatrecht dargestellt und die verbraucherschützenden Vorschriften des Entwurfs für ein weltweites Zuständigkeits- und Vollstreckungsübereinkommen untersucht.

Teil 3 beinhaltet eine rechtsvergleichende Betrachtung. Neben der derzeitigen Rechtslage in Deutschland werden in diesem Teil die verbraucherschützenden internationalen Zuständigkeitsvorschriften Österreichs, der Schweiz, Englands und Italiens einschließlich der Probleme des E-Commerce untersucht.

Teil 4 enthält Überlegungen für eine Reform des deutschen Rechts der internationalen Zuständigkeit in Verbrauchersachen. Sie münden in einen Skizze für eine verbraucherschützende internationale Zuständigkeitsvorschrift in der ZPO.

Teil 1: Verbraucherschutz durch Zuständigkeitsvorschriften im EuGVÜ/LGVÜ

§ 3 Verbraucherschutz durch Internationales Zivilprozessrecht

A. Begriff des Verbrauchers im europäischen Recht

Immer wieder wurde der Versuch unternommen, den Begriff des Verbrauchers in Europa einheitlich zu definieren.[5] Schwierigkeiten ergeben sich zum einen daraus, dass eine differenzierte Regelung das zu schützende Individuum klar definieren muss, gleichzeitig aber keine schutzwürdige Person ausschließen darf. Treffend erklärt *Schaltinat* dieses Dilemma mit dem Satz: „Jedermann ist Verbraucher".[6]

Die verbraucherschützenden Vorschriften der Übereinkommen (Artt. 13 Abs. 1 EuGVÜ, LGVÜ) sowie der EG-Verordnung (Art. 15 Abs. 1 EuGVO) begrenzen ihren Anwendungsbereich auf die Personen, die einen Vertrag zu einem Zweck geschlossen haben, der nicht der beruflichen oder gewerblichen Tätigkeit dieser Person zugerechnet werden kann. Auf diese negativen Abgrenzungskriterien stellen auch verschiedene verbraucherschützende EG-Richtlinien wie die Richtlinie über Haustürgeschäfte (85/577/EWG)[7], die Verbraucherkreditrichtlinie (87/102/EWG)[8], die Richtlinie über missbräuchliche Klauseln in Verbraucherverträgen (93/13/EWG)[9], die Richtlinie über den Verbrauchsgüterkauf und der Garantien für Verbrauchsgüter (99/44/EG)[10] sowie die Fernabsatzrichtlinie (97/7/EG)[11] ab.

Eine einheitliche Definition des Verbrauchers besteht aber bis heute in der EG nicht.[12] So finden sich Verbraucherdefinitionen in EG-Richtlinien in denen die Elemente „natürliche Person" sowie „gewerbliche oder berufliche Tätigkeit" nicht enthalten sind. Beispielsweise heißt es in der Richtlinie über Pauschalrei-

---

5 Vgl. Aktionsplan der Kommission über die Verbraucherpolitik (1993-1995), KOM (1993), 378 endg., S. 5; vgl. auch *Kemper*, Verbraucherschutzinstrumente, 1994, S. 25 ff., der verschiedene Definitionsversuche unternimmt.

6 S. *Schaltinat*, Internationale Verbraucherstreitigkeiten, 1998, S. 4.

7 ABl.EG 1985 L 372/31 vom 31.12.1985.

8 ABl.EG 1987 L 42/48 vom 12.2.1987.

9 ABl.EG 1993 L 95/29 vom 21.4.1993.

10 ABl.EG 1999 L 171/12 vom 7.7.1999.

11 ABl.EG 1997 L 144/19 vom 4.6.1997.

12 Zu den Elementen verschiedener Verbraucherbegriffe vgl. *Faber*, ZEuP 1998, S. 854 ff.

sen (90/314/EWG)[13], Verbraucher sei „die Person, welche die Pauschalreise bucht oder zu buchen sich verpflichtet". Auch die Produkthaftungsrichtlinie (85/374/EWG)[14] stellt nicht auf eine natürliche Person ab, sondern spricht nur von einer Verwendung zu einem „privaten Ge- oder Verbrauch".[15] Gemeinsam ist allen verbraucherschützenden europäischen Regelungen nur der Zweck, die sozial oder wirtschaftlich schwächere Partei zu schützen.[16]

Gegenstand dieser Arbeit sind Verträge zwischen Verbrauchern und deren Vertragspartnern. Dabei ist grundsätzlich von dem in Art. 13 EuGVÜ/LGVÜ, bzw. Art. 15 EuGVO verwendeten Verbraucherbegriff auszugehen. Typischerweise handelt es sich um Verträge über Waren und Dienstleistungen zwischen einem privaten Endverbraucher und einem beruflich oder gewerblich tätigen Unternehmer. Der in den Übereinkommen (EuGVÜ/LGVÜ), der EG-Verordnung (EuGVO) sowie in den nationalen Rechtsordnungen verwendete Verbraucherbegriff ist aber jeweils gesondert zu untersuchen, da Abweichungen möglich sind.

B. Können die Vorschriften des Internationalen Zivilprozessrechts Verbraucher schützen?

In den letzten Jahren legten sowohl der europäische als auch die nationalen Gesetzgeber vermehrt Wert auf Vorschriften, die die internationale Zuständigkeit bei Verbraucherstreitigkeiten regeln. Die Gesetzgeber hatten erkannt, dass wirtschaftlich und geschäftlich unerfahrene Personen an von ihrem Wohnsitz weit entfernten, ausländischen Gerichten nur selten Klage erhoben oder in den Prozessen häufig Versäumnisurteile ergingen, da die Verbraucher nicht angereist waren. So ergab eine Aktenanalyse bei deutschen und italienischen Gerichten, dass der Anteil internationaler Sachen nur bei ca. 2,6 % des gesamten Fallauf-

---

13 ABl.EG 1990 L 158/59 vom 23.6.1990.

14 ABl.EG 1985 L 210/29 vom 7.8.1985.

15 Vgl. *Faber*, ZEuP 1998, S. 854 ff.

16 Zum Leitbild des „mündigen" Verbrauchers, das der europäischen Gesetzgebung und der Rechtsprechung des EuGH entnommen werden kann, vgl. (zur Gesetzgebung): *Dreher*, JZ 1997, S. 167 ff.; *Blaurock*, JZ 1999, S. 801 ff.; *Höland*, in: Law and diffuse Interests in the European Legal Order, 1997, S. 195 ff.; vgl. ferner *Brügmann*, Das Recht auf ein Girokonto im System des Verbraucherschutzes gegenüber Banken, 1999, S. 91 ff., der das Verbraucherleitbild der Gesetzgebung anhand des Haustürwiderrufsgesetzes und des Verbraucherkreditgesetzes untersucht. Zur Rechtsprechung des EuGH vgl. insbesondere die Entscheidung EuGH, RS. 362/88 (GB-INNO-BM/Confederation du commerce), EuZW 1990, S. 222 ff.; dazu auch: *Leisner*, EuZW 1991, S. 498 ff; *Köhler*, JuS 1993, S. 447 ff.; *Höland*, in: Law and diffuse Interests in the European Legal Order, 1997, S. 195 ff.; *Dauses*, RIW 1998, S. 750 ff.; *Sack*, wrp 1999, S. 399 ff; *Reich*, VuR 1999, S. 6.

kommens der jeweiligen Gerichte lag, obwohl in Deutschland und Italien die Außenhandelsquote ca. 30 % betrug.[17]

In einem Aufsatz von 1997 verweist *Gessner* auf eine EUROBAROMETER-Erhebung, nach der 24 % der Befragten in den letzten 12 Monaten Waren und Dienstleistungen im Ausland gekauft hatten. 59 % der Käufer, die Güter im Wert von unter 500 Euro erwarben unternahmen danach bei mangelhafter Ware keinen Reklamationsversuch. 96 % der Erwerber, die Güter im Wert von mindestens 2000 Euro gekauft hatten unternahmen dagegen den Versuch, mangelhafte Ware zu reklamieren.[18]

In einer Studie, die die Europäische Kommission in Auftrag gab, wurden in den EG-Mitgliedstaaten Berechnungen für die Kosten der Gerichtsverfahren bei Verbraucherstreitigkeiten durchgeführt.[19] Danach sind die Kosten bei Klagen der Verbraucher am Wohn- oder Geschäftssitz des beklagten Anbieters im Durchschnitt deutlich höher als bei Klagen am Wohnsitz des Verbrauchers.[20] Bei einer erfolgreichen Klage schwankt die Kostenerstattung zudem zwischen Null und achtzig Prozent in den verschiedenen Ländern. Auch die Dauer des Verfahrens inklusive der Vollstreckung variiert zwischen einem und vier Jahren oder mehr.[21] Nicht zu unterschätzen sind auch die Auswirkungen der Wahl eines bestimmten Forums. Die Gerichte wendeten trotz bestehender umfangreicher IPR-Regeln fast immer ihr eigenes Sachrecht an.[22] Die Studie der Europäischen Kommission kommt zu dem Ergebnis, dass kein rational kalkulierender Verbraucher für eine Forderung in Höhe von 2000 Euro einen im Ausland ansässigen Anbieter verklagen wird.[23] Eine Erhebung in Österreich hat aber gezeigt, dass Verbraucherstreitigkeiten einen durchschnittlichen Wert von weniger als 135 Euro aufweisen.[24]

---

17 S. *Gessner,* in: Foreign Courts, 1996, S. 149 ff.; *Olgiati,* in: Foreign Courts, 1996, S. 209 ff.

18 S. *Gessner,* in: Law and diffuse Interests in the European Legal Order, 1997, S. 163 (167).

19 S. *Gessner,* in: Law and diffuse Interests in the European Legal Order, 1997, S. 163 (168 f.).

20 Bei einem Streitwert von 2.000 Euro ergeben sich nach der Studie Kosten in Höhe von zwischen 980 und 6.600 Euro bei Klagen am Wohn- oder Geschäftssitz des beklagten AnbieterS. Am Wohnsitz des Verbrauchers belaufen sich die Kosten dagegen „nur“ auf zwischen 950 und 5.850 Euro.

21 S. *Gessner* in: Law and diffuse Interests in the European Legal Order, 1997, S. 163 (169).

22 S. *Gessner* in: Law and diffuse Interests in the European Legal Order, 1997, S. 163 (170).

23 S. *Gessner* in: Law and diffuse Interests in the European Legal Order, 1997, S. 163 (170 f.).

24 Vgl. Fragenkatalog zur Anhörung „Elektronischer Geschäftsverkehr“ in: Arbeiterkammer Wien, Abteilung Konsumentenpolitik, Gerichtsstand und anwendbares Recht im e-

Soll der Schutz der Verbraucher vergrößert werden, so muss der Zugang der Verbraucher zu den Gerichten grundsätzlich erleichtert werden. Ein effektiver Schutz des Verbrauchers ist nur gewährleistet, wenn der Verbraucher schnell und unkompliziert Rechtsschutz vor den Gerichten erlangen kann. Dazu dienen Gerichtsstandsregelungen, die einen internationalen Gerichtsstand im Wohnsitzland des Verbrauchers begründen. Ein solcher Gerichtsstand kann daher als verbraucherfreundlich angesehen werden. Im Einzelfall kann allerdings auch ein Klage am Sitz der Niederlassung des Unternehmens für den Verbraucher die schnellere oder vollstreckungsnähere Variante sein.[25] So kann es für den Verbraucher von Nutzen sein, den Vertragspartner am Sitz seiner Niederlassung zu verklagen, wenn das dort ansässige Gericht schon entsprechende Erfahrungen mit dem beklagten Unternehmen gemacht hat oder das anwendbare ausländische Sachrecht für den Verbraucher besonders vorteilhaft ist. Damit erweisen sich solche Zuständigkeitsregelungen als besonders verbraucherschützend, die dem Verbraucher bei Aktivprozessen eine Wahlmöglichkeit zwischen den Gerichten in seinem Wohnsitzstaat und im Forumstaat des Anbieters eröffnen.

Wird der Verbraucher dagegen verklagt, so hat er ein starkes Interesse daran, dass ausschließlich die Gerichte seines Heimatlandes zuständig sind. Nur bei Zuständigkeit seiner Heimatgerichte entstehen ihm keine hohen Reise– und schwer kalkulierbaren Verfahrenskosten. Zudem kann der Verbraucher die Rechtslage besser überblicken. Zusammenfassend ist festzustellen, dass Verbraucher durch Regelungen der internationalen Zuständigkeit, die nach der jeweiligen Rolle des Verbrauchers im Prozess differenzieren, geschützt werden können.

---

lektronischen Geschäftsverkehr, Stellungnahme der Bundesarbeitskammer, November 1999, veröffentlicht unter: www.akwien.or.at (Stand: November 2002).

25 Vgl. *Schack*, ZEuP 1998, S. 931 (944).

§ 4 Internationale Zuständigkeit im EuGVÜ/LGVÜ

A. Grundlagen

I. Entstehung und Entwicklung der Staatsverträge

Wichtigste Rechtsquellen bei Fragen der internationalen Zuständigkeit waren bisher die beiden europäischen Staatsverträge: das Brüsseler EWG-Übereinkommen über die gerichtliche Zuständigkeit und die Vollstreckung in Zivil- und Handelssachen vom 27.9.1968 (EuGVÜ)[26] und das Parallelübereinkommen von Lugano mit den EFTA-Staaten (LGVÜ).[27] Seit dem 1. März 2002 wurde das EuGVÜ durch die Verordnung (EG) 44/2001 (EuGVO) innerhalb der EG abgelöst.[28] Die Verordnung findet aber gemäß Art. 69 EG nicht auf sämtliche Staaten der EG Anwendung. Gegenüber Dänemark gilt weiterhin das EuGVÜ. Dagegen haben das Vereinigte Königreich und Irland gemäß Art. 3 des Protokolls über die Position des Vereinigten Königreichs und Irlands schriftlich ihre Beteiligung an der EuGVO erklärt.[29] Das EuGVÜ gilt zudem im Hoheitsgebiet der Mitgliedstaaten, die in seinen territorialen Anwendungsbereich fallen und die aufgrund des Art. 299 EG von der Verordnung ausgeschlossen sind.[30] Die Vorschriften des EuGVÜ finden daher auch nach dem Inkrafttreten der EuGVO[31] Anwendung und sind hier zu untersuchen.

Das EuGVÜ trat für die Gründerstaaten[32] 1973 in Kraft.[33] Das Übereinkommen wird ergänzt durch das Auslegungsprotokoll vom 3.6.1971, mit dem der Gerichtshof der Europäischen Gemeinschaften die Kompetenz zur Auslegung des

---

26 Abgedruckt in *Jayme / Hausmann*, Internationales Privat- und Verfahrensrecht, 2002.

27 Abgedruckt in *Jayme / Hausmann*, Internationales Privat- und Verfahrensrecht, 2002.

28 Die Verordnung ist abgedruckt in: ABl.EG 2001 L 12/1 vom 16.1.2001.

29 Vgl. ausführlich zu den Grundlagen der Revision des EuGVÜ unten, § 10, A.

30 Vgl. Einleitung zur Verordnung (EG) Nr. 44/2001, ABl.EG 2001 L 12/1 vom 16.1.2001, S. 2 f., abgedruckt in *Jayme / Hausmann*, Internationales Privat- und Verfahrensrecht, 2002.

31 Zur EuGVO vgl. unten, §§ 10 – 12.

32 Belgien, Deutschland, Frankreich, Italien, Luxemburg und die Niederlande.

33 Das EuGVÜ wurde zur Erfüllung des in Art. 220 EGV (Art. 293 EG) beschiebenen Auftrags erlassen und im Zuge zahlreicher Beitrittsübereinkommen immer wieder verändert (Beitrittsübereinkommen mit Dänemark, Irland und dem Vereinigten Königreich 1978, mit Griechenland 1982, mit Spanien und Portugal 1989, mit Österreich, Schweden und Finnland 1999).

Übereinkommens im Wege des Vorlageverfahrens erhielt.[34] Diese Auslegungskompetenz des EuGH hat den Erfolg des EuGVÜ nachhaltig gestärkt.[35]

Aufgrund der positiven Erfahrungen mit dem EuGVÜ wurde am 16.9.1988 ein Parallelübereinkommen mit den EFTA-Staaten in Lugano geschlossen (LGVÜ).[36] Dieses Abkommen sollte das einheitliche Zuständigkeits- und Anerkennungssystem über den Bereich der EG-Mitgliedsstaaten hinaus ausdehnen. Da der Beitritt der EFTA-Staaten zum EuGVÜ nicht möglich war (Art. 220 EGV [jetzt Art. 293 EG], Art. 63 EuGVÜ), entschied man sich für ein Parallelabkommen in Form eines völkerrechtlichen Vertrages. Seit dem 1.10.1997 ist das Luganer Übereinkommen in allen Vertragsstaaten der EG in Kraft. Inhaltlich stimmt das LGVÜ weitgehend mit dem EuGVÜ überein. Allerdings verfügt der EuGH nicht über die Kompetenz zur Auslegung des LGVÜ. Eine mittelbare Berücksichtigung der Rechtsprechung des EuGH ergibt sich aber aus dem Protokoll über die einheitliche Auslegung des Übereinkommens vom 16.9.1988, das die wechselseitige Berücksichtigung der Auslegungsgrundsätze anderer Vertragsstaaten verlangt. Auch das LGVÜ soll einer Revision unterzogen werden, um seine Regelungen an die EuGVO anzugleichen. Der Zeitpunkt des Abschlusses der Revisionsarbeiten ist aber noch nicht konkret abzusehen.[37]

EuGVÜ und LGVÜ sind als völkerrechtliche Verträge einzustufen.[38] Ihnen kommt daher kein automatischer Anwendungsvorrang vor dem nationalen Recht zu. Der nationale Gesetzgeber ist völkerrechtlich dazu verpflichtet, die nationa-

---

34 Fassung des 3. Beitrittsübereinkommens: ABl.EG 1990 C 189/1 vom 28.7.1990, S. 25 ff.

35 Vgl. *Heß*, NJW 2000, S. 23 (24) m.w.N.

36 Im Jahre 1988 zählten zu den EFTA-Staaten Finnland, Island, Norwegen, Österreich, Schweden und die Schweiz; seit dem 1. Februar 2000 gilt das LGVÜ auch im Verhältnis zu Polen.

37 Nach Auskunft des Bundesministeriums der Justiz in Deutschland vom 01. Februar 2002 ist der Zeitpunkt des Abschlusses der Revisionsarbeiten noch nicht konkret abzusehen; vgl. zu den Revisionsarbeiten: *Jametti-Greiner*, AJP 1999, S. 1135 ff.; *Graham-Siegenthaler*, Neuerungen im Zivilprozessrecht, 2000, S. 75 ff.

38 Für das LGVÜ ergibt sich dies aus Art. 220 EGV (Art. 293 EG). Vgl. für das EuGVÜ: *Aull*, Der Geltungsanspruch des EuGVÜ, 1996, S. 9, Fn. 36; *Heß*, IPRax 1994, S. 13, Fn. 43; *Kropholler*, Europäisches Zivilprozeßrecht, 1998, Einl., Rn. 12; *Geimer / Schütze*, Europäisches Zivilverfahrensrecht, 1997, Einl., Rn. 13, 20; v. d. Groeben / Thiesing / Ehlermann / *Schwartz*, 1997, Art. 220, Rn. 12; *Schack*, Internationales Zivilverfahrensrecht, 2002, Rn. 78; Wieczorek / Schütze / *Hausmann*, Zivilprozeßordnung, 1994, Einl. EuGVÜ, Rn. 9; dagegen qualifiziert ein Teil der Literatur das Übereinkommen als primäres oder sekundäres Gemeinschaftsrecht, vgl. *Schlosser*, NJW 1975, S. 2132 (2133); *ders.*, RIW 1983, S. 473 (475); *Baumgärtel*, in: FS Kegel, 1977, S. 286 (287 f.); ausführlich dazu: *Besse*, Die Vergemeinschaftung des EuGVÜ, 2000, passim.; zum Streitstand auch *Leisle*, Dependenzen auf dem Weg vom EuGVÜ, über die EuGVVO, zur EuZPO, 2002, S. 10.

len Vorschriften inhaltlich an die Staatsverträge anzupassen oder die unmittelbare Geltung der Staatsverträge in seinem Hoheitsgebiet anzuordnen.

II. Verhältnis von LGVÜ und EuGVÜ

Das Verhältnis von LGVÜ und EuGVÜ ist in Art. 54b LGVÜ geregelt.[39] Danach ist für die EG-Staaten, die Vertragsparteien beider Übereinkommen sind, das EuGVÜ maßgebend, wenn die in diesen Übereinkommen enthaltenen Anknüpfungspunkte in einem EG-Staat verwirklicht wurden.[40]

Dem LGVÜ kommt bei der Frage nach der internationalen Zuständigkeit immer dann Bedeutung zu, wenn ein in diesem Übereinkommen enthaltener Bezugspunkt auf die EFTA-Staaten verweist. Die Anwendbarkeit des LGVÜ ist in Art. 54b Abs. 2 LGVÜ näher geregelt. Das LGVÜ regelt die internationale Zuständigkeit, wenn der Beklagte seinen Wohnsitz in dem Hoheitsgebiet eines Vertragsstaats des LGVÜ hat. Dies gilt auch in den Fällen, in denen der Vertragspartner so zu behandeln ist, als habe er in einem Mitgliedsstaat der EFTA seinen Wohnsitz (Art. 8 Abs. 2, Art. 13 Abs. 2 LGVÜ). Auch eine ausschließliche Zuständigkeit eines Gerichts der EFTA-Staaten gemäß Artt. 16, 17 begründet die Zuständigkeit des LGVÜ (Art. 54b Abs. 2, lit. a).

Grundsätzlich besteht somit ein Anwendungsvorrang des EuGVÜ. Da das LGVÜ aber inhaltlich weitgehend mit dem EuGVÜ übereinstimmt, kommt diesem Anwendungsvorrang nur in einigen Ausnahmefällen eine Bedeutung zu. Unterschiede im Bereich der internationalen Zuständigkeit ergeben sich lediglich in Art. 5 Nr. 1, Art. 16 Nr.1, lit. b und Art. 17 Abs. 5. Auf die Vorschriften des LGVÜ wird nachfolgend nur in den Bereichen näher eingegangen, in denen Besonderheiten zu berücksichtigen sind.

B. Anwendungsbereich der Übereinkommen

Die Übereinkommen enthalten einen umfassenden Katalog von Vorschriften, die die internationale Zuständigkeit der Gerichte festlegen. Diese Vorschriften kommen zur Anwendung, wenn der räumliche, zeitliche, sachliche und persönliche Anwendungsbereich der Übereinkommen eröffnet ist und ein grenzüberschreitender Bezug besteht.

I. Räumlicher und zeitlicher Anwendungsbereich

Den zeitliche Anwendungsbereich regelt Art. 54 EuGVÜ/LGVÜ sowie die entsprechenden Vorschriften in den verschiedenen Beitrittsübereinkommen zum EuGVÜ. Entscheidend ist die gültige Fassung der Übereinkommen des jeweili-

---

[39] Ausführlich zum Konkurrenzverhältnis der Übereinkommen: *Schoibl*, ÖJZ 2000, S. 481 ff.

[40] Vgl. *Kropholler*, Europäisches Zivilprozeßrecht, 1998, Einl., Rn. 55 ff.

gen Vertragsstaates im Zeitpunkt der Klageerhebung.[41] Ist ein Verfahren im Zeitpunkt des Inkrafttretens der Übereinkommen bereits anhängig, so finden die Übereinkommen keine Anwendung. Über den Zeitpunkt der Rechtshängigkeit entscheidet dabei das Recht des Gerichtslandes.[42]

Mit dem zeitlichen Anwendungsbereich hängt auch der räumliche Anwendungsbereich zusammen. Da die Übereinkommen in den verschiedenen Mitgliedsstaaten zu unterschiedlichen Zeiten in Kraft traten, können in den verschiedenen Staaten unterschiedliche Fassungen gelten. Das EuGVÜ regelt den räumlichen Anwendungsbereich seit der Streichung des Art. 60 EuGVÜ nicht mehr ausdrücklich. Auch das LGVÜ enthält keine entsprechende Vorschrift. Es gilt daher der völkerrechtliche Grundsatz, dass ein Staatsvertrag für das gesamte Hoheitsgebiet der Vertragsparteien gilt.[43]

II. Sachlicher Anwendungsbereich

In sachlicher Hinsicht muss es sich gemäß Art. 1 EuGVÜ/LGVÜ um eine Streitigkeit in einer Zivil- oder Handelssache handeln.[44] Handelt es sich um eine Streitigkeit zwischen privaten Verbrauchern oder Verbraucher und juristischer Person, so ist der sachliche Anwendungsbereich der Übereinkommen grundsätzlich eröffnet. Art. 57 EuGVÜ/LGVÜ bestimmt den Vorrang von anderen Übereinkommen zwischen Vertragsstaaten für besondere Rechtsgebiete.

III. Persönlicher Anwendungsbereich

Der persönliche Anwendungsbereich des Übereinkommens wird nicht durch die Staatsangehörigkeit der Parteien bestimmt. Vielmehr gelten die Übereinkommen für alle Staatsangehörigen, die ihren Wohnsitz (bzw. bei juristischen Personen: ihren Sitz) in einem Mitgliedstaat haben, soweit nicht eine der Ausnahmen der Artt. 4, 8 Abs. 2 oder 13 Abs. 2 EuGVÜ/LGVÜ eingreift.[45] Artt. 52, 53 EuGVÜ/LGVÜ verweisen für die Bestimmung des Wohnsitzes und des Gesellschaftssitzes dabei auf das Recht des Forumstaates.

---

41 S. *Kropholler*, Europäisches Zivilprozeßrecht, 1998, Art. 54, Rn. 2; Bericht Jenard, ABl.EG 1979 C 59/1 vom 5.3.1979, S. 58.

42 Bericht Jenard, ABl.EG 1979 C 59/1 vom 5.3.1979, S. 41; Bericht Schlosser, ABl.EG 1979 C 59/71 vom 5.3.1979, S. 125 f., Rn. 182; EuGH, RS. 129/83 (Zelger/Salinitri), Slg. 1984, S. 2397, Nr. 15.

43 Vgl. dazu ausführlich: Wieczorek / Schütze / *Hausmann*, Zivilprozeßordnung, 1994, Einl. EuGVÜ, Rn. 37 ff.

44 Zur Anwendbarkeit auf die Amtshaftung: EuGH, RS. 172/91 (Sonntag/Waidmann), Slg. 1993, I, S. 1963 = NJW 1993, S. 2091 ff.; zu Anwendbarkeit auf Arbeitssachen: EuGH, RS. 133/81 (Ivenel/Schwab), Slg. 1982, S. 1891 = IPRax 1983, S. 173 ff..

45 Vgl. Thomas / Putzo / *Hüßtege*, ZPO, 2001, Vorb EuGVÜ, Rn. 11.

IV. Grenzüberschreitender Bezug

1. Anwendbarkeit der Staatsverträge auf Inlandssachverhalte

Nach überwiegender Ansicht gelten die Übereinkommen nicht bei reinen Inlandssachverhalten.[46] Dagegen wird eingewendet, die Übereinkommen setzten eine Auslandsberührung nicht zwingend voraus.[47] Vielmehr ergebe sich die Anwendbarkeit der Übereinkommen bereits aus dem Grundsatz des Vorrangs der Staatsverträge.[48]

Diese Ansicht ist aber mit der herrschenden Meinung abzulehnen. Sie widerspricht dem in der Präambel genannten Ziel der Übereinkommen. Die Übereinkommen sollen gerade die internationale Zuständigkeit der Vertragsstaaten untereinander regeln. Ein internationaler Bezug des Sachverhalts aus Sicht der Vertragsstaaten ist daher gefordert. So heißt es bereits im Bericht Jenard: „Bei Rechtsstreitigkeiten, die vor den Gerichten eines Vertragsstaates anhängig sind und die ausschließlich Personen betreffen, die in diesem Staat ihren Wohnsitz haben, spielt das Übereinkommen grundsätzlich keine Rolle."[49]

2. Drittstaatenproblematik

a. *Fehlender Bezug zu einem weiteren Vertragsstaat*

Umstritten ist die Anwendbarkeit der Übereinkommen in den Fällen, in denen der Sachverhalt Berührungspunkte zu Nichtvertragsstaaten aufweist. Eine Ansicht in der Literatur geht davon aus, dass die Rechtsstreitigkeit nicht zwingend Berührungspunkte zu mehreren Vertragsstaaten haben müsse. Entscheidend für den Anwendungsbereich der Staatsverträge sei nur der Wohnsitz/Sitz des Beklagten. Begründet wird diese Ansicht mit dem Argument, der Wortlaut der Übereinkommen gebe Einschränkungen auf Sachverhalte mit Berührungspunkten zu mindestens zwei Vertragsstaaten nicht her. Zudem ließe sich nicht eindeutig sagen, welcher Art diese Berührungspunkte zu dem anderen Vertragsstaat sein müssten.[50]

---

[46] Vgl. OLG Hamm, NJW-RR 1992, S. 499; *Piltz*, NJW 1979, S. 1071; *Schaltinat*, Internationale Verbraucherstreitigkeiten, 1998, S. 44; Thomas / Putzo / *Hüßtege*, ZPO, 2001, Vorb EuGVÜ, Rn. 13; Staudinger / *Hausmann*, 2002, Anh. Art. 27-37 EGBGB, Rn. 13, jeweils m.w.N.

[47] S. *Kropholler*, Europäisches Zivilprozeßrecht, 1998, Vor Art. 2, Rn. 6 f.

[48] Vgl. Zöller / *Geimer*, Zivilprozeßordnung, 2001, Anh I Art. 2 GVÜ, Rn. 14; *Geimer*, NJW 1976, S. 441 (446).

[49] Bericht Jenard, ABl.EG 1979 C 59/1 vom 5.3.1979, S. 8; dagegen *Kropholler*, Europäisches Zivilprozeßrecht, 1998, Vor Art. 2, Rn. 7, der den Bericht nicht als einen Verweis auf die Auslandsberührung verstanden wissen will.

[50] Vgl. *Kropholler*, Europäisches Zivilprozeßrecht, 1998, Vor Art. 2, Rn. 8; *Geimer / Schütze*, Europäisches Zivilverfahrensrecht, 1997, Art. 2, Rn. 65 ff.; Zöl-

Andere Argumente sprechen hingegen dafür, dass der Rechtsstreit grundsätzlich Berührungspunkte zu einem weiteren Vertragsstaat haben muss. In den Präambeln der Übereinkommen heißt es: Bestreben der Übereinkommens sei es, innerhalb der Gemeinschaft, bzw. im Hoheitsgebiet der Vertragsstaaten „den Rechtsschutz der dort ansässigen Personen zu verstärken". Die Übereinkommen gelten bei einer wortgetreuen Auslegung nur innerhalb der Vertragsstaaten.[51] Dieser Ansicht ist bisher auch die Rechtsprechung gefolgt.[52]

In einer neueren Entscheidung lehnt der EuGH diese Ansicht aber zu Recht ab. Darin erklärt das Gericht, dass Titel II des EuGVÜ „sobald der Beklagte seinen Wohnsitz oder Sitz im Hoheitsgebiet eines Vertragsstaats hat, grundsätzlich auch dann Anwendung findet, wenn der Kläger in einem Drittland ansässig ist."[53] Der EuGH verlangt daher keinen Bezug mehr zu einem weiteren Vertragsstaat. Eine generelle Beschränkung des Anwendungsbereich der Übereinkommen auf Sachverhalte mit Berührungspunkten zu mehreren Vertragsstaaten ist abzulehnen. Es ist zwischen den verschiedenen Zuständigkeitsnormen zu differenzieren.[54]

Im Anwendungsbereich des Art. 2 EuGVÜ/LGVÜ muss der Wohnsitz/Sitz des Beklagten in einem Vertragsstaat genügen. Eines weiteren Bezugs zu einem Vertragsstaat bedarf es in diesen Fällen nicht. Diese Grundregel gilt auch für die verbraucherschützenden Vorschriften soweit nicht die Sonderregel des Art. 13 Abs. 2 EuGVÜ/LGVÜ eingreift. Für diese Ansicht spricht schon das Ziel einer einheitlichen Regelung der internationalen Zuständigkeit in Europa. Verlangte man hier einen weiteren Bezug zu einem Vertragsstaat, so wäre der Anwendungsbereich der Übereinkommen nur selten eröffnet. Die Übereinkommen sollen aber nicht nur den Rechtsverkehr zwischen den Mitgliedstaaten vereinfachen, sondern zudem auch das System der internationalen Zuständigkeit und der Anerkennung und Vollstreckung von Entscheidungen innerhalb Europas vereinheitlichen. Die Übereinkommen müssen daher in einer Vielzahl von Fällen zur Anwendung gelangen. Entscheidend ist somit grundsätzlich der Wohnsitz/Sitz des Beklagten.

---

ler / *Geimer*, Zivilprozeßordnung, 2001, Anh. I Art. 2 GVÜ, Rn. 15; *Geimer*, IPRax 1991, S. 31 ff; dazu ausführlich: *Aull*, Der Geltungsanspruch des EuGVÜ, 1996, S. 71 ff.

51 Vgl. *Franzen*, RIW 2000, S. 81 (83); Thomas / Putzo / *Hüßtege*, ZPO, 2001, Vorb EuGVÜ, Rn. 14; *Samtleben*, NJW 1974, S. 1590; *Piltz*, NJW 1979, S. 1071 (1072).

52 BGH, IPRax 1992, S. 377 (378) m.w.N.

53 EuGH, RS. 412/98 (Group Josi/UGIC), The European Legal Forum 2000/01, S. 49 (53, Nr. 61) m. Anm. *Geimer*.

54 S. *Kropholler*, Europäisches Zivilprozeßrecht, 1998, Vor Art. 2, Rn. 8; Staudinger / *Hausmann*, 2002, Anh. II Art. 27-37 EGBGB, Rn. 14; zur Rechtsprechung des EuGH ausführlich: *Leisle*, Dependenzen auf dem Weg vom EuGVÜ, über die EuGVVO, zur EuZPO, 2002, S. 129 ff.

b. *Bezug zu einem weiteren Vertragsstaat bei Artt. 17 und 18 EuGVÜ/LGVÜ*

Im Unterschied zu den Grundregeln der Artt. 2 ff. EuGVÜ/LGVÜ stellt Art. 17 Abs. 1 EuGVÜ/LGVÜ nicht auf den Wohnsitz des Beklagten, sondern lediglich auf den Wohnsitz einer Partei ab. Dem Wortlaut der Vorschrift ist nicht zu entnehmen, ob der Kläger oder der Beklagte seinen Wohnsitz im Hoheitsgebiet eines Vertragsstaates haben muss. Die Vorschrift steht somit außerhalb der an den Beklagten anknüpfenden Struktur der Gerichtsstandsregelungen der Übereinkommen.[55]

Unstreitig findet die Vorschrift auf Gerichtsstandsvereinbarungen Anwendung, die Bezug zu zwei Vertragsstaaten aufweisen. Umstritten ist hingegen, ob für den Anwendungsbereich dieser Vorschrift auch der Bezug zu lediglich einem Vertragsstaat genügt.

Ein Teil der Literatur vertritt die Auffassung, Art. 17 EuGVÜ/LGVÜ käme nur in den Fällen zur Anwendung, in denen der Sachverhalt Beziehungen zu mindestens zwei Vertragsstaaten habe (Reduktionstheorie).[56] Begründet wird diese Ansicht mit dem Argument, die Übereinkommen seien geschaffen worden, um den Rechtsverkehr zwischen den Vertragsstaaten zu vereinfachen. Dieses ergebe sich bereits aus den Präambeln der Übereinkommen. Eine Beziehung zwischen einem Vertragsstaat und einem Nichtvertragsstaat könne daher nicht genügen. Zudem wird darauf verwiesen, dass Art. 4 EuGVÜ/LGVÜ, der für den Anwendungsbereich der Übereinkommen auf den Sitz des Beklagten verweist, lediglich Art. 16 EuGVÜ/LGVÜ und nicht auch Art. 17 EuGVÜ/LGVÜ von seinem Anwendungsbereich ausnehme.[57]

Überwiegend wird für Art. 17 Abs. 1 EuGVÜ/LGVÜ dagegen kein Bezug zu einem weiteren Vertragsstaat vorausgesetzt.[58] Gegen einen weiteren Bezug spricht bereits der Wortlaut des Art. 17 EuGVÜ/LGVÜ. Ein Bezug zu einem zweiten Vertragsstaat wird danach nicht gefordert. Zudem bleibt unklar, wie der zusätzliche territoriale Bezug zu einem anderen Mitgliedstaat auszusehen habe.[59]

---

55 S. *Piltz*, NJW 1979, S. 1071 (1072).

56 Vgl. *Samtleben*, NJW 1974, S. 1593; *ders.*, RabelsZ 59 (1995), S. 670 (688 ff.); *Piltz*, NJW 1979, S. 1072; *Kohler*, IPRax 1983, S. 265 (266); BGH, IPRax 1992, S. 377 (378) m. krit. Anm. *Heß*, IPRax 1992, S. 358 ff.; OLG München, IPRax 1991, S. 46 (47 f.); im Ergebnis so auch *F. Sandrock*, Die Vereinbarung eines neutralen internationalen Gerichtsstandes, 1996, S. 275.

57 S. *Piltz*, NJW 1979, S. 1071 (1072).

58 Vgl. statt vieler: *Kropholler*, Europäisches Zivilprozeßrecht, 1998, Art. 17, Rn. 4; Staudinger / *Hausmann*, 2002, Anh. II Art. 27-37 EGBGB, Rn. 169; *Geimer*, IPRax 1991, S. 31 (33); *Aull*, Der Geltungsanspruch des EuGVÜ, 1996, S. 71 ff. (222), jeweils m.w.N.

59 In der Literatur werden hier zwei Ansichten vertreten: Während ein Teil der Lehre Art. 17 Abs. 1 EuGVÜ nur anwenden will, wenn forum prorogatum und forum deroga-

Das Ziel der Übereinkommen, einen einheitlichen Rechtsraum in Europa zu schaffen spricht ebenfalls gegen das Erfordernis eines weiteren Bezugs zu einem Vertragsstaat.[60] Diese Ansicht unterstützt nun auch der neue Art. 4 EuGVO, der neben Art. 22 EuGVO (= Art. 16 EuGVÜ/LGVÜ) ausdrücklich auch Art. 23 EuGVO (= Art. 17 EuGVÜ/LGVÜ) von seinem Anwendungsbereich ausnimmt.[61]

Nach richtiger Ansicht[62] bedarf es auch bei Art. 18 EuGVÜ/LGVÜ keines Bezugs zu zwei Vertragsstaaten. Die Vorschrift kommt zur Anwendung, wenn der Beklagte in einem Drittstaat wohnt und sich rügelos auf ein Verfahren vor einem Vertragsstaat einlässt. Für diese Ansicht spricht der enge Zusammenhag zwischen Art. 17 und Art. 18 EuGVÜ/LGVÜ. Die Vorschriften sind mit der gemeinsamen Überschrift „Vereinbarung über die Zuständigkeit" überschrieben. Zudem findet sich auch in Art. 18 EuGVÜ/LGVÜ kein Hinweis darauf, dass sich der Wohnsitz des Beklagten in einem Vertragsstaat befinden müsse. Die Vorschrift kann die internationale Zuständigkeit der Gerichte daher begründen, wenn der Kläger vor den Gerichten eines Vertragsstaates klagt, der Sachverhalt aber keinen Bezug zu einem weiteren Vertragsstaat aufweist.

C. Allgemeiner Gerichtsstand

Der allgemeine Gerichtsstand liegt gemäß Art. 2 Abs. 1 EuGVÜ/LGVÜ am Wohnsitz des Beklagten (actor sequitur forum rei). Dieser bereits im römischen Recht geltende Grundsatz wurde auch in die Übereinkommen übernommen.[63] Der Wohnsitz bestimmt sich dabei gemäß Artt. 52, 53 EuGVÜ/LGVÜ nach dem Recht des Gerichtsstaates. Auf dem Gebiet der internationalen Zuständigkeit bedeutet die actor sequitur forum rei-Regel eine gerechte Lastenverteilung.[64] Dem Vorteil der vereinfachten Vollstreckung in das häufig am Wohnsitz des Beklagten liegende Vermögen steht für den Kläger der Nachteil der Anwendung

---

tum in unterschiedlichen Vertragsstaaten liegen, bejaht der andere Teil Art. 17 Abs. 1 EuGVÜ bei einem Auseinanderfallen von Wohnsitz- und prorogiertem Gerichtsstaat innerhalb der EG; vgl. zum Meinungsstand: *Kropholler*, Europäisches Zivilprozeßrecht, 1998, Art. 17, Rn. 4 ff.

60 Dagegen aber *F. Sandrock*, Die Vereinbarung eines neutralen internationalen Gerichtsstandes, 1996, S. 275, die das Argument eines vereinheitlichten Rechtsverkehrs in der EG als widerlegt ansieht.

61 Vgl. dazu unten, § 11, A.

62 Vgl. statt vieler: *Kropholler*, Europäisches Zivilprozeßrecht, 1998, Art. 18, Rn. 3; *Geimer / Schütze*, Europäisches Zivilverfahrensrecht, 1997, Art. 18, Rn. 22; Wieczorek / Schütze / *Hausmann*, Zivilprozeßordnung, 1994, Art. 18, Rn. 4, jeweils m.w.N.

63 Zur geschichtlichen Entwicklung: *Schröder*, Internationale Zuständigkeit, 1971, S. 229 ff.

64 Eher ablehnend gegen einen favor defensoris im europäischen Recht: *Buchner*, Kläger- und Beklagtenschutz im Recht der internationalen Zuständigkeit, 1998, S. 50 ff.

des fremden IPR und der Landessprache als Gerichtssprache gegenüber. Dabei bedeutet die Anwendbarkeit des im Wohnsitzstaat des Beklagten geltenden IPR noch nicht zwingend die Anwendbarkeit des dortigen materiellen Rechts, so dass sich die actor sequitor forum rei-Regel nicht nur einseitig zu Lasten des Klägers auswirkt. Auch scheint es gerecht, den Beklagten nicht mit den zuweilen bedeutenden Mehrkosten eines im Ausland zu führenden Prozesses zu belasten.

Von dem Grundprinzip der Gerichtszuständigkeit am Beklagtenwohnsitz wurden in den Übereinkommen allerdings einige Ausnahmen gemacht. So wurden aus rechtspolitischen Erwägungen zugunsten des Verbrauchers und des Versicherungsnehmers Klägergerichtsstände geschaffen, die der actor sequitor forum rei-Regel widersprechen. Der EuGH hat in verschiedenen Entscheidungen allerdings immer wieder die restriktive Anwendung der besonderen Gerichtsstände betont.[65]

---

[65] S. EuGH, RS. 220/84 (AS Autoteile/Mahlhé), Slg. 1985, S. 2267, Nr. 16; EuGH, RS. 26/91 (Handte/TMCS), Slg. 1992, I, S. 3967, Nr. 14; EuGH; RS. 32/88 (Six Constructions/Humbert), Slg. 1989, 341, Nr. 13; EuGH, RS. 220/88 (Dumez France/Hessische Landesbank), Slg. 1990, I, S. 49, Nr. 18; EuGH, RS. 364/93 (Marinari/Lloyds Bank), Slg. 1995, I, S. 2719, Nr. 13; EuGH, RS. C-256/00 (Besix S.A./Wasserreinigungsbau Alfred Kretzschmar GmbH und Co. KG), IPRax 2002, S. 392 ff.

§ 5 Verbraucherschutz gemäß Art. 13 EuGVÜ/LGVÜ

A. Persönlicher Anwendungsbereich (Art. 13 Abs. 1 EuGVÜ/LGVÜ)

I. Begriff des Verbrauchervertrages

Der Begriff des Verbrauchervertrages in Art. 13 EuGVÜ/LGVÜ entspricht inhaltlich dem des Art. 5 EVÜ (Art. 29 EGBGB).[66] Grundsätzlich sollen diese Vorschriften den Letztverbraucher als wirtschaftlich schwächere Partei schützen.[67] Daher ist der Anwendungsbereich des Art. 13 EuGVÜ/LGVÜ begrenzt auf einen Verbraucher, der persönlich Partei in einem Rechtsstreit ist. Handelt z.B. der Zessionar einer von einem Verbraucher zedierten Privatforderung gewerbsmäßig, so ist er nach der Rechtsprechung des EuGH nicht mehr durch Art. 13 EuGVÜ geschützt.[68] Der Vertrag muss zu einem Zweck abgeschlossen worden sein, „der nicht der beruflichen oder gewerblichen Tätigkeit dieser Person (Verbraucher) zugerechnet werden kann." Diese Definition in Art. 13 EuGVÜ entspricht der im europäischen Recht wohl am häufigsten verwendeten Verbraucherdefinition.[69]

1. Vertragsverhältnis

a. Grundlagen

Es muss sich um ein Vertragsverhältnis handeln. Innerhalb der EG kann dabei von keinem einheitlichen Vertragsbegriff ausgegangen werden. Der Begriff wird in den einzelnen Mitgliedstaaten verschieden ausgelegt. Der EuGH nahm mehrfach zu dem Begriff des Vertrages in Art. 5 Nr. 1 und Nr. 3 EuGVÜ Stellung und entschied sich für eine autonome Auslegung.[70]

---

66 Dieser Zusammenhang wird im Bericht von Schlosser (ABl.EG 1979 C 59/71 vom 5.3.1979, S. 118, Rn. 153) besonders hervorgehoben. Im Gegenzug verweist auch der Bericht von Giuliano / Lagarde (ABl.EG 1980 C 282/1 vom 31.10.1980, S. 23) auf Art. 13 EuGVÜ.

67 So die formulierte Zielsetzung zu Art. 5 EVÜ in: Bericht Giuliano / Lagarde, ABl.EG 1980 C 282/1 vom 31.10.1980, S. 23; so auch EuGH, RS. 89/91 (Shearson Lehmann Hutton Inc./TVB Treuhandgesellschaft), Slg. 1993, I, S. 139, Nr. 18.

68 S. EuGH, RS. 89/91 (Shearson Lehmann Hutton Inc./TVB Treuhandgesellschaft), Slg. 1993, I, S. 139; vgl. dazu auch EuGH, RS. C-96/00 (Rudolf Gabriel), NJW 2002, S. 2697 (2698), Nr. 39.

69 Zu den verschiedenen Verbraucherdefinitionen in europäischen Richtlinien, vgl. oben, § 3, A.

70 S. EuGH, RS. 34/82 (Peters/ZNAV), Slg. 1983, S. 987, Nr. 10 = RIW 1983, S. 871 f.; EuGH, RS. 9/87 (Arcado/Haviland), Slg. 1988, S. 1539, Nr. 10; EuGH, RS. 89/91 (Shearson Lehmann Hutton Inc./TVB Treuhandgesellschaft), Slg. 1993, I, S. 139,

In einer Entscheidung bejahte der EuGH das Vorliegen eines Vertrages bei einem Beitritt zu einem Verein, da ein solcher Beitritt „zwischen den Vereinsmitgliedern enge Bindungen gleicher Art schafft, wie sie zwischen Vertragsparteien bestehen."[71] Als vertragstypisch sieht das Gericht daher eine enge Bindung gleicher Art zwischen zwei Parteien an. Ein Vertrag besteht nach Ansicht des EuGH dagegen nicht, wenn „keine von einer Partei gegenüber einer anderen freiwillig eingegangene Verpflichtung vorliegt."[72] Auf das Kriterium der Freiwilligkeit stellt der EuGH auch in jüngeren Entscheidungen zum Vertragsbegriff ab.[73] In der Entscheidung Kalfelis/Bankhaus Schröder grenzt das Gericht den Begriff des Vertrages von dem Begriff der unerlaubten Handlung im Sinne von Art. 5 Nr. 3 EuGVÜ ab. Art. 5 Nr. 3 EuGVÜ bezieht sich danach auf alle Klagen, „mit denen eine Schadenshaftung des Beklagten geltend gemacht wird und die nicht an einen ‚Vertrag' im Sinne von Artikel 5 Nr. 1 anknüpfen."[74]

Es ist von einem weiten Vertragsbegriff auszugehen.[75] Grundsätzlich fallen sämtliche Leistungs-, Zahlungs- oder Unterlassungspflichten in den Anwendungsbereich der Art. 13 ff. EuGVÜ/LGVÜ. Dazu gehören auch die Verpflichtungen, die an die Stelle einer nicht oder schlecht erfüllten vertraglichen Verpflichtung treten, z.B. Schadensersatz- oder Rückabwicklungsansprüche.[76] Die dingliche Wirkung eines Schuldvertrages schließt das Vorliegen einer vertraglichen Streitigkeit nicht zwingend aus.[77] Klagen, in denen über die Frage gestritten wird, ob überhaupt ein wirksamer Verbrauchervertrag geschlossen wurde, fallen ebenfalls in den Schutzbereich der verbraucherschützenden Vorschrif-

---

Nr. 13; EuGH, RS. C-334/00 (Fonderie Officine Meccaniche Tacconi SpA/Heinrich Wagner Sinto Maschinenfabrik GmbH (HWS)), The European Legal Forum 2002, S. 306 (307), Nr. 19 f.; EuGH, RS. C-167/00 (Verein für Konsumenteninformation/Karl Heinz Henkel), The European Legal Forum 2002, S. 302 (304), Nr. 35.

71 EuGH, RS. 34/82 (Peters/ZNAV), Slg. 1983, S. 987, Nr. 13 = RIW 1983, S. 871 f.

72 EuGH, RS. 26/91 (Handte/TMCS), Slg. 1992, I, S. 3967, Nr. 15.

73 Vgl. EuGH, RS. C-334/00 (Fonderie Officine Meccaniche Tacconi SpA/Heinrich Wagner Sinto Maschinenfabrik GmbH (HWS)), The European Legal Forum 2002, S. 306 (307), Nr. 23 f.; vgl. auch EuGH, RS. C-167/00 (Verein für Konsumenteninformation/Karl Heinz Henkel), The European Legal Forum 2002, S. 302 (305), Nr. 38 f.; darin verneint der EuGH das Vorliegen einer vertraglichen Verpflichtung, da die vorbeugend auf Unterlassung klagende Verbraucherschutzorganisation lediglich auf der Grundlage gesetzlich verliehenen Rechts tätig wurde; vgl. dazu *Wittwer*, ELR 2002, S. 477 ff.; das Kriterium der Freiwilligkeit des EuGH kitisiert *Martiny*, in: FS Geimer, 2002, S. 641 (647 f.).

74 EuGH, RS. 189/87 (Kalfelis/Schröder), Slg. 1988, S. 5565, Nr. 17.

75 S. Staudinger / *Hausmann*, 2002, Anh. II Art. 27-37 EGBGB, Rn. 107; ausführlich zum Vertragsbegriff im internationalen Verfahrensrecht: *Martiny*, in: FS Geimer, 2002, S. 641 (644 ff.).

76 Vgl. Staudinger / *Hausmann*, 2002, Anh. II Art. 27-37 EGBGB, Rn. 107; *Geimer*, EWiR Art. 13 1/91, S. 370; *Kropholler*, Europäisches Zivilprozeßrecht, 1998, Art. 5, Rn. 10.

77 Vgl. *Martiny*, in: FS Geimer, 2002, S. 641 (651 f.).

ten.[78] Dies ergibt sich schon zwingend aus dem Schutzzweck der Artt. 13 ff. EuGVÜ/LGVÜ. Der Verbrauchergerichtsstand würde seine Schutzfunktion verlieren, wenn nur eine der beiden Parteien das Nichtbestehen eines Vertragsverhältnisses zu behaupten bräuchte, um die Anwendbarkeit der Artt. 13 ff. EuGVÜ/LGVÜ auszuschließen.[79]

Schwierigkeiten bereitet insbesondere die Qualifizierung von Ansprüchen aus c.i.c.[80] und ungerechtfertigter Bereicherung.[81] Überwiegend wurde für diese Ansprüche der Anwendungsbereich des 4. Abschnitts zu Recht bejaht.[82] Allein für die Fälle, in denen feststeht, dass gar keine vertragliche Beziehung zwischen den Parteien bestand bzw. bestehen sollte, ist der Anwendungsbereich der Art. 13 ff. EuGVÜ/LGVÜ zu verneinen.

Demgegenüber hat der EuGH in einer jüngeren Entscheidung einen Anspruch aus c.i.c. als deliktisch qualifiziert. Es handelte sich dabei um einen Fall der Haftung wegen ungerechtfertigten Abbruchs der Vertragsverhandlungen.[83] Das Gericht erklärt in dieser Entscheidung, dass der Anwendungsbereich des Art. 5 Nr. 3 EuGVÜ in einem Fall eröffnet sei, der dadurch gekennzeichnet ist, „dass es an von einer Partei gegenüber einer anderen bei Vertragsverhandlungen freiwillig eingegangenen Verpflichtung fehlt und dass möglicherweise ein Verstoß gegen Rechtsvorschriften, namentlich diejenigen, wonach die Parteien bei diesen Verhandlungen nach Treu und Glauben handeln müssen, vorliegt".[84] Die in der Entscheidung gewählte Formulierung ermöglicht es dem Gericht allerdings,

---

78 S. Wieczorek / Schütze / *Hausmann*, Zivilprozeßordnung, 1994, Art. 13, Rn. 23; Staudinger / *Hausmann*, 2002, Anh. II Art. 27-37 EGBGB, Rn. 107; EuGH, RS. 73/77 (Sanders/van der Putte), Slg. 1977, S. 2383, Nr. 21/22; EuGH, RS. 38/81 (Effer/Kantner), Slg. 1982, S. 825, Nr. 7.

79 So auch *Kropholler*, Europäisches Zivilprozeßrecht, 1998, Art. 5, Rn. 10.

80 Vgl. zur Anknüpfung an einen angebahnten Vertrag im Falle einer Gewinnmitteilung unten: § 5, B., III., 2.

81 Daneben ist insbesondere auch die Frage der Einordnung von Ansprüchen aus einem Vertrag mit Schutzwirkung für Dritte streitig; vgl. dazu *Martiny*, in: FS Geimer, 2002, S. 641 (652 ff.).

82 S. Stellungnahme der Kommission und des Generalanwalts *Darmon* zu EuGH, RS. 89/91 (Shearson Lehman Hutton Inc./TVB Treuhandgesellschaft), Slg. 1993, I, S. 139; OLG Köln, ZIP 1989, S. 838 (839); *Hartung*, ZIP 1991, S. 1185; Staudinger / *Hausmann*, 2002, Anh. II Art. 27-37 EGBGB, Rn. 107; dazu ausführlich: *Schaltinat*, Internationale Verbraucherstreitigkeiten, 1998, S. 67 ff.

83 Vgl. EuGH, RS. C-334/00 (Fonderie Officine Meccaniche Tacconi SpA/Heinrich Wagner Sinto Maschinenfabrik GmbH (HWS)), The European Legal Forum 2002, S. 306 (307), Nr. 25.

84 EuGH, RS. C-334/00 (Fonderie Officine Meccaniche Tacconi SpA/Heinrich Wagner Sinto Maschinenfabrik GmbH (HWS)), The European Legal Forum 2002, S. 306 (307), Nr. 27.

in Zukunft zwischen verschiedenen Fallgruppen der c.i.c. zu differenzieren.[85] Es bleibt abzuwarten, ob der Gerichtshof von dieser Möglichkeit Gebrauch machen wird.

b. Annexzuständigkeit am Verbrauchergerichtsstand

Im Schrifttum wird eine Annexzuständigkeit am Verbrauchergerichtsstand überwiegend für sinnvoll gehalten, wenn der Verbraucher sowohl vertragliche als auch deliktische Ansprüche geltend machen will.[86] Dagegen hat der EuGH im Urteil Kalfelis/Bankhaus Schröder zu Art. 5 Nr. 3 EuGVÜ eine Zuständigkeit kraft Sachzusammenhangs abgelehnt. Darin führt das Gericht aus, „dass ein Gericht, das nach Artikel 5 Nr. 3 für die Entscheidung über eine Klage unter einem auf deliktischer Grundlage beruhenden Gesichtspunkt zuständig ist, nicht auch zuständig ist, über diese Klagen unter anderen, nicht-deliktischen Gesichtspunkten zu entscheiden."[87] Das Gericht weist für den Fall des Art. 5 Nr. 3 EuGVÜ darauf hin, dass der Kläger stets die Möglichkeit habe, seine Klage unter sämtlichen Gesichtspunkten am allgemeinen Gerichtsstand zu erheben. Zudem ermögliche Art. 22 EuGVÜ dem Gericht unter besonderen Umständen, über den gesamten Rechtsstreit zu entscheiden, wenn zwischen den vor verschiedenen Gerichten erhobenen Klagen ein Zusammenhang besteht. Diese Auslegung des EuGH zu Art. 5 EuGVÜ ist aber nicht zwingend auch auf Artt. 13 ff. EuGVÜ/LGVÜ zu übertragen.[88]

c. Eigene Stellungnahme

Eine Annexzuständigkeit sollte im Anwendungsbereich der Artt. 13 ff. EuGVÜ/LGVÜ eröffnet sein. Neben dem Argument der Prozessökonomie spricht vor allem der Schutzzweck der Artt. 13 ff. EuGVÜ/LGVÜ für diese Auslegung. Der Schutzzweck des 4. Abschnitts würde nicht vollständig erreicht, wenn der Verbraucher nur bezüglich seiner vertraglichen Ansprüche den Vorteil eines Gerichtsstands an seinem Wohnsitz hätte. Der Verbraucher könnte konkurrierende deliktische Ansprüche dann nur nach Maßgabe des Art. 5 Nr. 3 EuGVÜ/LGVÜ oder gemäß Art. 2 EuGVÜ/LGVÜ am Sitz des Unternehmers geltend machen. Lediglich in den seltenen Fällen, in denen der Handlungs- oder Erfolgsort am Wohnsitz des Verbrauchers liegt, wären die Gerichte am Wohnsitz des Verbrau-

---

85 Für eine Differenzierung zwischen verschiedenen Fallgruppen der c.i.c. auch: *Martiny*, in: FS Geimer, 2002, S. 641 (653 f.) m.w.N.

86 Vgl. Wieczorek / Schütze / *Hausmann*, Zivilprozeßordnung, 1994, Art. 13, Rn. 24; Staudinger / *Hausmann*, 2002, Anh. II Art. 27-37 EGBGB, Rn. 107; *Geimer / Schütze*, Europäisches Zivilverfahrensrecht, 1997, Art. 13, Rn. 21; *Mansel*, IPRax 1989, S. 84 ff.; a.A.: MünchKomm ZPO, *Gottwald*, 2001, Art. 13 EuGVÜ, Rn. 8; Vgl. dazu auch *Senff*, Wer ist Verbraucher im internationalen Zivilprozeß?, 2000, S. 246 ff.

87 EuGH, RS. 189/87 (Kalfelis/Schröder), Slg. 1988, S. 5565, Nr. 21.

88 Zu Recht verweist *Senff* hier auf die Unterschiede zwischen Art. 5 und Art. 13 ff. EuGVÜ, vgl. *Senff*, Wer ist Verbraucher im internationalen Zivilprozeß?, 2000, S. 247 f.

chers auch für die deliktischen Ansprüche international zuständig. Die Vorschriften des 4. Abschnitts sollen aber Verbraucher davor schützen, ihre Ansprüche vor entfernten Gerichten geltend machen zu müssen. Dieser Schutz muss umfassend bestehen. Wird die internationale Zuständigkeit hier aufgespaltet, so ist der besondere Schutz der Verbraucher nicht mehr gewährleistet. Es ist bei Verbraucherstreitigkeiten i.S.d. Art. 13 EuGVÜ/LGVÜ daher eine Annexzuständigkeit für deliktische Klagen anzunehmen, sofern sie im Zusammenhang mit dem Vertragsverhältnis stehen.

2. Gewerbliche oder berufliche Tätigkeit

Ein Verbraucher ist nach den Übereinkommen nur, wer den Vertrag zu einem Zweck abgschlossen hat, der nicht der beruflichen oder gewerblichen Tätigkeit dieser Person zugerechnet werden kann.

Die beiden Begriffe „gewerbliche“ und „berufliche“ Tätigkeit dienen der Abgrenzung zu Tätigkeiten, die der Privatsphäre angehören. Der EuGH legt den Begriff des Verbrauchers dabei eng aus. Danach handelt auch derjenige, der Verträge zum Zweck der Ausübung einer zukünftigen beruflichen oder gewerblichen Tätigkeit abschließt, schon nicht mehr als Verbraucher.[89]

Nach überwiegender Ansicht verlangt der Begriff der gewerblichen Tätigkeit, dass diese auf eine gewisse Dauer angelegt ist und auf eigene Rechnung und Gefahr ausgeübt wird. Die Tätigkeit muss auf den Betrieb eines nach betriebswirtschaftlichen Grundsätzen geführten Unternehmens ausgerichtet sein und im Wettbewerb zu anderen gewerblichen Unternehmen am Markt stehen. Nur so ist für den Verbraucher auch erkennbar, dass er es mit einem gewerblichen Unternehmen zu tun hat.[90] Teilweise wird zudem die Entgeltlichkeit der Tätigkeit verlangt. Dafür spricht, dass der typische Verbrauchervertrag auf Leistungsaustausch gerichtet ist.[91]

Der Begriff der beruflichen Tätigkeit stimmt in weiten Teilen mit dem Begriff der gewerblichen Tätigkeit überein. So setzt auch dieser Begriff nach überwiegender Ansicht eine auf eine gewisse Dauer gerichtete Tätigkeit voraus, die nach außen hervortritt und entgeltlich erfolgt.[92]

Streitig ist, welche Tätigkeiten von dem Begriff der beruflichen Tätigkeit umfasst sind. In jüngerer Zeit wird vertreten, der Begriff der beruflichen Tätigkeit im europäischen Recht umfasse sowohl die selbstständige, als auch die abhängi-

---

[89] EuGH, RS. 269/95 (Benincasa/Dentalkit), Slg. 1997, I, S. 3767, Nr. 17-19 = JZ 1998, S. 896 m. Anm. *Mankowski*.

[90] Vgl. zu dem Begriff: *v. Westphalen*, Verbraucherkreditgesetz, 1996, § 1, Rn. 16; *Faber*, ZEuP 1998, S. 854 (868 ff.), jeweils m.w.N.

[91] Vgl. *Faber*, ZEuP 1998, S. 854 (869), jeweils m.w.N.

[92] Vgl. zu dem Begriff: MünchKomm BGB / *Ulmer*, § 1 VerbrKrG, Rn. 11; MünchKomm BGB / *Westermann*, § 609, Rn. 23; *Faber*, ZEuP 1998, S. 854 (871 ff.).

ge, unselbstständige berufliche Tätigkeit.[93] Dagegen wird eingewendet, die unselbstständige Tätigkeit sei gerade nicht von dem Begriff der beruflichen Tätigkeit umfasst.[94]

Dem Wortlaut des Art. 13 EuGVÜ/LGVÜ lässt sich nicht entnehmen, ob der Begriff der beruflichen Tätigkeit sowohl die selbstständige als auch die unselbstständige Tätigkeit umfasst. Für eine Begrenzung des Begriffs der beruflichen Tätigkeit auf die selbstständige Tätigkeit spricht aber die Formulierung im Bericht von Giuliano / Lagarde zu dem inhaltsgleichen Art. 5 EVÜ. Darin heißt es: „Desgleichen gilt die Vorschrift nicht für Verträge, die von Kaufleuten, Industriellen oder freiberuflich tätigen Personen (z.B. Ärzten) abgeschlossen werden, welche für die Ausübung ihrer beruflichen oder gewerblichen Tätigkeit Geräte kaufen oder Dienstleistungen in Anspruch nehmen."[95] Die aufgeführten Berufe bezeichnen Tätigkeiten, die dadurch gekennzeichnet sind, dass auf eigene Gefahr und Rechnung gehandelt wird, dass die Tätigkeit im wesentlichen inhaltlich frei gestaltet werden kann und dass Arbeitszeit, Arbeitsort und Arbeitspensum im wesentlichen flexibel sind. Die genannten Berufe erfüllen daher die für selbstständige Berufe typischen Kriterien.[96] Insbesondere sind auch die freien Berufe erfasst.[97]

Schutzzweckerwägungen sprechen ebenfalls für diese Auslegung des Begriffs der beruflichen Tätigkeit. So trägt der unselbstständige Arbeitnehmer nicht das gleiche wirtschaftliche Risiko wie der selbstständige Unternehmer. Der unselbstständige Arbeitnehmer ist daher nicht dazu gezwungen, die wirtschaftlichen Konsequenzen seines Tuns in dem Maße zu berücksichtigen, wie der selbstständige Unternehmer. Kauft ein Arbeitnehmer Arbeitsmaterialien, so befindet er sich zudem in der gleichen schwächeren Position, wie beim Erwerb von Waren zur privaten Nutzung. Er ist in beiden Fällen gleichermaßen schutz-

---

93 Vgl. *Bülow*, ZIP 1999, S. 1613 (1615); *Bülow / Artz*, NJW 2000, S. 2049 (2050); *Wendehorst*, DStR 2000, S. 1311; Palandt / *Heinrichs*, 2002, § 13, Rn. 3; MünchKomm BGB / *Micklitz*, 2001, § 14 BGB, Rn. 25.

94 Vgl. *Lorenz*, RIW 1987, S. 569 (576); *Lüderitz*, in: FS Riesenfeld, 1983, S. 147 (154); Wieczorek / Schütze / *Hausmann*, Zivilprozeßordnung, 1994, Art. 13, Rn. 3; *Geimer / Schütze*, Europäisches Zivilverfahrensrecht, 1997, Art. 13, Rn. 16; auf die Abgrenzung zwischen Freiberuflern und Gewerbetreibenden abstellend: Reithmann / *Martiny*, Internationales Vertragsrecht, 1996, Rn. 716; *v. Bar*, Internationales Privatrecht II, 1991, Rn. 434, 509; *de Bra*, Verbraucherschutz durch Gerichtsstandsregelungen, 1992, S. 140 f.; *Senff*, Wer ist Verbraucher im internationalen Zivilprozeß?, 2000, S. 236 ff.

95 Bericht Giuliano / Lagarde, ABl.EG 1980 C 282/1 vom 31.10.1980.

96 Vgl. zur selbstständigen beruflichen Tätigkeit: *Faber*, ZEuP 1998, S. 854 (871).

97 Vgl. zum Begriff der freien Berufe im internationalen Vergleich: *Michalski / Römermann*, PartGG, 1999, § 1, Rn. 30 ff.

würdig.[98] Der unselbstständige Arbeitnehmer darf daher nicht vom Schutzbereich des Art. 13 EuGVÜ/LGVÜ ausgenommen sein.[99] Eine unselbstständige Tätigkeit schließt die Verbrauchereigenschaft i.S.d. Art. 13 EuGVÜ/LGVÜ nicht aus.

3. Geschäftszweck

a. *Abstellen auf objektive oder subjektive Kriterien*

Schwierigkeiten ergeben sich bei der Bestimmung des Geschäftszweckes. Wann ist der Verwendungszweck beruflicher und wann ist er privater Natur? Hierbei kann auf objektive oder subjektive Kriterien zurückgegriffen werden. Unproblematisch lässt sich der Verwendungszweck bestimmen, wenn eine Zweckvereinbarung zwischen den Parteien vorliegt.[100] Fehlt es an einer solchen Vereinbarung, so kann auf den Parteiwillen (subjektive Kriterien) oder den anhand objektiver Kriterien bestimmbaren Verwendungszweck abgestellt werden. Gegen eine Anwendung ausschließlich subjektiver Kriterien sprechen schon Praktikabilitätserwägungen. Im Einzelfall ist nur schwer nachweisbar, zu welchen Zwecken der Empfänger die Ware nutzen wollte.[101] Grundsätzlich ist daher auf die objektiven Umstände abzustellen.[102] Dient der Vertragsgegenstand schon aufgrund seiner Beschaffenheit ausschließlich beruflichen Zwecken, so liegt kein Verbrauchervertrag vor.

Das Abstellen auf diese Kriterien kann aber Probleme bereiten. So sind Fälle denkbar, in denen die Ware oder Dienstleistung sowohl für private als auch für gewerbliche Zwecke verwendbar ist. Beispielsweise kann ein Arzt einen neuen Computer sowohl für private, als auch für berufliche Zwecke nutzen.

Der Bericht von Giuliano / Lagarde stellt in diesen Fällen auf die Kenntnis und die Möglichkeit der Kenntnisnahme des Vertragspartners ab.[103] Art. 5 EVÜ kommt danach nur in den Fällen nicht zur Anwendung, in denen der Vertragspartner keine Kenntnis von der objektiven Eignung der Sache zu privaten Zwe-

---

98 Vgl. *Senff*, Wer ist Verbraucher im internationalen Zivilprozeß?, 2000, S. 237; zur Verbrauchereigenschaft eines Arbeitnehmers im Anwendungsbereich des § 13 BGB, vgl. *Annuß*, NJW 2002, S. 2844 ff. m.w.N.

99 S. *Faber*, ZEuP 1998, S. 854 (873 f.); MünchKomm BGB / Micklitz, 2001, § 14 BGB, Rn. 25; *Senff*, Wer ist Verbraucher im internationalen Zivilprozeß?, 2000, S. 237.

100 Vgl. Reithmann / *Martiny*, Internationales Vertragsrecht, 1996, Rn. 716.

101 In diesem Sinne auch: Reithmann / *Martiny*, Internationales Vertragsrecht, 1996, Rn. 716.

102 Vgl. auch Denkschrift der Bundesregierung, BT-Drucksache 10/503 in: *Pirrung*, Internationales Privat- und Verfahrensrecht, 1987, S. 334 (338); in diesem Sinne auch *Senff*, Wer ist Verbraucher im internationalen Zivilprozeß?, 2000, S. 243, der aber im Falle einer Gerichtsstandsvereinbarung auf den vom Verbraucher gesetzten Rechtsschein abstellen will.

103 Bericht Giuliano / Lagarde, ABl.EG 1980 C 282/1 vom 31.10.1980, S. 23.

cken durch den Empfänger hatte und ihm eine solche Kenntnisnahme auch tatsächlich nicht möglich war.[104] Bei Gutgläubigkeit des Anbieters fällt im Beispielsfall der Kauf des Computers daher nicht unter Art. 5 EVÜ.[105] Diese Auslegung ist zu Recht auf Kritik gestoßen.[106] Die Beweisführung wird dem Vertragspartner in solchen Fällen große Schwierigkeiten bereiten.[107] Es ist daher auch in den Fällen, in denen die Sache verschieden genutzt werden kann, auf objektive Kriterien abzustellen.

Als Argument zugunsten eines objektiv zu ermittelnden Vertragszweckes wird auch der Unterschied zwischen Art. 13 EuGVÜ/LGVÜ und Art. 5 EVÜ herangezogen. So hält *Lüderitz* ein Abstellen auf die Erkennbarkeit von Zwecken zur Bestimmung des materiellen Rechts (Art. 5 EVÜ) für vertretbar, da sich das Gericht ohnehin mit allen erheblichen Umständen des Falles vertraut machen müsse. Dagegen ginge es bei der Bestimmung der Zuständigkeit nach Art. 13 EuGVÜ/LGVÜ ausschließlich darum, Verbrauchern die Rechtsverfolgung zu erleichtern. Eine Beweiserhebung nur für Fragen der Zuständigkeit belaste die Gerichte unnötig. Zudem sei unklar, welche Partei in diesen Fällen beweispflichtig ist.[108] *Rudisch* führt als weiteres Argument den Wortlaut des englischen Textes an, der ebenfalls auf die Maßgeblichkeit objektiver Kriterien hinweise.[109]

Es ist daher zur Bestimmung des tatsächlichen Geschäftszweckes auf objektive Kriterien zurückzugreifen. Im Falle des Arztes ist daher auf die tatsächliche Nutzung des Computers abzustellen.

b. *Abstellen auf objektive Kriterien bei tatsächlicher Mehrfachnutzung*

Problematisch sind die Fälle, bei denen eine tatsächliche Mehrfachnutzung des Vertragsgegenstandes vorliegt. So kann der Arzt den Computer bei sich zu Hause aufstellen und darauf neben privaten Schreiben auch die Korrespondenz für seine Praxis erledigen. Der Bericht Giuliano / Lagarde stellt auf den überwiegenden Zweck ab. Wie dieser überwiegende Zweck zu bestimmen ist, bleibt da-

---

[104] S. Reithmann / *Martiny*, Internationales Vertragsrecht, 1996, Rn. 717.

[105] Anders dagegen *de Bra*, der in diesem Fall zwischen dem EVÜ/EGBGB und dem EuGVÜ trennt und mit Ausnahme vom Fall einer Gerichtsstandsvereinbarung i.S.d. Art. 15 EuGVÜ ausschließlich auf den objektiv zu ermittelnden Vertragszweck abstellt; vgl. *de Bra*, Verbraucherschutz durch Gerichtsstandsregelungen, 1992, 146 ff.

[106] Vgl. *Lüderitz*, in: FS Riesenfeld, 1983, S. 147 (156 f.); *de Bra*, Verbraucherschutz durch Gerichtsstandsregelungen, 1992, S. 147 f.; *Schack*, Internationales Zivilverfahrensrecht, 2002, Rn. 280.

[107] Vgl. *Rudisch*, in: Internationales Verbraucherschutzrecht, 1995, S. 191 (216).

[108] S. *Lüderitz*, in: FS Riesenfeld, 1983, S. 147 (156 f.); in diesem Sinne auch: *de Bra*, Verbraucherschutz durch Gerichtsstandsregelungen, 1992, S. 147 f.

[109] S. *Rudisch*, in: Internationales Verbraucherschutzrecht, 1995, S. 191 (215).

bei unklar. Es könnte hier auf die tatsächliche Nutzungszeit abgestellt werden.[110] Die Beweislage wird durch ein solches Abstellen auf die tatsächliche Nutzungszeit aber kaum vereinfacht.[111] *Rudisch* lehnt daher ein Abstellen auf den überwiegenden Zweck ab und schlägt vor, grundsätzlich von einer behaupteten Privatnutzung auszugehen, dem Vertragspartner aber die Möglichkeit zu eröffnen, den Gegenbeweis zu erbringen.[112]

c. *Eigene Stellungnahme*

Eine derartige Lösung zugunsten des Verbrauchers ist hier vom Schutzzweck des Art. 13 EuGVÜ/LGVÜ nicht zwingend geboten. Durch den Verbrauchergerichtsstand soll der Verbraucher als wirtschaftlich schwächerer und rechtlich weniger erfahrener Vertragspartner geschützt werden.[113] Eine solche Schutzbedürftigkeit besteht nicht bei Leistungsempfängern, die den Vertragsgegenstand auch zu beruflichen Zwecken nutzen.[114] So ist nicht ersichtlich weshalb ein Arzt, der einen Computer sowohl zu beruflichen als auch zu privaten Zwecken erwirbt, anders behandelt werden soll, als ein Arzt, der den Computer ausschließlich zu beruflichen Zwecken nutzt. Es fehlt an der schutzwürdigen Unterlegenheit des Empfängers.[115] Der Arzt ist nicht deshalb schutzwürdiger, weil er gleichzeitig auch Verbraucher ist. In den Fällen einer tatsächlichen Mehrfachnutzung ist daher das Vorliegen eines Verbrauchervertrages abzulehnen. Die Beweislast trägt der klagende Unternehmer. Er muss in diesen Fällen den Beweis erbringen, dass der Empfänger den Vertragsgegenstand auch zu beruflichen Zwecken genutzt hat.[116] Will der Arzt seinen Vertragspartner dagegen vor den Gerichten des Staates verklagen, in dem er seinen Wohnsitz hat, so obliegt ihm der Beweis seiner Verbrauchereigenschaft. Der Unternehmer muss dann den Gegenbeweis dafür erbringen, dass der Computer auch zu beruflichen Zwecken genutzt wurde.[117]

---

110 Vgl. *Lüderitz*, in: FS Riesenfeld, 1983, S. 147 (156).

111 In diesem Sinn auch: *Rudisch* in: Internationales Verbraucherschutzrecht, 1995, S. 191 (216); *de Bra*, Verbraucherschutz durch Gerichtsstandsregelungen, 1992, S. 143, der die Messung der Nutzungszeit aber eher deshalb ablehnt, weil der entscheidende Zweck im Zeitpunkt des Vertragsschlusses erkennbar sein müsse.

112 Vgl. *Rudisch*, in: Internationales Verbraucherschutzrecht, 1995, S. 191 (216); so auch *Bröcker*, Verbraucherschutz im Europäischen Kollisionsrecht, 1998, S. 44.

113 EuGH, RS. 89/91 (Shearson Lehman Hutton Inc./TVB Treuhandgesellschaft), Slg. 1993, I, S. 139, Nr. 18.

114 Im Ergebnis so auch: *Lutz / Neumann*, RIW 1999, S. 827 ff.; *Senff*, Wer ist Verbraucher im internationalen Zivilprozeß?, 2000, S. 240.

115 In diesem Sinne auch: *Lorenz*, RIW 1987, S. 569 ff.

116 In diesem Sinne auch: *de Bra*, Verbraucherschutz durch Gerichtsstandsregelungen, 1992, S. 146.

117 Allgemein zur Frage der Beweislast bei Art. 13 EuGVÜ/LGVÜ, vgl. *de Bra*, Verbraucherschutz durch Gerichtsstandsregelungen, 1992, S. 148 ff.

II. Vorbehalte zugunsten von Art. 4 und Art. 5 Nr. 5 EuGVÜ/LGVÜ

Der 4. Abschnitt regelt die Frage der internationalen Zuständigkeit in Verbrauchersachen abschließend. Der Hinweis auf Art. 4 EuGVÜ/LGVÜ in Art. 13 Abs. 1 EuGVÜ/LGVÜ verdeutlicht, dass die Vorschriften für Verbrauchersachen nur in den Fällen anwendbar sind, in denen der Beklagte seinen Wohnsitz in einem Vertragsstaat hat. Auch der EuGH hat in diesem Sinne entschieden.[118] Hat der beklagte Vertragspartner seinen Wohnsitz außerhalb der Vertragsstaaten, so gilt das nationale Zivilprozessrecht. Die exorbitanten Gerichtsstände sind in diesen Fällen nicht ausgeschlossen.[119] Art. 5 Nr. 5 EuGVÜ/LGVÜ ermöglicht es dem Verbraucher, seine Klage am Gerichtsstand der Zweigniederlassung, Agentur oder sonstigen Niederlassung des Vertragspartners zu erheben. Praktisch bringt diese Klagemöglichkeit für den Verbraucher keinen großen Vorteil, da Art. 14 Abs. 1 i.V.m. Art. 13 Abs. 2 EuGVÜ/LGVÜ ihm dieses Recht bereits einräumt. Im Gegensatz zu Art. 14 EuGVÜ/LGVÜ begründet Art. 5 Nr. 5 EuGVÜ/LGVÜ aber auch die örtliche Zuständigkeit des Gerichts am Ort der Zweigniederlassung.[120]

III. Verträge zwischen zwei Verbrauchern

Überwiegend wird angenommen, dass die Vorschriften über Verbraucherverträge auch auf Verträge zwischen zwei Verbrauchern Anwendung finden.[121] Der Wortlaut des Art. 13 Abs. 1 EuGVÜ/LGVÜ gibt keinen Hinweis darauf, dass Verträge zwischen Verbrauchern nicht umfasst sind.

Schon der Schutzzweck der Art. 13 ff. EuGVÜ/LGVÜ spricht aber gegen die Anwendbarkeit der Vorschriften des 4. Abschnitts auf Verträge zwischen Verbrauchern. Keine der beiden Parteien ist unterlegen und daher besonders schutzbedürftig. Es fehlt an einem Machtgefälle zwischen den Parteien.[122]

Zudem zeigt ein Blick auf die europäischen Verbraucherschutzrichtlinien, dass der Gesetzgeber einen Verbraucher einem gewerblichen Anbieter gegenüberstellen wollte. So erfasst die Richtlinie über Haustürgeschäfte gemäß Art. 1 Abs. 1

---

118 EuGH, Rs 318/93 (Brenner, Noller/Dean Witter Reynolds Inc.), Slg. 1994, I, S. 4275, Nr. 17.

119 Vgl. *Kropholler*, Europäisches Zivilprozeßrecht, 1998, Art. 7, Rn. 2.

120 Vgl. Wieczorek / Schütze / *Hausmann*, Zivilprozeßordnung, 1994, Art. 13, Rn. 26.

121 So Denkschrift der Bundesregierung, BT-Drucksache 10/503 in: *Pirrung*, Internationales Privat- und Verfahrensrecht, 1987, S. 334 (338); *de Bra*, Verbraucherschutz durch Gerichtsstandsregelungen, 1992, S. 141 m.w.N.; dagegen aber: *Senff*, Wer ist Verbraucher im internationalen Zivilprozeß?, 2000, S. 246.

122 In diesem Sinne auch *Lorenz*, RIW 1987, S. 569 (576); *de Bra*, Verbraucherschutz durch Gerichtsstandsregelungen, 1992, S. 141 f.; *Senff*, Wer ist Verbraucher im internationalen Zivilprozeß?, 2000, S. 246.

nur Geschäfte zwischen Verbrauchern und Gewerbetreibenden. Die Richtlinie über missbräuchliche Klauseln in Verbraucherverträgen stellt dem Verbraucher einen Gewerbetreibenden gegenüber. Gewerbetreibender ist gemäß Art. 2: „eine natürlich oder juristische Person, die (...) im Rahmen ihrer gewerblichen oder beruflichen Tätigkeit handelt, auch wenn diese dem öffentlich-rechtlichen Bereich zuzurechnen ist.“[123] Die Fernabsatzrichtlinie findet ebenfalls nur Anwendung auf Vertragsabschlüsse zwischen Verbrauchern und Lieferanten. In sämtlichen dieser verbraucherschützenden Richtlinien werden dem Verbraucher Personen gegenüber gestellt, die gewerblich oder beruflich tätig sind.

Die Regelungen in Art. 13 EuGVÜ/LGVÜ sowie Art. 5 EVÜ wurden bewusst weit gehalten, um nicht in Widerspruch zu den Definitionen der nationalen Gesetze zu gelangen.[124] Da die oben aufgeführten Richtlinien heute bereits überwiegend in nationales Recht transformiert wurden, besteht nun nicht mehr die Gefahr eines Widerspruchs zwischen den Verbraucherdefinitionen. Vielmehr können diese Richtlinien jetzt als Auslegungshilfe für Art. 13 EuGVÜ/LGVÜ herangezogen werden.[125] Sie verdeutlichen den Willen des europäischen Gesetzgebers, den schwächeren Verbraucher vor gewerblich handelnden Personen zu schützen. Ein Widerspruch zum nationalen Recht ergibt sich nicht, wenn dem Verbraucher auch in den Übereinkommen eine gewerblich oder beruflich handelnde Person gegenüber gestellt wird. Es ist eine Anpassung an die Verbraucherbegriffe der Richtlinien vorzunehmen. Verträge zwischen zwei Privaten fallen daher nicht in den Anwendungsbereich des Art. 13 EuGVÜ/LGVÜ.

IV. Verbandsklagen

Auf Verbandsklagen finden die Vorschriften des 4. Abschnitts ebenfalls keine Anwendung. Nach Ansicht des EuGH beziehen sich die Vorschriften des 4. Abschnitts ihrem Wortlaut und ihrem Zweck nach nur auf den nicht berufs- oder gewerbebezogenen Endverbraucher, der selbst einen der in Art. 13 EuGVÜ aufgeführten Verträge geschlossen hat und gem. Art. 14 EuGVÜ Partei in einem Rechtsstreit ist.[126] Einem Verband fehlt es an diesen Elementen. Er ist nicht Endverbraucher und hat den Vertrag auch nicht persönlich geschlossen.[127] Zu-

---

123 Richtlinie 93/13/EWG des Rates über mißbräuchliche Klauseln in Verbraucherverträgen, ABl.EG 1993 L 95/29 vom 21.4.1993.

124 S. Bericht Giuliano / Lagarde, ABl.EG 1980 C 282/1 vom 31.10.1980, S. 24.

125 So auch *Bröcker*, Verbraucherschutz im Europäischen Kollisionsrecht, 1998, S. 52, die die Definition des Verbrauchers in diesen Vorschriften um ein rollenspezifisches Element ergänzen möchte.

126 EuGH, RS. 89/91 (Shearson Lehman Hutton Inc./TVB Treuhandgesellschaft), Slg. 1993, I, S. 139, Nr. 22; vgl. auch EuGH, RS. C-167/00 (Verein für Konsumenteninformation/Karl Heinz Henkel), The European Legal Forum 2002, S. 302 (304), Nr. 33.

127 So auch EuGH, RS. C-167/00 (Verein für Konsumenteninformation/Karl Heinz Henkel), The European Legal Forum 2002, S. 302 (304), Nr. 33; vgl. dazu auch: *Kartzke*, NJW 1994, S. 823 (824 f.); *Tonner*, VuR 1993, S. 48 (49).

dem entspricht eine solche Ausdehnung des Anwendungsbereichs der Artt. 13 ff. EuGVÜ/LGVÜ zugunsten der Verbände nicht dem Schutzzweck der Verbrauchergerichtsstände. Geschützt werden soll der Verbraucher als wirtschaftlich schwächere, unerfahrenere Partei.[128] Ein solches Schutzbedürfnis besteht für einen Verbraucherschutzverband dagegen nicht.[129] Verbraucherverbände müssen daher grundsätzlich am allgemeinen Gerichtsstand des Art. 2 EuGVÜ/LGVÜ klagen.[130] In Betracht kommt zudem die Eröffnung eines besonderen Gerichtsstands gemäß Art. 5 EuGVÜ/LGVÜ.[131] Eine Rückgriff auf die Regelungen des 4. Abschnitts ist Verbraucherverbänden jedenfalls verwehrt. Eine Ausnahme ist lediglich für die Fälle zuzulassen, in denen der Verbraucherschutzverband die einzelnen Verbraucher vertritt.[132]

B. Sachlicher Anwendungsbereich (Art. 13 Abs. 1 EuGVÜ/LGVÜ)

Art. 13 Abs. 1, Nr. 1 bis 3 EuGVÜ/LGVÜ beschränkt den Anwendungsbereich der besonderen Zuständigkeitsvorschriften für Verbrauchersachen auf bestimmte Erwerbsgeschäfte. Die Nummern 1 und 2 begründen die Anwendbarkeit der Vorschriften des 4. Abschnitts direkt. Art. 13 Abs. 1, Nr. 3 verlangt zudem eine besondere Beziehung zu dem Staat, in dem der Verbraucher seinen Wohnsitz hat.

I. Kauf beweglicher Sachen auf Teilzahlung (Art. 13 Abs. 1, Nr. 1 EuGVÜ/LGVÜ)

Der Begriff des Teilzahlungskaufs ist durch die Rechtsprechung des EuGH weitgehend geklärt. Nach ständiger Rechtsprechung des EuGH ist der Begriff vertragsautonom auszulegen.[133]

---

128 S. Bericht Giuliano / Lagarde, ABl.EG 1980 C 282/1 vom 31.10.1980, S. 23.

129 Vgl. Wieczorek / Schütze / *Hausmann*, Zivilprozeßordnung, 1994, Art. 12, Rn. 6.

130 Vgl. *Koch*, ZZP 113 (2000), S. 413 (437); daran ändert sich auch nichts durch die Richtlinie 98/27/EG des Europäischen Parlamentes und des Rates über Unterlassungsklagen zum Schutze der Verbraucherinteressen, ABl.EG 1998 L 166/51 vom 11.6.1998; vgl. dazu ausführlich: *Koch*, ZZP 113 (2000), S. 413 ff.; *Greger*, NJW 2000, S. 2457 ff.; *Stadler* in: FS Schumann, 2001, S. 465 (486).

131 Vgl. zur Anwendbarkeit des Art. 5 Nr. 3 EuGVÜ im Falle einer vorbeugenden Unterlassungsklage eines Verbraucherverbands: EuGH, RS. C-167/00 (Verein für Konsumenteninformation/Karl Heinz Henkel), The European Legal Forum 2002, S. 302 ff.

132 S. *Kropholler*, Europäisches Zivilprozeßrecht, 2002, Art. 15, Rn. 12; Cour d'appel de Colmar, ZIP 1999, S. 1209 ff. m. Anm. *Reich*; Cour de cassation, Rev. crit. 2001, S. 135 ff.; *Neumann / Rosch*, IPRax 2001, S. 257 ff.

133 EuGH, RS. 150/77 (Société Bertrand/Paul Ott KG), Slg. 1978, S. 1431, Nr. 12/16.

Der Kauf i.S.d. Art. 13 Abs.1, Nr. 1 EuGVÜ/LGVÜ ist von der Lieferung i.S.d. Nr. 3 abzugrenzen. Art. 13 Abs. 1, Nr. 1 EuGVÜ/LGVÜ ist nach der Rechtsprechung des EuGH nicht anwendbar, wenn ein Vertrag vorliegt, „dessen Gegenstand die Herstellung einer beweglichen Sache eines bestimmten Typs mit einigen Änderungen durch die eine Vertragspartei ist."[134] Dabei ist unerheblich, wie die Vertragsparteien ihren Vertrag bezeichnen.[135] Entscheidend ist vielmehr, ob die Sache fertiggestellt ist oder ob eine individuelle Anfertigung erfolgt.[136]

In der Entscheidung Bertrand/Ott betont das Gericht, dass es bei der Entwicklung eines eigenständigen Begriffs des Kaufs auf Teilzahlung die allgemeinen Grundsätze zu berücksichtigen habe, „die sich aus den von den Mitgliedstaaten auf diesem Gebiet erlassenen Gesetzen ergeben".[137] Nach den gemeinsamen Grundsätzen der Rechtsordnungen der Mitgliedstaaten ist unter dem Kauf beweglicher Sachen auf Teilzahlung ein Kaufgeschäft zu verstehen, bei dem der Kaufpreis in mehreren Teilzahlungen geleistet wird.[138] Ein Teilzahlungskauf liegt auch vor, wenn das Kaufgeschäft mit einem Finanzierungsvertrag verbunden ist.[139] Nach Ansicht des EuGH liegt ein Teilzahlungskauf dagegen nicht vor, wenn der Kaufpreis bereits bezahlt wurde, bevor der Besitz an der Sache übertragen wurde, da Art. 13 Abs. 1, Nr. 1 EuGVÜ nur den Schutz des Käufers für den Fall bezwecke, dass der Verkäufer ihm ein Darlehen gewährt hat. Die Leistung einer Anzahlung auf den bei Lieferung fälligen Kaufpreis genügt nicht.[140] Dies gilt auch bei Fälligkeit der zweiten Rate bei Lieferung der Ware.[141] Ein Leasingvertrag fällt dann in den Anwendungsbereich des Art. 13 Abs. 1, Nr. 3 EuGVÜ/LGVÜ, wenn dem Leasingnehmer durch den Vertrag das wirtschaftliche Eigentum am Leasinggegenstand verschafft wird.[142]

---

134 EuGH, RS. 99/96 (Mietz/Intership Yachting Sneek BV), Slg. 1999, I, S. 2277, Nr. 33.

135 EuGH, RS. 99/96 (Mietz/Intership Yachting Sneek BV), Slg. 1999, I, S. 2277, Nr. 33.

136 Vgl. auch *Kropholler*, Europäisches Zivilprozeßrecht, 1998, Art. 13, Rn. 14.

137 EuGH, RS. 150/77 (Société Bertrand/Paul Ott KG), Slg. 1978, S. 1431, Nr. 19/22.

138 Nach dem Bericht von Schlosser (ABl.EG 1979 C 59/71 vom 5.3.1979, S. 118, Rn. 157) findet Art. 13 Abs. 1, Nr. 1 EuGVÜ auch in den Fällen des sogenannten „hire purchase" Anwendung. Diese Rechtsform eines Abzahlungsgeschäfts ist insbesondere in Großbritannien und Irland verbreitet und entspricht funktionell dem Rechtsinstitut eines Abzahlungskaufs.

139 EuGH, RS. 150/77 (Société Bertrand/Paul Ott KG), Slg. 1978, S. 1431, Nr. 19/22.

140 EuGH, RS. 99/96 (Mietz/Intership Yachting Sneek BV), Slg. 1999, I, S. 2277, Nr. 31; so auch OLG Oldenburg, NJW 1976, S. 1043.

141 S. EuGH, RS. 99/96 (Mietz/Intership Yachting Sneek BV), Slg. 1999, I, S. 2277, Nr. 31.

142 Vgl. Staudinger / *Hausmann*, 2002, Anh. II zu Art. 27-37 EGBGB, Rn 95; dagegen sollen Leasingverträge, bei denen der Vertragsgegenstand nach Ablauf der Grundmietzeit vom Kunden erworben werden sollen unter Art. 13 Abs. 1, Nr. 3 EuGVÜ/LGVÜ fallen; vgl. Wieczorek / Schütze / *Hausmann*, Zivilprozeßordnung, 1994, Art, 13, Rn. 14; *Geimer / Schütze*, Europäisches Zivilverfahrensrecht, 1997, Art. 13, Rn. 28.

Im Online-Bereich ist der Erwerb von Software, die online an den Verbraucher übermittelt wird, als Kauf einer beweglichen Sache i.S.d. Art. 13 EuGVÜ/LGVÜ anzusehen.[143] Die Übertragung der Daten über das Internet ist nicht der Endzweck des Geschäfts. Dem Verbraucher geht es vielmehr darum, das Programm auf seinem Rechner nutzen zu können. Der Vorgang des Herunterladens der Daten kommt daher einer Übergabe gleich.[144] Die Form der Übertragung bewirkt keinen Unterschied in der rechtlichen Bewertung.[145] Der Empfänger kann die geladenen Daten auf einer Diskette speichern, so dass auch eine Verkörperung vorliegt. Der Online-Erwerb von Software fällt daher unter Art. 13 Abs. 1, Nr. 1 EuGVÜ/LGVÜ.

II. Kreditgeschäft zur Finanzierung eines Kaufs beweglicher Sachen (Art. 13 Abs. 1, Nr. 2 EuGVÜ/LGVÜ)

Art. 13 ff. EuGVÜ/LGVÜ finden auch auf Klagen aus Verträgen Anwendung, die ein Verbraucher zur Finanzierung des Kaufs einer beweglichen Sachen abgeschlossen hat. Entscheidend ist die Zweckgebundenheit des Darlehens oder Kreditgeschäfts zur Finanzierung des Kaufs. Wird ein Darlehen gewährt, das nicht zweckgebunden ist, so liegt kein Kreditgeschäft i.S.d. Nr. 2 vor.[146] Sowohl Darlehensgeber als auch Darlehensnehmer müssen Kenntnis vom Verwendungszweck haben.[147] Nicht erforderlich ist eine Rückzahlung des Darlehens in Raten.[148] Liegt ein verbundenes Geschäft vor, so erfasst Nr. 2 sowohl den Kreditvertrag als auch den Kaufvertrag. Gerade im Fall eines verbundenen Geschäfts (nach der Verbraucherkreditrichtlinie) liegt eine Zweckgebundenheit des Darlehensvertrages vor. Auch Finanzierungsleasingverträge sind vom Anwendungsbereich des Art. 13 Abs. 1, Nr. 2 EuGVÜ/LGVÜ umfasst.[149]

III. Andere Verbraucherverträge (Art. 13 Abs. 1, Nr. 3 EuGVÜ/LGVÜ)

Auf andere Verträge, die die Erbringung einer Dienstleistung oder die Lieferung beweglicher Sachen zum Gegenstand haben, finden die Artt. 13 ff. EuG-

---

143 Das Vorliegen einer beweglichen Sache ist hier zu bejahen, vgl. *Mankowski*, RabelsZ 63 (1999), S. 203 (232 f.); *Pichler*, in: Handbuch Multimedia-Recht, Teil 31, Rn. 179; dagegen: *Mehrings*, NJW 1988, S. 2438 (2439).

144 So auch BGH, NJW 1990, S. 320 (321).

145 S. *Pichler*, in: Handbuch Multimedia-Recht, Teil 31, Rn. 97.

146 *Geimer / Schütze*, Europäisches Zivilverfahrensrecht, 1997, Art. 13, Rn. 26.

147 Vgl. dazu ausführlich: *de Bra*, Verbraucherschutz durch Gerichtsstandsregelungen, 1992, S. 154 f.

148 S. Bericht Schlosser, ABl.EG 1979 C 59/71 vom 5.3.1979, S. 118, Rn. 157.

149 Vgl. Staudinger / *Hausmann*, 2002, Anh. II zu Art. 27-37 EGBGB, Rn 98.

VÜ/LGVÜ nur Anwendung, sofern der Vertrag die genannten Beziehungen zum Wohnsitzstaat des Verbrauchers aufweist.

1. Erbringung von Dienstleistungen

Der Begriff der Dienstleistungen ist vertragsautonom zu qualifizieren.[150] Er entspricht dem Begriff in Art. 5 Abs. 1 EVÜ und ist daher ebenso weit auszulegen.[151] Vorgeschlagen wird eine Anlehnung der Auslegung an die Vorschrift des Art. 50 EG (= Art. 60 EGV).[152] Danach sind Dienstleistungen „Leistungen, die in der Regel gegen Entgelt erbracht werden, soweit sie nicht den Vorschriften über den freien Waren- und Kapitalverkehr und über die Freizügigkeit der Personen unterliegen." Zu Recht weisen *Neumann / Rosch* aber darauf hin, dass das EuGVÜ als staatsvertragliche Regelung neben dem primären Gemeinschaftsrecht steht.[153] Die Begrifflichkeiten des EuGVÜ sind daher unabhängig von den Vorgaben des primären Gemeinschaftsrechts auszulegen. Eine Anlehnung an den Dienstleistungsbegriff im EGV ist nicht erforderlich. Die Definition im EG-Vertrag kann höchstens Indiz für den autonomen Dienstleistungsbegriff im EuGVÜ/LGVÜ sein.

Der BGH hat in einer Entscheidung zu Art. 29 EGBGB (= Art. 5 EVÜ) eine vertragsautonome Auslegung des Dienstleistungsbegriffs vorgenommen.[154] Darin erklärt das Gericht, gemeinsames Merkmal von Dienstleistungsverträgen sei, „daß eine tätigkeitsbezogene Leistung an den Verbraucher erbracht wird".[155]

Entscheidendes Merkmal für den Begriff der Dienstleistung ist somit das Vorliegen einer Leistung mittels einer Tätigkeit. Dabei kommt es auf den Gesamteindruck des Vertrages an. Ist der Schwerpunkt der Leistung durch den Vertragspartner tätigkeitsbezogen, so liegt eine Dienstleistung vor.[156] Anwendung

---

150 S. BGH, NJW 1994, S. 262 (263); Wieczorek / Schütze / *Hausmann*, Zivilprozeßordnung, 1994, Art. 13, Rn. 15; Staudinger / *Hausmann*, 2002, Anh. II zu Art. 27-37 EGBGB, Rn 101; MünchKomm BGB / *Martiny*, 1998, Art. 29 EGBGB, Rn. 10 m.w.N.

151 MünchKomm BGB / *Martiny*, 1998, Art. 29 EGBGB, Rn. 10; so auch BGH, NJW 1994, S. 262 (263); *Schaltinat*, Internationale Verbraucherstreitigkeiten, 1998, S. 57; Wieczorek / Schütze / *Hausmann*, Zivilprozeßordnung, 1994, Art. 13, Rn. 15.

152 Vgl. Wieczorek / Schütze / *Hausmann*, Zivilprozeßordnung, 1994, Art. 13, Rn. 15; Staudinger / *Hausmann*, 2002, Anh. II zu Art. 27-37 EGBGB, Rn 101; *Schaltinat*, Internationale Verbraucherstreitigkeiten, 1998, S. 57.

153 S. *Neumann / Rosch*, IPRax 2001, S. 257 (258).

154 S. BGH, NJW 1994, S. 262 (263), danach „folgt die Notwendigkeit einer autonomen Inhaltsbestimmung aus der Übereinstimmung mit Art. 13 I Nr. 3 EuGVÜ."

155 BGH, NJW 1994, S. 262 (263).

156 Vgl. *Schaltinat*, Internationale Verbraucherstreitigkeiten, 1998, S. 57 f., die für den Begriff der Dienstleistung neben Art. 60 EGV (a.F.) noch Art. 2 des Vorschlags der Richtlinie über die Haftung bei Dienstleistungen untersucht und einen weiten gegenständlichen Anwendungsbereich des Begriffs der Dienstleistung bejaht.

findet Art. 13 Abs. 1, Nr. 3 EuGVÜ/LGVÜ daher grundsätzlich auf Dienstleistungsverträge, die keine Arbeitsverträge sind, auf Werk- und Werklieferungsverträge und auf Geschäftsbesorgungsverträge. Für Versicherungsverträge gilt der 4. Abschnitt nicht. Hier sind die Vorschriften der Artt. 7-12a EuGVÜ/LGVÜ spezieller.[157] Im Einzelnen bereitet die Abgrenzung Schwierigkeiten.

a. Darlehensverträge

Der Bericht Schlosser weist darauf hin, dass ein Kreditgeschäft nicht auf die Erbringung einer Dienstleistung gerichtet ist und solche Verträge daher ausschließlich unter Art. 13 Abs. 1, Nr. 2 EuGVÜ/LGVÜ fallen.

In einer jüngeren Entscheidung bejahte die Cour d'appel de Colmar die Anwendbarkeit des Art. 13 Abs. 1, Nr. 3 EuGVÜ allerdings in einem Fall, in dem Verbraucher Darlehensverträge zum Zwecke der Finanzierung von Eigenheimen abgeschlossen und mit Hypotheken gesichert hatten. In diesem Fall klagte ein französischer Verbraucherverband gegen die Commerzbank AG mit dem Ziel, Darlehen, die zum Zwecke der Finanzierung von Eigenheimen gegeben worden waren, für nichtig erklären zu lassen. Zur Sicherung der Darlehen hatten die Darlehensnehmer jeweils der hypothekarischen Belastung ihres Grundstücks zugestimmt.[158]

Gegen diese Einschätzung spricht jedoch, dass es sich bei einem Darlehensvertrag nicht um einen Vertrag handelt, in dem eine tätigkeitsbezogene Leistung erbracht wird.[159] Ein Darlehensvertrag hat gerade keinen Dienstleistungscharakter. Dagegen kann auch nicht eingewendet werden, der EG-Vertrag gebe hier einen weiteren Dienstleistungsbegriff vor, da, wie bereits dargelegt, die Begrifflichkeiten des EuGVÜ/LGVÜ autonom zu bestimmen sind.[160] Auch die Systematik des Art. 13 EuGVÜ/LGVÜ spricht gegen eine Anwendung des Art. 13 Abs. 1, Nr. 3 auf Darlehensverträge. Geht man von einem systematischen Aufbau der Vorschrift des Art. 13 EuGVÜ/LGVÜ aus, so begründen Darlehensverträge lediglich im Falle des Art. 13 Abs. 1, Nr. 2 EuGVÜ/LGVÜ die internationale Zuständigkeit. Die Vorschrift des Art. 13 Abs. 1, Nr. 2 EuGVÜ/LGVÜ ist insoweit abschließend.

---

157 Vgl. *Kropholler*, Europäisches Zivilprozeßrecht, 1998, Art. 13, Rn. 20; Staudinger / *Hausmann*, 2002, Anh. II zu Art. 27-37 EGBGB, Rn 101; Wieczorek / Schütze / *Hausmann*, Zivilprozeßordnung, 1994, Art. 13, Rn. 16;.

158 Cour d'appel de Colmar, ZIP 1999, S. 1209 ff. m. Anm. *Reich*.

159 So auch *Kropholler*, Europäisches Zivilprozeßrecht, 1998, Art. 13, Rn. 20.

160 An der Vorgabe des EG-Vertrages will sich hier dagegen orientieren: *Reich*, ZIP 1999, S. 1209 (1211) unter Hinweis auf den Anhang der 2. Banken-RL 89/646/EWG vom 15.12.1989, ABl.EG L 386 vom 30.12.1989, wonach Verbraucherkredite nach Gemeinschaftsrecht als Dienstleistungen zu betrachten seien und das Dietzinger-Urteil (EuGH, RS. 45/96), in dem der Dienstleistungscharakter von Krediten bestätigt werde; eine Orientierung am primären Gemeinschaftsrecht befürwortet auch *Mankowski*, EWiR 1999, S. 1171.

b. *Verträge über Immobilien*

Art. 13 Abs. 1, Nr. 2 EuGVÜ/LGVÜ verweist auf Nr. 1. Art. 13 Abs. 1, Nr. 2 umfasst daher ausschließlich den Kauf beweglicher Sachen. Für Immobilienfinanzierungsverträgen ist der Anwendungsbereich des 4. Abschnitts nicht eröffnet. Art. 13 Abs. 1, Nr. 3 EuGVÜ/LGVÜ kann insoweit auch nicht als Auffangvorschrift fungieren.[161]

Der EuGH entschied, dass Ferienhausvermittlungsverträge in den Anwendungsbereich des Art. 16 Nr. 1 EuGVÜ fallen. Das Gericht erklärte den Anwendungsbereich des Art. 16 Nr. 1 EuGVÜ sogar in einem Fall für eröffnet, in dem der Vertrag mit einem Reiseveranstalter geschlossen worden war und zudem eine Reiserücktrittskostenversicherung sowie die Sicherstellung der Erstattung eines vom Kunden im voraus gezahlten Reisepreises beinhaltete. Die zusätzlichen Leistungen qualifizierte das Gericht hier zu Recht als Nebenbestimmungen zum Mietvertrag.[162] Die geschuldeten Nebenleistungen traten gegenüber der mietvertraglichen Hauptleistung in den Hintergrund.[163] Dagegen verneinte das Gericht die Anwendbarkeit des Art. 16 Nr. 1 EuGVÜ in einem Fall, in dem ein Ferienhausvermittlungsvertrag die Leistung verschiedener Tätigkeiten (wie die Reservierung der Plätze für die Beförderung, Auskünfte und Ratschläge, Empfang am Ferienort oder den Abschluss einer Reiserücktrittskostenversicherung) umfasste. Im Fall einer Gesamtheit von Dienstleistungen fällt ein gemischter Vertrag nicht in den Anwendungsbereich des Art. 16 Nr. 1 EuGVÜ.[164] Der Anwendungsbereich des Art. 13 Abs. 1, Nr. 3 EuGVÜ/LGVÜ kann in diesem Fall eröffnet sein.

c. *Timesharing-Verträge*

Timesharing-Verträge können nur dann den Anwendungsbereich des Art. 13 Abs. 1, Nr. 3 EuGVÜ/LGVÜ eröffnen, wenn außer der Übertragung des Teilzeiteigentums an Wohngebäuden noch weitere Leistungen erbracht werden.[165] Auch hier muss die Überlassung des Wohnraums in den Hintergrund treten und der Schwerpunkt des Timesharing-Vertrages in der Erbringung von Leistungen wie Verwaltungstätigkeit, Reinigung, Bewirtschaftung u.ä. liegen. In der Regel wird dies aber nicht der Fall sein. Der Schwerpunkt eines Timesharing-Vertrages liegt typischerweise auf der Überlassung des Wohnraums. In diesem Fall ist die ausschließliche Zuständigkeit des Art. 16 Nr. 1 EuGVÜ/LGVÜ begründet.

---

161 So aber *Mankowski*, EWiR 1999, S. 1171 (1172).

162 So auch EuGH, RS. 8/98 (Dansommer S.A./Andreas Götz), The European Legal Forum 2000/01, S. 57 (59, Nr. 33-38) m. Anm. *Hausmann*.

163 S. *Hausmann*, The European Legal Forum 2000/01, S. 60 (62).

164 S. EuGH, RS. 280/90 (Elisabeth Hacker/Euro-Relais GmbH), Slg. 1992, I, 1111, Nr. 14; BGH, NJW 1992, S. 3158 (3159); AG Hamburg, NJW-RR 2000, S. 352 f.

165 Reithmann / *Martiny*, Internationales Vertragsrecht, 1996, Rn. 721.

Dieser Auslegung ist auch der BGH in einer Entscheidung gefolgt. Darin führt das Gericht aus: „Bei der Bewirtschaftung und Verwaltung der Ferienwohnanlage handelt es sich (.) lediglich um untergeordnete Nebenleistungen, die typischerweise mit der Überlassung von Wohnraum verbunden sind.“[166] Im Regelfall wird ein Timesharing-Vertrag daher nicht in den Anwendungsbereich des Art. 13 Abs. 1, Nr. 3 EuGVÜ/LGVÜ fallen.[167] Der EuGH stellte in einer Entscheidung die Dienstleistungen bei einem Timesharing-Vertrag in den Vordergrund. In diesem besonderen Fall lag der Schwerpunkt aber eindeutig auf den Dienstleistungen. Der Wert der Dienstleistungen überstieg den Wert der Nutzungsrechte an der Ferienwohnung.[168] Ausnahmsweise kann daher auch Art. 13 Abs. 1, Nr. 3 EuGVÜ/LGVÜ anwendbar sein. Hier ist im Einzelfall abzugrenzen.[169]

d. *Verträge im E-Commerce*

Aufgrund der weiten Auslegung des Dienstleistungsbegriffs unterfallen viele über das Internet geschlossenen Verträgen sowie insbesondere online erbrachte Dienstleistungen dieser Fallgruppe.[170] Auch Verträge mit Providern sind Verträge über die Erbringung von Dienstleistungen, da die Provider insbesondere organisatorische Leistungen, wie z.B. Kundenberatung oder die Verwaltung eines Accounts für den einzelnen Nutzer übernehmen. Der Provider erbringt hier Dienstleistungen.[171]

2. Lieferung beweglicher Sachen

Verträge über die Lieferung beweglicher Sachen sind vorwiegend Warenkäufe.[172] Ob es sich um bewegliche Sachen handelt, bestimmt sich nach der lex rei sitae. Erfasst werden sowohl sämtliche Bargeschäfte, die unter den Voraussetzungen der Nr. 3 geschlossen wurden, als auch Kreditkäufe.[173]

Ein Fall der Lieferung beweglicher Sachen i.S.d. Nr. 3 liegt insbesondere vor, wenn Sachen geliefert werden, die nicht vorrätig sind, sondern erst individuell

---

166 BGH, NJW 1997, S. 1697 (1698).

167 So aber *Reich*, Europäisches Verbraucherrecht, 1996, S. 521; *Beise*, NJW 1995, S. 1724 (1725); *Jayme*, IPRax 1996, S. 87 f.

168 Die Fälle hier gleichstellend: *Jayme / Kohler*, IPRax 1999, S. 401 (402, Fn. 19).

169 Art. 16 Nr. 1 EuGVÜ dagegen immer verneinend: *Jayme*, IPRax 1996, S. 87 f.; *Jayme / Kohler*, IPRax 1999, S. 401 (402 f.).

170 Vgl. *Spindler*, MMR 2000, S. 18 (19).

171 Vgl. *Mankowski*, RabelsZ 63 (1999), S. 203 (233 f.); ausführlich zu Verträgen mit Internet-Providern: *Spindler*, Vertragsrecht der Internet-Provider, 2000, passim.

172 Wieczorek / Schütze / *Hausmann*, Zivilprozeßordnung, 1994, Art. 13, Rn. 14.

173 Vgl. MünchKomm BGB / *Martiny*, 1998, Art. 29 EGBGB, Rn. 12; *Geimer / Schütze*, Europäisches Zivilverfahrensrecht, 1997, Art. 13, Rn. 28; Reithmann / *Martiny*, Internationales Vertragsrecht, 1996, Rn. 719.

hergestellt werden müssen.[174] Der Kauf von Wertpapieren ist kein Vertrag über die Lieferung beweglicher Sachen i.S.d. Nr. 3.[175] Ein Finanzierungsleasingvertrag, bei dem der Kunde die Sache später erwirbt kann dagegen unter Nr. 3 fallen.[176]

In einer jüngeren Entscheidung hatte der EuGH die Frage zu entscheiden, ob die Klage eines Verbrauchers gegen ein Versandhandelsunternehmen auf Herausgabe eines Gewinns, den dieses Unternehmen dem Verbraucher schriftlich zugesagt hatte, den Anwendungsbereich des Art. 13 Abs. 1, Nr. 3 EuGVÜ eröffne.[177] Der österreichische OGH hatte diese Frage (im Zusammenhang mit § 5j KSchG) dem EuGH vorgelegt.[178] Der Gerichtshof hielt in diesem Fall den Anwendungsbereich der Vorschrift für eröffnet, da eine untrennbare Verbindung zwischen der Gewinnzusage und der Warenbestellung bestehe. In diesem Fall hatte der Verbraucher den Vertrag auf Grund des Angebots des Unternehmens abgeschlossen, das die Zusage eines Gewinns von weit höherem Wert als des für die Bestellung erforderlichen Mindesstbetrags enthielt. Das Gericht kommt zu dem Ergebnis, die Klage auf Herausgabe des Gewinns müsse „bei demselben Gericht erhoben werden können, das für eine Entscheidung über den von diesem Verbraucher geschlossenen Vertrag zuständig ist."[179]

In der Literatur wird für die Frage der internationalen Zuständigkeit bei Gewinnzusagen eine Anknüpfung an den angebahnten Vertrag vorgeschlagen.[180] Dabei wird davon ausgegangen, dass die Motivation des Unternehmers, mit dem Verbraucher einen Vertrag über die Lieferung von Ware abzuschließen, eine Art Vorwirkung entfalte, die die Anwendbarkeit des Art. 13 Abs. 1, Nr. 3 EuGVÜ/LGVÜ begründe.[181] Eine solche Anknüpfung ist aber nicht in sämtlichen Fällen der Gewinnzusage möglich. Ist - anders als in dem Sachverhalt, der dem EuGH zur Entscheidung vorlag - die Gewinnzusage nicht an die Bestellung von Ware geknüpft, so dass keine untrennbare Einheit zwischen der Gewinnzusage und der Warenbestellung vorliegt, so ist der Anwendungsbereich des Art. 13 Abs. 1, Nr. 3 EuGVÜ nicht eröffnet. Zudem wird man einer Gewinnmitteilung

---

174 S. *Kropholler*, Europäisches Zivilprozeßrecht, 1998, Art. 13, Rn. 21, 14.

175 S. LG Darmstadt, IPRax 1995, S. 318 m. Anm. *Thorn*.

176 Vgl. Wieczorek / Schütze / *Hausmann*, Zivilprozeßordnung, 1994, Art. 13, Rn. 14; Staudinger / *Hausmann*, 2002, Anh. II zu Art. 27-37 EGBGB, Rn. 100; Reithmann / *Martiny*, Internationales Vertragsrecht, 1996, Rn. 719 m.w.N.

177 EuGH, RS. C-96/00 (Rudolf Gabriel), NJW 2002, S. 2697 ff.

178 OGH, The European Legal Forum 2000/01, S. 338; dazu auch *Rauscher / Schülke*, The European Legal Forum 2000/01, S. 334 ff.

179 EuGH, RS. C-96/00 (Rudolf Gabriel), NJW 2002, S. 2697 (2699), Nr. 55.

180 Vgl. dazu *Lorenz*, NJW 2000, S. 3305 (3309); *ders.* IPRax 2002, S. 192 (194); Staudinger / *Hausmann*, 2002, Anh. II zu Art. 27-37 EGBGB, Rn. 51.

181 Diese Möglichkeit deutet auch der österreichische OGH an, vgl. OGH, The European Legal Forum 2000/01, S. 338.

nicht in sämtlichen Fällen die Motivation des Unternehmers zugrundelegen können, mit dem Verbraucher einen Vertrag über die Lieferung beweglicher Sachen abzuschließen. Denkbar ist auch eine Werbeaktion die dazu dienen soll den Namen des Unternehmens bekannt zu machen. In diesen Fällen eröffnet die Gewinnzusage den Anwendungsbereich des Art. 13 Abs. 1, Nr. 3 EuGVÜ nicht.[182] Es bedarf auch hier einer Prüfung im Einzelfall.

3. Inlandsbezug

Die in Art. 13 Abs. 1, Nr. 3, lit. a, b EuGVÜ/LGVÜ geforderte Verbindung zum Wohnsitzstaat des Verbrauchers stimmt mit dem in Art. 5 Abs. 2 EVÜ geforderten Inlandsbezug überein. Der Vorschrift liegt der Gedanke zugrunde, dass ein Verbraucher, der Waren im Ausland einkauft oder Dienstleistungen in Anspruch nimmt, nicht erwarten kann, auch dort vom Verbraucherrecht seines Heimatlandes geschützt zu werden.[183] Lediglich in den Fällen, in denen die Voraussetzungen der lit. a und b kumulativ vorliegen, gelten die besonderen Zuständigkeitsvorschriften des 4. Abschnitts ausnahmsweise auch bei Verträgen, die die Erbringung einer Dienstleistung oder die Lieferung beweglicher Sachen zum Gegenstand haben. Dem Vertrag muss im Wohnsitzstaat des Verbrauchers ein ausdrückliches Angebot oder eine Werbung vorausgegangen sein.

Der Begriff Angebot i.S.d. lit. a ist nicht im rechtstechnischen Sinn zu verstehen. Ausreichend ist hier schon eine invitatio ad offerendum.[184] Die zum Abschluss des Vertrages erforderliche Rechtshandlung wird erst in lit. b gefordert.

Der Begriff der Werbung umfasst Handlungen, die ein Kaufmann unternommen hat, um seine beweglichen Sachen oder Dienstleistungen in dem Land zu verkaufen, in dem sich der Verbraucher aufhält.[185] Erfasst werden sämtliche absatz-

---

182 Vgl. zur Anwendbarkeit des Art. 13 Abs. 1 Nr. 3 EuGVÜ auf § 661 a BGB jüngst: BGH, EBE/BGH 2002, Leitsatz 710/02, der die Zuständigkeit alternativ an Art. 13 Abs. 1, Nr. 3 oder Art. 5 Nr. 3 EuGVÜ anknüpft; vgl. auch OLG Nürnberg, NJW 2002, S. 3637 ff.; OLG Frankfurt, MDR 2002, S. 1023 f.; OLG Dresden, IPrax 2002, S. 421 ff.; LG Braunschweig, IPRax 2002, S. 213 ff.; zur neueren Rechtsprechung auch: *Feuchtmeyer*, NJW 2002, S. 3598 f., der zudem auf eine ausstehende Entscheidung des EuGH (RS. C-27/02 (Petra Engler/Janus Versand GmbH)) verweist.

183 Denkschrift der Bundesregierung, BT-Drucksache 10/503 in: *Pirrung*, Internationales Privat- und Verfahrensrecht, 1987, S. 334 (338).

184 MünchKomm BGB / *Martiny*, 1998, Art. 29 EGBGB, Rn. 19; *Mankowski*, RIW 1997, S. 990 (992); Wieczorek / Schütze / *Hausmann*, Zivilprozeßordnung, 1994, Art. 13, Rn. 18; so auch OLG München, NJW-RR 1993, S. 701 (703); *Wach / Weberpals*, AG 1989, S. 193 (199).

185 S. *Wach / Weberpals*, AG 1989, S. 193 (199); in diesem Sinne auch der Bericht Giuliano / Lagarde, ABl.EG 1980 C 282/1 vom 31.10.1980, S. 24; EuGH, RS. C-96/00 (Rudolf Gabriel), NJW 2002, S. 697 (2698), Nr. 44.

fördernden Handlungen.[186] Insbesondere Werbung durch Prospekte, Zeitungsanzeigen und Telefon fallen darunter.[187] Heute kommt aber auch der Werbung im Fernsehen (insbesondere Teleshopping) und im Internet große Bedeutung zu.[188]

Ein ursächlicher Zusammenhang zwischen der Werbung und dem Vertragsabschluss wird im Schrifttum zu Recht nicht verlangt, da der Nachweis, dass die Werbung des Vertragspartners für den Vertragsschluss ursächlich geworden ist, für den Verbraucher nur schwer zu erbringen ist.[189] Der EuGH hat die Frage nach dem ursächlichen Zusammenhang bisher nicht entscheiden müssen.[190]

Ein konkreter Bezug der Werbung zum Produkt wird ebenfalls nicht gefordert, da der Werbende im Zweifel auf seine gesamte Angebotspalette bzw. seine Marke aufmerksam machen wollte und nicht nur auf das eine beworbene Produkt.[191] Eine allgemeine Erzeugerwerbung genügt dagegen nicht. Erreicht die Werbung den Verbraucher in einem Drittland, so genügt dies für die Anwendbarkeit der Artt. 13 ff. EuGVÜ/LGVÜ nicht.[192]

Der Bericht Giuliano / Lagarde verlangt, dass sich die Werbung explizit an Verbraucher in deren Heimatland richtet. Eine Werbung in einer amerikanischen Zeitung, die auch in Deutschland verkauft wird, genügte beispielsweise nicht, um den Anwendungsbereich des 4. Abschnitts zu eröffnen. Etwas anderes gilt nach dem Bericht nur dann, wenn die Werbung in einer für die europäischen Länder bestimmten Sonderausgabe der Zeitung erschienen ist.[193] Diese Auslegung ist z.T. auf Kritik gestoßen. So kritisiert *Lüderitz*, dass diese Deutung dem Wortlaut der Vorschrift nicht entnommen werden könne und durch die Interessenlage des Werbenden auch nicht geboten sei. Vielmehr müsste der Werbende damit rechnen, dass Verbraucher in verschiedenen Ländern die Werbung lesen.

---

[186] S. *Geimer / Schütze*, Europäisches Zivilverfahrensrecht, 1997, Art. 13, Rn. 34; so auch *Berger*, in: Informatik 2001, 2001, S. 1002 (1003).

[187] Vgl. Reithmann / *Martiny*, Internationales Vertragsrecht, 1996, Rn. 726.

[188] Zum Teleshopping vgl. *Wagner*, WM 1995, S. 1129 (1130).

[189] Vgl. auch *Spindler*, MMR 2000, S. 18 (19); *Kropholler*, Europäisches Zivilprozeßrecht, 1998, Art. 13, Rn. 23; *Mankowski*, RIW 1997, S. 990 (991 f.); Reithmann / *Martiny*, Internationales Vertragsrecht, 1996, Rn. 726; Wieczorek / Schütze / *Hausmann*, Zivilprozeßordnung, 1994, Art. 13, Rn. 19; Staudinger / *Hausmann*, 2002, Anh. II zu Art. 27-37 EGBGB, Rn. 103.

[190] S. EuGH, RS. 318/93 (Brenner, Noller/Dean Witter Reynolds Inc.), Slg. 1994, I, S. 4275, Rn. 21.

[191] In diesem Sinne auch *Mankowski*, RIW 1997, S. 990 (992); Reithmann / *Martiny*, Internationales Vertragsrecht, 1996, Rn. 726.

[192] Wieczorek / Schütze / *Hausmann*, Zivilprozeßordnung, 1994, Art. 13, Rn. 19; Reithmann / *Martiny*, Internationales Vertragsrecht, 1996, Rn. 726; *Geimer / Schütze*, Europäisches Zivilverfahrensrecht, 1997, Art. 13, Rn. 34.

[193] S. Bericht Giuliano / Lagarde, ABl.EG 1980 C 282/1 vom 31.10.1980, S. 24.

Zudem könne der Betroffene meist nicht erkennen, ob die Werbung gerade für sein Heimatland oder darüber hinaus auch für andere Länder verfasst wurde.[194]

Dagegen wird eingewandt, dass auch der Bericht Giuliano / Lagarde nur fordere, dass die Werbung zumindest auch für das Heimatland des Verbrauchers bestimmt ist.[195] Bei den meisten Fernsehprogrammen, die durch Kabel- oder Satellitenempfang weltweit empfangen werden können, liegt dies vor. So werden beispielsweise beim Teleshopping Telefonnummern für diverse Länder angegeben und die Preise in verschiedenen Währungen genannt.[196] Viele überregionalen Zeitungen (insbesondere englischsprachige) sind heute auch für den weltweiten Vertrieb bestimmt. Sonderausgaben sind nicht mehr zwingend erforderlich. Insbesondere im Falle von weltweit abrufbaren Internetseiten bereitet das Kriterium einer zielgerichteten Werbung erhebliche Probleme.[197]

Da es die neuen Medien den Anbietern vereinfacht haben, eine Beziehung zum Heimatstaat des Verbrauchers herzustellen, genügt grundsätzlich jede Form der Werbung, die das Heimatland des Verbrauchers erreicht. Strenge Anforderungen sind an diese Beziehung nicht zu stellen. Art. 13 Abs. 1, Nr. 3 EuGVÜ/LGVÜ ist lediglich in den Fällen abzulehnen, in denen die Werbung erkennbar nur Verbraucher eines bestimmten Landes ansprechen sollte.[198]

Schwierigkeiten bereiten die Fälle, in denen der Verbraucher dem Anbieter selbst ein Angebot unterbreitet oder um die Zusendung von Informationsmaterial bittet. Hier geht die Initiative nicht vom Anbieter, sondern vom Verbraucher aus. Ob dies dem Schutzzweck des Art. 13 Abs. 1, Nr. 3 EuGVÜ/LGVÜ entspricht, erscheint fraglich.[199] Nur selten wird eindeutig der Verbraucher auf den Anbieter zugehen, ohne dass er durch irgendeine Form der Werbung (und sei es auch nur für ein anderes Produkt) von diesem Anbieter erfahren hat. Lediglich in diesen wenigen, nachweisbaren Fällen kann die Anwendbarkeit des 4. Abschnitts verneint werden.

Gemäß Art. 13 Abs. 1, Nr. 3, lit. b EuGVÜ/LGVÜ muss der Verbraucher die zum Abschluss des Vertrages erforderlichen Rechtshandlungen in seinem Wohnsitzstaat vorgenommen haben. Dabei genügt irgendeine für den Vertragsschluss konstitutive Erklärung.[200] Entscheidend ist lediglich, wo sich der

---

194 S. *Lüderitz*, in: FS Riesenfeld, 1983, S. 147 (158).

195 So *de Bra*, Verbraucherschutz durch Gerichtsstandsregelungen, 1992, S. 157 ff.

196 Vgl. *Thorn*, IPRax 1999, S. 1 (4).

197 Ausführlich zu Verträgen im Internet, unten, § 5, E.

198 Grundsätzlich gegen das Erfordernis einer zielgerichteten Werbung: *Senff*, Wer ist Verbraucher im internationalen Zivilprozeß?, 2000, S. 275 ff.

199 Bejahend: *Schlosser*, in: FS Steindorff, 1990, S. 1379 (1385); dagegen: Wieczorek / Schütze / *Hausmann*, Zivilprozeßordnung, 1994, Art. 13, Rn. 18; Staudinger / *Hausmann*, 2002, Anh. II zu Art. 27-37 EGBGB, Rn. 103.

200 S. *Lüderitz*, in: FS Riesenfeld, 1983, S. 147 (158); Wieczorek / Schütze / *Hausmann*, Zivilprozeßordnung, 1994, Art. 13, Rn. 20; Staudinger / *Hausmann*, 2002, Anh. II zu

Verbraucher im Zeitpunkt der Abgabe der Erklärung räumlich aufhält. Lässt der Verbraucher die Ware in einen anderen Staat liefern, so ist die Anwendbarkeit des 4. Abschnitts fraglich. Da aber Art. 13 Abs. 1, Nr. 3 EuGVÜ/LGVÜ insbesondere in lit. a auf den Vertragsabschluss abstellt, ist davon auszugehen, dass es für die Anwendbarkeit der Artt. 13 ff. EuGVÜ/LGVÜ unerheblich ist, in welches Land die Ware später geliefert wird. Entscheidend ist, dass dem Vertrag ein Angebot oder eine Werbung im Wohnsitzland des Verbrauchers vorausgegangen ist und dass der Verbraucher dort die für den Vertragsschluss konstitutive Erklärung abgegeben hat.[201]

IV. Vergleich mit Art. 5 EVÜ

Art. 5 EVÜ (=Art. 29 EGBGB) lässt zwei weitere Formen des Inlandsbezuges zu, die in Art. 13 Abs. 1, Nr. 3 EUGVÜ/LGVÜ nicht enthalten sind. So ist Art. 5 EVÜ auch anwendbar, wenn der Vertragspartner des Verbrauchers oder dessen Vertreter die Bestellung des Verbrauchers in dessen Wohnsitzstaat entgegengenommen hat. Die Vorschrift kommt daher auch in den Fällen der sogenannten „Kaffeefahrten" zur Anwendung, in denen der Verbraucher vom Anbieter zum Zwecke eines Vertragsschlusses ins Ausland verbracht wurde.

Bereits der Bericht Giuliano / Lagarde beschreibt, dass sich der erste und der zweite Gedankenstrich des Art. 5 EVÜ überschneiden. Es lässt sich kaum ein Fall konstruieren, bei dem der Vertragspartner eine Bestellung des Verbrauchers in dessen Wohnsitzland entgegengenommen hat, ohne dass dem Vertragsschluss eine Werbung vorausging.[202] Die „Kaffeefahrten" fanden jedoch keinen Eingang in die Regelungen der internationalen Verbrauchergerichtszuständigkeiten. Warum diese Regelung nicht in das EuGVÜ übernommen wurde, bleibt unklar.[203]

Art. 27-37 EGBGB, Rn. 104; Reithmann / *Martiny*, Internationales Vertragsrecht, 1996, Rn. 727; nach Ansicht des EuGH genügt jeder Schritt des Verbrauchers, in dem sein Wille zum Ausdruck kommt, der Aufforderung des Gewerbetreibenden Folge zu leisten, EuGH, RS. C-96/00 (Rudolf Gabriel), NJW 2002, S. 2697 (2698), Nr. 45.

201 Dies bezweifelnd: *Lüderitz*, in: FS Riesenfeld, 1983, S. 147 (158).

202 Vgl. *Lüderitz*, in: FS Riesenfeld, 1983, S. 147 (157); *de Bra*, Verbraucherschutz durch Gerichtsstandsregelungen, 1992, S. 160.

203 Vgl. *de Bra*, Verbraucherschutz durch Gerichtsstandsregelungen, 1992, S. 160; zu den möglichen Gründen vgl. *Bröcker*, Verbraucherschutz im Europäischen Kollisionsrecht, 1998, S. 48; Eine analoge Anwendung des Art. 13 Abs. 1, Nr. 3 EuGVÜ/LGVÜ auf diese Fälle ist aber zu verneinen. Es ist hier von einer beabsichtigten Nichtregelung des Gesetzgebers auszugehen; vgl. ausführlich zum Streitstand in der Literatur: *Senff*, Wer ist Verbraucher im internationalen Zivilprozeß?, 2000, S. 271 ff. m.w.N.

C. Zweigniederlassung am Wohnsitz des Verbrauchers (Art. 13 Abs. 2 EuGVÜ/LGVÜ)

Art. 13 Abs. 2 EuGVÜ/LGVÜ sieht vor, dass für den Vertragspartner eines Verbrauchers ohne Wohnsitz in dem Hoheitsgebiet eines Vertragsstaats der 4. Abschnitt auch eröffnet ist, wenn er in einem Vertragsstaat eine Zweigniederlassung, Agentur oder sonstige Niederlassung unterhält. Art. 13 Abs. 2 EuGVÜ/LGVÜ weicht insoweit vom Grundsatz des Art. 4 EuGVÜ/LGVÜ ab, als er die Anwendbarkeit des EuGVÜ auch in den Fälle begründet, in denen der Beklagte keinen Sitz in einem Vertragsstaat hat.

I. Auslegung des EuGH

Es muss sich um eine Zweigniederlassung, Agentur oder sonstige Niederlassung handeln. Die Voraussetzungen dieser Begriffe sind streitig. Der EuGH hat zu den Begriffen bisher nur im Zusammenhang mit Art. 5 Nr. 5 EuGVÜ Stellung genommen. Im Urteil Somafer SA / SAAR-Ferngas AG erklärt das Gericht, mit dem Begriff der Zweigniederlassung, Agentur oder sonstigen Niederlassung sei „ein Mittelpunkt geschäftlicher Tätigkeit gemeint, der auf Dauer als Außenstelle eines Stammhauses hervortritt, eine Geschäftsführung hat und sachlich so ausgestattet ist, dass er in der Weise Geschäfte mit Dritten betreiben kann, dass diese, obgleich sie wissen, dass möglicherweise ein Rechtsverhältnis mit dem im Ausland ansässigen Stammhaus begründet wird, sich nicht unmittelbar an dieses zu wenden brauchen, sondern Geschäfte an dem Mittelpunkt geschäftlicher Tätigkeit abschließen können, der dessen Außenstelle ist."[204] In einer späteren Entscheidung lässt das Gericht auch Namensgleichheit oder personelle Identität der Geschäftsführung und Vertretung der anderen Gesellschaft als Indizien für Art. 5 Nr. 5 EuGVÜ genügen.[205] Begründet wird diese Entscheidung mit dem Rechtsschein, den die Gesellschaft gegenüber Dritten setze.

Der EuGH hat in einer weiteren Entscheidung aber einen Handelsvertreter, der aufgrund seiner rechtlichen Stellung seine Tätigkeit im wesentlichen frei gestalten und seine Arbeitszeit frei bestimmen konnte, nicht als Außenstelle i.S.d. Art. 5 Nr. 5 EuGVÜ angesehen, da der vertretene Unternehmer dem Handelsvertreter nicht untersagen konnte gleichzeitig mehrere auf dem gleichen Produktions- oder Vertriebssektor miteinander konkurrierende Unternehmer zu vertreten. Zudem beschränkte sich der Handelsvertreter darauf, Aufträge an das Stammhaus weiterzuleiten, ohne an deren Abwicklung oder Ausführung beteiligt zu sein.[206]

---

204 EuGH, RS. 33/78 (Somafer SA/Saar-Ferngas SA), Slg. 1978, S. 2183, Nr. 12.

205 EuGH, RS. 218/86 (SAR Schotte GmbH/Parfums Rothschild SARL), Slg. 1987, S. 4905, Nr. 17.

206 EuGH, RS. 139/80 (Blanckaert und Willems PVBA/Luise Trost), Slg. 1981, S. 819, Nr. 13 = NJW 1982, S. 507.

Entscheidend ist nach der Rechtsprechung des EuGH somit, wie sich die Unternehmen nach außen präsentieren und wie das Rechtsverhältnis der beiden Unternehmen untereinander ausgestaltet ist. Selbstständige Unternehmen können ebenfalls Zweigniederlassungen sein.[207]

II. Auslegung der Literatur

In der Literatur wird z.T. gefordert, Art. 13 Abs. 2 EuGVÜ/LGVÜ weiter auszulegen als Art. 5 Nr. 5 EuGVÜ/LGVÜ.[208] Entscheidend solle die Außenwirkung und nicht das Binnenverhältnis zwischen Werbendem und Beklagtem sein. Bei Art. 13 Abs. 2 EuGVÜ/LGVÜ soll es daher bereits genügen, wenn das Unternehmen zurechenbar eine Person in einem Vertragsstaat für sich werbend und kontrahierend tätig werden lässt.[209]

Betrachtet man die Urteile des EuGH zu Art. 5 Nr. 5 EuGVÜ, so lässt sich eine weite Auslegung des Begriffs der Niederlassung aber nur schwer vertreten. Das Gericht betont immer wieder das Rechtsverhältnis zwischen den beiden Unternehmen.[210] Eine unterschiedliche Auslegung der identischen Begriffe innerhalb der Übereinkommen trägt zudem nicht zur Rechtssicherheit bei.[211] Die Rechtsprechung des EuGH zu Art. 5 Nr. 5 EuGVÜ ist daher auf Art. 13 Abs. 2 EuGVÜ/LGVÜ zu übertragen.[212]

III. Wohnsitz im gleichen Vertragsstaat

Problematisch sind die Fälle, in denen sich die Niederlassung des in einem Drittstaat ansässigen Unternehmers im Wohnsitzstaat des Verbrauchers befindet. Der EuGH hat diese Frage in dem Urteil Dean Witter Reynolds Inc. nicht entscheiden müssen.[213]

---

207 So in der Entscheidung EuGH, RS. 218/86 (SAR Schotte GmbH/Parfums Rothschild SARL), Slg. 1987, S. 4905, Nr. 17.

208 Ausführlich zum Streitstand in der Literatur: *Senff*, Wer ist Verbraucher im internationalen Zivilprozeß?, 2000, S. 289 ff.

209 Vgl. *Rauscher*, IPRax 1995, S. 289 (292); so auch bereits *Nassall*, WM 1993, S. 1950 (1951); ebenfalls auf den objektiven Anschein abstellend: *Geimer*, RIW 1994, S. 59 (61); *Senff*, Wer ist Verbraucher im internationalen Zivilprozeß?, 2000, S. 296 ff.

210 So auch in EuGH, RS. 218/86 (SAR Schotte GmbH/Parfums Rothschild SARL), Slg. 1987, S. 4905, Nr. 16; EuGH, RS. 139/80 (Blanckaert und Willems PVBA/Luise Trost), Slg. 1981, S. 819, Nr. 12, 13.

211 Gegen eine unterschiedliche Auslegung der Begriffe auch: *Benicke*, WM 1997, S. 945 (950).

212 Zu einem Gerichtsstand der virtuellen Niederlassung, vgl. *Berger*, in: Informatik 2001, 2001, S. 1002 (1005 ff.).

213 S. EuGH, RS. 318/93 (Brenner, Noller/Dean Witter Reynolds Inc.), Slg. 1994, I, S. 4275.

Zu Recht wird überwiegend vertreten, es sei ausreichend, den verklagten Unternehmer aufgrund des Art. 13 Abs. 2 EuGVÜ/LGVÜ so zu behandeln, als habe er seinen Wohnsitz in einem Vertragsstaat. Dabei sei unerheblich, dass der Verbraucher in dem gleichen Vertragsstaat seinen Wohnsitz hat.[214] Argumentiert wird mit dem Schutzzweck des Art. 13 Abs. 2 EuGVÜ. Zweck dieser Vorschrift ist es, den prozessualen Schutz des Verbrauchers mit Wohnsitz in einem Vertragsstaat gegenüber dem Vertragspartner mit Sitz in einem Drittstaat zu verstärken, wenn der Vertragspartner eine Niederlassung in einem Vertragsstaat hat. Der Verbraucher soll sich auf diesen Schutz verlassen können, ohne bei jedem Vertragsschluss zunächst nachprüfen zu müssen, ob der Vertragspartner seinen Sitz auch tatsächlich in einem Vertragsstaat hat oder ob er den Vertrag nur mit einer Zweigniederlassung eines in einem Drittstaat ansässigen Unternehmens abschließt. Gerade in einem Fall, in dem sich die Niederlassung in seinem Wohnsitzstaat befindet wird der Verbraucher davon ausgehen, dass auch die Gerichte seines Heimatstaates zuständig sind. Dieses Vertrauen des Verbrauchers auf die Zuständigkeit der Gerichte an seinem Wohnsitz muss daher geschützt werden.

Schlösse man Fälle aus, in denen Niederlassung und Wohnsitz des Verbrauchers im gleichen Land liegen, so würden die Fälle, in denen das Unternehmen seine gewerbliche Tätigkeit bewusst auf eine große Zahl von Vertragsstaaten ausrichtet, vom Anwendungsbereich der Übereinkommen ausgenommen. Dies führte nicht zu einer Verbesserung des Verbraucherschutzes.

Der erforderliche Bezug zu einem Vertragsstaat ergibt sich gemäß Art. 13 Abs. 2 EuGVÜ/LGVÜ aus dem Sitz der Niederlassung. Der zweifache Bezug (zu einem Drittstaat und zu einem Vertragsstaat) kann dabei ausnahmsweise auch die Anwendbarkeit des 4. Abschnitts in einem Fall begründen, in dem der Wohnsitz des Verbrauchers und die Niederlassung des Vertragspartners in dem gleichen Staat liegen. Nur auf diese Weise wird man dem Ausnahmecharakter des Art. 13 Abs. 2 EuGVÜ als besonderer Schutznorm für den Verbraucher gerecht.

D. Beförderungsverträge (Art. 13 Abs. 3 EuGVÜ/LGVÜ)

Beförderungsverträge sind aus dem Anwendungsbereich der besonderen Verbraucherschutzbestimmungen in den Übereinkommen herausgenommen. Auf diese Weise sollte verhindert werden, dass die Vorschriften im EuGVÜ und

---

214 Vgl. Wieczorek / Schütze / *Hausmann*, Zivilprozeßordnung, 1994, Art. 13, Rn. 29; *Rauscher*, IPRax 1995, S. 289 (293); *Geimer*, RIW 1994, S. 59 (61); *Geimer / Schütze*, Europäisches Zivilverfahrensrecht, 1997, Art. 13, Rn. 12; in diesem Sinne auch *de Lousanoff*, in: GS Arens, 1993, S. 251 (259); dagegen Generalanwalt *Darmon*, Schlussanträge in der RS. 89/91 (Shearson Lehman Hutton Inc./TVB Treuhandgesellschaft), Slg. 1993, I, S. 164, Nr. 59-71; OLG München, NJW-RR 1993, S. 701 (702); *Benicke*, WM 1997, S. 945 (948).

LGVÜ in Konflikt mit den Vorschriften in anderen internationalen Übereinkommen treten.[215] Ein solcher Konflikt würde nur zur Unübersichtlichkeit der Rechtslage führen, da in den Transportübereinkommen neben materiellen Regelungen auch Fragen des Verfahrens geklärt werden. Zudem sichert die Ausklammerung der Transportverträge aus dem Anwendungsbereich der Art. 13 ff. EuGVÜ/LGVÜ die Anwendbarkeit des 1. und 2. Abschnitts. Art. 5 Nr. 1 EuGVÜ/LGVÜ bleibt anwendbar.[216]

Der Begriff der Beförderungsverträge ist nicht definiert. Streitig ist, ob auch kombinierte Beförderungsverträge unter Art. 13 Abs. 3 EuGVÜ/LGVÜ fallen. Kombinierte Beförderungsverträge beinhalten neben der Beförderungsleistung weitere Leistungen, wie beispielsweise die Unterbringung. Dazu zählen etwa Pauschalreisen. Da es bei Art. 13 Abs. 3 EuGVÜ/LGVÜ an einer den Art. 5 EVÜ (=29 EGBGB) entsprechenden Einschränkung bezüglich solcher Pauschalreisen fehlt, ist eine Anwendbarkeit der Artt. 13 ff. EuGVÜ/LGVÜ auch auf kombinierte Verträge zu bejahen. Vom Anwendungsbereich des Art. 13 EuGVÜ können daher nur Fälle ausgenommen werden, in denen es ausschließlich um den Teil der Beförderungsleistung geht.[217]

E. Verbraucherverträge im E-Commerce

I. Einführung

Vor allem die zunehmende Nutzung des Internet ist der Grund dafür, dass die Anzahl an internationalen Sachverhalten steigt. Das Internet erleichtert den weltweiten Vertrieb von Produkten und Dienstleistungen. Der Verbraucher kann seinen Anbieter aus einem weltweiten Angebot aussuchen. Gerade als Werbe- und Verkaufsmedium bietet sich das Internet an. Ende 2001 nutzten bereits 500 Millionen Anwender weltweit privat das Internet.[218] Bis zum Jahr 2003 wird ein Anwachsen des Geschäftsvolumens des E-Commerce in Europa auf bis zu 340 Milliarden Euro erwartet.[219]

---

215 Vgl. Bericht Schlosser, ABl.EG 1979 C 59/71 vom 5.3.1979, S. 119, Rn. 160.

216 Vgl. Bericht Schlosser, ABl.EG 1979 C 59/71 vom 5.3.1979, S. 119, Rn. 160.

217 S. Wieczorek / Schütze / *Hausmann*, Zivilprozeßordnung, 1994, Art. 13, Rn. 22; Staudinger / *Hausmann*, 2002, Anh. II zu Art. 27-37 EGBGB, Rn. 105; zur Anwendbarkeit auf Kreuzfahrtverträge vgl. *Jayme*, IPRax 1993, S. 42 (43); gegen ein solches Auseinanderreißen von Pauschalreiseverträgen: *Geimer / Schütze*, Europäisches Zivilverfahrensrecht, 1997, Art. 13, Rn. 38.

218 S. FAZ vom 8.3.2002, S. 14.

219 S. *Lubitz*, CRi 2001, S. 39, mit einem Verweis auf: "Electronic commerce: Commission welcomes final adoption of legal framework Directive", Fn. 1; weltweit sollen im Jahr 2003 über 183 Millionen Menschen eine Summe von ca. 1.000 Milliarden Euro für Einkäufe im Internet ausgeben, vgl. *Moritz*, CR 2000, S. 61, mit einem Verweis auf: *Gartner*, Verlagsbeilage E-Commerce zur FAZ vom 1.6.1999.

Im Bereich des E-Commerce ist insbesondere Art. 13 Abs. 1, Nr. 3 EuGVÜ/LGVÜ von Bedeutung. Die meisten online erbrachten Dienstleistungen und im Internet geschlossenen Verträge unterfallen dieser Alternative des Art. 13 EuGVÜ/LGVÜ. Auch der Erwerb von Software, die der Verbraucher sich selbst vom Server lädt, unterfällt zumeist Art. 13 Abs. 1, Nr. 3 EuGVÜ/LGVÜ.[220] Die direkte Anwendung dieser Vorschrift auf Absatzgeschäfte im Internet scheint aber fraglich. Schließlich entstanden die Vorschriften zu einer Zeit, in der das Internet und seine Möglichkeiten noch nicht bekannt waren. Es stellt sich die Frage, ob Art. 13 Abs. 1 Nr. 3 EuGVÜ/LGVÜ einen ausreichenden Schutz für beide Vertragsparteien bietet.

II. Verbrauchervertrag

Bei dem im Internet abgeschlossenen Geschäft muss es sich um einen Verbrauchervertrag i.S.d. Art. 13 Abs. 1 EuGVÜ/LGVÜ handeln. Hier gelten die bereits dargestellten Kriterien.[221] Problematisch kann bei einem Rechtsgeschäft im Internet der Geschäftszweck sein. Es ist auf objektive Kriterien abzustellen. Nicht entscheidend ist, ob der Anbieter den Vertrag für einen Verbrauchervertrag hält.[222] Bei Verträgen, die via Internet abgeschlossen werden, ist der Anbieter daher auf die korrekten Angaben des Kunden zum Zweck des Geschäftes angewiesen. Solche Angaben kann der Anbieter z.B. bei der Abgabe der Bestellung verlangen. Der Kunde muss dann vorgegebene Felder einer Eingabemaske ausfüllen. So kann der Anbieter Angaben über den Zweck der Nutzung des Produkts (z.B. häuslicher Gebrauch / Nutzung im geschäftlichen Bereich) oder über den Kunden selbst (z.B. Beruf) verlangen. Täuscht der Verbraucher über seine Verbrauchereigenschaft, so verliert er den Schutz des 4. Abschnitts. Der Beweis für eine Täuschung durch den Kunden wird für den Anbieter allerdings nur schwer zu erbringen sein. Der Anbieter ist hier nur schlecht geschützt.

III. Angebot oder Werbung im Wohnsitzstaat des Verbrauchers

Dem Vertragsschluss muss gemäß Art. 13 Abs. 1, Nr. 3a EuGVÜ/LGVÜ ein ausdrückliches Angebot oder eine Werbung im Wohnsitzstaat des Verbrauchers vorausgegangen sein. Ein Angebot oder eine Werbung im Wohnsitzstaat des Verbrauchers liegt unproblematisch vor, wenn eine Werbebroschüre auf dem

---

220 Zum Problem der Software als bewegliche Sache: vgl. *Pichler*, in: Handbuch Multimedia-Recht, Teil 31, Rn. 179; in diesem Sinne auch *Mankowski*, RabelsZ 63 (1999), S. 203 (232); *Junker*, RIW 1999, S. 809 (811); *Thorn*, IPRax 1999, S. 1 (3) mit Verweis auf die Rechtsprechung zum Softwarekauf und dem UN-Kaufrecht.

221 Vgl. dazu oben, § 5, A., I., 1.

222 So aber *Mankowski*, der im Falle einer Bestellung unter der E-Mail-Adresse eines Unternehmens ein Verbrauchergeschäft grundsätzlich ablehnt, es sei denn, das bestellte Produkt kann von dem Unternehmen erkennbar nicht verwendet werden, vgl. *Mankowski*, RabelsZ 63 (1999), S. 203 (231 f.).

traditionellen Postweg an den Verbraucher versandt wurde. Diese Werbung war dann auf den Wohnsitzstaat des Verbrauchers ausgerichtet.

Fraglich ist aber, ob auch ein Angebot oder eine Werbung auf einer Website auf den Wohnsitzstaat des Verbrauchers ausgerichtet ist. Stellt der Anbieter ein Angebot oder eine Werbung ins Internet, so ist dieses Angebot (bzw. die Werbung) weltweit abrufbar.[223] Dem Verbraucher kann hier nicht vorgehalten werden, er habe den Bezug zum Anbieter selber hergestellt.[224] Der Verbraucher muss zwar durch Eingabe der entsprechenden Internetadresse die Website des Anbieters selbst aufrufen. Dies führt aber mit Blick auf andere Werbeträger nicht zu einer abweichenden Beurteilung. Der Verbraucher muss stets den entsprechenden Werbeträger selbst benutzen, sonst erreicht ihn das Angebot, bzw. die Werbung nicht. Es kann keinen Unterschied machen, ob der Verbraucher eine Zeitung aufschlägt oder eine Website aufruft. Es ist unerheblich, in welcher Weise der Verbraucher aktiv wird. Der Anbieter hat den ersten Schritt getan, indem er die Website errichtete.[225] Er hat mit der Errichtung der Website den Bezug zum Wohnsitzstaat des Verbrauchers hergestellt.[226]

Das Argument, der Verbraucher müsse wissen, dass er bei der Nutzung des Internet seinen Rechtsraum verlasse, kann nicht zur Einschränkung des Anwendungsbereichs des Art. 13 EuGVÜ/LGVÜ führen. Zwar reist der Verbraucher im Internet durch eine virtuelle Welt, faktisch sitzt er aber zu Hause vor seinem Computer. Der Verbraucher verlässt sein Heimatland zu keiner Zeit.[227] Zudem besteht ein besonderes Schutzbedürfnis des Verbrauchers. Schließlich wird dem Verbraucher, der die Top-Level-Domain (Schlusskürzel) „.com“ eingibt, nicht zwingend bewusst sein, dass er sich beispielsweise gerade auf einer Internetseite eines englischen Anbieters befindet.

Entscheidend für die Frage, an wen sich das Angebot oder die Werbung im Internet richtet, könnte der Sitz des Providers oder des Servers sein. Der Provider kann eine Internetseite nicht nur auf bestimmte Länder ausrichten. Eine Seite im Internet ist vielmehr weltweit abrufbar.[228] Server und Provider stehen in keiner Beziehung zu dem Vertragsverhältnis zwischen Verbraucher und Anbieter. Der technische Vorgang des Vertragsschlusses mit Hilfe des Servers hat keinen Einfluss auf den Ort, für den die Werbung bestimmt ist. Oft weiß der Anbieter nicht

---

223 Vgl. *Kronke*, RIW 1996, S. 985 (988); *Waldenberger*, BB 1996, S. 2365 (2371); eine gebietsneutrale Werbung annehmend: *Borges*, ZIP 1999, S. 565 (570).

224 So aber *Müller*, in: Rechtsfragen der Informationsgesellschaft, 1999, S. 259 (282); ferner *Hoeren / Oberscheidt*, VuR 1999, S. 371 (386 f.).

225 S. *Mankowski*, MMR 2000, Beilage Nr. 7, S. 22 (24).

226 So im Ergebnis auch *Junker*, RIW 1999, S. 809 (811); *Reich / Gambogi*, VuR 2001, S. 269 (272); *Berger*, in: Informatik 2001, 2001, S. 1002 (1003).

227 S. *Mankowski*, RabelsZ 63 (1999), S. 203 (240 f.).

228 Vgl. *Hoeren*, in: Legal Aspects of Globalization, 2000, S. 35 (40); *Pichler*, in: Handbuch Multimedia-Recht, Teil 31, Rn. 1.

einmal, wo der Server steht, auf dem sich seine Website befindet. Der Betreiber des Servers kann diesen an jedem beliebigen Ort platzieren.[229] So gibt die für kommerzielle Anbieter häufig verwendete Top-Level-Domain „.com" keinen Hinweis auf den Standort des Servers. Gegen eine Anknüpfung an den Sitz des Servers spricht auch, dass eine Website bzw. einzelne Dateien häufig auf mehreren Servern belegen sind, so dass eine Zuordnung zu einem bestimmten Land große Schwierigkeiten bereiten würde.[230] Weder der Sitz des Servers noch der Sitz des Providers haben daher Auswirkungen darauf, auf welches Land Angebot oder Werbung ausgerichtet sind.

Bei Werbesendungen im Fernsehen gilt der Grundsatz, dass mit der Kenntnis der technischen Reichweite einer Ausstrahlung auch eine bestimmungsgemäße Verbreitung in dieses Sendegebiet erfolgt. Fraglich ist, ob dies auch bei einer weltweit abrufbaren Website gilt.[231] Zu untersuchen ist, ob sich der Adressatenkreis eines Angebots oder einer Werbung im Internet anhand bestimmter Kriterien eingrenzen lässt oder ob das Angebot auf einer weltweit abrufbaren Internetseite immer auch weltweit gilt.

1. Abgrenzungskriterien

Die bloße Absicht des Anbieters, sein Angebot nur für bestimmte Länder gelten zu lassen, kann nicht entscheidend sein. Ein Nachweis, für welches Land der Anbieter das Angebot gelten lassen wollte, wäre praktisch nicht zu erbringen.[232] Ebenfalls nicht entscheidend ist, ob sich das Geschäft für den Verbraucher als Inlandsgeschäft darstellt oder nicht. Auf den guten Glauben des Verbrauchers an die Anwendbarkeit seines Heimatrechts kann bei Art. 13 EuGVÜ nicht abgestellt werden. Entscheidend ist die objektive Lage.[233]

In Betracht kommt eine Abgrenzung nach inhaltlichen Kriterien anhand des abgeschlossenen Vertrages. Abgestellt werden könnte auf die im Vertrag verwendete Sprache. Eine Abgrenzung alleine nach dem Sprachkriterium ist aber nicht möglich. Zwar kann die Sprache auf der Website Anhaltspunkte dafür bieten, für welche Länder diese Seite insbesondere gelten sollte, ausreichendes Abgrenzungskriterium für die Nichtanwendbarkeit auf bestimmte Länder kann die Sprache jedoch nicht sein.[234] So ist Englisch die in der Computerwelt und im

---

229 Vgl. *Rüßmann*, JurPC Web-Dok.108/1998, Abs. 32.

230 Vgl. *Grolimund*, ZSchR 2000, S. 339 (360).

231 Fernsehen und Internet hier gleichstellend: *Rüßmann*, JurPC Web-Dok. 108/1998, Abs. 39; so auch: *Lubitz*, CRi 2001, S. 39 (41).

232 Vgl. *Rüßmann*, JurPC Web-Dok. 108/1998, Abs. 49.

233 So auch *Mankowski*, MMR 2000, Beilage Nr. 7, S. 22 (25); auf die Verbrauchersicht abstellend: *Thorn*, IPRax 1999, S. 1 (4).

234 Dagegen *Pichler*, in: Handbuch Multimedia-Recht, Teil 31, Rn. 183, der von einer Zielrichtung der Werbung nur im jeweiligen Sprachraum ausgeht.

Wirtschaftsleben am häufigsten verwendete Sprache.[235] Diese Sprache bietet daher kein klares Abgrenzungskriterium. Aber auch andere Weltsprachen (wie Spanisch oder Französisch) ermöglichen keine klare Abgrenzung des Adressatenkreises, da diese Sprachen in vielen Teilen der Erde gesprochen werden. Zudem muss der Anbieter immer damit rechnen, dass Angehörige einer Sprachengemeinschaft im Ausland ansässig sind und von dort aus die Website aufrufen.[236]

Der Gegenstand des Vertrages bietet nur selten ein taugliches Abgrenzungskriterium. Zumeist werden Verbrauchern Gegenstände oder Leistungen angeboten, die unabhängig vom Wohnsitzstaat des Verbrauchers verwendbar sind.[237] Einen Anhaltspunkt kann aber die Währung bieten, in der die Gegenleistung zu erbringen ist. Die Angabe von Dollar- oder Euro-Preisen lässt allerdings nur begrenzt Rückschlüsse zu, da diese Währungen in vielen Ländern verwendet werden. Die im Internet übliche Zahlung durch Angabe der Kreditkartennummer oder Cybercash ermöglicht keinen Rückschluss auf den Verkehrskreis, für den die Ware bestimmt ist.[238]

Die Angabe heimischer Servicestellen oder die Top-Level-Domain „.de“ können ebenfalls Hinweise bieten. Zwar bedeutet die Endung „.de“ nicht, dass sich der Rechner des Anbieters zwingend in Deutschland befindet, sie lässt aber ein auf den deutschen Markt ausgerichtetes Angebot erwarten.[239] Werbe-E-Mails bieten ebenfalls einen Anhaltspunkt.[240] Aus dem Schlusskürzel der E-Mail-Adresse des Verbrauchers, an den die Werbe-E-Mail geschickt wurde, lässt sich auf den Staat schließen, an den die Werbung gerichtet ist. Dabei ist aber zu beachten, dass es heute nicht unüblich ist, E-Mail-Adressen mit Schlusskürzeln anderer Länder zu nutzen. So sind E-Mail-Adressen deutscher Verbraucher mit dem Schlusskürzel „.li“ weit verbreitet. Der Anbieter kann sich daher nicht darauf verlassen, dass Schlusskürzel und Wohnsitzstaat des Verbrauchers übereinstimmen. In der ex-post-Betrachtung kann das Vertragsverhältnis eines Anbieters mit einem im Ausland ansässigen Kunden Indikator dafür sein, dass das Internet-Angebot auch für dieses Land gelten sollte. Dies erfordert jedoch, dass der Anbieter wusste, welches das Wohnsitzland seines Vertragspartners ist.

---

235 Dagegen stellt hier *Moritz* auf das Bildungsniveau der Internetnutzer ab, vgl. *Moritz*, CR 2000, S. 61 (66).

236 Vgl. *Hoeren*, wrp 1997, S. 993 (998); *Spindler*, MMR 2000, S. 18 (20); *Senff*, Wer ist Verbraucher im internationalen Zivilprozeß?, 2000, S. 280; z.T. auf die Sprache abstellend: *Rüßmann*, K&R 1998, S. 129 (134); *Borges*, ZIP 1999, S. 565 (568).

237 Auf den Gegenstand der Werbung abstellend: *Rüßmann*, K&R 1998, S. 129 (134); *Pichler*, in: Handbuch Multimedia-Recht, Teil 31, Rn. 183.

238 Vgl. *Hoeren*, wrp 1997, S. 995 (998); *Mankowski*, MMR 2000, Beilage Nr. 7, S. 22 (26); *Spindler*, MMR 2000, S. 18 (21).

239 Vgl. *Mehrings*, CR 1998, S. 613 (620); *Hoeren / Oberscheidt*, VuR 1999, S. 371 (386).

240 S. *Mankowski*, in: Vertragsrecht der Internet-Provider, 2000, S. 180.

Die aufgeführten Kriterien bieten lediglich Anhaltspunkte dafür, dass das Angebot oder die Werbung nur Beziehung zu bestimmten Verbraucherkreisen haben sollte.[241] Die Verwendung einzelner Kriterien führt aber nicht dazu, dass der Bezug zu anderen Ländern grundsätzlich ausgeschlossen ist. Ein Angebot oder eine Werbung im Internet ist grundsätzlich auf sämtliche Staaten gerichtet, in denen die Seite abgerufen werden kann.[242] Lediglich in Ausnahmefällen, in denen aufgrund verschiedener Indizien klar erkennbar ist, dass die Werbung nur Verbraucher eines bestimmten Landes ansprechen soll, ist der Anwendungsbereich des Art. 13 Abs. 1, Nr. 3a EuGVÜ/LGVÜ bei Internet-Verträgen abzulehnen. Dieses ist im Einzelfall anhand der aufgeführten Kriterien zu überprüfen.

An einem Bezug zum Heimatstaat des Verbrauchers fehlt es erkennbar, wenn die Internetseite einen Hinweis des Anbieters (Englisch ist dabei ausreichend) enthält, in dem der Anbieter darauf hinweist, dass er nur mit Kunden bestimmter Länder kontrahieren wolle. Die Verwendung eines einfachen Disclaimers auf der Website genügt dafür allerdings nicht. Zu Recht wird hier auf eine protestatio facto contraria hingewiesen, wenn der Anbieter trotz des Hinweises, nur mit bestimmten Kunden Verträge schließen zu wollen, einen Vertrag mit einem Angehörigen eines solchen Staates schließt. Der Unternehmer kann sich dann nicht auf den Disclaimer berufen.[243] Ein Disclaimer genügt nur, wenn der Anbieter auch gleichzeitig prüft, mit wem er kontrahiert.

2. Schutzmöglichkeiten für den Anbieter

Der Anbieter, der im Internet Waren vertreibt, sieht sich der Gefahr ausgesetzt, vor den Gerichten sämtlicher EG- und EFTA-Staaten verklagt werden zu können. Er ist allerdings auch nicht im besonderen Maße schutzwürdig. Ein Anbieter, der auf einer Website wirbt, weiß um den unbestimmten Kreis von Nutzern, den er mit seiner Werbung erreichen kann.[244] Das damit verbundene Risiko wird bewusst in Kauf genommen. Der Anbieter profitiert von den Vorteilen, die eine Werbung im Internet bietet. Neben der Kostenersparnis für aufwendige Druckerzeugnisse oder Werbesendungen besteht der Vorteil der unbegrenzten Reichweite des Mediums. Zudem nutzen immer mehr Verbraucher die Einkaufsmöglichkeiten per Internet. Die Risiken des Anbieters werden wirtschaft-

---

241 Auf Vermutungen abstellend: *Lubitz*, CRi 2001, S. 39 (41).

242 So auch: *Gruber*, DB 1999, S. 1437 (1438); *Mehrings*, CR 1998, S. 613 (619); dagegen: *Spindler*, MMR 2000, S. 18 (22 f.), der hier grundsätzlich gewisse Bezüge zwischen der Angebotsaktivität des Website-Betreibers und dem Wohnsitzstaat des Verbrauchers verlangt.

243 Vgl. *Mankowski*, MMR 2000, Beilage Nr. 7, S. 22 (25 f.); *ders.*, in: Vertragsrecht der Internet-Provider, 2000, S. 181; *Hoeren*, wrp 1997, S. 993 (998); *ders.*, Rechtsfragen des Internet, 1998, Rn. 393; *Spindler*, MMR 2000, S. 18 (21); auf sprachliche Barrieren bei solchen Hinweisen verweisend: *Lubitz*, CRi 2001, S. 39 (41).

244 *Pichler*, in: Handbuch Multimedia-Recht, Teil 31, Rn. 181.

lich durch die Vergrößerung des Kundenkreises kompensiert.[245] Der Anbieter sieht sich aber einem allgemeinen kaufmännischem Risiko ausgesetzt. Ist der Kunde mit der Leistung des Anbieters nicht zufrieden, so wird er in Zukunft keine Verträge mehr mit diesem Anbieter abschließen.[246]

Statistiken zeigen, dass das Prozessrisiko für den Verbraucher deutlich höher ist, als das Risiko für den Anbieter, in einen Prozess mit dem Verbraucher verwickelt zu werden. Der zumeist geringe Streitwert und das hohe Prozesskostenrisiko wird den Verbraucher in den überwiegenden Fällen von einer gerichtlichen Geltendmachung seiner Ansprüche gegen den ausländischen Anbieter abhalten.[247] Auch die steigende Anzahl von Internetanbietern spricht dafür, dass die Vorteile der Nutzung dieses neuen Mediums die Risiken für den Anbieter übersteigen.[248]

Gegen ein zusätzliches Schutzbedürfnis des Anbieters spricht zudem das Argument, dass der Anbieter nicht gezwungen ist, den Vertrag mit jedem Kunden abzuschließen, der die Website besucht. Es bieten sich hinreichende Möglichkeiten, einen Vertragsschluss mit Kunden aus Staaten zu umgehen, mit deren Rechtsordnung der Anbieter keinen Kontakt wünscht. Schließlich handelt es sich bei den Angeboten auf einer Internetseite lediglich um eine invitatio ad offerendum des Anbieters. Der Anbieter kann von seinem Kunden Angaben über dessen Wohnsitzstaat verlangen und einen Vertragsschluss ablehnen. Diese Angaben sind im Versandhandel nicht unüblich und schützen den Anbieter vor Überraschungen.[249] Virtuelle Fragebögen oder Eingabemasken werden auch nur in Ausnahmefällen potentielle Kunden von einer Bestellung abhalten. Insbesondere die Lieferungs- und Rechnungsadresse muss in jedem Fall angegeben werden.[250] Dies ändert sich auch nicht, wenn der Kunde durch Angabe seiner Kreditkartennummer oder mit Cybercash zahlt. Das Recht des Anbieters, zu wählen, mit wem er kontrahiert, verstößt auch nicht gegen EG-Recht. Der Grundsatz der Privatautonomie gilt auch bei Verträgen, die über das Internet geschlossen werden.[251]

Bei der Bestellung online zu erbringender Dienstleistungen kann der Anbieter Angaben über den Wohnsitzstaat von seinem Kunden verlangen.[252] Zwar bedarf es in diesen Fällen keiner Lieferadresse im Heimatstaat des Verbrauchers, der Anbieter kann den Abschluss des Vertrages aber von Angaben über den Wohn-

---

245 S. *Reich / Gambogi*, VuR 2001, S. 269 (273).

246 Vgl. *Mankowski*, MMR 2000, Beilage Nr. 7, S. 22 (32).

247 Vgl. dazu die statistischen Erhebungen oben, § 3, B.

248 S. *Reich / Gambogi*, VuR 2001, S. 269 (273).

249 So auch *Lubitz*, CRi 2001, S. 39 (41).

250 Vgl. *Mankowski*, MMR 2000, Beilage Nr. 7, S. 22 (26).

251 So auch *Lubitz*, CRi 2001, S. 39 (41).

252 So auch *Berger*, in: Informatik 2001, 2001, S. 1002 (1004).

sitzstaat abhängig machen. Zudem wird er zumindest die Angabe einer E-Mail-Adresse benötigen, die Aufschluss über den Wohnsitz des Vertragspartners geben kann. Auch können Filterprogramme eingesetzt werden, die bei E-Mails aus Staaten, bei denen dem Anbieter das Prozessrisiko zu hoch erscheint, automatisch einen Angebotsabgabe durch den Kunden verhindern.[253] Allerdings muss dabei beachtet werden das E-Mail-Adressen nicht immer Rückschlüsse auf den Wohnsitzstaat des Verbrauchers zulassen.[254] Maßnahmen wie Eingabemasken oder Fragebögen für den Kunden sind nicht mit Zusatzkosten für den Anbieter verbunden. Vielmehr wird dieser schon zur übersichtlichen, verbraucherfreundlichen und werbewirksamen Gestaltung seines Online-Shops gezwungen sein, Bestellmasken ins Internet einzustellen.

Hingewiesen wird immer wieder auf das Problem der Täuschung durch den Kunden. Dabei wird aber vielfach übersehen, dass der Kunde zumeist gar kein Interesse daran hat, seinen Vertragspartner zu täuschen. Der Verbraucher will die Ware schließlich erwerben. Denkbar ist aber eine Fallkonstellation, in der der Kunde über seinen Wohnsitz täuscht, um auf diese Weise eine Sperre des Anbieters zu umgehen.[255] Klagt dieser täuschende Kunde dann vor seinem Heimatgericht, so trifft ihn die Beweislast für seinen Wohnsitz in diesem Staat. Die Beweislast für eine Täuschung trifft dann zwar den Anbieter, diesem wird es aber leicht gelingen mit Hilfe der Vertragsunterlagen nachzuweisen, dass der Verbraucher ihn getäuscht hat.[256] In diesen Fällen sollte dem Verbraucher der besondere Schutz des Verbrauchergerichtsstandes genommen werden. Eine Klagemöglichkeit vor den Gerichten seines Wohnsitzlandes besteht in diesem Fall daher nicht. Diese Auslegung des Art. 13 EuGVÜ/LGVÜ widerspricht auch nicht dem Schutzzweck der Vorschrift, schließlich begibt sich der täuschende Verbraucher selbst seiner Schutzwürdigkeit. Dem Anbieter müssen für eine Klage gegen den Verbraucher in diesem Fall sämtliche allgemeinen und besonderen Gerichtsstände offen stehen. Der Verbraucher verliert den Schutz des Verbrauchergerichtsstandes.

IV. Rechtshandlung des Verbrauchers

Gemäß Art. 13 Abs. 1, Nr. 3b EuGVÜ/LGVÜ muss der Verbraucher die zum Abschluss des Vertrages erforderliche Rechtshandlung in seinem Wohnsitzstaat vorgenommen haben. Sitzt der Verbraucher vor dem heimischen Computer, so ist dieses Erfordernis erfüllt. Schwierigkeiten bereiten aber die Fälle, in denen der Verbraucher sich beispielsweise von seinem Urlaubsort aus in seinen Heimatrechner einwählt und dann das Rechtsgeschäft tätigt. Art. 13 Abs. 1, Nr. 3

253 Vgl. *Mankowski*, MMR 2000, Beilage Nr. 7, S. 22 (25).

254 Vgl. dazu oben, § 5, E., III., 1.

255 S. *Lubitz*, CRi 2001, S. 39 (41).

256 S. *Mankowski*, MMR 2000, Beilage Nr. 7, S. 22 (27).

EuGVÜ/LGVÜ knüpft an den Ort an, von dem aus der Verbraucher die zum Abschluss des Vertrages erforderliche Rechtshandlung vornimmt. Befindet sich der Verbraucher im Ausland, so nimmt er dort die Rechtshandlung vor. Es kann nicht darauf ankommen, von welchem Ort aus die Erklärung technisch übermittelt wird. Entscheidend ist, wo sich der Verbraucher bei Abgabe seiner Willenserklärung tatsächlich befindet.[257]

Hält sich der Verbraucher nicht in seinem Wohnsitzstaat auf, so ist er nicht mehr schutzwürdig. Das Wissen um seinen derzeitigen Aufenthaltsort genügt, um eine Schutzbedürftigkeit des Verbrauchers abzulehnen.[258] Der Gesetzgeber hat gerade die Fälle, in denen sich der Verbraucher nicht in seinem Wohnsitzstaat befindet, vom Anwendungsbereich des Art. 13 Abs. 1, Nr. 3 EuGVÜ/LGVÜ ausgenommen. Faktisch wird dem Anbieter allerdings nur selten der Nachweis gelingen, dass sich der Verbraucher im Zeitpunkt der Abgabe seiner Willenserklärung im Ausland befunden hat. Erbringt der Anbieter aber diesen Nachweis, so ist der Anwendungsbereich des Art. 13 Abs. 1, Nr. 3 EuGVÜ/LGVÜ ausgeschlossen.

1. Aktive Website

Eine aktive Website ermöglicht den Abschluss von Verträgen direkt über die Internetseite. Der Kunde kann über diese Seite interaktiv Waren oder Dienstleistungen bestellen. Möchte ein Verbraucher Produkte bestellen, so wird er auf der Internetseite dazu aufgefordert, ein virtuelles Bestellformular auszufüllen, das dann per Mausklick abgeschickt wird. Der Anbieter erhält die Bestellung durch Anlegen einer Datei auf seinem Rechner oder durch Eintrag in eine auf dem Rechner des Anbieters vorgehaltene Datenbank. Der Anbieter kann dann individuell oder durch einen vom Antrag des Bestellers ausgelösten automatischen Programmablauf reagieren.[259] Unproblematisch findet Art. 13 Abs. 1, Nr. 3 EuGVÜ/LGVÜ auf Verträge Anwendung, die direkt über die Website abgeschlossen wurden. Der Anwendungsbereich des Art. 13 Abs. 1, Nr. 3 EuGVÜ/LGVÜ ist bei Abschluss eines Verbrauchervertrages via Internet lediglich dann nicht eröffnet, wenn im Einzelfall die oben aufgeführten Abgrenzungskriterien einen Bezug zum Wohnsitzstaat des Verbrauchers erkennbar ausschließen.

---

257 Dagegen: *Grolimund*, ZSchR 2000, S. 339 (369).

258 Vgl. *Spindler*, MMR 2000, S. 18 (23); *Mankowski*, RabelsZ 63 (1999), S. 203 (252); *Thorn*, IPRax 1999, S.1 (5); dagegen: *Kronke*, RIW 1996, S. 985 (988); unentschieden: *Junker*, RIW 1999, S. 809 (812).

259 Vgl. *Rüßmann*, K&R 1998, S. 129 (130).

2. Passive Website

Unter einer passiven Website ist eine Internetseite zu verstehen, die lediglich Werbe- und Informationszwecken dient und nicht interaktiv ist.[260] Fraglich ist, ob auch das Vorhalten einer passiven Website im Internet den Anwendungsbereich des Art. 13 Abs. 1, Nr. 3 EuGVÜ/LGVÜ eröffnen kann. Enthält eine Internetseite, die nicht interaktiv ist, Angebote oder Werbung für bestimmte Ware, so ist das Kriterium des Art. 13 Abs. 1, Nr. 3a EuGVÜ/LGVÜ erfüllt. Lediglich in den Fällen, in denen verschiedene Abgrenzungskriterien einen Bezug zum Wohnsitzstaat des Verbrauchers erkennbar ausschließen, ist der Anwendungsbereich des Art. 13 Abs. 1, Nr. 3a EuGVÜ/LGVÜ nicht eröffnet.

Jedenfalls erforderlich ist aber gemäß Art. 13 Abs. 1, Nr. 3b EuGVÜ/LGVÜ, dass der Verbraucher die zum Abschluss des Vertrages erforderliche Rechtshandlung in seinem Wohnsitzstaat vorgenommen hat. Der Verbraucher kann die im Internet beworbene Ware eines Anbieters mit Sitz im Ausland daher in einer Niederlassung an seinem Wohnsitz erworben haben. Hat der Vertragspartner seinen Sitz in einem anderen Land, so finden die Vorschriften des 4. Abschnitts auf diesen Vertrag Anwendung. In diesem Fall wird der Verbraucher durch die Vorschrift des Art. 13 Abs. 2 EuGVÜ/LGVÜ geschützt. Es genügt für den Anwendungsbereich des 4. Abschnitts hier die Zweigniederlassung, Agentur oder sonstige Niederlassung des Anbieters im Wohnsitzstaat des Verbrauchers. Die Anwendung der verbraucherschützenden Zuständigkeitsregeln ist in diesem Fall aber auch nicht unbillig. Der Anbieter, der seine Ware im Wohnsitzstaat des Verbrauchers vertreibt, muss damit rechnen, dass die Gerichte dieses Staates auch international zuständig sind.

Der Anwendungsbereich des Art. 13 Abs. 1, Nr. 3 EuGVÜ/LGVÜ ist im Fall einer passiven Website zudem eröffnet, wenn auf der Website neben der Werbung eine Adresse oder Telefonnummer im Ausland angegeben ist, unter der der Verbraucher die Ware dann schriftlich oder telefonisch bestellen kann. Bestellt der Verbraucher die Ware auf diesem Weg, so hat er die zum Abschluss des Vertrages erforderliche Rechtshandlung in seinem Wohnsitzstaat vorgenommen. Konsequenterweise ist auch in dieser Fallkonstellation der Anwendungsbereich der Vorschriften des 4. Abschnitts zu eröffnen. Der Anbieter kann sich in diesen Fällen nur schützen, indem er seine Internetseite erkennbar nur auf bestimmte Staaten ausrichtet oder einen Vertragsschluss mit Verbrauchern bestimmter Länder ablehnt.

Diese Ausdehnung des Anwendungsbereichs des Art. 13 Abs. 1, Nr. 3 EuGVÜ/LGVÜ auch auf passive Websites führt aufgrund des Erfordernisses der Rechtshandlung des Verbrauchers im Wohnsitzstaat im Ergebnis nur selten zur Anwendbarkeit des 4. Abschnitts. Der Anbieter wird daher nicht ungerecht belastet.

---

260 Vgl. *Buchner*, EWS 2000, S. 147 (150).

V. Zusammenfassung

Auf Absatzgeschäfte im Internet findet die Vorschrift des Art. 13 Abs. 1, Nr. 3 EuGVÜ/LGVÜ Anwendung. Für die Bestimmung des Geschäftszwecks ist auch bei Internet-Verträgen auf objektive Kriterien abzustellen. Der Anbieter ist dabei auf die Angaben des Kunden angewiesen. Täuscht der Verbrauchers über seinen Wohnsitz, so verliert er den Schutz des Verbrauchergerichtsstandes.

Bestimmte Kriterien können Anhaltspunkte dafür bieten, dass das Angebot oder die Werbung nur Beziehung zu räumlich begrenzten Verbraucherkreisen haben soll. Diese Kriterien führen aber nur in Ausnahmefällen, zu einer Nichtanwendbarkeit des Art. 13 Abs. 1, Nr. 3 EuGVÜ/LGVÜ. Es bedarf einer Überprüfung im Einzelfall, ob ausreichend Anhaltspunkte dafür vorliegen, dass die Werbung erkennbar nur Verbraucher bestimmter Länder ansprechen soll. Ein Angebot oder eine Werbung im Wohnsitzstaat des Verbrauchers liegt nicht vor, wenn der Anbieter einen entsprechenden Hinweis auf seiner Internetseite (Disclaimer) anbringt und zugleich kontrolliert, mit wem er kontrahiert.

Werbung oder Angebote sowohl auf aktiven als auch auf passiven Websites können den Anwendungsbereich des Art. 13 Abs. 1, Nr. 3 EuGVÜ/LGVÜ eröffnen. Art. 13 Abs. 1, Nr. 3 EuGVÜ/LGVÜ kommt bei passiven Websites allerdings nur selten zur Anwendung, da die Voraussetzung einer Rechtshandlung des Verbrauchers in seinem Heimatstaat nicht regelmäßig erfüllt sein wird.

§ 6 Gerichtsstandsregelungen gemäß Art. 14 EuGVÜ/LGVÜ

A. Internationale Zuständigkeit bei Aktiv- und Passivprozessen von Verbrauchern

Gemäß Art. 14 Abs. 1 EuGVÜ/LGVÜ kann ein Verbraucher seinen Vertragspartner wahlweise vor den Gerichten an seinem Wohnsitz oder den Gerichten am Wohnsitz des Vertragspartners verklagen. Voraussetzung für die Anwendbarkeit des Art. 14 Abs. 1 EuGVÜ/LGVÜ ist das Vorliegen einer Verbrauchersache i.S.d. Art. 13 EuGVÜ/LGVÜ.[261]

Für Klagen des Unternehmers gegen den Verbraucher sind gemäß Art. 14 Abs. 2 EuGVÜ/LGVÜ ausschließlich die Gerichte am Wohnsitz des Verbrauchers international zuständig. Etwas anderes könnte sich nur ergeben, wenn der Verbraucher eine Niederlassung, Agentur oder sonstige Niederlassung unterhält. Der Verweis des Art. 13 Abs. 1 EuGVÜ/LGVÜ auf Art. 5 Nr. 5 EuGVÜ/LGVÜ gilt für beide Vertragsparteien, so dass der Vertragspartner den Verbraucher auch an dessen Niederlassung verklagen könnte. Praktisch hat dieser Vorbehalt aber keine Auswirkungen, da Verbraucher regelmäßig keine Niederlassungen unterhalten.[262] Art. 14 Abs. 2 EuGVÜ/LGVÜ lässt eine Abweichung vom Grundsatz actor sequitur forum rei zum Schutze des Verbrauchers nicht zu.

I. Das Problem der örtlichen Zuständigkeit im deutschen Recht

Klagt ein Verbraucher gegen einen in einem anderen Vertragsstaat ansässigen Unternehmer, so begründet Art. 14 Abs. 1 EuGVÜ/LGVÜ lediglich die internationale Zuständigkeit der Gerichte am Wohnsitz des Verbrauchers. Die örtliche Zuständigkeit wird nicht bestimmt.[263] Die Regelung der örtlichen Zuständigkeit wird den nationalen Rechtsordnungen überlassen. Schwierigkeiten ergeben sich insbesondere bei Klagen vor deutschen Gerichten. Während in den Rechtsordnungen anderer Vertragsstaaten die örtliche Zuständigkeit bei Verbraucherstreitigkeiten besonders geregelt ist, fehlt es im deutschen Zivilverfahrensrecht bisher an einem besonderen Klägergerichtsstand für Verbraucherstreitigkeiten. Da Deutschland aber zur Justizgewährung verpflichtet ist, wenn das Übereinkom-

---

261 Vgl. *de Lousanoff*, in: GS Arens, 1993, S. 251 (255).

262 Vgl. Wieczorek / Schütze / *Hausmann*, Zivilprozeßordnung, 1994, Art. 14, Rn. 8.

263 S. OGH, ZfRV 1997, S. 33; OLG München, NJW-RR 1993, S. 701; LG Konstanz, NJW-RR 1993, S. 638; *Kropholler*, Europäisches Zivilprozeßrecht, 1998, Art. 14, Rn. 1.; Wieczorek / Schütze / *Hausmann*, Zivilprozeßordnung, 1994, Art. 14, Rn. 2; *Mankowski*, IPRax 2001, S. 33 m.w.N.

men seine internationale Zuständigkeit eröffnet, ist die örtliche Zuständigkeit in Deutschland nach den allgemeinen Zuständigkeitsvorschriften zu bestimmen.[264]

Sind Sondergesetze zum Schutz der Verbraucher anwendbar, so eröffnen diese Gesetze unproblematisch die örtliche Zuständigkeit am Wohnsitz des Verbrauchers. So begründet § 26 FernUSchG bei Fernunterrichtsverträgen eine ausschließliche örtliche Zuständigkeit am Wohnsitz des Teilnehmers. Bei Haustürgeschäften eröffnet § 29c Abs. 1 ZPO eine besondere Zuständigkeit am Wohnsitz des Verbrauchers für Klagen des Verbrauchers gegen den Unternehmer. Sind diese Vorschriften unanwendbar, so finden die allgemeinen örtlichen Zuständigkeitsregeln der ZPO Anwendung. Die §§ 12, 13, 17 ZPO können in diesen Fällen allerdings keine örtliche Zuständigkeit der Gerichte bestimmen, da der Vertragspartner des Verbrauchers nicht in Deutschland sitzt. Liegt der Erfüllungsort nicht in Deutschland, so kann auch § 29 ZPO die örtliche Zuständigkeit nicht begründen. Der Gerichtsstand des Vermögens (§ 23 ZPO) greift ebenfalls nicht in sämtlichen Fällen.

Es wird häufig übersehen, dass Art. 5 Nr. 5 EuGVÜ/LGVÜ direkt eine Zuständigkeit am Ort der Niederlassung eröffnet.[265] Diese Regelung bleibt durch den Verweis in Art. 13 Abs. 1 EuGVÜ/LGVÜ weiterhin anwendbar. Umfasst sind die Fälle, in denen der Vertragspartner des Verbrauchers eine Niederlassung am Wohnsitz des Verbrauchers hat. Trotzdem wurde in der Rechtsprechung der Instanzgerichte zuletzt vermehrt eine Ersatzzuständigkeit nach § 21 ZPO am Gerichtsstand der Niederlassung angenommen.[266] Unterhält der Unternehmer auch keine Niederlassung im Inland, so fehlt es an einer Vorschrift zur Bestimmung der örtlichen Zuständigkeit im deutschen Recht.

Ein in Deutschland durch Zustimmungsgesetz umgesetzter Staatsvertrag stellt innerstaatliches Recht dar. Die Gerichte sind verpflichtet, dieses Recht anzuwenden.[267] Ist eine Anwendung nur dadurch möglich, dass eine bestehende Regelungslücke geschlossen wird, so hat der Richter eine Analogie vorzunehmen.[268] Eine Nichtanwendung der Vorschriften der Artt. 13 ff. EuGVÜ/LGVÜ stellte eine Rechtsverweigerung dar.[269] Für die Festlegung einer Ersatzzuständigkeit haben sich in Deutschland verschiedene Theorien herausgebildet.

---

264 Vgl. *de Lousanoff*, in: GS Arens, 1993, S. 251 (261).

265 Vgl. *Mankowski*, IPRax 2001, S. 33 (36).

266 So z.B. AG Hamburg, NJW-RR 2000, S. 352 (353).

267 Der BGH verneinte aber in einer Entscheidung zu Art. 31 CMR die Zuständigkeit der deutschen Gerichte, da es an einem Gerichtsstand des Ladeortes fehlte, vgl. BGH, NJW 1981, S. 1902 (1903).

268 In diesem Sinne auch: *Thorn*, IPRax 1994, S. 426 (427); KG Berlin, IPRax 2001, S. 44 ff. = The European Legal Forum 2000/01, S. 217 ff.

269 Vgl. *Wach / Weberpals*, AG 1989, S. 193 (201).

Während eine Ansicht mit Blick auf die französische Rechtsprechung zu den Artt. 14, 15 Code Civil dem Verbraucher einen Wahlgerichtsstand zubilligen möchte, wollen andere in Anlehnung an das österreichische Recht (§ 28 JN) das zuständige Gericht durch den BGH bestimmen lassen.[270] Vertreten wird auch die Ansicht, im Einzelfall ein Gerichtsstandsbestimmungsverfahren gemäß § 36 Abs. 1, Nr. 1 ZPO durchzuführen.[271] Gegen einen Wahlgerichtsstand spricht aber bereits das System der deutschen ZPO, das eine Wahl der örtlichen Zuständigkeit nicht kennt. Eine Bestimmung des örtlichen zuständigen Gerichts durch ein höheres Gericht führt nicht zu einer Rechtsvereinfachung, sondern bleibt umständlich.[272]

Nach einer weiteren Ansicht, der ein großer Teil der Literatur folgt, soll eine Ersatzzuständigkeit am Gericht der Hauptstadt begründet werden.[273] Für diese Zuständigkeit des Hauptstadtgerichts spricht eine analoge Anwendung besonderer Vorschriften der ZPO, die auf die Gerichte am Sitz der Bundesregierung verweisen (§§ 15 Abs. 1, S. 2, 27 Abs. 2 ZPO). Möglich ist auch eine Analogie zu den Vorschriften der §§ 606 Abs. 3, 640a Abs. 1, S. 4 ZPO und §§ 36 Abs. 2, 73 Abs. 2 FGG, die eine Zuständigkeit des AG Berlin-Schöneberg begründen. Die Vertreter dieser Ansicht sehen in diesen Vorschriften die Vorgabe eines einheitlichen Systems für Auffanggerichtsstände, auf die die Richter auch im Fall des Art. 14 EuGVÜ zurückgreifen müssten. Dieser Ansicht folgten auch einige Gerichte.[274]

Dagegen wird zu Recht vorgebracht, dass diese Analogie den Regelungszweck der Verbrauchergerichtsstände im EuGVÜ/LGVÜ nicht beachte.[275] Durch die Eröffnung der örtlichen Zuständigkeit eines Berliner Gerichts wird Verbrauchern der Zugang zu den Gerichten regelmäßig nicht erleichtert. Zwar kann der Verbraucher gegen seinen Vertragspartner in Deutschland klagen, nicht aber am Gericht seines Wohnsitzes. Eine örtliche Zuständigkeit der Hauptstadtgerichte

---

270 Für eine Anlehnung an die französischen Rechtsprechung: *Milleker*, Der negative internationale Kompetenzkonflikt, 1975, S. 164; *Schröder*, Internationale Zuständigkeit, 1971, S. 215; *Linke* Internationales Zivilprozeßrecht, 2001, Rn. 206; für eine Bestimmung des örtlich zuständigen Gerichts durch den BGH: Stein / Jonas / *Schumann*, Zivilprozeßordnung, 1993, § 36, Rn. 26; BGHZ 19, 106 f., die eine Gesamtanalogie zu den Gedanken des § 36 ZPO und § 5 FGG vornehmen.

271 Vgl. *Vollkommer / Vollkommer*, in: FS Geimer, 2002, S. 1367 (1374).

272 So auch *de Bra*, Verbraucherschutz durch Gerichtsstandsregelungen, 1992, S. 181.

273 Vgl. *Walchshöfer*, ZZP 80 (1967), S. 165 (204); *Neuhaus*, RabelsZ 20 (1955), S. 201 (260); zuletzt insbesondere vertreten von *Geimer*, Internationales Zivilprozeßrecht, 2001, Rn. 970; *ders.*, EuZW 1993, S. 564 (566); so wohl auch: *Geimer / Schütze*, Europäisches Zivilverfahrensrecht, 1997, Art. 14, Rn. 9; dazu auch *Kropholler*, in: Handbuch des Internationalen Zivilverfahrensrechts, 1982, Kap. III, Rn. 145.

274 So z.B. AG Singen als Vorinstanz zu OLG Karlsruhe, NJW-RR 2000, S. 353.

275 Vgl. *Thorn*, IPRax 1994, S. 426 (428); KG Berlin, IPRax 2001, S. 44 ff. = The European Legal Forum 2000/01, S. 217 ff.

bringt keiner der beiden Parteien einen Vorteil. Zumeist werden sowohl der Verbraucher als auch der Anbieter anreisen müssen.

Verbraucherfreundlicher und somit dem Regelungszweck der Vorschriften des 4. Abschnitts eher entsprechend ist daher die Ansicht, die eine örtliche Zuständigkeit der Gerichte am Wohnsitz des Verbrauchers fordert.[276] Systematisch lässt sich die örtliche Zuständigkeit am Wohnsitz des Verbrauchers mit einer Analogie zu den Vorschriften der verbraucherschützenden Gerichtsstandsregelungen § 29c ZPO, § 26 FernUSchG begründen. Diese Vorschriften eröffnen zumindest eine besondere örtliche Zuständigkeit am Wohnsitz des Verbrauchers.[277]

Diese Verbrauchergerichtsstände verfolgen die gleiche Zielsetzung, wie die Artt. 13 ff. EuGVÜ/LGVÜ.[278] Daher kann eine Analogie angenommen werden. Dagegen lässt sich auch nicht einwenden, die anderen deutschen Gerichtsstandsregelungen in Sondergesetzen kennten einen solchen Klägergerichtsstand nicht. Die §§ 48 Abs. 1 VVG, 6 Abs. 2 AuslInvestmG, 109 VAG wurden zeitlich vor den heutigen Verbraucherschutzgesetzen erlassen. Eine Anpassung an die neuere Verbraucherschutzgesetzgebung hat nicht stattgefunden.[279] Entgegen der Ansicht des OLG München spricht auch die Streichung des § 6a AbzG nicht gegen eine solche Analogie.[280] Dem Wertungsgedanken eines Gerichtsstands am Wohnsitz des Verbrauchers sollte mit der Streichung dieser Vorschrift nicht entgegengetreten werden. Der Gesetzgeber wollte den Schutz des Verbrauchers mit dem VerbrKrG ausbauen und nicht verringern.[281]

Dieser Ansicht folgt mit ausführlicher Begründung nun auch das KG Berlin.[282] Problematisch an dieser Entscheidung ist aber, dass es sich um ein Prozesskostenhilfeverfahren handelte. In einem solchen Verfahren kann ein Gericht keine

---

276 Vgl. auch schon LG Konstanz, NJW-RR 1993, S. 638 f. = IPRax 1994, S. 448.

277 Zum Problem der ausschließlichen Zuständigkeit bei § 26 FernUSchG vgl. unten, § 15, C., III., 1.

278 S. *Thorn*, IPRax 1994, S. 426 (428); *de Bra*, Verbraucherschutz durch Gerichtsstandsregelungen, 1992, S. 182; KG Berlin, IPRax 2001, S. 44 ff. = The European Legal Forum 2000/01, S. 217 ff.; *Mankowski*, IPRax 2001, S. 33 (35); für eine Analogie zu dem ehemaligen § 6 AbzG plädieren *Wach / Weberpals*, AG 1989, S. 193 (201); Für die Projezierung des Art. 14 Abs. 1, 2. Alt. EuGVÜ auf die Ebene der örtlichen Zuständigkeit: Staudinger / *Hausmann*, 2002, Anh. II zu Art. 27-37 EGBGB, Rn. 112; *Kropholler*, in: Handbuch des Internationalen Zivilverfahrensrechts, 1982, Kap. III, Rn. 146.

279 Vgl. *Mankowski*, IPRax 2001, S. 33 (35).

280 So OLG München, NJW-RR 1993, S. 701 (702).

281 Vgl. dazu *Mankowski*, IPRax 2001, S. 33 (35), der zudem auf den Rechtsgedanken des Art. 8 Abs. 1 Nr. 2 EuGVÜ und eine mögliche Rechtsanalogie zu Art. 1a VertragsG CMR verweist.

282 KG Berlin, IPRax 2001, S. 44 ff. = The European Legal Forum 2000/01, S. 217 ff.; so auch bereits LG Konstanz, NJW-RR 1993, S. 638 f. = IPRax 1994, S. 448.

bindende Entscheidung über die Zuständigkeit in der Hauptsache fällen. Dasjenige Gericht, an das das beantragte PKH-Verfahren verwiesen wird, kann daher weiterhin seine Zuständigkeit in der Hauptsache verneinen.[283]

Die besseren Argumente sprechen hier für eine Zuständigkeit am Wohnsitz des Verbrauchers. Es ist zu hoffen, dass die Instanzgerichte in Zukunft der Rechtsprechung des KG Berlin folgen werden.

II. Wohnsitz des Verbrauchers

Entscheidend für den Wohnsitz des Verbrauchers ist der Wohnsitz im Zeitpunkt der Klageerhebung.[284] Dem Verbraucher wird dadurch die Möglichkeit eröffnet, auch in den Fällen an seinem neuen Wohnsitz zu klagen bzw. verklagt zu werden, in denen er in einen anderen Staat gezogen ist, nachdem er einen Verbrauchervertrag geschlossen hat. Er verliert den besonderen Schutz des 4. Abschnitts durch den Umzug nicht.

Der Bericht Schlosser weist darauf hin, dass im Falle eines Umzug des Verbrauchers der Schutz des 4. Abschnitts aber nur in den Fällen der Art. 13 Abs. 1, Nr. 1 und 2 EuGVÜ erhalten bleibe. Bei Art. 13 Abs. 1, Nr. 3 EuGVÜ müssten die erforderlichen Rechtshandlungen in dem neuen Wohnsitzstaat des Verbrauchers vorgenommen worden sein. Habe der Verbraucher die gemäß Art. 13 Abs. 1, Nr. 3 EuGVÜ erforderlichen Rechtshandlungen bereits an seinem früheren Wohnsitz vorgenommen, so sei der Anwendungsbereich des 4. Abschnitts nicht eröffnet.[285] Dagegen wird in der Literatur vertreten, dass die einmal begründete Anwendbarkeit des 4. Abschnitts bestehen bleibe. Trotz Umzugs könne der Verbraucher weiterhin auf die Anwendbarkeit des 4. Abschnitts vertrauen. Zuständig sei in diesen Fällen dann das Gericht am neuen Wohnsitz des Verbrauchers.[286]

Diesen Gegenstimmen in der Literatur wird zu Recht entgegnet, dass sich dieses Verständnis des Art. 14 EuGVÜ/LGVÜ nicht aus dem Sinn und Zweck der Vorschrift herleiten lasse.[287] Art. 13 Abs. 1, Nr. 3 EuGVÜ/LGVÜ begründet nur unter bestimmten Voraussetzungen eine Anwendbarkeit des 4. Abschnitts. Der Vertragspartner muss im Wohnsitzstaat des Verbrauchers geworben haben und

---

[283] Vgl. zum Gang des Verfahrens: *Vollkommer / Vollkommer*, in: FS Geimer, 2002, S. 1367 (1368 ff.); dazu auch *Mankowski*, JZ 2000, S. 793 (794).

[284] Vgl. *Geimer / Schütze*, Europäisches Zivilverfahrensrecht, 1997, Art. 14, Rn. 5; Wieczorek / Schütze / *Hausmann*, Zivilprozeßordnung, 1994, Art. 14, Rn. 6; Staudinger / *Hausmann*, 2002, Anh. II zu Art. 27-37 EGBGB, Rn. 113.

[285] S. Bericht Schlosser, ABl.EG 1979 C 59/71 vom 5.3.1979, S. 119, Rn. 161.

[286] Vgl. *Kropholler*, Europäisches Zivilprozeßrecht, 1998, Art. 14, Rn. 2; *Geimer / Schütze*, Europäisches Zivilverfahrensrecht, 1997, Art. 14, Rn. 6; *Senff*, Wer ist Verbraucher im internationalen Zivilprozeß?, 2000, S. 214 ff.

[287] S. *de Bra*, Verbraucherschutz durch Gerichtsstandsregelungen, 1992, S. 170.

der Verbraucher muss in seinem Wohnsitzstaat die zum Abschluss des Vertrages erforderlichen Rechtshandlungen vorgenommen haben. Wechselt der Verbraucher nach Vertragsschluss seinen Wohnsitz und erhebt danach Klage, so besteht kein Bezug mehr zwischen dem Angebot oder der Werbung und dem Wohnsitzstaat des Verbrauchers. Der Unternehmer hat keine Beziehung zu diesem neuen Wohnsitzstaat des Verbrauchers hergestellt. Art. 13 Abs. 1, Nr. 3 EuGVÜ/LGVÜ kann in diesen Fällen die Anwendbarkeit des 4. Abschnitts nicht mehr begründen. Hat der Vertragspartner seine Werbung bewusst nicht auf den neuen Wohnsitzstaat des Verbrauchers ausgerichtet, so kann dem Vertragspartner die unerwartete Zuständigkeit der Gerichte am neuen Wohnsitz des Verbrauchers nicht zugemutet werden.

Insbesondere bei Verträgen im E-Commerce ist den Unternehmen ein solcher Zuständigkeitswechsel nicht zuzumuten. Das im Internet werbende Unternehmen könnte sich nicht selber schützen. Selbst wenn es seine Werbung gezielt nur auf bestimmte Länder ausrichtete, wären der Anwendungsbereich des 4. Abschnitts aufgrund des Umzugs des Verbrauchers auch in anderen Ländern eröffnet. Eingabemasken oder Fragebögen, mit deren Hilfe der Anbieter den Wohnsitzstaat des Verbrauchers bestimmen könnte würden ihre Schutzfunktion verlieren. Art. 13 Abs. 1, Nr. 3 EuGVÜ/LGVÜ kann den Anwendungsbereich des 4. Abschnitts daher nicht eröffnen, wenn der Verbraucher die erforderlichen Rechtshandlungen nur in seinem früheren Wohnsitzstaat vorgenommen hat.

Stellt der Vertragspartner dagegen seine Werbe- oder sonstige Geschäftstätigkeit ein, nachdem der Vertrag zwischen dem Unternehmen und dem Verbraucher bereits geschlossen wurde, so hat dies keinen Einfluss auf die Anwendbarkeit des Art. 13 Abs. 1, Nr. 3 EuGVÜ/LGVÜ. Der erforderliche Bezug zwischen dem Wohnsitzstaat des Verbrauchers und der Werbung des Vertragspartners besteht in diesen Fällen.

B. Widerklagen

Art. 14 Abs. 3 EuGVÜ/LGVÜ räumt sowohl dem Verbraucher als auch seinem Vertragspartner die Möglichkeit ein, eine Widerklage an jedem nach dem 4. Abschnitt zuständigen Gericht zu erheben.[288] Inhaltlich stimmt Art. 14 Abs. 3 EuGVÜ/LGVÜ insoweit mit Art. 6 Nr. 3 EuGVÜ/LGVÜ überein. Art. 14 Abs. 3 EuGVÜ/LGVÜ fordert einen Sachzusammenhang zwischen der erhobenen Klage und der Widerklage. Klage und Widerklage müssen auf den gleichen Vertrag oder Sachverhalt gestützt werden. Der Verbraucher wird durch diese Erweiterung des 4. Abschnitts nicht schlechter gestellt. Verklagt der Verbraucher seinen Vertragspartner vor dem Gericht seines Wohnsitzes, so kann der

---

[288] Vgl. Wieczorek / Schütze / *Hausmann*, Zivilprozeßordnung, 1994, Art. 14, Rn. 9; *Geimer / Schütze*, Europäisches Zivilverfahrensrecht, 1997, Art. 6, Rn. 50.

Vertragspartner die Widerklage auch nur am Wohnsitz des Verbrauchers erheben.

C. Zusammenfassung

Art. 14 EuGVÜ/LGVÜ differenziert danach, welche Rolle der Verbraucher im Prozess einnimmt. Die Vorschrift regelt ausschließlich die Frage der internationalen Zuständigkeit. In Deutschland fehlt es an einer entsprechenden örtlichen Zuständigkeitsbestimmung bei Verbraucherstreitigkeiten. Die besseren Argumente sprechen für eine örtliche Ersatzzuständigkeit der Gerichte am Wohnsitz des Verbrauchers.

Zieht der Verbraucher nach Vertragsschluss um, so kann der Verbraucher in den Fällen des Art. 13 Abs. 1, Nr. 1 und 2 EuGVÜ/LGVÜ vor den Gerichten seines neuen Wohnsitzes klagen oder verklagt werden. Art. 13 Abs. 1, Nr. 3 EuGVÜ/LGVÜ kann den Anwendungsbereich des 4. Abschnitts dagegen nicht eröffnen, wenn der Verbraucher die erforderlichen Rechtshandlungen nur in seinem früheren Wohnsitzstaat vorgenommen hat.

§ 7 Schranken für Gerichtsstandsvereinbarungen, Art. 15 EuGVÜ/LGVÜ

A. Art. 15 Nr. 1 EuGVÜ/LGVÜ

Gerichtsstandsvereinbarungen sind bei Verbraucherstreitigkeiten grundsätzlich unzulässig. Art. 15 EuGVÜ/LGVÜ dient dem Schutz der Verbraucher vor Gerichtsstandsvereinbarungen, mit denen die Vorschriften des 4. Abschnitts umgangen würden. Insbesondere in Allgemeinen Geschäftsbedingungen ließen sich leicht Gerichtsstandsvereinbarungen zu Lasten der Verbraucher einfügen. Art. 15 EuGVÜ/LGVÜ regelt die Ausnahmen vom grundsätzlichen Prorogationsverbot bei Verbraucherstreitigkeiten.

Art. 15 Nr. 1 EuGVÜ/LGVÜ erklärt eine Gerichtsstandsvereinbarung für zulässig, wenn die Vereinbarung nach der Entstehung der Streitigkeit getroffen wurde. Dieser Regelung liegt der Gedanke zugrunde, dass dem Verbraucher die Konsequenzen einer Gerichtsstandsvereinbarung bewusst sind, wenn die Streitigkeit mit dem Vertragspartner bereits entstanden ist.[289] In diesen Fällen hat sich das Verhandlungsmachtgefälle zwischen dem Verbraucher und dem Anbieter nivelliert. Vor Abschluss des Vertrages kann hingegen der Anbieter einem Verbraucher die Zuständigkeit eines Gerichts mit Hilfe seiner Allgemeinen Geschäftsbedingungen leicht aufzwingen. Ist der Vertrag aber bereits abgeschlossen, so müssen die Parteien eine gezielte Gerichtsstandsvereinbarung für diese konkrete Streitigkeit treffen.[290] Der Verbraucher wird sich nicht mehr dazu gezwungen sehen, eine solche Vereinbarung einzugehen. Es fehlt an der „Überrumpelung" durch den Vertragspartner.[291] Der Verbraucher wird sich vielmehr gut überlegen, ob eine solche Gerichtsstandsvereinbarung für ihn vorteilhaft ist. Die Streitigkeit ist entstanden, „sobald die Parteien über einen bestimmten Punkt uneins sind und ein gerichtliches Verfahren unmittelbar oder in Kürze bevorsteht."[292]

B. Art. 15 Nr. 2 EuGVÜ/LGVÜ

Art. 15 Nr. 2 EuGVÜ/LGVÜ ermöglicht den Vertragsparteien eine Gerichtsstandsvereinbarung, mit der die Parteien einseitig zugunsten des Verbrauchers von der Zuständigkeit nach dem 4. Abschnitt abweichen können. Zulässig ist

289 Vgl. *de Bra*, Verbraucherschutz durch Gerichtsstandsregelungen, 1992, S. 184; *Kropholler*, in: Handbuch des Internationalen Zivilverfahrensrechts, 1982, Kap. III, Rn. 865.

290 Vgl. Bülow / Böckstiegel / *Auer*, Der internationale Rechtsverkehr, Art. 15, Rn. 3, S. 606.281.

291 In diesem Sinne auch: *Kropholler*, in: Handbuch des Internationalen Zivilverfahrensrechts, 1982, Kap. III, Rn. 865.

292 Bericht Jenard, ABl.EG 1979 C 59/1 vom 5.3.1979, S. 33, Fn. 1 m.w.N.

eine Vereinbarung, nach der der Verbraucher auch andere als die im 4. Abschnitt aufgeführten Gerichte anrufen kann.

Eine solche Vereinbarung erweitert den Schutz der Verbraucher. Der Verbraucher verliert nicht das Recht vor den Gerichten zu klagen, die nach den Vorschriften des 4. Abschnitts zuständig sind.[293] Gemäß Art. 17 Abs. 4 EuGVÜ/LGVÜ, behält der Verbraucher daher das Recht, jedes andere Gericht anzurufen, das auf Grund der Übereinkommen zuständig ist.[294]

C. Art. 15 Nr. 3 EuGVÜ/LGVÜ

Art. 15 Nr. 3 EuGVÜ/LGVÜ schützt ausnahmsweise den Vertragspartner des Verbrauchers. Voraussetzung für die Anwendbarkeit des Art. 15 Nr. 3 EuGVÜ/LGVÜ ist, dass der Verbraucher im Zeitpunkt des Vertragsschlusses seinen Wohnsitz oder gewöhnlichen Aufenthalt im gleichen Vertragsstaat hat, in dem sich auch der Wohnsitz oder gewöhnliche Aufenthalt des Vertragspartners befindet. Verlegt der Verbraucher bei diesem Inlandssachverhalt nach Vertragsschluss seinen Wohnsitz ins Ausland, so entsteht ein Sachverhalt mit internationalem Bezug.[295] Der Verbraucher müsste gemäß Art. 14 Abs. 2 EuGVÜ/LGVÜ im Ausland verklagt werden. Zum Schutz des Anbieters wurde in diesen Fällen eine Gerichtsstandsvereinbarung ausnahmsweise für zulässig erklärt. Zulässig ist allerdings nur die Vereinbarung der Zuständigkeit der Gerichte am früheren gemeinsamen Wohnsitz bzw. gewöhnlichen Aufenthalt beider Parteien. Die Vorschrift selbst gibt keine Auskunft darüber, ob und wie eine Verlegung des Wohnsitzes oder des gewöhnlichen Aufenthalts einer Partei erfolgt sein muss. Zu Recht wird aber verlangt, dass im Zeitpunkt der Klageerhebung tatsächlich Wohnsitz oder gewöhnlicher Aufenthalt verlagert wurden.[296]

Der Wohnsitz bestimmt sich nach dem Recht des Forumstaates (Art. 52 EuGVÜ/LGVÜ). Der Begriff des gewöhnlichen Aufenthalts ist in den Übereinkommen nicht geregelt. Der EuGH hat zu diesem Begriff bisher nicht Stellung genommen.[297] Nach Ansicht der Literatur soll der gewöhnliche Aufenthalt einer Person ebenfalls gemäß Art. 52 EuGVÜ/LGVÜ bestimmt werden.[298] Wohnsitz

293 Vgl. *Kaye*, Civil Jurisdiction, 1987, S. 852; *Geimer / Schütze*, Europäisches Zivilverfahrensrecht, 1997, Art. 15, Rn. 6.

294 Vgl. *Kropholler*, Europäisches Zivilprozeßrecht, 1998, Art. 12, Rn. 3.

295 Vgl. Bülow / Böckstiegel / *Auer*, Der internationale Rechtsverkehr, Art. 15, Rn. 5, S. 606.281.

296 Vgl. Bülow / Böckstiegel / *Auer*, Der internationale Rechtsverkehr, Art. 15, Rn. 10, S. 606.283; Wieczorek / Schütze / *Hausmann*, Zivilprozeßordnung, 1994, Art. 15, Rn. 7.

297 Zum Begriff des gewöhnlichen Aufenthalts vgl. *Spickhoff*, IPRax 1995, S. 185 ff.; *Schwind*, in: FS Ferid II, 1988, S. 423 ff.

298 Vgl. *Geimer / Schütze*, Europäisches Zivilverfahrensrecht, 1997, Art. 15, Rn. 11; Wieczorek / Schütze / *Hausmann*, Zivilprozeßordnung, 1994, Art. 15, Rn. 6; Bülow / Böckstiegel / *Auer*, Der internationale Rechtsverkehr, Art. 15, Rn. 7.

und gewöhnlicher Aufenthalt sind in den verschiedenen Vertragsstaaten nicht einheitlich geregelt. Sie können bei einer Person auch an verschiedenen Orten liegen. So verlangt das österreichische Prozessrecht für den Wohnsitz einerseits das körperliche Moment des tatsächlichen Aufenthalts an einem bestimmten Ort und andererseits die erkennbare Absicht, dort zu bleiben (§ 66 Abs. 1 JN).[299] Der Aufenthalt einer Person bestimmt sich dagegen gemäß § 66 Abs. 2 JN „ausschließlich nach tatsächlichen Umständen". Abgestellt wird nur auf die körperliche Anwesenheit, ein Willenselement fehlt hier.[300]

Art. 15 Nr. 3 EuGVÜ/LGVÜ verlangt zudem, dass das Recht des prorogierten Gerichtsstaates eine solche Vereinbarung zulässt.[301] Dieser Zusatz wurde eingeführt, da die Rechtsordnungen einiger Staaten eine Gerichtsstandsvereinbarung erst nach Entstehung der Streitigkeit erlaubten.[302] Das von diesen Staaten geschaffene Verbraucherschutzniveau sollte durch die Übereinkommen nicht abgesenkt werden. Schließlich wurde der 4. Abschnitt in die Übereinkommen eingeführt, um Spannungen zu einigen nationalen Rechten abzubauen, die dadurch entstanden waren, dass diese dem Verbraucher Rechte gewähren, die ihm durch die Übereinkommen wieder genommen wurden.[303]

Neben der Vereinbarung der internationalen Zuständigkeit der Gerichte an ihrem gemeinsamen Wohnsitz bzw. gewöhnlichen Aufenthalt können die Vertragsparteien auch die örtliche Zuständigkeit vereinbaren. Die internationale Zuständigkeit kann als ausschließliche oder als fakultative Zuständigkeit vereinbart werden. Die Formvoraussetzungen des Art. 17 EuGVÜ/LGVÜ sind bei der Vereinbarung zu wahren.[304]

I. Niederlassung am Wohnsitz des Verbrauchers

Nach überwiegender Ansicht genügt es für Art. 15 Nr. 3 EuGVÜ/LGVÜ, wenn der Vertragspartner, der seinen Sitz in einem Vertragsstaat hat, nur eine Niederlassung im Wohnsitzstaat des Verbrauchers unterhält. Begründet wird diese Ansicht damit, dass die Übereinkommen nicht nur Unternehmer privilegieren wollen, die ihren Sitz in einem Drittstaat haben. Der Vertragspartner, der in einem Drittstaat sitzt und im Wohnsitzstaat des Verbrauchers eine Niederlassung un-

---

299 Vgl. Rechberger / *Mayr*, ZPO, 2000, § 66 JN, Rn. 2.

300 Vgl. Rechberger / *Mayr*, ZPO, 2000, § 66 JN, Rn. 3; vgl. zu den Begriffen des Wohnsitzes und gewöhnlichen Aufenthalts in Österreich auch unten, § 16, C., I.

301 S. Bericht Jenard, ABl.EG 1979 C 59/1 vom 5.3.1979, S. 33.

302 Vgl. Bülow / Böckstiegel / *Auer*, Der internationale Rechtsverkehr, Art. 15, Rn. 12 mit Verweis auf Art. 628 des belgischen Code Judicaire und das luxemburgische Recht über den Abzahlungskauf.

303 S. Bericht Schlosser, ABl.EG 1979 C 59/71 vom 5.3.1979, S. 117, Rn. 153.

304 Vgl. Bülow / Böckstiegel / *Auer*, Der internationale Rechtsverkehr, Art. 15, Rn. 8, S. 606.282.

terhält, wird aufgrund der Fiktion des Art. 13 Abs. 2 EuGVÜ/LGVÜ so behandelt, als habe er seinen Sitz am Ort seiner Niederlassung. Schließt der Verbraucher mit dieser Niederlassung einen Vertrag, so wäre Art. 15 Nr. 3 EuGVÜ/LGVÜ zweifellos anwendbar. Verbraucher und Vertragspartner hätten aufgrund der Fiktion des Art. 13 Abs. 2 EuGVÜ/LGVÜ in diesen Fällen ihren Wohnsitz im gleichen Vertragsstaat. Eine Vereinbarung i.S.d. Art. 15 Nr. 3 EuGVÜ/LGVÜ ist für den Fall zulässig, dass der Verbraucher umzieht. Etwas anderes kann auch dann nicht gelten, wenn der Unternehmer selbst in einem Vertragsstaat sitzt und eine Niederlassung am Wohnsitz des Verbrauchers unterhält. Auch in diesem Fall muss Art. 15 Nr. 3 EuGVÜ/LGVÜ Anwendung finden.[305]

II. Anwendungsfälle des Art. 15 Nr. 3 EuGVÜ/LGVÜ

Hauptanwendungsfall des Art. 15 Nr. 3 EuGVÜ/LGVÜ ist der Umzug eines Verbrauchers nach Vertragsschluss in einen anderen Staat. In diesem Fall haben der Verbraucher und sein Vertragspartner im Zeitpunkt des Vertragsschlusses ihren Wohnsitz bzw. Sitz in dem selben Vertragsstaat. Eine Gerichtsstandsvereinbarung ist für den Fall zulässig, dass der Verbraucher im Zeitpunkt der Klageerhebung in einen anderen Vertragsstaat verzogen ist. Der Unternehmer muss den Verbraucher entgegen Art. 14 Abs. 2 EuGVÜ/LGVÜ nicht an dessen neuem Wohnsitz verklagen. Der Unternehmer wird vor einer überraschenden prozessualen Privilegierung des Verbrauchers als Folge des Umzugs geschützt.[306]

1. Sitzverlegung des Unternehmens

Übersehen wird häufig, dass die Vorschrift auch in den Fällen Anwendung finden kann, in denen der Unternehmer seinen Sitz verlegt. Auch für diese Fälle erklärt Art. 15 Nr. 3 EuGVÜ/LGVÜ die Vereinbarung der Zuständigkeit der Gerichte im früheren gemeinsamen Aufenthaltsstaat für zulässig. Der Verbraucher verliert mit der Vereinbarung einer ausschließlichen Zuständigkeit am früheren gemeinsamen Wohnsitz also die Möglichkeit, seinen Vertragspartner in dessen neuen Sitzstaat zu verklagen (Art. 14 Abs. 1, 1. Alt. EuGVÜ/LGVÜ).[307] Praktisch hat dieser Verlust aber keine großen Auswirkungen. Die Parteien einigen sich hier über die Zuständigkeit der Gerichte am Wohnsitz/gewöhnlichen Aufenthalt des Verbrauchers. Eine Klage vor diesen Gerichten ist für den Verbraucher in den überwiegenden Fällen vorteilhaft.

---

305 Vgl. dazu ausführlich *Geimer / Schütze*, Europäisches Zivilverfahrensrecht, 1997, Art. 15, Rn. 12 f.

306 Vgl. auch Bülow / Böckstiegel / *Auer*, Der internationale Rechtsverkehr, Art. 15, Rn. 5, S. 606.281.

307 Vgl. *de Bra*, Verbraucherschutz durch Gerichtsstandsregelungen, 1992, S. 185.

2. Auseinanderfallen von Wohnsitz und gewöhnlichem Aufenthalt bei einer Vertragspartei

Für die Anwendbarkeit der Vorschrift genügt es, wenn eine der Vertragsparteien ihren Wohnsitz in einem Vertragsstaat hat, in dem die andere Partei lediglich ihren gewöhnlichen Aufenthalt hat. In einem solchen Fall liegt ein Inlandssachverhalt vor, der eine Privilegierung der Gerichtsstandsvereinbarung rechtfertigt.[308]

Wohnt der Verbraucher im Zeitpunkt des Vertragsschlusses in einem anderen Vertragsstaat als der Unternehmer, so kann Anknüpfungspunkt für eine Gerichtsstandsvereinbarung gemäß Art. 15 Nr. 3 EuGVÜ/LGVÜ nur der gewöhnliche Aufenthalt des Verbrauchers im Sitzstaat des Unternehmers sein.

Dies ergibt sich auch aus dem Schutzzweck der Norm. Die Vorschrift privilegiert ausnahmsweise den Vertragspartner des Verbrauchers und stellt sich damit in Widerspruch zu den Vorschriften des 4. Abschnitts. Gemäß Art. 14 Abs. 2 EuGVÜ/LGVÜ müsste der Vertragspartner den Verbraucher an dessen neuen Wohnsitz verklagen. Der Unternehmer kann sich durch Gerichtsstandsvereinbarung davor schützen, unerwartet vor den Gerichten eines Landes klagen zu müssen, zu dem im Zeitpunkt des Vertragsschlusses keine Beziehung bestand.

Selbst wenn der Verbraucher die Gerichtsstandsvereinbarung in den Allgemeinen Geschäftsbedingungen des Anbieters nicht wahrgenommen hat, kann er nicht davon ausgehen, dass sein Vertragspartner ihn an seinem neuen Wohnsitz verklagen wird, wenn er seinen Wohnsitz unerwartet verlegt. Der Verbraucher ist in diesem Fall nicht besonders schutzwürdig.

Schwierigkeiten ergeben sich dagegen in einem Fall, in dem der Verbraucher lediglich seinen gewöhnlichen Aufenthalt verlegt. Dieser Fall ist, soweit ersichtlich, von der Rechtsprechung bisher nicht entschieden und auch in der Literatur nicht umfassend untersucht worden. Verlegt beispielsweise der in Deutschland wohnhafte Verbraucher, der seinen gewöhnlichen Aufenthalt in Österreich hat (wo auch der Unternehmer sitzt), seinen gewöhnlichen Aufenthalt nach Frankreich erscheint die Anwendbarkeit des Art. 15 Nr. 3 EuGVÜ/LGVÜ auch auf diesen Fall fraglich. Käme Art. 15 Nr. 3 in diesem Fall nicht zur Anwendung, wäre eine Gerichtsstandsvereinbarung unzulässig und der Unternehmer müsste den Verbraucher gemäß Art. 14 Abs. 2 EuGVÜ/LGVÜ an dessen Wohnsitz in Deutschland verklagen.

Für die Anwendbarkeit der Norm in diesem Fall ließe sich nur vorbringen, dass gewöhnlicher Aufenthalt und Wohnsitz hier ausnahmsweise gleichgestellt sind. Zwar handelt es sich dabei im System der Übereinkommen um eine Ausnahmevorschrift, dennoch ist diese Gleichstellung konsequent zu beachten. Es kann

---

308 S. Bülow / Böckstiegel / *Auer*, Der internationale Rechtsverkehr, Art. 15, Rn. 7, S. 606.282; *Kaye*, Civil Jurisdiction, 1987, S. 852 f.

daher keinen Unterschied machen, ob der Verbraucher im vorliegenden Fall seinen Wohnsitz oder seinen gewöhnlichen Aufenthalt verlegt.

Gleichwohl ist die Anwendbarkeit des Art. 15 Nr. 3 EuGVÜ/LGVÜ hier abzulehnen. Dafür spricht, dass der Unternehmer im Zeitpunkt des Vertragsschlusses mit einer Auslandsbeziehung zu dem Wohnsitzstaat des Verbrauchers (Deutschland) rechnen musste. Art. 15 Nr. 3 EuGVÜ/LGVÜ soll Gerichtsstandsvereinbarungen zum Schutz des Unternehmers nur ausnahmsweise zulassen, wenn dieser nicht mit einer Zuständigkeit der Gerichte des Staates rechnen konnte, in den der Verbraucher zog. Die Vorschrift beruht ausschließlich auf Billigkeitserwägungen. Der Anwendungsbereich ist daher einzuschränken. Grundsätzlich sind Gerichtsstandsvereinbarungen mit Verbrauchern vor Streitentstehung unzulässig. Lediglich in den Ausnahmefällen, in denen eine Wohnsitzverlegung des Verbrauchers stattfand und die Zuständigkeit der Gerichte eines Staates für den Unternehmer nicht voraussehbar war, soll eine Gerichtsstandsvereinbarung nach Art. 15 Nr. 3 EuGVÜ/LGVÜ zulässig sein. Konnte der Vertragspartner dagegen, wie im vorliegenden Fall, mit der Zuständigkeit der Gerichte eines Staates (hier Deutschland) bereits bei Vertragsschluss rechnen, so ist die Anwendbarkeit des Art. 15 Nr. 3 EuGVÜ/LGVÜ zu verneinen.

Entgegen der Ansicht von *de Bra* ist die Anwendbarkeit des Art. 15 Nr. 3 EuGVÜ/LGVÜ grundsätzlich abzulehnen, wenn der Verbraucher weder seinen Wohnsitz noch seinen gewöhnlichen Aufenthalt verlegt hat.[309] Fallen also in dem Beispielsfall wieder Wohnsitzstaat (Deutschland) und gewöhnlicher Aufenthalt (Österreich) beim Verbraucher auseinander und sitzt der Unternehmer in Österreich, so kann der Unternehmer den Verbraucher nicht aufgrund einer Gerichtsstandsvereinbarung gemäß Art. 15 Nr. 3 EuGVÜ/LGVÜ in Österreich verklagen, wenn der Verbraucher weder Wohnsitz, noch gewöhnlichen Aufenthalt in einen anderen Staat verlegt. Der Unternehmer ist in diesem Fall nicht schutzwürdig. Im Zeitpunkt des Vertragsschlusses konnte der Unternehmer aufgrund des Wohnsitzes des Verbrauches im Ausland bereits erkennen, dass ein Auslandsbezug zu diesem Staat besteht. Gemäß Art. 14 Abs. 2 EuGVÜ/LGVÜ hat der Unternehmer den Verbraucher daher an dessen Wohnsitz zu verklagen. Nur wenn der Anwendungsbereich des Art. 15 Nr. 3 EuGVÜ/LGVÜ auf diese Weise eingeschränkt wird, wird man dem besonderen Charakter des prozessualen Verbraucherschutzes des 4. Abschnitts gerecht.

Unproblematisch ist hingegen der umgekehrte Fall, in dem Hauptsitz und Niederlassung des Unternehmers auseinanderfallen. Der Sitz des Unternehmens wird gemäß Art. 13 Abs. 2 EuGVÜ/LGVÜ am Sitz der Niederlassung fingiert.

---

[309] S. *de Bra*, Verbraucherschutz durch Gerichtsstandsregelungen, 1992, S. 185 f.

3. Umzug einer Vertragspartei in einen Drittstaat

Art. 15 Nr. 3 EuGVÜ/LGVÜ findet auch in den Fällen Anwendung, in denen einer der Vertragspartner in einen Drittstaat zieht. Vereinbaren beispielsweise ein in Deutschland wohnhafter Verbraucher und ein in Deutschland sitzendes Unternehmen die Zuständigkeit der deutschen Gerichte, so fände Art. 15 Nr. 3 EuGVÜ/LGVÜ grundsätzlich auch Anwendung, wenn der Verbraucher in die USA zöge. Es ist hierbei allerdings zu beachten, dass nur das angerufene Gericht eines Vertragsstaates an die Übereinkommen und somit an die Vereinbarung i.S.d. Art. 15 Nr. 3 EuGVÜ/LGVÜ gebunden ist. Das angerufene Gericht eines Drittstaates entscheidet nach der lex fori über die Wirksamkeit einer solchen Vereinbarung.[310] Im Beispielsfall wird also ein angerufenes US-amerikanisches Gericht die Zulässigkeit der Gerichtsstandsvereinbarung nach seinem nationalen Recht prüfen. Lediglich das angerufene deutsche Gericht prüft (und bejaht) in einem solchen Fall die Zulässigkeit der Vereinbarung nach den Übereinkommen.

D. Verhältnis zu Art. 17 EuGVÜ/LGVÜ

Art. 15 EuGVÜ/LGVÜ ist ein Unterfall des Art. 17 EuGVÜ/LGVÜ.[311] Dies ergibt sich aus dem Verweis des Art. 17 Abs. 3 EuGVÜ/LGVÜ auf Art. 15 EuGVÜ/LGVÜ. Es genügt somit gemäß Art. 17 Abs. 1 EuGVÜ/LGVÜ, wenn nur der Kläger im Zeitpunkt der Gerichtsstandsvereinbarung in einem Vertragsstaat wohnte. Diese Regelung beruht auf dem Gedanken, dass es auf die Rolle als Kläger oder Beklagter für eine Gerichtsstandsvereinbarung nicht ankommen kann.[312] Im Zeitpunkt der Vereinbarung der Zuständigkeit eines Gerichts können die Parteien noch nicht absehen, wer Kläger und wer Beklagter werden wird. Hätte der Beklagte keinen Wohnsitz in einem Vertragsstaat, so müssten die angerufenen Gerichte anhand ihres nationalen Zivilprozessrechts bestimmen, ob die Gerichtsstandsvereinbarung zulässig ist. Die nationalen Vorschriften stellen aber z.T. andere Anforderungen an die Zulässigkeit einer Gerichtsstandsvereinbarung als die Übereinkommen. Es könnte in diesen Fällen nur von der Rollenverteilung im Prozess abhängen, ob die Gerichtsstandsvereinbarung zulässig ist oder nicht. Um dies zu verhindern, wurde Art. 17 Abs. 1 EuGVÜ/LGVÜ auch in Fällen für anwendbar erklärt, in denen nur der Kläger seinen Wohnsitz in einem Vertragsstaat hat. Entgegen Art. 17 EuGVÜ/LGVÜ ermöglicht Art. 15 Nr. 3 EuGVÜ/LGVÜ aber eine Gerichtsstandsvereinbarung auch bei reinen Binnen-

---

310 Vgl. Bülow / Böckstiegel / *Auer*, Der internationale Rechtsverkehr, Art. 15, Rn. 9, S. 606.283.

311 A.A. *de Bra*, Verbraucherschutz durch Gerichtsstandsregelungen, 1992, S. 188 ff.

312 Vgl. *Kropholler*, Europäisches Zivilprozeßrecht, 1998, Art. 17, Rn. 1.

sachverhalten.[313] Art. 15 EuGVÜ/LGVÜ modifiziert insoweit den Art. 17 EuGVÜ/LGVÜ

Art. 17 Abs. 3 EuGVÜ/LGVÜ verbietet Gerichtsstandsvereinbarungen, die Art. 15 EuGVÜ/LGVÜ zuwiderlaufen. Fraglich ist, ob dieses Prorogationsverbot des Art. 17 Abs. 3 EuGVÜ/LGVÜ auch in Fällen Anwendung findet, in denen die Vertragsparteien die Zuständigkeit der Gerichte eines Drittstaates vereinbart haben und diese Vereinbarung Art. 15 EuGVÜ/LGVÜ entgegensteht.

Grundsätzlich ist Art. 17 EuGVÜ/LGVÜ auf die Vereinbarung der Zuständigkeit eines Drittstaates nicht anwendbar.[314] Mit der überwiegenden Ansicht im Schrifttum ist die Anwendbarkeit des Prorogationsverbots in den Fällen des Art 15 aber ausnahmsweise zu bejahen.[315] Es entspräche nicht dem Schutzzweck des Art. 15 EuGVÜ/LGVÜ, wenn die Parteien in Verbraucherstreitigkeiten entgegen Art. 15 EuGVÜ/LGVÜ die Zuständigkeit der Gerichte eines Drittstaates vereinbaren könnten. Das Regelungsziel des 4. Abschnitts wird nur erreicht, wenn Gerichtsstandsvereinbarungen ausschließlich in den in Art. 15 EuGVÜ/LGVÜ genannten Ausnahmefällen zulässig sind. Unternehmen könnten sonst Klauseln in ihre Allgemeinen Geschäftsbedingungen aufnehmen, nach denen die Gerichte eines Nichtvertragsstaates zuständig sind, deren Recht den Verbraucher nur sehr schlecht schützt. Es bestünde die Gefahr eines „forum shopping“ zu Lasten des Verbrauchers. Das Prorogationsverbot des Art. 17 Abs. 3 EuGVÜ/LGVÜ greift daher ausnahmsweise auch bei Vereinbarungen zugunsten eines Drittstaates.[316]

I. Maßgeblicher Zeitpunkt

Maßgeblicher Zeitpunkt für die Voraussetzungen einer Gerichtsstandsvereinbarung ist nach der Rechtsprechung des EuGH der Zeitpunkt der Klageerhebung. Das Gericht geht davon aus, dass eine Zuständigkeitsvereinbarung nur eine Zuständigkeitsoption begründe, die ohne rechtliche Folgen bleibe, solange kein

---

313 Zur Anwendbarkeit des Art. 17 EuGVÜ bei reinen Binnensachverhalten, vgl. Reithmann / Martiny / *Hausmann*, Internationales Vertragsrecht, 1996, Rn. 2118; Staudinger / *Hausmann*, 2002, Anh. II zu Art. 27-37 EGBGB, Rn. 170.

314 Vgl. Wieczorek / Schütze / *Hausmann*, Zivilprozeßordnung, 1994, Art. 17, Rn. 4; Staudinger / *Hausmann*, 2002, Anh. II zu Art. 27-37 EGBGB, Rn. 166.

315 Vgl. *Kropholler*, Europäisches Zivilprozeßrecht, 1998, Art. 17, Rn. 74 ff.; Wieczorek / Schütze / *Hausmann*, Zivilprozeßordnung, 1994, Art. 17, Rn. 68 f.; Reithmann / Martiny / *Hausmann*, Internationales Vertragsrecht, 1996, Rn. 2116; Staudinger / *Hausmann*, 2002, Anh. II zu Art. 27-37 EGBGB, Rn. 214; *Geimer / Schütze*, Europäisches Zivilverfahrensrecht, 1997, Art. 17, Rn. 42; MünchKomm ZPO, *Gottwald*, 2001, Art. 17 EuGVÜ, Rn. 12.

316 Dagegen verweist der Bericht Schlosser darauf, dass nichts im EuGVÜ den Schluss zulasse, dass eine dem EuGVÜ widersprechende Prorogation unzulässig sei; ABl.EG 1979 C 59/71 vom 5.3.1979, S. 124, Rn. 176.

gerichtliches Verfahren eingeleitet werde.[317] Es sei daher auf den Zeitpunkt der Klageerhebung abzustellen.[318] Insbesondere im Anwendungsbereich des Art. 15 i.V.m. 17 EuGVÜ/LGVÜ ist dies sinnvoll. Art. 15 Nr. 1 EuGVÜ/LGVÜ setzt die Entstehung der Streitigkeit voraus. In den Fällen des Art. 15 Nr. 3 EuGVÜ/LGVÜ ist bei Vertragsabschluss regelmäßig noch kein relevanter Auslandsbezug gegeben.[319] Lediglich im Anwendungsbereich des Art. 15 Nr. 2 i.V.m. Art. 17 EuGVÜ/LGVÜ kann ausnahmsweise auf den Zeitpunkt der Gerichtsstandsvereinbarung abgestellt werden, wenn sich die tatsächlichen Verhältnisse so ändern, dass im Zeitpunkt der Klageerhebung ein anderes Zuständigkeitsrecht mit anderen Anforderungen an die Vereinbarung gelten würde als es Art. 15 Nr. 2 i.V.m. Art. 17 EuGVÜ/LGVÜ fordern.[320]

II. Verhältnis zu Art. 17 Abs. 4 EuGVÜ/LGVÜ

Art. 17 Abs. 4 EuGVÜ/LGVÜ ist auf die Gerichtsstandsvereinbarungen gemäß Art. 15 Nr. 2 EuGVÜ/LGVÜ anwendbar. Wie bereits oben dargestellt wird der Verbraucher durch Art. 15 Nr. 2 EuGVÜ/LGVÜ einseitig begünstigt. Gemäß Art. 17 Abs. 4 EuGVÜ/LGVÜ behält er trotz der Gerichtsstandsvereinbarung das Recht, die Gerichte anzurufen, die nach den Vorschriften des 4. Abschnitts zuständig wären.

Art. 17 Abs. 4 EuGVÜ/LGVÜ ist auf Art. 15 Nr. 3 EuGVÜ/LGVÜ nach richtiger Ansicht dagegen nicht anwendbar.[321] Es ist schon fraglich, ob bei einer Gerichtsstandsvereinbarung i.S.d. Art. 15 Nr. 3 EuGVÜ/LGVÜ überhaupt eine einseitige Begünstigung vorliegt. Art. 15 Nr. 3 EuGVÜ/LGVÜ begünstigt regelmä-

---

317 S. EuGH, RS. 25/79 (Sanicentral/Collin), Slg. 1979, S. 3423, Nr. 6; im Ergebnis so auch die deutsche Rechtsprechung, OLG Koblenz, RIW 1987, S. 144 (146); OLG Köln, NJW 1988, S. 2182.

318 Vgl. auch *Kropholler*, Europäisches Zivilprozeßrecht, 1998, Art. 17, Rn. 11; *Samtleben*, RabelsZ 59 (1995), S. 670 (702 ff.); differenzierend bei Veränderung der tatsächlichen Verhältnisse nach Abschluss der Gerichtsstandsvereinbarung: Wieczorek / Schütze / *Hausmann*, Zivilprozeßordnung, 1994, Art. 17, Rn. 11; Reithmann / Martiny / *Hausmann*, Internationales Vertragsrecht, 1996, Rn. 2122; stets auf den Abschluss der Zuständigkeitsvereinbarung abstellend: MünchKomm ZPO, *Gottwald*, 2001, Art. 17 EuGVÜ, Rn. 13; Stein / Jonas / *Bork*, Zivilprozeßordnung, 1993, § 38, Rn. 25; *de Bra*, Verbraucherschutz durch Gerichtsstandsregelungen, 1992, S. 194 f.; *Geimer / Schütze*, Europäisches Zivilverfahrensrecht, 1997, Art. 17, Rn. 28.

319 *Samtleben*, RabelsZ 59 (1995), S. 670 (704).

320 Dies gilt allerdings nicht für den Fall, dass die Vertragsparteien auf die Unwirksamkeit der Vereinbarung vertraut haben. Dieses Vertrauen ist nicht schutzwürdig; vgl. Wieczorek / Schütze / *Hausmann*, Zivilprozeßordnung, 1994, Art. 17, Rn. 11; Reithmann / Martiny / *Hausmann*, Internationales Vertragsrecht, 1996, Rn. 2122; Staudinger / *Hausmann*, 2002, Anh. II zu Art. 27-37 EGBGB, Rn. 171.

321 So im Ergebnis auch *de Bra*, Verbraucherschutz durch Gerichtsstandsregelungen, 1992, S. 186 f.

ßig den Vertragspartner des Verbrauchers, da dieser den Verbraucher vor den Gerichten des früheren gemeinsamen Wohnsitzes verklagen kann. Art. 17 Abs. 4 EuGVÜ/LGVÜ erfordert aber zusätzlich einen erkennbaren Willen der Vertragsparteien, eine Partei einseitig zu begünstigen.[322] Ein solcher Wille der Vertragsparteien ist bei Abschluss der Gerichtsstandsvereinbarung zu verneinen.[323]

Eine Anwendbarkeit des Art. 17 Abs. 4 EuGVÜ/LGVÜ auf Art. 15 Nr. 3 EuGVÜ/LGVÜ scheitert bereits daran, dass eine Begünstigung des Unternehmers nicht dem Regelungszweck des 4. Abschnitts entspricht. Der Unternehmer würde aufgrund dieses Wahlrechts des Art. 17 Abs. 4 EuGVÜ/LGVÜ deutlich besser gestellt als der Verbraucher. Während der Unternehmer gemäß Art. 17 Abs. 4 EuGVÜ/LGVÜ den Verbraucher wahlweise vor den Gerichten des neuen Wohnsitzstaates des Verbrauchers oder vor den vereinbarten Gerichten verklagen könnte, müsste der Verbraucher seinen Vertragspartner zwingend vor den vereinbarten Gerichten verklagen. Eine derartige Besserstellung des Unternehmers entspricht nicht der Ratio des Art. 15 Nr. 3 EuGVÜ/LGVÜ. Ist in einem Fall ausnahmsweise eine Gerichtsstandsvereinbarung gemäß Art. 15 Nr. 3 EuGVÜ/LGVÜ zulässig, so sind die gewählten Gerichte ausschließlich zuständig. Könnte der Unternehmer hier die Zuständigkeit der Gerichte wählen, so könnte dieser durch „forum shopping" leicht das Verbraucherschutzrecht umgehen.[324] Eine Anwendbarkeit des Art. 17 Abs. 4 EuGVÜ/LGVÜ auf Art. 15 Nr. 3 EuGVÜ/LGVÜ entspricht daher nicht dem Regelungszweck des 4. Abschnitts.

III. Formvoraussetzungen

Auch bei Gerichtsstandsvereinbarungen i.S.d. Art. 15 EuGVÜ/LGVÜ sind die Formvorschriften des Art. 17 EuGVÜ/LGVÜ zu wahren.[325] Bei Verbrauchergeschäften kommen die Formvorschriften des Art. 17 Abs. 1, lit. a, b EuGVÜ/LGVÜ zur Anwendung. Danach muss eine Gerichtsstandsvereinbarung schriftlich oder mündlich mit schriftlicher Bestätigung oder aber in einer Form geschlossen werden, die den Gepflogenheiten zwischen den Parteien entspricht. Zweck der Formerfordernisse ist die Beweissicherung und der Schutz vor übereilten Entscheidungen.[326] Die Vorschrift sollte „einerseits den Handelsbräuchen Rechnung (...) tragen, andererseits aber solchen Gerichtsstandsklauseln die Wir-

---

[322] Vgl. *Kropholler*, in: Handbuch des Internationalen Zivilverfahrensrechts, 1982, Kap. III, Rn. 890.

[323] Dies bejahend: *de Bra*, Verbraucherschutz durch Gerichtsstandsregelungen, 1992, S. 186 f.

[324] Vgl. *de Bra*, Verbraucherschutz durch Gerichtsstandsregelungen, 1992, S. 187.

[325] S. Bericht Schlosser, ABl.EG 1979 C 59/71 vom 5.3.1979, S. 120, Rn. 161; dagegen *Kaye*, Civil Jurisdiction, 1987, S. 853, der die Formvorschriften des Art. 17 Abs. 1 EuGVÜ bei Art. 15 EuGVÜ nicht für erforderlich hält.

[326] Vgl. *Geimer / Schütze*, Europäisches Zivilverfahrensrecht, 1997, Art. 17, Rn. 98 ff.

kung (..) nehmen, die unbemerkt in das Vertragsverhältnis eingeführt werden könnten."[327]

Eine schriftliche Vereinbarung i.S.d. Art. 17 Abs. 1, S. 2, lit. a, 1. Fall EuGVÜ/LGVÜ liegt vor, wenn beide Vertragsparteien ihre Erklärung schriftlich abgegeben haben. Dabei genügen getrennte Schriftstücke. Ebenfalls ausreichend ist eine entsprechende Klausel im Angebot, das vom Verbraucher pauschal angenommen wird.[328] Gerichtsstandsvereinbarungen in Allgemeinen Geschäftsbedingungen sind nach Ansicht des EuGH ebenfalls möglich.[329] Der Verbraucher wird dadurch auch nicht schlechter gestellt.[330] Zwar besteht die Gefahr, dass der Verbraucher die Klausel in den Allgemeinen Geschäftsbedingungen des Vertrags übersieht. Der Verbraucher ist aber ausreichend durch die Vorschrift des Art. 15 EuGVÜ/LGVÜ geschützt. Eine Vereinbarung nach Entstehung der Streitigkeit (Art. 15 Nr. 1 EuGVÜ/LGVÜ) schließt schon begrifflich eine Vereinbarung in Allgemeinen Geschäftsbedingungen aus, da die Allgemeinen Geschäftsbedingungen Bestandteil des Vertrages sind. Art. 15 Nr. 2 EuGVÜ/LGVÜ schützt den Verbraucher ebenfalls, da die Vereinbarung der Zuständigkeit weiterer Gerichte nur zugunsten des Verbrauchers wirkt.

Lediglich in den Fällen des Art. 15 Nr. 3 EuGVÜ/LGVÜ bergen Gerichtsstandsvereinbarungen in Allgemeinen Geschäftsbedingungen ein Risiko für den Verbraucher. Allerdings ist dieses Risiko auch hier begrenzt. Art. 15 Nr. 3 EuGVÜ/LGVÜ ist eng auszulegen. Die Vorschrift hat keinen großen Anwendungsbereich und bewirkt eine sachgerechte Risikoverteilung. Der Schutzzweck des Art. 15 Nr. 3 EuGVÜ/LGVÜ würde umgangen, wenn man verlangte, dass der Unternehmer Gerichtsstandsvereinbarungen i.S.d. Art. 15 Nr. 3 EuGVÜ/LGVÜ mit jedem Verbraucher gesondert schließen muss. Eine Vereinbarung in Allgemeinen Geschäftsbedingungen muss schon aus Praktikabilitätserwägungen zulässig sein. Der bereits sehr begrenzte Anwendungsbereich des Art. 15 Nr. 3 EuGVÜ/LGVÜ wäre sonst auf ein Minimum reduziert.

Die sog. „halbe Schriftlichkeit" ist gemäß Art. 17 Abs. 1, S. 2, lit. a, 2. Fall EuGVÜ/LGVÜ ebenfalls möglich. Es genügt danach, dass eine Partei eine mündlich getroffene Gerichtsstandsvereinbarung schriftlich bestätigt. Welche Partei die Gerichtsstandsvereinbarung bestätigt, ist dabei unerheblich.[331] Erforderlich ist aber jedenfalls eine mündlichen Vereinbarung zwischen den Parteien.

---

327 Bericht Jenard, ABl.EG 1979 C 59/1 vom 5.3.1979, S. 37.

328 Vgl. Staudinger / *Hausmann*, 2002, Anh. Art. 27-37 EGBGB, Rn. 192; *Kropholler*, Europäisches Zivilprozeßrecht, 1998, Art. 17, Rn. 30; *Geimer / Schütze*, Europäisches Zivilverfahrensrecht, 1997, Art. 17, Rn. 104 m.w.N.

329 S. EuGH, RS. 24/76 (Estasis Salotti/Rüwa), Slg. 1976, S. 1831, Nr. 10.

330 Auf die Gefahren hinweisend aber: *de Bra*, Verbraucherschutz durch Gerichtsstandsregelungen, 1992, S. 199.

331 Vgl. EuGH, RS. 221/84 (Berghoefer/ASA), Slg. 1985, S. 2699; dazu ausführlich: *Kropholler*, Europäisches Zivilprozeßrecht, 1998, Art. 17, Rn. 42.

Die Willensübereinstimmung muss erkennbar sein.[332] Die Beweislast für das Vorliegen einer solchen Willensübereinstimmung trägt dabei die Partei, die sich auf die Gerichtsstandsvereinbarung beruft.[333]

Bestehen zwischen den Parteien bereits längere, dauerhafte Geschäftsbeziehungen, so ist eine Gerichtsstandsvereinbarung in der Form möglich, die den Gepflogenheiten der Parteien entspricht. Dies bleibt nicht auf Geschäfts- und Handelsbeziehungen beschränkt.[334] Gepflogenheiten sind dabei die Verhaltensweisen, die zwischen den Parteien mit einer gewissen Häufigkeit beachtet werden.[335] Eine Zuständigkeitsvereinbarung kann daher auch durch ein Bestätigungsschreiben des Unternehmers erfolgen, wenn ein solches Schreiben den Gepflogenheiten zwischen Unternehmer und Verbraucher entspricht. Diese Vorschrift stellt keine Gefahr für den Verbraucher dar. Der Verbraucher ist durch den Verweis auf die Gepflogenheiten geschützt. Kontrahiert er häufiger mit einem Unternehmer, der die Verträge üblicherweise mit einem Schreiben noch einmal bestätigt, so wird er diese Bestätigungsschreiben regelmäßig kontrollieren.

Die Vorschrift des Art. 17 Abs. 1, S. 2, lit. c EuGVÜ/LGVÜ findet auf Verbraucherverträge keine Anwendung. Nicht entscheidend ist die Kaufmannseigenschaft nach dem deutschen Recht. Die Vorschrift ist vielmehr vertragsautonom auszulegen. Das Geschäft muss aber einem gewerblichen und nicht nur einem privaten Zweck dienen.[336]

E. Inhaltliche Kontrolle von Zuständigkeitsvereinbarungen im Anwendungsbereich des 4. Abschnitts

Eine inhaltliche Überprüfung von Zuständigkeitsvereinbarungen nach der lex causae wurde im Anwendungsbereich der Übereinkommen bislang überwiegend abgelehnt.[337] Begründet wurde dieses Ansicht im Anwendungsbereich des 4. Abschnitts damit, dass Art. 17 i.V.m. Art. 15 EuGVÜ/LGVÜ ein geschlosse-

---

332 Vgl. *Kropholler*, Europäisches Zivilprozeßrecht, 1998, Art. 17, Rn. 37; Staudinger / *Hausmann*, 2002, Anh. Art. 27-37 EGBGB, Rn. 197.

333 Vgl. Wieczorek / Schütze / *Hausmann*, Zivilprozeßordnung, 1994, Art. 17, Rn. 43; Staudinger / *Hausmann*, 2002, Anh. Art. 27-37 EGBGB, Rn. 199.

334 Vgl. *Geimer / Schütze*, Europäisches Zivilverfahrensrecht, 1997, Art. 17, Rn. 118; Wieczorek / Schütze / *Hausmann*, Zivilprozeßordnung, 1994, Art. 17, Rn. 48.

335 Vgl. Staudinger / *Hausmann*, 2002, Anh. Art. 27-37 EGBGB, Rn. 200.

336 Vgl. *Kropholler*, Europäisches Zivilprozeßrecht, 1998, Art. 17, Rn. 48 f.

337 Vgl. *Kröll*, ZZP 113 (2000), S. 135 (148 ff., 159); *Kubis*, IPRax 1999, S. 10 (12); *Saenger*, in: FS Sandrock, 2000, S. 807 (811); *ders.*, ZEuP 2000, S. 656 (668); vgl. auch *v. Westphalen*, Vertragsrecht und AGB-Klauselwerke, Stand 2000, Vertragsrecht - Gerichtsstandsklauseln, Rn. 56; Zöller / *Geimer*, Zivilprozeßordnung, 2001, Anh. I, Art. 17 GVÜ, Rn. 12.

nes System zum Schutze der Verbraucher darstelle. Zudem sei der Rechtsprechung des EuGH zu entnehmen, dass der Einheitlichkeit des Abkommens nicht mit Hilfe nationaler Kontrollmechanismen entgegengewirkt werden dürfe.

In einer jüngeren Entscheidung wurde dem EuGH die Frage vorgelegt, ob ein nationales Gericht die Vorschriften der Richtlinie über missbräuchliche Klauseln in Verbraucherverträgen von Amts wegen zu überprüfen habe, wenn es über die Zulässigkeit einer Klage vor den ordentlichen Gerichten entscheide.[338] Das Gericht kommt zu dem Ergebnis, dass ein wirksamer Schutz des Verbrauchers nur erreicht werden könne, wenn dem nationalen Gericht die Möglichkeit eingeräumt würde, die Wirksamkeit einer Gerichtsstandsklausel in Allgemeinen Geschäftsbedingungen von Amts wegen zu prüfen.[339] Der EuGH verweist auf Nr. 1, lit. q der Klauselrichtlinie zur Konkretisierung der Missbräuchlichkeit i.S.d. Art. 3 Abs. 3 dieser Richtlinie. Im Ergebnis heißt es in der Entscheidung: „Somit ist eine Gerichtsstandsklausel, die in einen Vertrag zwischen einem Verbraucher und einem Gewerbetreibenden aufgenommen worden ist, ohne im Einzelnen ausgehandelt worden zu sein, und die ausschließliche Zuständigkeit dem Gericht zuweist, in dessen Bezirk der Gewerbetreibende seine Niederlassung hat, als missbräuchlich im Sinne des Art. 3 der Richtlinie anzusehen, da sie entgegen dem Gebot von Treu und Glauben zum Nachteil des Verbrauchers ein erhebliches und ungerechtfertiges Missverhältnis der vertraglichen Rechte und Pflichten der Vertragspartner verursacht."[340]

Mit dieser Entscheidung ist die herrschende Ansicht, eine inhaltliche Kontrolle von Gerichtsstandsvereinbarungen sei innerhalb des Anwendungsbereichs des 4. Abschnitts der Übereinkommen nicht möglich, abzulehnen. Die Richtlinie über missbräuchliche Klauseln in Verbraucherverträgen umfasst nicht nur inländische, sondern auch grenzüberschreitende Verbraucherverträge.[341] Die Rechtsprechung des EuGH lässt sich daher auch auf die Übereinkommen übertragen. Art. 3 Abs. 1 der Klauselrichtlinie ist auf Gerichtsstandsvereinbarungen i.S.d. Art. 17 EuGVÜ/LGVÜ anwendbar. In der Literatur wird daher zu Recht vertreten, dass internationale Zuständigkeitsvereinbarungen regelmäßig auch anhand der ins nationale Recht transformierten Richtlinien inhaltlich überprüft werden können.[342]

---

338 EuGH, RS. 240/98 und 244/98 (Océano Grupo Editorial SA/R.M. Quintero und andere), The European Legal Forum 2000/01, S. 88 ff. = DB 2000, S. 2056 m. Anm. *Staudinger*, S. 2058.

339 EuGH, RS. 240/98 und 244/98 (Océano Grupo Editorial SA/R.M. Quintero und andere), The European Legal Forum 2000/01, S. 88 (89), Nr. 26.

340 EuGH, RS. 240/98 und 244/98 (Océano Grupo Editorial SA/R.M. Quintero und andere), The European Legal Forum 2000/01, S. 88 (89), Nr. 24 = DB 2000, S. 2056 (2057).

341 S. Anhang zu Art. 3 Abs. 3, Nr. 1, lit. q der Klauselrichtlinie.

342 S. *Staudinger*, DB 2000, S. 2056 (2059); *ders.*, IPRax 2001, S. 183 (188); Staudinger / *Hausmann*, 2002, Anh. Art. 27-37 EGBGB, Rn. 173; *Pfeiffer*, in: FS Schütze,

Eine solche inhaltliche Kontrolle der Allgemeinen Geschäftsbedingungen anhand der transformierten Richtlinien führte auch nicht zu einer ungerechtfertigten Erweiterung des Verbraucherschutzes.[343] Im Anwendungsbereich des 4. Abschnitts wird es in praktisch keinem Fall zu einer inhaltlichen Überprüfung der Gerichtsstandsvereinbarungen kommen. Art. 15 EuGVÜ/LGVÜ schränkt den Anwendungsbereich der Gerichtsstandsvereinbarungen bereits so stark ein, dass eine i.S.d. Art. 3 Abs. 1 der Klauselrichtlinie missbräuchliche Gerichtsstandsvereinbarung in Allgemeinen Geschäftsbedingungen nicht möglich ist.[344]

Lediglich in den Fällen, in denen zwar ein Verbrauchervertrag i.S.d. transformierten Klauselrichtlinie, nicht aber im Sinne des 4. Abschnitts der Übereinkommen vorliegt, kann es zu einer Überprüfung der Gerichtsstandsvereinbarung anhand der Klauselrichtlinie sogar in den Fällen kommen, in denen der Anwendungsbereich der Übereinkommen eröffnet ist. Die transformierten Vorschriften sind dann richtlinienkonform auszulegen. Die Vereinbarung einer ausschließlichen internationalen Zuständigkeit eines für den Verbraucher ausländischen Gerichts ist missbräuchlich i.S.d. Art. 3 Abs. 1 der Klauselrichtlinie, da eine solche Klausel nach Ansicht des EuGH das Erscheinen des Verbrauchers vor Gericht erschweren kann.

F. Zusammenfassung

Gerichtsstandsvereinbarungen sind auch bei Verbraucherstreitigkeiten ausnahmsweise zulässig. Maßgeblicher Zeitpunkt für die Formvoraussetzungen des Art. 17 EuGVÜ/LGVÜ ist der Zeitpunkt der Klageerhebung. Ändern sich bei Art. 15 Nr. 2 EuGVÜ/LGVÜ aber die tatsächlichen Verhältnisse, so dass im Zeitpunkt der Klageerhebung ein anderes Zuständigkeitsrecht gilt, als bei Abschluss der Gerichtsstandsvereinbarung, so ist ausnahmsweise auf den Zeitpunkt der Vereinbarung abzustellen.

Gerichtsstandsvereinbarungen i.S.d. Art. 15 Nr. 3 EuGVÜ/LGVÜ sind bei Auseinanderfallen von Wohnsitz und gewöhnlichem Aufenthalt auf Seiten des

---

1999, S. 671 ff.; dazu auch: Thomas / Putzo / *Hüßtege*, ZPO, 2002, Art. 23, Rn. 18; dagegen aber *Kropholler*, der den durch Art. 15 EuGVO erweiterten Verbraucherschutz genügen lassen will; vgl. *Kropholler*, Europäisches Zivilprozeßrecht, 2002, Art. 23, Rn. 20.

343 Vgl. zum Verhältnis der (transformierten) Richtlinie zum EuGVÜ/LGVÜ: *Pfeiffer*, in: FS Schütze, 1999, S. 671 (672 f.); die EuGVO regelt das Verhältnis zum sekundären Gemeinschaftsrecht in Art. 67 EuGVO.

344 So auch Staudinger / *Hausmann*, 2002, Anh. Art. 27-37 EGBGB, Rn. 173; dagegen will *Pfeiffer* für die Fallkonstellationen, in denen die Vertragsparteien die Zuständigkeit der Gerichte eines Drittstaates prorogieren, eine inhaltliche Kontrolle der Gerichtsstandsvereinbarung zulassen; vgl. *Pfeiffer*, in: FS Schütze, 1999, S. 672 (673 ff.); für diese Fallkonstellation wird hier hingegen eine Ausdehnung des Prorogationsverbotes (Art. 17 Abs. 3 EuGVÜ/LGVÜ bzw. Art. 23 EuGVO) befürwortet; vgl. § 7, D.

Verbrauchers lediglich in den Fällen zulässig, in denen der Verbraucher seinen Wohnsitz verlegt. Art. 15 Nr. 3 EuGVÜ/LGVÜ ist auch anwendbar, wenn einer der Vertragspartner in einen Drittstaat zieht. Hierbei ist allerdings zu beachten, dass das angerufene Gericht des Drittstaates die Zulässigkeit der Gerichtsstandsvereinbarung nach seinem eigenen Recht überprüft.

Das Prorogationsverbot des Art. 17 Abs. 3 EuGVÜ/LGVÜ gilt ausnahmsweise auch in den Fällen, in denen die Vertragsparteien die Zuständigkeit der Gerichte eines Drittstaates vereinbaren, wenn dieser Vereinbarung Art. 15 EuGVÜ/LGVÜ entgegensteht.

Art. 17 Abs. 4 EuGVÜ/LGVÜ ist auf Art. 15 Nr. 2 EuGVÜ/LGVÜ anwendbar. Hingegen entspricht eine Anwendung auch auf Art. 15 Nr. 3 EuGVÜ/LGVÜ nicht dem Regelungszweck des 4. Abschnitts.

Gerichtsstandsvereinbarungen in Allgemeinen Geschäftsbedingungen sind auch im Anwendungsbereich des Art. 15 EuGVÜ/LGVÜ zulässig. Der Anwendungsbereich des Art. 15 Nr. 3 EuGVÜ/LGVÜ ist begrenzt, so dass der Schutz des Verbrauchers nicht unzulässig eingeschränkt wird.

Die bisher herrschende Ansicht, nach der eine inhaltliche Kontrolle von Gerichtsstandsvereinbarungen innerhalb des Anwendungsbereichs des 4. Abschnitts der Übereinkommen unmöglich ist, ist aufgrund eines jüngeren Urteils des EuGH abzulehnen. Art. 15 EuGVÜ/LGVÜ schränkt den Anwendungsbereich der Gerichtsstandsvereinbarungen bei Verbraucherstreitigkeiten aber so stark ein, dass eine unzulässige Gerichtsstandsvereinbarung i.S.d. Art. 3 Abs. 1 der Klauselrichtlinie in Allgemeinen Geschäftsbedingungen im Anwendungsbereich des 4. Abschnitts von EuGVÜ/LGVÜ nicht mehr möglich ist.

§ 8 Rügelose Einlassung gemäß Art. 18 EuGVÜ/LGVÜ

A. Grundlagen

Art. 18 EuGVÜ/LGVÜ ermöglicht die Begründung der internationalen Zuständigkeit eines Gerichts aufgrund rügeloser Einlassung. Danach kann ein Gericht, das nach den Regelungen der Übereinkommen unzuständig ist, aufgrund der Einlassung des Beklagten zuständig werden. Wann eine Einlassung des Beklagten vorliegt, ist vertragsautonom zu bestimmen.[345] Ausreichend ist jede Verteidigungshandlung durch den Beklagten, die auf Klagabweisung zielt. Eine Rüge liegt dagegen vor, wenn sie sich sinngemäß aus dem Vortrag des Beklagten ergibt.[346] Verspätet ist die Rüge nach Ansicht des EuGH, wenn sie erst „nach Abgabe derjenigen Stellungnahme erhoben .. [wird], die nach dem innerstaatlichen Prozessrecht als das erste Verteidigungsvorbringen vor dem angerufenen Gericht anzusehen ist."[347]

Ausreichende Verteidigungshandlung ist das Vorbringen prozessualer Rügen.[348] Dazu zählt vor allem, dass der Beklagte den Mangel der internationalen Zuständigkeit im Verfahren gerügt hat. Ein hilfsweises Verhandeln zur Hauptsache ist nach der Rechtsprechung des Gerichts möglich, wenn der Beklagte den Mangel der internationalen Zuständigkeit gerügt hat.[349]

B. Anwendbarkeit des Art. 18 EuGVÜ/LGVÜ auf die verbraucherschützenden Vorschriften

Umstritten ist die Frage, ob Art. 18 EuGVÜ/LGVÜ auch im Falle von Verbraucherstreitigkeiten i.S.d. Artt. 13 ff. EuGVÜ/LGVÜ die internationale Zuständigkeit begründen kann. Nach überwiegender Ansicht in der Literatur ist eine Zuständigkeitsbegründung durch rügelose Einlassung auch in Verbrauchersachen möglich.[350] Begründet wird diese Ansicht zum einen damit, dass bei Verbrau-

---

345 Vgl. *Kropholler*, Europäisches Zivilprozeßrecht, 1998, Art. 18, Rn. 7.

346 S. EuGH, RS. 150/80 (Elefanten Schuh/Jacqmain), Slg. 1981, S. 1671, Nr. 15 = NJW 1982, S. 507.

347 S. EuGH, RS. 150/80 (Elefanten Schuh/Jacqmain), Slg. 1981, S. 1671, Nr. 16 = NJW 1982, S. 507.

348 S. *Kropholler*, Europäisches Zivilprozeßrecht, 1998, Art. 18, Rn. 7.

349 S. EuGH, RS. 150/80 (Elefanten Schuh/Jacqmain), Slg. 1981, S. 1671, Nr. 17 = NJW 1982, S. 507; EuGH, RS. 27/81 (Rohr/Ossberger), Slg. 1981, S. 2431, Nr. 8 = EuGH, RS. 25/81 (C.H.W./G.J.H.), Slg. 1982, S. 1189, Nr. 13; EuGH, RS. 201/82 (Gerling/Amministrazione del tesoro dello Stato), Slg. 1983, S. 2503, Nr. 21.

350 Vgl. *Kropholler*, Europäisches Zivilprozeßrecht, 1998, Art. 18, Rn. 17; *Gaudemet-Tallon*, Les Conventions de Bruxelles et de Lugano, 1996, S. 102, Nr. 145; *Geimer / Schütze*, Europäisches Zivilverfahrensrecht, 1997, Art. 18, Rn. 36 f.; Wieczorek / Schütze / *Hausmann*, Zivilprozeßordnung, 1994, Art. 18, Rn. 15; Staudin-

cherstreitigkeiten Zuständigkeitsvereinbarungen nach Entstehung der Streitigkeit erlaubt sind (Art. 15 Nr. 1 EuGVÜ/LGVÜ). Diese zeitliche Grenze ist im Falle einer rügelosen Einlassung regelmäßig überschritten, da eine rügelose Einlassung erst im Gerichtsverfahren erfolgt.[351] Hingewiesen wird zudem auf den Wortlaut des Art. 18 EuGVÜ/LGVÜ, der lediglich die Vorschrift des Art. 16 EuGVÜ/LGVÜ von seinem Anwendungsbereich ausnimmt. Einen Vorbehalt zugunsten der Verbrauchergerichtsstände enthält Art. 18 EuGVÜ/LGVÜ dagegen nicht.[352]

Dagegen wir eingewendet, dieser Vorbehalt habe lediglich deklaratorische Wirkung.[353] Gegen das Argument, Art. 15 Nr. 1 EuGVÜ/LGVÜ erlaube eine Prorogation nach Entstehung der Streitigkeit, wird vorgebracht, dass die rügelose Einlassung leicht in Unkenntnis alternativer Handlungsmöglichkeiten erfolgen könne.[354] Das Angebot für eine Gerichtsstandsvereinbarung werde vom Verbraucher regelmäßig als bedeutungsvoll erkannt, während ihm die Bedeutung der rügelosen Einlassung nur selten bekannt sei.[355] Gegen die herrschende Ansicht wird auch eingewendet, im Falle des Art. 15 Nr. 1 EuGVÜ/LGVÜ sei der Verbraucher gezwungen, eine bewusste Entscheidung zu treffen, während Art. 18 EuGVÜ/LGVÜ die internationale Zuständigkeit durch passives Verhalten des Verbrauchers begründe.[356]

Mankowski will bei Verbraucherstreitigkeiten daher zwischen Aktiv- und Passivprozessen des Verbrauchers differenzieren.[357] Er bejaht die Anwendbarkeit des Art. 18 EuGVÜ/LGVÜ nur im Falle von Aktivprozessen der Verbraucher. Dieses entspreche der bereits im Vorbehalt zugunsten des Art. 5 Nr. 5 EuGVÜ/LGVÜ zum Ausdruck kommenden Tendenz, den Schutz der Verbraucher

---

ger / *Hausmann*, 2002, Anh. Art. 27-37 EGBGB, Rn. 115; MünchKomm ZPO, *Gottwald*, 2001, Art. 18 EuGVÜ, Rn. 3.; *Schulte-Beckhausen*, Internationale Zuständigkeit durch rügelose Einlassung, 1994, S. 113 f.; *Senff*, Wer ist Verbraucher im internationalen Zivilprozeß?, 2000, S. 401 f., der eine rügelose Einlassung bei Verbraucherstreitigkeiten aber nur in den Fällen zulassen will, in denen sich der Verbraucher in Kenntnis der gerichtsstandsbegründenden Wirkung zur Sache einlässt; zum Verhältnis zu Art. 17 EuGVÜ, vgl. EuGH, RS. 48/84 (Spitzley/Sommer Explotation), Slg. 1985, S. 787, Nr. 24; EuGH, RS. 150/80 (Elefanten Schuh/Jacqmain), Slg. 1981, S. 1671, Nr. 10 = NJW 1982, S. 507.

351 S. *Schulte-Beckhausen*, Internationale Zuständigkeit durch rügelose Einlassung, 1994, S. 113 m.w.N.; so auch OLG Koblenz, IPRax 2001, S. 334 (335).

352 Vgl. *Kropholler*, Europäisches Zivilprozeßrecht, 1998, Art. 18, Rn. 7; *Schulte-Beckhausen*, Internationale Zuständigkeit durch rügelose Einlassung, 1994, S. 113.

353 S. *Mankowski*, IPRax 2001, S. 310 (311).

354 Vgl. *de Bra*, Verbraucherschutz durch Gerichtsstandsregelungen, 1992, S. 203 f.; *Senff*, Wer ist Verbraucher im internationalen Zivilprozeß?, 2000, S. 401.

355 S. *Mankowski*, IPRax 2001, S. 310 (312).

356 S. *Mankowski*, IPRax 2001, S. 310 (312).

357 S. *Mankowski*, IPRax 2001, S. 310 ff.

über Art. 14 EuGVÜ/LGVÜ hinaus zu erweitern. Hingegen verneint er die Anwendbarkeit des Art. 18 EuGVÜ/LGVÜ bei Passivprozessen der Verbraucher. In diesen Fällen widerspreche die Anwendung des Art. 18 EuGVÜ/LGVÜ dem Schutzzweck der verbraucherschützenden Zuständigkeitsvorschriften.[358]

C. Eigene Stellungnahme

Der herrschenden Ansicht ist zuzustimmen. Die internationale Zuständigkeit kann auch bei Verbraucherstreitigkeiten durch rügelose Einlassung begründet werden.

Der Verweis in Art. 18 S. 2 EuGVÜ/LGVÜ auf Art. 16 EuGVÜ/LGVÜ ist abschließend. Lediglich im Falle einer ausschließlichen Zuständigkeit i.S.d. Art. 16 EuGVÜ/LGVÜ ist eine rügelose Einlassung ausgeschlossen. Dagegen kann auch nicht eingewendet werden, die verbraucherschützenden Vorschriften der Übereinkommen enthielten ebenfalls abschließende Zuständigkeitsregelungen.[359] Zu Recht weist *Schulte-Beckhausen* darauf hin, dass das öffentliche Interesse an der Durchsetzung der verbraucherschützenden Vorschriften geringer sei als in den von Art. 16 EuGVÜ/LGVÜ erfassten Rechtsgebieten.[360] Dafür spricht schon die Tatsache, dass Art. 15 EuGVÜ/LGVÜ in bestimmten Fällen Zuständigkeitsvereinbarungen für zulässig erklärt, während Art. 16 EuGVÜ/LGVÜ nicht zur Disposition der Parteien steht.[361] Es bedarf bei den verbraucherschützenden Vorschriften keines absoluten Verbots von Zuständigkeitsvereinbarungen wie bei Art. 16 EuGVÜ/LGVÜ.

Der Kritik *Mankowskis*, die Warnfunktion des Art. 15 Nr. 1 i.V.m. Art. 17 Abs. 1 EuGVÜ/LGVÜ werde bei einer Übertragung der Wertung des Art. 15 Nr. 1 EuGVÜ/LGVÜ auf Art. 18 EuGVÜ/LGVÜ umgangen, ist ebenfalls entgegenzutreten. Die bereits von *Mankowski* selbst als „rudimentär" bezeichnete Warnfunktion wird durch die Tatsache, dass die rechtserhebliche Handlung erst nach Eröffnung des Verfahrens vorgenommen werden, ausreichend erfüllt.[362]

Richtig ist, dass die Vorschriften des 4. Abschnitts den Verbraucher dann nicht zu schützen vermögen, wenn dieser sich in Unkenntnis alternativer Handlungsmöglichkeiten auf das Verfahren einlässt und dadurch ungewollt die Zuständig-

---

358 S. *Mankowski*, IPRax 2001, S. 310 (311 ff.).

359 S. Baumbach / Lauterbach / *Albers*, ZPO, 2002, EuGVÜ Art. 13, Rn. 1; *Mankowski*, IPRax 2001, S. 310 (312).

360 S. *Schulte-Beckhausen*, Internationale Zuständigkeit durch rügelose Einlassung, 1994, S. 113; eine ausschließliche Zuständigkeit bei Verbrauchersachen ausdrücklich ablehnend: OLG Koblenz, IPRax 2001, S. 334; dies bezweifelnd: *Mankowski*, IPRax 2001, S. 310 (312).

361 Vgl. Wieczorek / Schütze / *Hausmann*, Zivilprozeßordnung, 1994, Art. 18, Rn. 15.

362 *Mankowski*, IPRax 2001, S. 310 (313).

keit eines ausländischen Gerichts herbeiführt.[363] Allerdings ist die Begründung der internationalen Zuständigkeit durch rügelose Einlassung für den Verbraucher nicht zwingend nachteilig. Ein Verbraucher, der sich vor Gericht zur Sache einlässt, hat sich mit dem Rechtsstreit bereits auseinandergesetzt. Er ist für diesen Prozess angereist und hat sich auf das Verfahren vor diesem Gericht vorbereitet. Die Zuständigkeit dieses Gerichts ist für den Verbraucher daher nicht mehr ausnahmslos unzumutbar. Entscheidend ist hier der zeitliche Aspekt. Die Streitigkeit ist bei einer rügelosen Einlassung bereits entstanden. Die Begründung der internationalen Zuständigkeit eines ausländischen Gerichts ist dem Verbraucher zu diesem Zeitpunkt zumutbar.

Ein Verbraucher, der sich einer Klage im Ausland ausgesetzt sieht, wird sich zudem zumeist Rechtsbeistand suchen. Ein Anwalt, der seinen Mandanten nicht auf die fehlende internationale Zuständigkeit des Gerichts sowie auf die Wirkung einer rügelosen Einlassung hinweist, sieht sich Haftungsansprüchen ausgesetzt. Diese Haftung schützt den Verbraucher. Bewusst wird ein Unternehmer die Rechtsunkenntnis des Verbrauchers zudem selten ausnutzen.[364] Der Unternehmer sieht sich dem Kostenrisiko ausgesetzt, erneut Klage vor dem tatsächlich zuständigen Gericht erheben zu müssen. Die rügelose Einlassung des Art. 18 EuGVÜ/LGVÜ ist daher auch im Anwendungsbereich des 4. Abschnitts der Übereinkommen zulässig.

---

[363] So *Senff*, Wer ist Verbraucher im internationalen Zivilprozeß?, 2000, S. 401; *de Bra*, Verbraucherschutz durch Gerichtsstandsregelungen, 1992, S. 203 f.

[364] So aber *Mankowski*, IPRax 2001, S. 310 (313).

§ 9 Ergebnis: Verbraucherschutz durch die Vorschriften des EuGVÜ/LGVÜ

Der europäische Gesetzgeber ging bei der Normsetzung der Gerichtsstandsregelungen der Artt. 13 ff. EuGVÜ/LGVÜ davon aus, dass der Verbraucher die grundsätzlich schutzwürdigere Partei sei. Diese Annahme ist auch in der überwiegenden Zahl der Verbraucherstreitigkeiten richtig. Moderne Medien haben Vertragsabschlüsse zwischen Verbrauchern und Unternehmern verschiedener Länder vereinfacht. Das wirtschaftliche Risiko hält Verbraucher aber häufig von einem Rechtsstreit mit einem im Ausland ansässigen Unternehmer ab. Dem Verbraucher muss daher der Zugang zu den Gerichten erleichtert werden.

Die Vorschriften des 4. Abschnitts der Übereinkommen eröffnen Verbrauchern je nach Rolle des Verbrauchers im Prozess, eine ausschließliche oder eine Wahlzuständigkeit der Gerichte am Wohnsitz des Verbrauchers. Dieses System erleichtert Verbrauchern den Zugang zu den Gerichten. Erweitert wird der Anwendungsbereich der Vorschriften dieses Abschnitts durch Art. 13 Abs. 2 EuGVÜ, der eine Niederlassung des Anbieters in einem Vertragsstaat genügen lässt. Das Übereinkommen schützt Verbraucher zusätzlich dadurch, dass ein Anerkennungsverbot und einen Vollstreckungsablehnungsgrund besteht, wenn die verbraucherschützenden Zuständigkeitsvorschriften verletzt worden sind.[365] Der Schutzbereich des 4. Abschnitts ist aber auf die in Art. 13 Abs. 1, Nr. 1-3 aufgeführten Erwerbsgeschäfte begrenzt. Die Vorschriften dieses Abschnitts umfassen daher nicht sämtliche Vertragsverhältnisse, an denen private Endverbraucher beteiligt sind.

Die Frage, welche Personengruppe von dem Verbraucherbegriff des Art. 13 EuGVÜ/LGVÜ umfasst ist sowie die Abgrenzung der von Art. 13 Abs. 1, Nr. 1-3 umfassten Erwerbsgeschäfte, bereiten im Einzelfall Schwierigkeiten. So birgt die Abgrenzung der vom Begriff der Dienstleistung in Art. 13 Abs. 1, Nr. 3 EuGVÜ/LGVÜ umfassten Rechtsgeschäfte Konflikte. Der bei Art. 13 Abs. 1, Nr. 3 erforderliche Inlandsbezug begrenzt den Schutzbereich des 4. Abschnitts zusätzlich. „Aktive Verbraucher", die zum Abschluss des Vertrages ihren Wohnsitzstaat verlassen, werden nicht umfasst.

Dennoch wird ein Großteil der praxisrelevanter Sachverhaltskonstellationen bei Streitigkeiten zwischen Unternehmern und Verbrauchern vom Schutzbereich der Vorschriften des 4. Abschnitts umfasst.[366] Insbesondere findet Art. 13 Abs. 1,

---

[365] Probleme der Anerkennung und Vollstreckung von Entscheidungen werden im Rahmen dieser Arbeit nicht untersucht; vgl. zur Anerkennung einer Entscheidung bei Verbrauchersachen im Anwendungsbereich des EuGVÜ: *de Bra*, Verbraucherschutz durch Gerichtsstandsregelungen, 1992, S. 207 ff.

[366] Dagegen aber *Senff*, Wer ist Verbraucher im internationalen Zivilprozeß?, 2000, S. 324 ff., der hier einen „willkürlich lückenhaften Anwendungsbereich" der Art. 13 ff. EuGVÜ bemängelt.

Nr. 3 EuGVÜ/LGVÜ auch auf Absatzgeschäfte im Internet Anwendung. Die Vorschrift bewirkt dabei keine einseitige Privilegierung der Verbraucher. Den Anbietern stehen vielfältige Möglichkeiten offen, sich bei Rechtsgeschäften im Internet selbstständig vor Verträgen mit Verbrauchern bestimmter Länder zu schützen.

Art. 15 EuGVÜ/LGVÜ gewährleistet den Schutz der Verbraucher bei Gerichtsstandsvereinbarungen, indem diese lediglich in eng begrenzten Fallkonstellationen ermöglicht werden. Eine Umgehung der verbraucherschützenden Zuständigkeitsvorschriften durch entsprechende Gerichtsstandsklauseln wird dadurch verhindert. Zulässig bleibt zwar die Begründung der internationalen Zuständigkeit eines Gerichts durch rügelose Einlassung (Art. 18 EuGVÜ/LGVÜ), diese Möglichkeit schränkt den Schutzbereich des 4. Abschnitts aber nicht unzulässig ein.

Die Vorschriften des 4. Abschnitts der Übereinkommen bieten trotz ihres begrenzten Anwendungsbereichs ein harmonisches System zum Schutz privater Endverbraucher. Selbst im Anwendungsbereich der neuen Medien bieten die Vorschriften ein ausreichendes Verbraucherschutzniveau.

Teil 2: Verbraucherschutz durch Zuständigkeitsvorschriften in der EuGVO und dem Entwurf zu einem Haager Übereinkommen

§ 10 Justizielle Zusammenarbeit in Zivilsachen

A. Grundlagen der Revision des EuGVÜ

Im Jahre 1998 feierten das EuGVÜ seinen 30. und das LGVÜ seinen 10. Geburtstag. Eine Revision der in die Jahre gekommenen Übereinkommen war längst fällig.

Am 22.12.2000 verabschiedete der Rat die Verordnung der EG (Nr. 44/2001)[367] über die gerichtliche Zuständigkeit und die Anerkennung und Vollstreckung von Entscheidungen in Zivil- und Handelssachen. Diese Verordnung, die am 1. März 2002 in Kraft trat, löst im Verhältnis zwischen den Mitgliedstaaten das EuGVÜ ab.[368] Gestützt wird die Verordnung auf Artt. 61 lit. c, 65 lit. a und Art. 67 Abs. 1 EG. Der Erlass dieser Verordnung war möglich geworden, da mit dem Inkrafttreten des Amsterdamer Vertrages am 1.5.1999 ein neuer Titel IV in den EG-Vertrag eingefügt worden war, der in den Artt. 61 ff. die Kompetenzgrundlage für den Erlass einer solchen Verordnung enthält.[369]

Bereits auf seiner Tagung im Dezember 1995 bildete der Rat der Europäischen Union eine Arbeitsgruppe, die die Revision des EuGVÜ vorbereiten sollte.[370] Die Idee zu einer Revision des EuGVÜ kam auf, als die österreichische und die finnische Delegation im Rahmen von Beitrittsverhandlungen zum EuGVÜ Änderungen vorschlugen.[371] Man war sich darüber einig, dass die Grundprinzipien des Übereinkommens aufrechterhalten werden sollten. Die beiden Staatsverträge hatten sich über Jahrzehnte bewährt. Angepasst werden sollten nur sprachliche Diskrepanzen zwischen den verschiedenen Texten der Übereinkommen. Zudem sollte die Rechtsprechung des EuGH bei der Revision berücksichtigt werden und Vorschriften, die in der Praxis als unbefriedigend empfunden wurden, überarbeitet werden.[372]

---

367 Die Verordnung ist abgedruckt in: ABl.EG 2001 L 12/1 vom 16.1.2001.

368 Vgl. *Kropholler*, Europäisches Zivilprozeßrecht, 2002, Einl., Rn. 1.

369 Vgl. zu den Auswirkungen des Amsterdamer Vertrages auf den Bereich der justiziellen Zusammenarbeit ausführlich: *Linke*, in: FS Geimer, 2002, S.529 (542 ff.).

370 S. *Hausmann*, The European Legal Forum 2000/01, S. 40.

371 S. *Wagner*, IPRax 1998, S. 241.

372 Vgl. *Wagner*, IPRax 1998, S. 241 (242 f.); *Kohler*, in: Revision des EuGVÜ, 2000, S. 2.

Die Verordnung wurde auf Art. 65 EG gestützt. Darin ist die justizielle Zusammenarbeit in Zivilsachen nun selbständig geregelt.[373] „Art. 65 EGV überführt damit die bislang intergouvernementale Zusammenarbeit in Zivilsachen in eine Gemeinschaftspolitik."[374] Als Staatsvertrag ist das EuGVÜ gegenüber diesem gemeinschaftlichen Rechtssetzungsakt subsidiär.[375]

Gemäß Art. 69 EG gelten für die Anwendung des Titels IV Sonderregelungen für einzelne Mitgliedstaaten. Art. 69 EG verweist insoweit auf die Protokolle über die Position des Vereinigten Königreichs und Irlands sowie über die Position Dänemarks. Das Vereinigte Königreich und Irland haben darin den Vorbehalt erklärt, an Maßnahmen des Titel IV grundsätzlich nicht teilzunehmen. Gleichwohl teilten die beiden Staaten gemäß Art. 3 des Protokolls schriftlich mit, dass sie sich an der Annahme und Anwendung dieser Verordnung beteiligen möchten.[376] Dänemark hat in Artt. 1 und 2 des Protokolls über die Position Dänemarks seine Nichtteilnahme an Maßnahmen des Titel IV erklärt.[377] Die Verordnung ist für Dänemark daher nicht bindend. Im Verhältnis zu Dänemark findet weiterhin das EuGVÜ Anwendung.[378]

Als Sekundärrecht untersteht die Verordnung der Auslegung durch den EuGH.[379] Während in den Übereinkommen die Kompetenz des EuGH ausdrücklich geregelt werden musste, ergibt sie sich nun direkt aus dem EG-Vertrag.

---

373 Vgl. *Kohler*, in: Revision des EuGVÜ, 2000, S. 2 (5); *Jayme / Kohler*, IPRax 1999, S. 401; *Besse*, ZEuP 1999, S. 107 (108).

374 *Besse*, ZEuP 1999, S. 107 (109); ausführlich zur Entwicklung der Rechtssetzungskompetenz im IZPR: *Linke*, in: FS Geimer, 2002, S. 529 (531 ff.).

375 Dies ergibt sich zum einen aus Art. 293 EG, auf dem das EuGVÜ beruht. Danach sind die Maßnahmen zur Sicherstellung der Vereinfachung der Förmlichkeiten für die gegenseitige Anerkennung und Vollstreckung richterlicher Entscheidungen nur möglich, „soweit erforderlich". Art. 65 lit. a EG ermöglicht aber bereits einen Gemeinschaftsakt zur Regelung der Anerkennung und Vollstreckung gerichtlicher Entscheidungen in Zivil- und Handelssachen. Erforderlich sind diese Maßnahmen daher nicht mehr. Zum anderen folgt der Vorrang aus Art. 65 lit. a EG, der die aktuellere völkerrechtliche Verkörperung des Willens der Mitgliedstaaten ist und aus gemeinschaftlicher Sicht jeglicher Wirkung beraubt würde, wenn seiner Inanspruchnahme die Existenz des EuGVÜ entgegenstünde, vgl. *Besse*, ZEuP 1999, S. 107 (118); *Basedow*, NJW 1996, S. 1921 (1922); *Schwartz*, in: FS Everling, Bd. 2, 1995, S. 1331 (1351 f.); a.A. *Kort*, JZ 1997, S. 641(642).

376 S. Einleitung zu der Verordnung (EG) 44/2001, ABl.EG 2001 L 12/1 vom 16.1.2001, S. 2, Rn. 20.

377 Protokoll über die Position Dänemarks, ABl.EG 1997 C 340/101 vom 10.11.1997.

378 S. Einleitung zu der Verordnung (EG) 44/2001, ABl.EG 2001 L 12/1 vom 16.1.2001, S. 3, Rn. 22.; auch in den gemäß Art. 299 EG ausgeschlossenen Gebieten findet die EuGVO keine Anwendung, vgl. *Kropholler*, Europäisches Zivilprozeßrecht, 2002, Einl., Rn. 21; *Piltz*, NJW 2002, S. 789 (791); vgl. ausführlich zur Stellung Dänemarks: *Kohler*, in: FS Geimer, 2002, S. 461 (468 ff.)

379 Zur Bindungswirkung der EuGH-Entscheidungen, vgl. *Kropholler*, Europäisches Zivilprozeßrecht, 2002, Einl., Rn. 37 ff.

Art. 68 EG modifiziert aber das Vorabentscheidungsverfahren im Titel IV. Es sind nun nicht mehr die Instanzgerichte, sondern ausschließlich die letztinstanzlichen Gerichte der Mitgliedstaaten zur Vorlage berechtigt.[380]

Der Vertrag von Nizza brachte ebenfalls Neuerungen im Titel IV des EG-Vertrages.[381] Mit diesem Vertrag wurde Art. 67 EG um einen neuen Absatz 5 ergänzt. Dieser Absatz ermöglicht es dem Rat nun abweichend vom Absatz 1, Maßnahmen nach Art. 65 EG gemäß dem Verfahren des Art. 251 EG zu beschließen. Die demokratische Legitimation für diese Rechtssetzungsakte wurde somit gestärkt.[382]

B. Ablösung des EuGVÜ durch einen Gemeinschaftsrechtsakt: Chance oder Gefahr?

I. Chancen

Die Vorteile, die die Ablösung der Staatsverträge durch eine EG-Verordnung mit sich bringt, sind klar erkennbar. Während das EuGVÜ noch von jedem einzelnen Mitgliedstaat gesondert ratifiziert werden musste, gilt die Verordnung gemäß Art. 249 EG nun unmittelbar zeitgleich und verbindlich in sämtlichen Mitgliedstaaten der EG. Es bedarf keiner Beitrittsübereinkommen mit ihren vorangehenden langwierigen Beitrittsverhandlungen mehr. Die Verordnung bewirkt damit eine schnelle Vereinheitlichung des internationalen Zivilverfahrensrechts innerhalb der EG. Dies kommt nicht zuletzt den Rechtsanwendern zugute. Die umständliche Vorprüfung, welches Beitrittsübereinkommen im konkreten Fall gilt, entfällt durch die Verordnung.[383] Die Verordnung unterliegt keinen Beschränkungen hinsichtlich der Vertragsbestimmungen über Justiz und Inneres und bewirkt damit eine Vergrößerung der Rechtssicherheit.[384] Die Erfahrungen mit den verschiedenen völkerrechtlichen Verträgen hatten gezeigt, „dass die Mitgliedstaaten die Ratifizierung nicht zügig durchführen".[385] Zudem gilt jetzt ein einheitlicher Wortlaut in sämtlichen Vertragsstaaten.[386] Rechtssicherheit entsteht zusätzlich dadurch, dass sich die gerichtliche Zuständigkeit des EuGH ein-

---

380 Vgl. *Heß*, NJW 2000, S. 23 (28); *Meyring*, EuR 1999, S. 309 (316); *Kropholler*, Europäisches Zivilprozeßrecht, 2002, Einl., Rn. 34.

381 Abgedruckt in ABl.EG 2001 C 80/1, S. 14.

382 Vgl. dazu *Leible / Staudinger*, The European Legal Forum 2000/01, S. 225 (226); *Sedlmeier*, The European Legal Forum 2002, S. 35 (37).

383 Vgl. *Besse*, ZEuP 1999, S. 107 (120); *Hausmann*, The European Legal Forum 2000/01, S. 40 (41); *Piltz*, NJW 2002, S. 789 (790); *Kohler*, in: FS Geimer, 2002, S. 461 (462).

384 S. Stellungnahme des Wirtschafts- und Sozialausschusses, ABl.EG 2000 C 117/6 vom 26.4.2000, S. 8, Rn. 3.2.1.

385 *Heß*, IPRax 2001, S. 389 (395).

386 Vgl. *Hausmann*, The European Legal Forum 2000/01, S. 40 (41).

deutig aus dem EG-Vertrag ergibt. Als Sekundärrecht untersteht die Verordnung der Rechtsprechung des EuGH.

Eine Revision der Staatsverträge war schon lange geplant und aufgrund des Alters der Übereinkommen auch erforderlich geworden.[387] Eine Vereinheitlichung der Staatsverträge erschien auch sinnvoll, schließlich hatten die verschiedenen Fassungen des EuGVÜ in den Beitrittsübereinkommen nicht zur Rechtsvereinfachung beigetragen. Fraglich ist aber, ob eine EG-Verordnung, die auf Art. 65 EG gestützt wird, der richtige Weg war.

II. Gefahren

In der Literatur wird vermehrt auf die Gefahren hingewiesen, die die Ersetzung des EuGVÜ durch eine gemeinschaftliche Maßnahme mit sich bringt.[388]

Am schwersten wiegt die Bindung des Titels IV an den Schengen-Besitzstand. Das Vereinigte Königreich, Irland und Dänemark haben sich die Nichtanwendung von Maßnahmen auf der Grundlage des Titels IV vorbehalten. Zwar haben Großbritannien und Irland sofort ihre Beteiligung an der Verordnung schriftlich mitgeteilt, es besteht hier aber die Gefahr, dass in Zukunft Rechtsakte des Titels IV zum „Spielball politischer Überlegungen“[389] werden.

Dänemark beteiligt sich dagegen nicht an dieser EG-Verordnung. Zwischen Dänemark und den übrigen Mitgliedstaaten der EG gilt weiterhin das EuGVÜ sowie das Protokoll von 1971.[390] Eine einheitlichen Geltung der Vorschriften in sämtliche Mitgliedstaaten ist somit nicht verwirklicht worden. Der Ausschluss Dänemarks von der Geltung der EG-Verordnung bewirkt eine Zweiteilung des Rechtsraums. Diese Zweiteilung führt zu einer verstärkten Ungleichbehandlung innerhalb der EG. Im Verhältnis zu Dänemark gelten z.T. andere Vorschriften als im Verhältnis zu den übrigen Mitgliedstaaten der EG.[391] Erforderlich wäre der Abschluss eines Parallelübereinkommens nach Art. 293 EG, um Dänemark

---

387 Vgl. zu den Revisionsarbeiten *Jayme / Kohler*, IPRax 1997, S. 385 (390); *dies.*, IPRax 1999, S. 401 (404 ff.); *Wagner*, IPRax 1998, S. 241 ff.; *Kerameus / Prütting*, ZZPInt 3 (1998), S. 265 ff.; *Kohler* in: Revision des EuGVÜ, 2000, S. 1 ff.; *Hausmann*, The European Legal Forum 2000/01, S. 40 ff.

388 Vgl. *Schack*, ZEuP 1999, S. 805 (807 f.); *Besse*, ZEuP 1999, S. 107 (120 f.); *Heß*, NJW 2000, S. 23 (28 ff.); *Hausmann*, The European Legal Forum 2000/01 S. 40 (41 f.).

389 *Jayme / Kohler*, IPRax 1999, S. 401 (402).

390 S. Einleitung zur Verordnung (EG) 44/2001, ABl.EG 2001 L 12/1 vom 16.1.2001, Rn. 21 f.

391 Für das Verhältnis der EuGVO-Staaten zu Dänemark, vgl. *Kohler*, in: FS Geimer, 2002, S. 461 (469), der Anhaltspunkte für die Lösung dieses Konflikts in Art. 54 b Abs. 2 LGVÜ sieht.

in die justizielle Kooperation mit einzubeziehen und die Einheitlichkeit der Vorschriften innerhalb der EG zu gewährleisten.[392]

Ein weiterer Nachteil folgt aus Art. 68 EG. Vorlageentscheidungen an den EuGH können nur noch durch letztinstanzliche Gerichte eingebracht werden.[393] Verzögerungen der Rechtsstreitigkeiten sind damit vorprogrammiert. Insbesondere auf dem Gebiet der internationalen Zuständigkeit ist dies misslich. Grund für die Einführung des Art. 68 EG war die Annahme der Mitgliedstaaten, dass der neue Titel IV des EG-Vertrages zu einer Überlastung des EuGH durch Vorlagen führen würde. Die Erfahrungen mit dem EuGVÜ im Bereich des internationalen Zivilverfahrensrechts haben aber gezeigt, dass mit einer übermäßigen Anzahl von Vorlagen nicht zu rechnen ist.[394]

Ob der neu geschaffene Art. 68 Abs. 3 EG eine Rechtserleichterung bewirkt, erscheint ebenfalls fraglich. Nach dieser Vorschrift kann der Rat, die Kommission oder ein Mitgliedstaat der EG dem Gerichtshof eine Frage zur Auslegung eines auf Titel IV gestützten Rechtsakts, zur Entscheidung vorlegen. Dies entspricht dem Verfahren nach Art. 4 des Auslegungsprotokolls zum EuGVÜ, von dem in den 25 Jahren seines Bestehens kein Gebrauch gemacht wurde.[395] Für eine häufigere Anwendung dieser neuen Vorschrift spricht allerdings der Unterschied zur Vorlageberechtigung nach dem Auslegungsprotokoll. Im Anwendungsbereich des EuGVÜ konnten nur die Stellen desjenigen Mitgliedstaates eine Frage zur Auslegung vorlegen, dessen Gerichte das EuGVÜ abweichend vom EuGH oder den Gerichten eines anderen Mitgliedstaates ausgelegt hatten. Art. 68 Abs. 3 EG gibt dagegen jedem Mitgliedstaat eine Vorlageberechtigung bezüglich Fragen zur Auslegung eines auf Titel IV gestützten Rechtsakts. Eine vermehrte Nutzung dieses Vorlageverfahrens der Mitgliedstaaten bei Fragen der internationalen Zuständigkeit ist gleichwohl unwahrscheinlich, da es um die Durchsetzung individueller Ansprüche geht. Das Interesse der einzelnen Mitgliedstaaten an der Auslegung der Verordnung könnte daher gering sein.[396]

---

392 Vgl. *Heß*, NJW 2000, S. 23 (28); *Hausmann*, The European Legal Forum 2000/01, S. 40 (42); zum Abschluss einer völkerrechtlichen Vereinbarung mit Dänemark, vgl. *Kohler*, in: FS Geimer, 2002, S. 461 (470 f.).

393 Dabei zählen zu den letztinstanzlichen Gerichten nicht nur die letzten Instanzen, sondern alle Gerichte, deren Entscheidungen im konkreten Rechtsstreit nicht mehr mit Rechtsmitteln angegriffen werden können; S. *Kropholler*, in: Aufbruch nach Europa, 2001, S. 583 (587).

394 S. *Leible / Staudinger*, The European Legal Forum 2000/01, S. 225 (227); vgl. dazu auch: *Kohler*, in: FS Geimer, 2002, S. 461 (467 f.), der darauf hinweist, dass die Vorlagepolitik letztinstanzlicher Gerichte zwischen den Ländern differiere und daher damit gerechnet werden müsse, dass aus mehreren Mitgliedstaaten überhaupt keine Vorlage zur EuGVO erfolgen werde.

395 S. *Heß*, NJW 2000, S. 23 (29); *Kohler*, in: FS Geimer, 2002, S. 461 (468).

396 Eine Rechtserleichterung durch das Verfahren nach Art. 68 Abs. 3 EGV verneinend: *Heß*, NJW 2000, S. 23 (29).

Hingewiesen wird auch auf die fehlende Beteiligung nationaler Parlamente. Selbst das Europäische Parlament wurde im Gesetzgebungsverfahren für die Verordnung lediglich angehört. Zwar verstärkt der mit dem Vertrag von Nizza eingeführte Art. 67 Abs. 5 EG das demokratische Element des Rechtssetzungsverfahrens, eine Beteiligung des Europäischen Parlaments fehlt aber weiterhin. Folge dieser fehlenden Mitwirkungskompetenz ist das „lautlose" Inkrafttreten neuer Verordnungen. Eine öffentliche Diskussion der Rechtsakte unterbleibt. Dies kann zu ungewollten Überraschungen durch neue Vorschriften führen.[397]

C. Verhältnis der EuGVO zum LGVÜ

Keine Gefahr, aber doch ein Nachteil ist das durch das neue Rechtssetzungsverfahren veränderte Verhältnis zum LGVÜ. Während man bisher großen Wert darauf legte, die beiden Übereinkommen parallel zu entwickeln, wird das Luganer Übereinkommen nun von dem Rechtssetzungsverfahren für die EuGVO „abgekoppelt".[398]

Die neue Verordnung geht in ihrer Einleitung nicht gesondert auf ihr Verhältnis zum LGVÜ ein. Das von den Mitgliedstaaten und den EFTA-Staaten unterzeichnete LGVÜ bleibt als völkerrechtlicher Vertrag daher zunächst einmal in seiner bisherigen Fassung in Kraft. Die strikte Parallelität zwischen dem EuGVÜ und dem LGVÜ ist dadurch gestört. Zwar wurde auch für das LGVÜ eine Revision in Aussicht gestellt, zum jetzigen Zeitpunkt ist dieses Revisionsübereinkommen aber noch nicht ratifiziert.

Zudem fehlt es beim LGVÜ an einer ausdrücklichen Kompetenzzuweisung an den EuGH. Ein Vorlageverfahren, wie es der EG-Vertrag für die Verordnung vorsieht, gibt es im LGVÜ nicht. Zwar haben sich auch die Vertragsstaaten des LGVÜ durch eine lose gegenseitige Rechtsprechungsabstimmung an die Auslegung des EuGH gebunden, eine direkte Zuständigkeit dieses Gerichts besteht aber nicht. Die Folge ist, dass entweder lediglich die Verordnung Gegenstand der wissenschaftlichen Diskussion sein wird oder der EuGH selbst zum mittelbaren Auslegungsorgan des LGVÜ umgestaltet wird. Diese beiden möglichen Folgen bewirken nach *Kerameus* die „Koexistenz zwischen *hard law* und *soft law*" sowie die „punktuellen, unüberprüfbaren und möglicherweise der juristischen Öffentlichkeit kaum zugänglichen Divergenz der Luganer Auslegung vom interpretatorischen Inventar des älteren Schwesterwerkes".[399]

Fraglich ist, ob die Kompetenz zum Abschluss eines völkerrechtlichen Vertrages mit den EFTA-Staaten ausschließlich der Gemeinschaft zusteht oder ob die Mit-

397 Vgl. *Jayme / Kohler*, IPRax 1999, S. 401 (402).

398 *Heß*, IPRax 2001, S. 389 (395).

399 *Kerameus*, in: Revision des EuGVÜ, 2000, S. 75 (89 f.).

gliedstaaten ihre Kompetenz zum Abschluss dieses Staatsvertrages behalten.[400] Bereits 1971 entschied der EuGH, dass sich die Befugnis zur Eingehung völkerrechtlicher Verträge nicht mehr ausschließlich aus den ausdrücklichen Bestimmungen des Vertrages ergebe, sondern sich auch aus anderen Bestimmungen des Vertrages sowie aus den daraus ergangenen Rechtsakten ergeben könne (AETR-Doktrin).[401] Die völkerrechtliche Vereinbarung musste zur Erreichung eines Zieles der Gemeinschaft notwendig sein. Mit der Erklärung in der Schlussakte des Maastrichter Unionsvertrages 1992 wurde diese Rechtsprechung authentische Vertragsauslegung.[402] Die stillschweigende EG-Außenzuständigkeit knüpfte der EuGH in den 90er Jahren dann an zusätzliche Bedingungen. Die Gemeinschaft musste ihre Binnenkompetenz bereits mit einem Rechtsakt wahrgenommen haben (gelockerte AETR-Doktrin).[403] Steht die Vertragsschlusskompetenz ausschließlich der EG zu, so kann grundsätzlich nur die Gemeinschaft Verträge mit Drittstaaten schließen. Die EG kann die Mitgliedstaaten dann aber dazu ermächtigen, solcher Verträge für sie abzuschließen.[404]

Mit Erlass der EG-Verordnung 44/2001 hat die Gemeinschaft ihre Binnenkompetenz im Bereich der justiziellen Zusammenarbeit ausgeübt. Nach der Rechtsprechung des EuGH steht der EG damit die Außenkompetenz in diesem harmonisierten Bereich zu.[405]

Sämtliche Mitgliedstaaten der EG sind Vertragstaaten des LGVÜ. Ziel dieses bewusst als Parallelübereinkommen zum EuGVÜ konzipierten Übereinkommens war es, einen möglichst einheitlichen Rechtsraum in Europa zu schaffen, der nicht an den Grenzen der EG enden sollte.[406] Ein solcher einheitlicher Rechtsraum kann aber nur verwirklicht werden, soweit das LGVÜ gleichzeitig und einheitlich in sämtlichen EG-Mitgliedstaaten gilt. Es dürfen innerhalb der

---

400 Vgl. *Jayme / Kohler*, IPRax 1999, S. 401 (404); ausführlich zur Frage der Außenkompetenzen: *Leisle*, ZEuP 2002, 316 (318 ff.); *ders.* Dependenzen auf dem Weg vom EuGVÜ, über die EuGVVO, zur EuZPO, 2002, S. 150 ff.

401 EuGH, RS. 22/70 (Kommission/Rat), Slg. 1971, S. 263, Nr. 15/19.

402 Vgl. *Oppermann*, Europarecht, 1999, S. 733, Rn. 1703.

403 Im WTO-Gutachten erklärt der Gerichtshof: „Nach dem Urteil AETR [...] verlieren die Mitgliedstaaten, ob einzeln oder gemeinsam handelnd, das Recht zum Eingehen von Verpflichtungen gegenüber Drittstaaten nur in dem Maße, wie gemeinsame Rechtsnormen erlassen werden, die durch diese Verpflichtungen beeinträchtigt werden könnten. Nur in dem Maße, wie gemeinsame Vorschriften auf interner Ebene erlassen werden, wird die externe Zuständigkeit der Gemeinschaft zu einer ausschließlichen", EuGH-Gutachten 1/94 (WTO), Slg. 1994, I, S. 5267, Nr. 77; Bestätigt wird diese Rechtsprechung durch das EuGH-Gutachten 2/92 (OECD), Slg. 1995, I, S. 525, Nr. 31.

404 Vgl. *Oppermann*, Europarecht, 1999, S. 735, Rn. 1706.

405 Vgl. dazu ausführlich: *Leisle*, ZEuP 2002, S. 316 (318 ff.); *ders.* Dependenzen auf dem Weg vom EuGVÜ, über die EuGVVO, zur EuZPO, 2002, S. 150 ff.

406 Vgl. Präambel des LGVÜ.

EG nicht verschiedene Fassungen des LGVÜ gelten. Der EG muss daher eine Außenkompetenz zum Abschluss des LGVÜ zustehen.[407] Dieser von der Gemeinschaft im Rahmen seiner Außenkompetenz mit Drittpartnern abgeschlossenen völkerrechtliche Vertrag ist für die EG-Mitgliedstaaten dann gemäß Art. 300 Abs. 7 EG bindend.[408] Ein solches Gemeinschaftsabkommen ist nach Ansicht des EuGH integrierender Bestandteil der Gemeinschaftsrechtsordnung und gilt unmittelbar in den nationalen Rechtsordnungen.[409]

D. Bereitstellung eines gesonderten Verbraucherprozessrechts auf der Grundlage des Art. 153 EG?

Eine generelle Harmonisierung des materiellen Privat- und Prozessrechts sieht Art. 65 EG nicht vor. Die justizielle Zusammenarbeit in Zivilsachen bezweckt vielmehr die Vereinheitlichung des vermittelnden Kollisions- und Prozessrechts.[410] Es stellt sich die Frage, in welchem Verhältnis Art. 65 EG zu den sonstigen Kompetenznormen der Gemeinschaft steht.[411]

In der zweiten Hälfte der 90er Jahre erließ die EG zahlreiche Maßnahmen, die als Annex zu Sachnormen auch das Prozessrecht regelten. Daraus entstanden Abstimmungsprobleme zwischen den Kompetenznormen. In Verbrauchersachen wird auch Art. 153 EG als Ermächtigungsgrundlage zum Erlass von Maßnahmen angesehen, die eine Rechtsangleichung der verbraucherschützenden prozessualen Vorschriften bewirken sollen. „Besetzt die EG ein bestimmtes Feld des Verbraucherschutzes, kann sie im Zuge einer Annexkompetenz auch die Frage der Rechtsdurchsetzung regeln."[412] Die Schaffung einheitlicher Verfahrensregeln für ein vereinfachtes grenzüberschreitendes Verbraucherverfahren ist bereits geplant. Die Kompetenz zur Herauslösung verbraucherschützender Vorschriften aus der Verordnung ergibt sich aus dem engem Zusammenhang zwischen dem Zugang zum Recht und den übrigen Tätigkeitsbereichen der Verbraucherpolitik.

Es stellt sich die Frage, ob die bisher in den Artt. 13 ff. EuGVÜ geregelten Zuständigkeiten in Verbrauchersachen aus dem EuGVÜ herausgelöst werden soll-

---

407 Im Ergebnis so auch: *Heß*, NJW 2000, S. 23 (30); *ders.*, IPRax 2001, S. 389 (396); *Leisle*, ZEuP 2002, S. 316 (339); *ders.* Dependenzen auf dem Weg vom EuGVÜ, über die EuGVVO, zur EuZPO, 2002, S. 186.

408 *Oppermann*, Europarecht, 1999, S. 225, Rn. 602.

409 EuGH, RS. 181/73 (Haegeman/Belgischer Staat), Slg. 1974, S. 449, Nr. 2/6; EuGH, RS. 104/81 (Hauptzollamt Mainz/C.A. Kupferberg), Slg. 1982, S. 3641, Nr. 13, 26.

410 Vgl. *Besse*, ZEuP 1999, S. 107 (116 f.).

411 Vgl. dazu: *Leisle*, Dependenzen auf dem Weg vom EuGVÜ, über die EuGVVO, zur EuZPO, 2002, S. 19 ff.

412 Lenz / *Grub*, EG-Vertrag, 1999, Art. 153, Rn. 19.

ten, um dann auf der Grundlage des Art. 153 EG als gesondertes Verbraucherprozessrecht geregelt zu werden.[413]

Mit Erlass der EG-Verordnung Nr. 44/2001 hat sich der Rat zunächst einmal gegen eine solche Aufspaltung der Vorschriften über die internationale Zuständigkeit entschieden. Diese Entscheidung ist zu begrüßen. Die umfassende Regelung der internationalen Zuständigkeit in den beiden Staatsverträgen hat sich über Jahre bewährt. Eine Aufspaltung dieser Vorschriften führte nicht zu einer Rechtsvereinfachung. Vielmehr würde die Rechtslage unübersichtlicher werden und dadurch die Rechtsanwendung erschwert. Gerade im Bereich des Verbraucherschutzes ist aber ein klare und übersichtlich strukturierte Regelung der internationalen Zuständigkeit erforderlich.

Eine einheitliche Regelung wirkte der Überbetonung der Interessen der Verbraucher entgegen. Die Verbraucher sind durch die Vorschriften der Artt. 13 ff. EuGVÜ/LGVÜ, bzw. Artt. 15 ff. EuGVO ausreichend geschützt. Eine umfassende Regelung grenzüberschreitenden Verbraucherrechts kann dagegen zu einer einseitigen Belastung der Anbieter führen.

Es ist zu empfehlen, es bei dieser einheitlichen Regelung zu belassen und das Verbraucherprozessrecht auch in Zukunft nicht aus der Verordnung herauszulösen.

E. Auslegung der EuGVO

Die Vorschriften der EuGVO sind unmittelbar geltendes Recht, auf das sich der einzelne Bürger vor den nationalen Gerichten berufen kann. Da diese Vorschriften aber auf EG-Recht beruhen, muss die Auslegung und Anwendung in anderer Weise erfolgen als bei dem nationalen Recht.[414]

Gesonderte Angaben über die Auslegung dieser Verordnung enthält die EuGVO nicht. Die Kompetenz zur Auslegung der Vorschriften liegt gemäß Art. 68 EG beim EuGH.[415] Der Gerichtshof verwendet in seiner Rechtsprechung die aus den nationalen Rechtsordnungen vertrauten Methoden.[416] Es bestehen aber Abweichungen hinsichtlich der Bedeutung und Gewichtung der unterschiedlichen In-

---

413 So *Heß*, NJW 2000, S. 23 (30), der diese Herauslösung der Verbraucherzuständigkeiten aus dem EuGVÜ als mittelfristiges Ziel der EG ansieht.

414 Zur Auslegung von auf Richtlinien beruhendem nationalen Recht vgl. *Lutter*, JZ 1992, S. 593 ff.; *Grundmann*, ZEuP 1996, S. 399 ff.; *Baldus*, ZEuP 1997, S. 874 ff.; *Teichmann*, in: Festgabe Zivilrechtslehrer 1934/1935, 1999, S. 629 ff.; *Merkt*, RabelsZ 61 (1997), S. 647 ff.; *Rusche*, IPRax 2001, S. 420 ff.; ausführlich zur Methodenlehre im Gemeinschaftsrecht: *Leisle*, Dependenzen auf dem Weg vom EuGVÜ, über die EuGVVO, zur EuZPO, 2002, S. 86 ff.

415 Vgl. dazu *Kropholler*, in: Aufbruch nach Europa, 2001, S. 583 (586 f.).

416 S. Calliess / Ruffert / *Wegener*, EUV/EGV, 2002, Art. 220, Rn. 11.

terpretationsmittel.[417] Der EuGH betont immer wieder die autonome Auslegung europäischer Rechtsakte.[418] Diese Auslegung ist auch bei der EuGVO entscheidend, da nur eine autonome Auslegung die einheitliche Anwendung der Vorschriften gewährleisten kann.[419] Bei der Auslegung dieser Rechtsakte verwendet der Gerichtshof den auf Savigny zurückzuführenden Auslegungskanon.[420]

Ausgangspunkt der Auslegung ist der Wortlaut einer Vorschrift nach dem allgemeinen Sprachgebrauch und dem besonderen Sprachgebrauch des Gesetzes (grammatikalische Auslegung). Mit der systematischen Auslegung wird das allgemeine normative und das spezielle Umfeld des Gesetzes in die Überlegungen mit einbezogen. Gesetzesmaterialien und andere Erwägungen der Entstehungsgeschichte berücksichtigt die historische Auslegung. Die teleologische Auslegungsmethode berücksichtigt das Verhältnis zu anderen Teilen der Rechtsordnung und den Einklang der Norm mit der Verfassung.[421] Die Auslegungskriterien stehen in einem Wechselverhältnis zueinander. Ein Rangverhältnis zwischen diesen Auslegungsmethoden ist nicht erkennbar.[422]

Der grammatikalischen Auslegung misst der EuGH eine geringere Bedeutung bei, da die verschiedenen Übersetzungen der Normen voneinander abweichen können.[423] Es ist der Wortlaut der verschiedenen sprachlichen Fassungen der Norm miteinander zu vergleichen.[424] Zudem ist auf gemeinschaftsrechtliche Besonderheiten der Vorschriften Rücksicht zu nehmen. So kann ein Begriff bereits durch EG-Recht vorgeprägt sein.[425]

---

417 S. Calliess / Ruffert / *Wegener*, EUV/EGV, 2002, Art. 220, Rn. 11.

418 So beispielsweise in EuGH, RS. 149/79 (Kommission/Belgien), Slg. 1980, S. 3881, Nr. 19; EuGH, RS. 64/81 (Corman/Hauptzollamt Gronau), Slg. 1982, S. 13, Nr. 8.

419 S. *Kropholler*, in: Aufbruch nach Europa, 2001, S. 583 (590).

420 Zum Beitrag Savignys vgl. *Rüthers*, Rechtstheorie, 1999, S. 394, Rn. 698 ff.; zu den „klassischen" Auslegungskriterien vgl. *Zippelius*, Juristische Methodenlehre, 1999, S. 42 ff.

421 Ausführlich zur Auslegung *Rüthers*, Rechtstheorie, 1999, S. 403 ff.; *Larenz / Canaris*, Methodenlehre, 1995, S. 141 ff.

422 Vgl. *Lutter*, JZ 1992, S. 593 (595).

423 Calliess / Ruffert / *Wegener*, EUV/EGV, 2002, Art. 220, Rn. 11, mit Verweisen auf die EuGH-Rechtsprechung; vgl. EuGH, RS. 19/67 (van der Vecht/Sociale Verzekeringsbank), Slg. 1967, S. 462; vgl. zudem EuGH, RS. 30/77 (Boucherau), Slg. 1977, S. 1999, Nr. 13/14; EuGH, RS. 9/79 (Koschniske/van Arbeid), Slg. 1979, S. 2717, Nr. 6,7; EuGH, RS. 107/84 (Kommission/Deutschland), Slg. 1985, S. 2655, Nr. 10; EuGH, RS. 55/87 (Moksel/Bundesanstalt für landwirtschaftliche Marktordnung), Slg 1988, S. 3845, Nr. 15.

424 Vgl. *Kropholler*, Europäisches Zivilprozeßrecht, 2002, Einl., Rn. 43.

425 S. *Lutter*, JZ 1992, S. 593 (599).

Im Rahmen der historischen Auslegung kann auf die Materialien zum EuGVÜ zurückgegriffen werden, sofern die Textfassungen wörtlich übereinstimmen.[426]

Die systematische Auslegung der europäischen Vorschriften entspricht der deutschen Methodik. Es kann auf den Kontext anderer Verordnungen abgestellt werden oder auf staatsvertragliches Einheitsrecht mit vergleichbarer Zielsetzung und Systematik.[427]

Als weniger bedeutsam wird dagegen die historische Auslegung im europäischen Recht angesehen.[428] Oft ist der historische Wille des Gesetzgebers nicht eindeutig festzustellen, da gerade im europäischen Rechtssetzungsverfahren Kompromisse an der Tagesordnung sind.[429] Zurückgegriffen werden kann für die ursprüngliche Konzeption auf die Vorschläge der Kommission, die das Initiativrecht hat. Die Stellungnahme des europäischen Parlaments ist ebenfalls zu beachten, da sie Rückschlüsse auf den Willen des europäischen Gesetzgebers ermöglicht. Besonders zu berücksichtigen ist die Begründung der Kommission und des Rates zu den Vorschriften. Darin werden Bedeutung, Zweck und Ziel der Vorschriften dargelegt. Die von der Kommission erlassene Begründung ist Grundlage für die Meinungsbildung im Rat. Sie gibt daher wieder, was Kommission und Rat mit den Vorschriften bezweckten.[430] Berücksichtigt werden können auch die Berichte zum EuGVÜ, soweit EuGVÜ und EuGVO hier übereinstimmen.[431]

Der teleologischen Auslegung wird im europäischen Recht besondere Bedeutung beigemessen.[432] Ähnlich wie im nationalen Recht wird Ziel und Zweck der Norm aus objektiver Sicht, die Sachgemäßheit der Regelung, die Verwirklichung objektiver Zwecke des Rechts und die Konformität mit dem EG-Vertrag und den übrigen Normen des Gemeinschaftsrechts geprüft.[433] Der EuGH verwendet hier den Begriff des „effet utile".[434] Das Gericht prüft auch, ob die Norm die größtmögliche Wirkung im Sinne des Gemeinschaftsrechts entfalten kann und der Vorrang des EG-Rechts gewahrt ist.[435] Bei der Ermittlung des Sinn und

---

426 S. *Kropholler*, Europäisches Zivilprozeßrecht, 2002, Einl., Rn. 45.

427 Hier z.B. auf die Vergleichbarkeit von EuGVO und EVÜ abstellend: *Kropholler*, in: Aufbruch nach Europa, 2001, S. 583 (591); *ders.*, Europäisches Zivilprozeßrecht, 2002, Einl., Rn. 44.

428 S. *Lutter*, JZ 1992, S. 593 (599).

429 Vgl. *Lutter*, JZ 1992, S. 593 (599).

430 S. zu den Begründungen bei Richtlinien: *Lutter*, JZ 1992, S. 593 (600).

431 S. *Kropholler*, in: Aufbruch nach Europa, 2001, S. 583 (592), der für den Fall einer Angleichung des LGVÜ an die EuGVO auch einen Rückgriff auf den Bericht zum angepassten LGVÜ zulassen will.

432 S. Calliess / Ruffert / *Wegener*, EUV/EGV, 2002, Art. 220, Rn. 14.

433 Ausführlich zu den einzelnen Punkten: *Lutter*, JZ 1992, S. 593 (602 ff.).

434 Vgl. EuGH, RS. 41/74 (van Duyn/Home Office), Slg. 1974, S. 1337, Nr. 12.

435 S. *Lutter*, JZ 1992, S. 593 (603).

Zwecks einer Vorschrift sind die Erwägungsgründe zu beachten. Damit lassen sich Rückschlüsse auf die Ziele und Hintergründe der Norm ziehen.

Im europäischen Recht kommt zudem der Rechtsvergleichung besondere Bedeutung zu.[436] Allerdings können mitgliedstaatliche Lösungen nicht unbesehen auf das europäische Recht übertragen werden, da die europäischen Vorschriften autonom auszulegen sind. Übertragen werden können vielmehr nur allgemeine Rechtsprinzipien, die sämtlichen Mitgliedsstaaten eigen sind.[437]

Nicht zuletzt sind auch die Ergebnisse der Auslegung des EuGVÜ durch den EuGH einzubeziehen. Der EuGH hatte aufgrund seiner Kompetenz zur Auslegung des EuGVÜ diesen völkerrechtlichen Vertrag bereits wie Gemeinschaftsrecht interpretiert. Trotz unterschiedlicher Rechtsnatur von EuGVÜ und EuGVO können die methodischen Grundsätze des EuGH daher auf die EuGVO übertragen werden.[438]

---

436 Zur Bedeutung der rechtsvergleichenden Interpretation vgl. *Canaris*, JZ 1987, S. 543 (549 ff.).

437 S. Calliess / Ruffert / *Wegener*, EUV/EGV, 2002, Art. 220, Rn. 15.

438 S. auch *Kropholler*, in: Aufbruch nach Europa, 2001, S. 583 (589).

§ 11 Neuregelungen in der EuGVO

A. Grundlagen

Gemäß Art. 4 Abs. 1 EuGVO ist nach wie vor das nationale Zivilprozessrecht anwendbar, wenn der Beklagte keinen Wohnsitz in einem Vertragsstaat hat. Art. 4 Abs. 1 EuGVO erklärt, dass die Gerichte eines Mitgliedstaats ausschließlich zuständig sind, wenn die Vorschriften der Artt. 22, 23 EuGVO (= Artt. 16, 17 EuGVÜ) eingreifen.[439] Die Verordnung stellt damit nun klar, dass sie auch in den Fällen gilt, in denen der Beklagte in einem Drittstaat wohnt, aber die Zuständigkeit der Gerichte eines Mitgliedstaats gemäß Art. 23 EuGVO (= Art. 17 EuGVÜ) vereinbart wurde.

Die Frage, ob ein streitiger Sachverhalt eine Beziehung zu einem weiteren Mitgliedstaat haben muss, ist weiterhin ungeklärt.[440] Für die Auffassung der Literatur, die keinen weiteren Bezug zu einem Mitgliedstaat fordert, spricht der Wortlaut der Einleitung der Verordnung. Darin heißt es: „Rechtsstreitigkeiten, die unter diese Verordnung fallen, müssen einen Anknüpfungspunkt an das Hoheitsgebiet eines der Mitgliedstaaten aufweisen, die durch diese Verordnung gebunden sind. Gemeinsame Zuständigkeitsvorschriften sollten demnach grundsätzlich dann Anwendung finden, wenn der Beklagte seinen Wohnsitz in einem dieser Mitgliedstaaten hat.“[441] Es wird ausdrücklich darauf hingewiesen, dass ein Bezug lediglich zu einem Mitgliedstaat genügt. Zudem ist der wichtige und umstrittene Fall des Art. 23 EuGVO (= Art. 17 EuGVÜ) in Art. 4 EuGVO eindeutig zugunsten der Ansicht der Literatur geregelt. Es bedarf auch bei einer Gerichtsstandsvereinbarung keines weiteren Bezugs mehr zu einem anderen Mitgliedstaat.[442]

B. Wohnsitz anstatt gewöhnlicher Aufenthalt

Zu Beginn der Revisionsarbeiten zu den Übereinkommen wurde die Frage diskutiert, ob die Anknüpfung an den Begriff „Wohnsitz“ einer natürlichen Person verändert werden sollte. Dafür sprach, dass die Verweisungslösung des Art. 52 EuGVÜ/LGVÜ sehr kompliziert ist und damit nicht zu einer vereinfachten Rechtsdurchsetzung führt. Eine autonome Qualifizierung dieses Begriffs entspräche eher dem System der Übereinkommen. Es wurde auch darauf hingewiesen, dass die Haager Übereinkommen zumeist an den Begriff des „gewöhnli-

---

[439] Mitgliedstaaten sind gemäß Art. 1 Abs. 3 EuGVO alle Mitgliedstaaten der Europäischen Gemeinschaft mit Ausnahme Dänemarks.

[440] Vgl. oben, § 4, B., IV.

[441] Einleitung der Verordnung der EG 44/2001, ABl.EG 2001 L 12/1, S. 2, Rn. 8.

[442] S. *Hausmann*, The European Legal Forum 2000/01, S. 40 (44); so auch *Micklitz / Rott*, EuZW 2001, S. 323 (327 f.).

chen Aufenthalts“ anknüpfen. Dieser Begriff wird dort einheitlich definiert. Verwendung findet der Begriff auch in Art. 4 Abs. 2 EVÜ sowie in Art. 5 Nr. 2 EuGVÜ/LGVÜ und in Verbrauchersachen in Art. 15 Nr. 3 EuGVÜ/LGVÜ. Eine einheitliche Verwendung dieses Begriffs auch in der Verordnung hätte sich daher angeboten.[443]

Der Vorschlag wurde jedoch nicht verwirklicht. Vielmehr stellt auch die Verordnung weiterhin auf den Wohnsitz einer natürlichen Person ab. Der Begriff des „gewöhnlichen Aufenthalts“ findet sich in der EuGVO nur in den Vorschriften, in den ihn auch EuGVÜ und LGVÜ verwandten.[444] Die Verweisungslösung des Art. 52 EuGVÜ wurde auch in die neue Verordnung übernommen (Art. 59 EuGVO), da sie in der Praxis keine größeren Schwierigkeiten bereitet hatte.[445] Auch in Verbrauchersachen bleibt es somit bei der Anknüpfung an den Wohnsitz des Verbrauchers.

C. Sitzbestimmung bei Gesellschaften und juristischen Personen

Die Vorschrift des Art. 53 EuGVÜ wurde geändert. Danach bestimmte sich der Sitz einer juristischen Person oder einer Gesellschaft nach den Vorschriften des internationalen Privatrechts des Gerichtsstaates (Art. 53 Abs. 1, S. 2 EuGVÜ). Dagegen haben gemäß Art. 60 EuGVO Gesellschaften und juristische Personen ihren Wohnsitz an dem Ort, an dem sich ihr satzungsmäßiger Sitz, ihre Hauptverwaltung oder ihre Hauptniederlassung befindet. Der Gesetzgeber entschied sich für eine autonome Definition des Sitzes einer juristischen Person oder Gesellschaft.[446]

Diese Vereinheitlichung war längst fällig. Die Verweisung auf das jeweilige IPR der lex fori hatte zu eine Reihe von unterschiedlichen Ergebnissen geführt, die einer Rechtsvereinheitlichung nicht zuträglich waren. Das IPR einiger Länder (z.B. des Vereinigten Königreichs) folgt der sogenannten Gründungstheorie. Danach liegt der Sitz einer Gesellschaft an dem Ort, an dem die Gesellschaft ihren satzungsmäßigen Sitz hat. Dagegen folgen andere Länder (wie z.B.

---

443 In Betracht kam eine Definition des Begriffs, die sich an die Auslegung des EuGH orientierte. Der gewöhnliche Aufenthalt ist danach „der Ort, den der Betroffene als ständigen oder gewöhnlichen Mittelpunkt seiner Lebensinteressen in der Absicht gewählt hat, ihm Dauerhaftigkeit zu verleihen, wobei für die Feststellung dieses Wohnsitzes alle hierfür wesentlichen tatsächlichen Gesichtspunkte zu berücksichtigen sind.“ (Erläuternder Bericht zu dem Übereinkommen über die Zuständigkeit und die Anerkennung und Vollstreckung von Entscheidungen in Ehesachen, ABl.EG 1998 C 221/27, S. 38, Nr. 32.); vgl. dazu *Kohler*, in: Revision des EuGVÜ, 2000, S. 1 (9 f.); *ders*, in: FS Geimer, 2002, S. 461 (474).

444 Art. 5 Nr. 2 und Art. 17 Nr. 3 EuGVO (= Artt. 5 Nr. 2, 15 Nr. 3 EuGVÜ/LGVÜ).

445 S. *Kohler*, in: Revision des EuGVÜ, 2000, S. 1 (10).

446 Eine Ausnahme regelt Art. 60 Abs. 2 EuGVO für das Vereinigte Königreich und Irland.

Deutschland) der sogenannten Sitztheorie, nach der der Sitz einer Gesellschaft dort liegt, wo sich ihre Hauptverwaltung oder Hauptniederlassung befindet.[447] Mit der neuen Regelung hat sich der Gesetzgeber nicht eindeutig für oder gegen die Sitztheorie oder die Gründungstheorie entschieden, sondern beide Elemente verwendet. Eine Wertung der Elemente wurde nicht vorgenommen. Folge dieser Neuregelung ist, dass nun auch der Verbraucher einfacher bestimmen kann, wo sein Vertragspartner seinen Sitz hat.

---

[447] Staudinger / *Großfeld*, IntGesR, 1998, Rn. 28; OLG Düsseldorf, JZ 2000, S. 203 m. Anm. *Ebke*; *Sonnenberger / Großerichter*, RIW 1999, S. 721 ff.; vgl. auch *Ebke*, JZ 1999, S. 656 ff.; *Zimmer*, BB 2000, S. 1361 ff.

§ 12 Verbraucherschützende Zuständigkeitsregelungen

A. Der 4. Abschnitt der EuGVO

Bereits der Wirtschafts- und Sozialausschuss wies in seiner Stellungnahme zu dem Verordnungsvorschlag darauf hin, dass das reibungslose Funktionieren des Binnenmarktes die Festlegung klarer Zuständigkeitsregeln für Streitigkeiten zwischen Unternehmen und Bürgern aus verschiedenen Mitgliedstaaten erfordere. Insbesondere sei die Frage nach dem zuständigen Gericht entscheidend.[448]

Die Neuregelung des 4. Abschnitts der EuGVO führt zu einer Erweiterung des Verbraucherschutzes. So wurde die Reform der Zuständigkeit für Verbrauchersachen auch schon als ein „Kernpunkt der Verordnung (EG) Nr. 44/2001" angesehen.[449]

Art. 15 Abs. 1, lit. a, b EuGVO (= Art. 13 Abs. 1, Nr. 1, 2 EuGVÜ) blieben unverändert. Zwar wurden einige Formulierungen umgestellt, inhaltlich stimmen diese Vorschriften aber mit Art. 13 Abs. 1, Nr. 1, 2 EuGVÜ überein. Geschützt sind weiterhin Verträge von Verbrauchern, „wenn es sich um den Kauf beweglicher Sachen auf Teilzahlung handelt" und „wenn es sich um ein in Raten zurückzuzahlendes Darlehen oder ein anderes Kreditgeschäft handelt, das zur Finanzierung eines Kaufs derartiger Sachen bestimmt ist."[450] Auch der Verbraucherbegriff hat sich nicht geändert. Es bleibt bei der in der europäischen Gesetzgebung am häufigsten verwendeten Definition eines Verbrauchers. Verbraucher ist danach eine Person, die einen Vertrag zu einem Zweck geschlossen hat, der nicht der beruflichen oder gewerblichen Tätigkeit dieser Person zugerechnet werden kann.[451]

Forderungen des Europäischen Parlaments und der Literatur, außergerichtliche Streitbeilegungsverfahren und entsprechende Schiedsstellen einzuführen, wurde nicht entsprochen.[452] Auch der von der Kommission vorgeschlagene Kompromiss wurde vom Rat nicht in die Verordnung übernommen.[453]

---

[448] Vgl. Stellungnahme des Wirtschafts- und Sozialausschusses, ABl.EG 2000 C 117/6 vom 26.4.2000, Rn. 1.3.

[449] *Micklitz / Rott*, EuZW 2001, S. 325 (330).

[450] Vgl. dazu oben, § 5, B., I. und II.

[451] Vgl. zu dem Begriff oben, § 5, A., I.

[452] Vgl. Stellungnahme des Europäischen Parlaments, ABl.EG 2001 C 146/94 vom 17.5.2001, S. 95 f. unter Hinweis auf Bericht Diana Wallis v. 18.9.2000, A5-253/2000; *Spindler*, MMR 2000, S. 18 (25), *Buchner*, EWS 2000, S. 147 (153 ff.).

[453] Erwägungsgrund 14a, KOM (2000), 689 endg.

B. Art. 15 Abs. 1, lit. c EuGVO

Eine Änderung hat der Gesetzgeber bei Art. 13 Abs. 1, Nr. 3 EuGVÜ vorgenommen. Hier bietet sich eine vergleichende Gegenüberstellung der beiden Vorschriften an.

In Art. 13 Abs. 1, Nr. 3 EuGVÜ heißt es:

„für andere Verträge, wenn sie die Erbringung einer Dienstleistung oder die Lieferung beweglicher Sachen zum Gegenstand haben, sofern

a) dem Vertragsabschluß in dem Staat des Wohnsitzes des Verbrauchers ein ausdrückliches Angebot oder eine Werbung vorausgegangen ist und
b) der Verbraucher in diesem Staat die zum Abschluss des Vertrages erforderlichen Rechtshandlungen vorgenommen hat."

Dagegen heißt es in Art. 15 Abs. 1, lit. c EuGVO:

„in allen anderen Fällen, wenn der andere Vertragspartner in dem Mitgliedstaat, in dessen Hoheitsgebiet der Verbraucher seinen Wohnsitz hat, eine berufliche oder gewerbliche Tätigkeit ausübt oder eine solche auf irgend einem Wege auf diesen Mitgliedstaat oder auf mehrere Staaten, einschließlich dieses Mitgliedstaats, ausrichtet und der Vertrag in den Bereich dieser Tätigkeit fällt."

Der Anwendungsbereich der Vorschrift wurde in Art. 15 Abs. 1, lit. c EuGVO erheblich erweitert. Während Art. 13 Abs. 1, Nr. 3 EuGVÜ auf bestimmte Dienstleistungsverträge oder Verträge über die Lieferung beweglicher Sachen beschränkt war, gilt Art. 15 Abs. 1, lit. c EuGVO nun auch „in allen anderen Fällen". Erforderlich ist aber eine Ausrichtung der beruflichen oder gewerblichen Tätigkeit des Vertragspartners auf den Wohnsitzstaat des Verbrauchers. Eindeutig nicht umfasst sind Verträge zwischen Verbrauchern.[454]

Bereits der Verordnungsvorschlag hat Widerspruch auf Seiten der Unternehmerverbände ausgelöst. Die Formulierung des Art. 15 Abs. 1, lit. c EuGVO wurde bewusst weit gewählt. Es sollten nun auch sämtliche Formen der Werbung mittels elektronischer Medien, insbesondere das Internet, einbezogen werden. Die Unternehmervertreter sahen aber die Gefahr, dass kleinere Unterneh-

---

[454] S. *Kropholler*, Europäisches Zivilprozeßrecht, 2002, Art. 15, Rn. 22.

men die Aussicht, sich vor einem ausländischen Gericht verantworten zu müssen, von einer Nutzung des Internet abhalten könnte.[455]

I. Vertragsart

Die Art des Geschäfts ist nach der neuen Verordnung unerheblich. Art. 15 Abs. 1, lit. c EuGVO findet auf sämtliche Verbraucherverträge Anwendung, die nicht bereits von lit. a oder lit. b erfasst wurden. Art. 15 Abs. 1, lit. c EuGVO ist Auffangtatbestand.[456] Liegt ein Verbrauchervertrag vor, so ist der Anwendungsbereich des 4. Abschnitts grundsätzlich eröffnet.[457]

Damit entfällt die komplizierte und stark umstrittene Abgrenzung des Dienstleistungsbegriffs. Art. 15 Abs. 1, lit. c EuGVO umfasst nun sämtliche Vertragsarten, die nicht in der Verordnung selbständig geregelt sind.[458] Keine Anwendung findet die Vorschrift daher auf individuelle Arbeitsverträge (Artt. 18 – 21 EuGVO), sowie auf Versicherungsverträge, für die die Artt. 8 – 14 EuGVO weiterhin eigene Zuständigkeiten begründen.

Anders als Art. 13 Nr. 3 EuGVÜ umfasst die Neuregelung nun aber auch Kreditverträge, sofern der Verbraucher diese Verträge zu privaten Zwecken abgeschlossen hat.[459] Nach dem ausdrücklichem Willen der Arbeitsgruppe zur Revision der Staatsverträge sollten Timesharing-Verträge von den Regelungen des 4. Abschnitts ebenfalls umfasst sein.[460] So weist auch der Bericht zur Verordnung ausdrücklich darauf hin, dass Timesharing-Verträge i.S.d. Richtlinie 94/47 EG in den Anwendungsbereich des Art. 15 EuGVO und nicht in den Anwendungsbereich des Art. 22 Nr. 1 EuGVO fallen.[461] Zwar ist Art. 15 Abs. 1, lit. c EuGVO weiterhin von dem Anwendungsbereich des Art. 22 Nr. 1 EuGVO

---

455 S. Stellungnahme des Wirtschafts- und Sozialausschusses, ABl.EG C 117/6 vom 26.4.2000, S. 9, Rn. 2.1.; dagegen aber *Kennett*, IntCompLQ 2001, S. 725 (728), die nicht einsieht, warum die einfachere Vermarktung der Produkte dazu führen solle, dass die Verbraucher weniger schutzwürdig seien als zuvor.

456 S. *Kropholler*, Europäisches Zivilprozeßrecht, 2002, Art. 15, Rn. 20.

457 Vgl. *Reich / Gambogi*, VuR 2001, S. 269 (271).

458 S. Staudinger / *Hausmann*, 2002, Anh. Art. 27-37 EGBGB, Rn. 106; Thomas / Putzo / *Hüßtege*, ZPO, 2002, Art. 15 EuGVVO, Rn. 5.

459 S. *Micklitz / Rott*, EuZW 2001, S. 325 (330); *Reich / Gambogi*, VuR 2001, S. 269 (271); *Kropholler*, Europäisches Zivilprozeßrecht, 2002, Art. 15, Rn. 20; *Gaudemet-Tallon*, Rev. Crit. 2001, S. 143 (148); *Neumann / Rosch*, IPRax 2001, S. 257 (259); *Piltz*, NJW 2002, S. 789 (792); Thomas / Putzo / *Hüßtege*, ZPO, 2002, Art. 15 EuGVVO, Rn. 5; zur Anwendbarkeit auf Art. 13 Abs. 1, Nr. 3 EuGVÜ/LGVÜ, vgl. oben unter, § 5, B., III., 1., a.

460 Vgl. *Markus*, SZW/RSDA 1999, S. 205 (213).

461 Begründung des Vorschlags der Kommission zu der Verordnung (EG) 44/2001, KOM (1999), 348 endg., S. 17; dazu auch *Hausmann*, The European Legal Forum 2000/01, S. 40 (45); Staudinger / *Hausmann*, 2002, Anh. Art. 27-37 EGBGB, Rn. 106.

(= Art. 16 Nr. 1 EuGVÜ) abzugrenzen, Timesharing-Verträge sind nun aber ausschließlich von Art. 15 Abs. 1, lit. c EuGVO umfasst.[462]

Verträge über Wohnraum, die nicht in den Anwendungsbereich der Timesharing-Richtlinie fallen, sind nach wie vor dem Anwendungsbereich des Art. 22 Nr. 1 EuGVO zugeordnet. Bei Verträgen über Wohnraum ist die ausschließliche Zuständigkeit am Belegenheitsort der unbeweglichen Sache begründet.

Bei Ferienhausvermittlungsverträgen muss der Anwendungsbereichs des Art. 22 Nr. 1 EuGVO weiterhin von Art. 15 Abs. 1, lit. c EuGVO abgegrenzt werden. Liegt der Schwerpunkt des Vertrages auf der Überlassung von Wohnraum, so ist der Anwendungsbereich des 6. Abschnitts eröffnet.[463] Lediglich in den Fällen, in denen die Vermietung des Wohnraums hinter die Erbringung anderer Leistungen (wie z.B. Auskünfte, Reservierung von Plätzen für die Beförderung oder Reiseleitung vor Ort, u.ä.) zurücktritt, ist der Anwendungsbereich des 4. Abschnitts eröffnet.[464] Bei diesen weiteren Leistungen muss es sich nicht zwingend um Dienstleistungen handeln, umfasst werden sämtliche Leistungen, sofern sie nicht auf die Vermietung von Wohnraum gerichtet sind.

Entscheidendes Abgrenzungskriterium für die Anwendbarkeit der verbraucherschützenden Vorschriften ist das Tätigwerden des Vertragspartners. Der Vertragspartner muss im Wohnsitzland des Verbrauchers eine berufliche oder gewerbliche Tätigkeit ausüben oder seine berufliche oder gewerbliche Tätigkeit auf diesen Staat auf irgend einem Wege ausrichten. Erforderlich ist zudem, dass der Vertrag in den Bereich dieser Tätigkeit des Vertragspartners fällt.

II. Inlandsbezug

Weggefallen ist bei Art. 15 Abs. 1, lit. c EuGVO die Voraussetzung des Art. 13 Abs. 1, Nr. 3, lit. b EuGVÜ. Der Verbraucher muss nicht mehr die zum Abschluss des Vertrages erforderlichen Rechtshandlungen in seinem Wohnsitzstaat vorgenommen haben. Er kann daher auch in den Fällen vor Gerichten seines Wohnsitzstaates klagen, in denen er den Vertrag in einem anderen Mitgliedstaat abgeschlossen hat. Eine Inlandsbeziehung in Form bestimmter Geschäftsumstände wird nicht mehr verlangt.[465]

---

462 Bereits *Wagner* in IPRax 1998, S. 241 (243) hatte darauf hingewiesen, dass die Frage, in welchem Umfang die Zuständigkeitsregeln der beiden Übereinkommen Timesharing-Geschäfte umfassen, klärungsbedürftig sei; zum Begriff der Dienstleistung bei Timesharing-Verträgen vgl. oben, § 5, B., III., 1., c.

463 So auch EuGH, RS. 8/98 (Dansommer S.A./Andreas Götz), The European Legal Forum 2000/01, S. 57 (59, Nr. 33-38) m. Anm. *Hausmann*, S. 60 (62).

464 S. EuGH, RS. 280/90 (Elisabeth Hacker/Euro-Relais GmbH), Slg. 1992, I, 1111, Nr. 14 = EuGH, NJW 1992, S. 1029 f.; so auch BGH, NJW 1992, S. 3158 (3159); AG Hamburg, NJW-RR 2000, S. 352 f.; vgl. dazu bereits oben, § 5, B., III., 1., b.

465 S. *Reich / Gambogi*, VuR 2001, S. 269 (271).

Art. 15 Abs. 1, lit. c EuGVO umfasst auch die Fälle, in denen der Verbraucher von seinem Vertragspartner veranlasst wurde, in einen anderen Staat zu reisen, um dort den Vertrag abzuschließen.[466] Hier zeigt sich ein gegenüber Art. 13 EuGVÜ geändertes Verständnis der Reichweite prozessualen Verbraucherschutzes. Art. 13 EuGVÜ fußte noch auf dem Gedanken, dass ein Verbraucher, der Ware im Ausland einkauft oder dort Dienstleistungen in Anspruch nimmt, nicht erwarten könne, dass ihn das Verbraucherrecht seines Heimatlandes auch im Ausland schützt.[467] Der hierdurch gewährte Schutz wurde nicht mehr für ausreichend erachtet. Die notwendige Verbindung zur Rechtsordnung des Wohnsitzstaates des Verbrauchers liegt nach neuer Rechtslage allein darin, dass der Vertragspartner seine Tätigkeit auf den Wohnsitzstaat des Verbrauchers ausgerichtet hat.

Art. 15 Abs. 1, lit. c EuGVO umfasst wie Art. 5 Abs. 2, 3. Spiegelstrich EVÜ (= Art. 29 Abs. 1, Nr. 3 EGBGB) nun auch die sogenannten „Kaffeefahrten", die vom Anbieter mit dem Ziel veranstaltet werden, mit dem Verbraucher Verträge im Ausland abzuschließen. Er kann seinen Vertragspartner wahlweise vor den Gerichten an dessen Sitz oder vor seinen Heimatgerichten verklagen. Verklagt werden kann er dagegen nur vor den Gerichten seines Wohnsitzlandes.

III. Ausrichten der Tätigkeit

Weggefallen sind auch die Erfordernisse eines ausdrücklichen Angebots oder einer Werbung im Wohnsitzstaat des Verbrauchers. Erforderlich ist nur noch, das der andere Vertragspartner in dem Mitgliedstaat, in dessen Hoheitsgebiet der Verbraucher seinen Wohnsitz hat, eine berufliche oder gewerbliche Tätigkeit ausübt oder eine solche auf irgend einem Wege auf diesen Mitgliedstaat ausrichtet. Zudem muss der Vertrag in den Bereich dieser Tätigkeit fallen. Lit. c lässt auch ein mittelbares Tätigwerden des Vertragspartners ausreichen. Es genügt danach, wenn der Unternehmer seine Tätigkeit „auf irgend einem Wege" auf diesen Mitgliedstaat ausrichtet. Ausreichend ist sogar eine Ausrichtung der Tätigkeit des Unternehmers auf mehrere Staaten, einschließlich des Wohnsitzstaates des Verbrauchers.

Unklar bleibt, wie die „Ausrichtung der Tätigkeit" auszusehen hat. Das Europäische Parlament hatte die Einfügung eines neuen Absatzes in den Art. 15 EuGVO gefordert, in dem der Begriff „Ausrichtung einer Tätigkeit" auf ein oder mehrere Mitgliedstaaten definiert werden sollte.[468] Das Parlament führte als Kriterium

---

[466] S. *Kropholler*, Europäisches Zivilprozeßrecht, 2002, Art. 15, Rn. 27; Staudinger / *Hausmann*, 2002, Anh. Art. 27-37 EGBGB, Rn. 106.

[467] S. Denkschrift der Bundesregierung, BT-Drucksache 10/503 in: *Pirrung*, Internationales Privat- und Verfahrensrecht, 1987, S. 334 (338).

[468] Stellungnahme des Europäischen Parlaments, ABl.EG 2001 C 146/94 vom 17.5.2001, S. 98; vgl. auch Einleitung zu dem Vorschlag für eine Verordnung des Rates über die

gegen eine solche Tätigkeit insbesondere jeden Versuch des Händlers an, seine Geschäfte auf Kunden zu beschränken, die in bestimmten Mitgliedstaaten ansässig sind.

Der Rat lehnte auf Empfehlung der Europäischen Kommission die Einfügung eines solchen Absatzes in den Art. 15 EuGVO ab.[469] Die Kommission begründete diese Ablehnung damit, dass eine solche Änderung nicht „dem Geist der Verordnung" entspreche.[470] Die vorgeschlagene Definition stütze sich im wesentlichen auf eine US-amerikanische Auslegung des Begriffs Tätigkeit. Eine verbraucherrechtliche Streitigkeit setzt nach Ansicht der Kommission das Bestehen eines Verbrauchervertrages voraus, der an sich schon ein deutlicher Hinweis darauf sei, dass der Händler seine Geschäftstätigkeit auf den Wohnsitzstaat des Verbrauchers ausgerichtet habe. Die Kommission wies zudem darauf hin, dass eine Begriffsbestimmung, wie sie das Parlament vorgeschlagen hatte, einer unerwünschten neuerlichen Fragmentierung des Binnenmarkts Vorschub leiste.[471]

Diese Auslegung des Begriffs erweitert den Anwendungsbereich des Art. 15 Abs. 1, lit. c EuGVO deutlich. Lässt man bereits das Bestehen eines Verbrauchervertrages für die Anwendbarkeit dieser Vorschrift genügen, so fallen praktisch alle Verträge, die ein Verbraucher abschließt, in den Anwendungsbereich des 4. Abschnitts. Ein ursächlicher Zusammenhang zwischen der Tätigkeit des Vertragspartners und dem Vertragsschluss wird nicht gefordert.[472] Jede Form der Bekanntmachung der Tätigkeit des Anbieters genügt. Einer konkreten Werbung bedarf es nicht mehr.

Entscheidend ist die Ausrichtung im Zeitpunkt des Vertragsschlusses. Stellt der Vertragspartner seine Werbe- oder sonstige Geschäftstätigkeit ein, nachdem der Vertrag zwischen dem Unternehmen und dem Verbraucher bereits geschlossen wurde, so hat dieses keinen Einfluss auf die Anwendbarkeit des 4. Abschnitts.

Der Vertragsgegenstand muss aber in den Bereich der Tätigkeit fallen, die der Vertragspartner auf den Wohnsitzstaat des Verbrauchers ausgerichtet hat. Dieses Kriterium grenzt den Anwendungsbereich der Vorschrift wieder ein. Es sollte dadurch erreicht werden, dass der Anbieter den Anwendungsbereich des 4. Abschnitts selbständig begrenzen kann.

---

gerichtliche Zuständigkeit und die Anerkennung und Vollstreckung von Entscheidungen in Zivil- und Handelssachen, KOM (2000), 689 endg., S. 6.

469 Einleitung zu dem Vorschlag für eine Verordnung des Rates, KOM (2000), 689 endg., S. 6.

470 Einleitung zu dem Vorschlag für eine Verordnung des Rates, KOM (2000), 689 endg., S. 6.

471 S. Einleitung zu dem Vorschlag für eine Verordnung des Rates, KOM (2000), 689 endg., S. 6.

472 Zum ursächlichen Zusammenhang bei Art. 13, Abs. 1, Nr. 3 EuGVÜ vgl. oben, § 5, B., III., 3.

Fehlte dieser Zusatz in Art. 15 Abs. 1, lit. c EuGVO, so würde der Anwendungsbereich des 4. Abschnitts zu weit ausgedehnt. Folgendes Beispiel mag dies illustrieren: Ein ausländischer Anbieter wirbt im Wohnsitzstaat des Verbrauchers für den Verkauf von Autos. Diesem Verbraucher verkauft derselbe Anbieter eine Waschmaschine. Auch der Kaufvertrag über die Waschmaschine unterfiele dem Anwendungsbereich des 4. Abschnitts und eröffnete dem Verbraucher eine Klagemöglichkeit in seinem Wohnsitzstaat. Der Anbieter hat in diesem Fall eine berufliche Tätigkeit auf den Wohnsitzstaat des Verbrauchers ausgerichtet. Unberücksichtigt bliebe, dass der Verkauf von Waschmaschinen einem anderen Tätigkeitsbereich zuzurechnen ist als der Verkauf von Autos. Dem Anbieter würde die Möglichkeit genommen, sich durch gezielte Werbung vor den Folgen des 4. Abschnitts der EuGVO zu schützen.

Dieses Ergebnis wird durch den Zusatz verhindert, nach dem der abgeschlossene Vertrag dem Bereich der ausgerichteten beruflichen Tätigkeit zuzurechnen sein muss. Diese Anforderung ist in einem abgewandelten Beispiel erfüllt. Verkaufte der Anbieter dem Verbraucher gebrauchte Autoreifen oder Autositze, so entspräche der Vertragsgegenstand der ausgerichteten beruflichen Tätigkeit und der Anwendungsbereich des 4. Abschnitts wäre zu Recht eröffnet.

Für den Bereich der Tätigkeit des Vertragspartners muss eine Nähe des Vertragstyps zu der beruflichen oder gewerblichen Tätigkeit des Anbieters sowie eine Vergleichbarkeit des Vertragsgegenstandes bestehen.[473]

C. Art. 15 Abs. 3 EuGVO

Im Gegensatz zur Vorschrift des Art. 15 Abs. 2 EuGVO, die abgesehen von der Auswechslung des Begriffs „Vertragsstaat" durch „Mitgliedstaat", wortgleich übernommen wurde, findet sich in Art. 15 Abs. 3 EuGVO eine Neuerung.

Art. 15 Abs. 3 EuGVO schließt Beförderungsverträge vom Anwendungsbereich des 4. Abschnitts aus. Dieser Ausschluss soll verhindern, dass die Verordnung in Konflikt zu Vorschriften in internationalen Übereinkommen tritt. Gesichert bleibt somit die Anwendbarkeit des 1. und 2. Abschnitts und insbesondere des Art. 5 Nr. 1 EuGVO, auf die der Bericht Schlosser zum EuGVÜ ausdrücklich verweist.[474]

Der Streit um den Begriff der Beförderungsverträge ist durch die Neuregelung weggefallen.[475] Art. 15 Abs. 3 EuGVO bestimmt ausdrücklich, dass die Vorschriften des 4. Abschnitts auf „Reiseverträge, die für einen Pauschalpreis kom-

---

473 *Kropholler* verlangt hier, dass der Vertrag nicht außerhalb der normalen Geschäftstätigkeit des Vertragspartners geschlossen wurde, vgl. *Kropholler*, Europäisches Zivilprozeßrecht, 2002, Art. 15, Rn. 26.

474 S. Bericht Schlosser, ABl.EG 1979 C 59/71 vom 5.3.1979, S. 119, Rn. 160.

475 Vgl. dazu oben, § 5, D.

binierte Beförderungs- und Unterbringungsleistungen vorsehen, anzuwenden [sind]." Kombinierte Beförderungsverträge, die neben Beförderungsleistungen auch die Unterbringung beinhalten, stellen daher nun Verbraucherverträge gemäß dem 4. Abschnitt dar.[476]

D. Artt. 16, 17 EuGVO

Die Regelungen der Artt. 14 und 15 EuGVÜ wurden in die neuen Verordnung übernommen. Auf die Probleme, die insbesondere die Vorschrift des Art. 17 Nr. 3 EuGVO (= Art. 15 Nr. 3 EuGVÜ) mit sich bringt, wurde bereits bei Art. 15 Nr. 3 EuGVÜ/LGVÜ hingewiesen.[477]

Entgegen den Wünschen des Europäischen Parlaments wurde kein Art. 17a in die Verordnung eingeführt, der die Vereinbarung außergerichtlicher Streitschlichtungsstellen unter bestimmten enumerativ aufgelisteten Voraussetzungen zulässt.[478]

Eine Neuerung findet sich bei Art. 16 Abs. 1 EuGVO (= Art. 14 Abs. 1 EuGVÜ). Hier wurde das Wort „Vertragsstaates" durch das Wort „Ortes" ersetzt. Der Verbraucher kann wahlweise vor den Gerichten des Mitgliedstaates klagen, in dessen Hoheitsgebiet der Vertragspartner seinen Wohnsitz hat oder vor den Gerichten des Ortes, an dem der Verbraucher seinen Wohnsitz hat. Damit hat sich der erst in neuerer Zeit insbesondere in Deutschland diskutierte Streit um die Frage der örtliche Zuständigkeit bei Art. 14 Abs. 1 EuGVÜ erledigt.[479] Art. 16 Abs. 1 EuGVO begründet neben der internationalen Zuständigkeit der Gerichte am Wohnsitz des Verbrauchers nun auch die örtliche Zuständigkeit. Der Bericht der Kommission zu dem Vorschlag der neuen Verordnung weist darauf hin, dass die Regelung auch der örtlichen Zuständigkeit eine Ausnahme von dem Grundsatz darstelle, dass die Verordnung nur die internationale gerichtliche Zuständigkeit und nicht auch die innerstaatliche gerichtliche Zuständigkeit regele. Gerechtfertigt sei diese Ausnahme „durch das Anliegen [...], dem Verbraucher die Möglichkeit zu geben, seinen Vertragspartner möglichst nahe an seinem Wohnsitz zu belangen."[480]

---

476 Vgl. *Hausmann*, The European Legal Forum 2000/01, S. 40 (46); Staudinger / *Hausmann*, 2002, Anh. Art. 27-37 EGBGB, Rn. 105; *Micklitz / Rott*, EuZW 2001, S. 325 (330); *Kropholler*, Europäisches Zivilprozeßrecht, 2002, Art. 15, Rn. 30; Thomas / Putzo / *Hüßtege*, ZPO, 2002, Art. 15 EuGVVO, Rn. 11; so im Ergebnis auch schon Staudinger / *Hausmann*, EGBGB, 1998, Anh. zu Art. 27 ff, Rn. 81; Wieczorek / Schütze / *Hausmann*, Zivilprozeßordnung, 1994, Art. 13, Rn. 22; *Jayme*, IPRax 1993, S. 42 (43).

477 Vgl. oben, § 7, C.

478 S. Stellungnahme des Europäischen Parlaments, ABl.EG 2001 C 146/94 vom 17.5.2001, S. 98.

479 Vgl. dazu oben, § 6, A., I.

480 Vorschlag zur Verordnung, KOM (1999), 348 endg., S. 19.

Es ist zu begrüßen, dass sich der europäische Gesetzgeber hier über den nationalen Gesetzgeber gestellt und zugunsten eines einheitlichen Verbraucherschutzes auch die örtliche Zuständigkeit der Gerichte am Wohnsitz des Verbrauchers begründet hat. Nur so bringt der 4. Abschnitt Verbrauchern auch wirklich einen Vorteil. Klagt ein Verbraucher so sind grundsätzlich die Gerichte seines Wohnortes international und örtlich zuständig. Dem Verbraucher bleiben Kosten und Aufwand für die Anreise zu dem zuständigen Gericht erspart. Bei Passivprozessen regelt Art. 16 EuGVO hingegen weiterhin lediglich die internationale Zuständigkeit. Die Bestimmung des örtlich zuständigen Gerichts bleibt daher weiter dem nationalen Recht überlassen. Aufgrund des weithin geltenden Grundsatzes actor sequitur forum rei steht in diesen Fällen aber zumeist auch eine örtliche Zuständigkeit am Wohnsitz des Verbrauchers bereit.[481]

Art. 15 Abs. 1, lit. c EuGVO verlangt nun nicht mehr, dass der Verbraucher die zum Abschluss des Vertrages erforderlichen Rechtshandlungen in seinem Wohnsitzstaat vorgenommen haben muss. Art. 15 Abs. 1, lit. c EuGVO kann daher auch im Falle eines Umzugs des Verbrauchers nach Abschluss des Verbrauchervertrages den Anwendungsbereich des 4. Abschnitts begründen. Der Verbraucher kann vor den Gerichten seines neuen Wohnsitzes klagen und verklagt werden.[482]

E. Der 7. Abschnitt der EuGVO

Artt. 17, 18 EuGVÜ wurden leicht modifiziert in Art. 23, 24 EuGVO übernommen. Der neue Art. 23 Abs. 1 EuGVO lässt nun ausdrücklich die Vereinbarung einer konkurrierenden Zuständigkeit zu.[483] Weggefallen ist zudem die Vorschrift des Art. 17 Abs. 4 EuGVÜ, nach der im Falle einer Gerichtsstandsvereinbarung zugunsten einer Partei, diese dass Recht behält, jedes andere Gericht anzurufen, dass auf Grund des Übereinkommens zuständig ist. Die ausdrückliche Erlaubnis der Vereinbarung einer konkurrierenden Zuständigkeit hat diese Regelung überflüssig gemacht.[484] Die Vorschrift des Art. 17 Abs. 4 EuGVÜ fand auf Art. 15 Nr. 2 EuGVÜ Anwendung. Trotz des Wegfalls dieser Regelung in Art. 23 EuGVO, ermöglicht auch Art. 17 Nr. 2 EuGVO nur die Vereinbarung einer konkurrierenden Zuständigkeit zu den bestehenden Zuständigkeiten des 4. Abschnitts. Der Schutzbereich der Vorschrift, die wörtlich mit Art. 15 Nr. 2 EuGVÜ übereinstimmt sollte durch den Wegfall des Art. 17 Abs. 4 EuGVÜ nicht eingeengt werden. Unzulässig ist daher die Vereinbarung einer ausschließlichen

---

481 Zur weiterhin problematischen örtlichen Zuständigkeit im deutschen Recht, vgl. *Vollkommer / Vollkommer*, in: FS Geimer, 2002, S. 1367 (1376).

482 Vgl. zu dem Problem bei Art. 13 Abs. 1, Nr. 3 EuGVÜ/LGVÜ oben unter, § 6, A., II.

483 Vgl. *Piltz*, NJW 2002, S. 789 (792).

484 Vgl. *Hausmann*, The European Legal Forum 2000/01, S. 40 (48); *Piltz*, NJW 2002, S. 789 (792).

Zuständigkeit bei Art. 17 Nr. 2 EuGVO. Dem Verbraucher darf durch die Vereinbarung nur die zusätzliche „Befugnis“ eingeräumt werden, andere Gerichte anzurufen, als die nach dem 4. Abschnitt zuständigen.[485]

Eine Besonderheit wurde zur Vereinfachung des Rechtsverkehrs im E-Commerce eingefügt. Art. 23 Abs. 2 EuGVO stellt elektronische Übermittlungen, die eine dauerhafte Aufzeichnung der Vereinbarung ermöglichen, der Schriftform gleich. Eine Gerichtsstandsvereinbarung kann daher nun auch per E-Mail, durch Ausfüllen eines markierten Feldes oder durch Anklicken eines Symbols auf einer Internet-Seite vereinbart werden.[486]

F. Verbrauchergeschäfte im E-Commerce

Auswirkungen hat der neue Art. 15 Abs. 1, lit. c EuGVO insbesondere auf das Gebiet des E-Commerce. Bereits der Vorschlag der Kommission zu dem neuen Art. 15 Abs. 1, lit. c EuGVO stellte ausdrücklich darauf ab, dass die Verordnung insbesondere dazu dienen soll, „der Entwicklung der Vermarktungstechniken Rechnung zu tragen.“[487]

Auch nach der neuen Regelung bleibt der Anbieter auf die korrekten Angaben des Verbrauchers zur Bestimmung des Geschäftszwecks angewiesen. Im Falle einer Täuschung durch den Kunden über seine Verbrauchereigenschaft verliert dieser den Schutz des 4. Abschnitts.

In dem Vorschlag zum neuen Art. 15 EuGVO wird bereits darauf hingewiesen, dass der Wortlaut des Art. 15 EuGVO in der Industrie auf Widerstände gestoßen ist.[488] Im Folgenden sind daher die Auswirkungen zu untersuchen, die die Erweiterung des Wortlauts gegenüber Art. 13 Nr. 3 EuGVÜ/LGVÜ auf den E-Commerce hat. Fraglich ist, ob der neue Art. 15 Abs. 1, lit. c EuGVO sowohl die Interessen der Anbieter als auch die Interessen der Verbraucher ausreichend berücksichtigt.

I. Ausrichten der Tätigkeit des Anbieters

Der neue Art. 15 Abs. 1, lit. c EuGVO verlangt im Gegensatz zu Art. 13 Abs. 1, Nr. 3 EuGVÜ/LGVÜ kein ausdrückliches Angebot oder eine Werbung im

---

485 So auch *Kropholler*, Europäisches Zivilprozeßrecht, 2002, Art. 13, Rn. 3.

486 Zur elektronischen Übermittlung vgl. ausführlich *Kropholler*, Europäisches Zivilprozeßrecht, 2002, Art. 23, Rn. 40 ff.; zur Anwendbarkeit auf E-Mails auch *Hausmann*, The European Legal Forum 2000/01, S. 40 (48).

487 Vorschlag der Kommission zur Verordnung, KOM (1999), 348 endg., S. 17; in der englischen Fassung COM (1999), 348 final, S. 16, heißt es hier: „The criteria given in Article 13 (3) of the Brussels Convention have been reframed to take account of developments in marketing techniques.“

488 S. Stellungnahme des Wirtschafts- und Sozialausschusses, ABl.EG 2000 C 117/6 vom 26.4.2000, S. 9, Rn. 4.2.1.

Wohnsitzstaat des Verbrauchers. Es genügt vielmehr, dass der Anbieter seine berufliche oder gewerbliche Tätigkeit auf irgend einem Weg auf den Wohnsitzstaat des Verbrauchers ausrichtet und dass der Vertrag überhaupt in den Tätigkeitsbereich des Anbieters fällt. Möglich ist auch die Ausrichtung auf mehrere Mitgliedstaaten.

Ein Angebot oder eine Werbung im Wohnsitzstaat des Verbrauchers ließ sich bei Art. 13 Abs. 1, Nr. 3 EuGVÜ/LGVÜ im Einzelfall verneinen, wenn bestimmte Abgrenzungskriterien wie Sprache, Währung o.ä. den räumlichen Geltungsbereich der Werbung erkennbar eingrenzten. Möglich war auch die Verwendung eines Disclaimers, mit dem der Anbieter die Werbung auf bestimmte Länder beschränken konnte, sofern er zusätzlich kontrollierte, mit wem er kontrahierte.[489] Diese Möglichkeiten bestehen unter der Geltung des neuen Art. 15 Abs. 1, lit. c EuGVO nur noch sehr eingeschränkt. Das Erfordernis des Ausrichtens der beruflichen oder gewerblichen Tätigkeit des Anbieters ist weiter als das Erfordernis eines ausdrücklichen Angebots oder einer Werbung. Betreibt der Anbieter eine Website, auf der er Produkte bewirbt, so hat er seine berufliche oder gewerbliche Tätigkeit „auf irgend einem Weg" auf sämtliche Länder ausgerichtet, in denen die Website mit der Werbung abgerufen werden kann. Sprache, Währung oder ähnliche Kriterien genügen nicht zur Einschränkung des Anwendungsbereichs.[490] Eine Ausrichtung auch auf andere Länder kann man bei einer weltweit abrufbaren Website immer bejahen.[491]

Möglich bleibt aber die Verwendung eines Disclaimers. Mit Hilfe eines solchen Hinweises, kann der Anbieter den Verbraucherkreis einschränken.[492] In diesem Fall tritt der Wille des Anbieters, den Bereich seines Angebots auf bestimmte Länder zu begrenzen, nach außen erkennbar hervor. Er hat seine Tätigkeit in diesem Fall räumlich begrenzt. Erforderlich ist aber auch hier, dass der Anbieter überprüft, mit wem er kontrahiert. Sonst würde das Verhalten des Anbieters trotz des Hinweises auf der Website ein Ausrichten auch auf den Wohnsitzstaat des Verbrauchers begründen. Eine weltweit abrufbare aktive Website kann den Anwendungsbereich des Art. 15 Abs. 1, lit. c EuGVO somit eröffnen.

---

489 Vgl. dazu oben unter; § 5, E., III., 1.

490 Dagegen will *Kropholler* ein Ausrichten der Website auf ein Land verneinen, wenn die Website in einer dort nicht verwendeten Sprache verfasst ist; vgl. *Kropholler*, Europäisches Zivilprozeßrecht, 2002, Art. 15, Rn. 24; *Buchner*, EWS 2000, S. 147 (152 f.), will hier auf den konkreten Einzelfall abstellen.

491 Anders dagegen *Micklitz / Rott*, EuZW 2001, S. 325 (331), die ein Ausrichten auch in den Fällen verneinen, in denen ein geschäftlicher Kontakt mit dem Verbraucher konkludent ausgeschlossen ist. Sie weisen allerdings darauf hin, dass ein solcher konkludenter Ausschluss nur schwer nachzuweisen sein wird.

492 Dies wird wegen der Missbrauchsgefahr in Frage gestellt von *Kropholler*, Europäisches Zivilprozeßrecht, 2002, Art. 15, Rn. 24.

1. Aktive Website

In dem Vorschlag zur Verordnung weist die Kommission ausdrücklich darauf hin, „daß Verbraucherverträge, die via eine aktive Website geschlossen wurden, die im Wohnsitzstaat des Verbrauchers zugänglich sind, unter Artikel 15 Nummer 3 fallen."[493]

In der Stellungnahme des Europäischen Parlaments heißt es: „Die Vermarktung von Waren und Dienstleistungen mit Hilfe elektronischer Mittel, die in einem Mitgliedstaat zugänglich sind, stellt eine auf diesen Staat ausgerichtete Tätigkeit dar, wenn die Online-Handelsseite eine aktive Seite in dem Sinne ist, dass der Händler zielbewusst seine Tätigkeit umfassend auf diesen anderen Staat ausrichtet."[494] Sowohl Kommission als auch Parlament wollen sämtliche Verträge in den Anwendungsbereich des Art. 15 EuGVO fallen lassen, die der Verbraucher über das Medium Internet abgeschlossen hat. Eines weiteren Bezugspunktes zum Wohnsitzstaat des Verbrauchers bedarf es nicht.

2. Passive Website

Umstritten ist die Frage, ob der Anwendungsbereich des Art. 15 Abs. 1, lit. c EuGVO auch bei passiven Websites eröffnet ist. Unter passiven Websites sind grundsätzlich Internetseiten zu verstehen, die lediglich Werbe- und Informationszwecken dienen und die nicht interaktiv sind.[495]

In der Begründung der Kommission zum Vorschlag heißt es zur Anwendung des Art. 15 Abs. 1, lit. c EuGVO auf passive Websites: „Die bloße Tatsache, daß sich der Verbraucher einer Dienstleistung oder der Möglichkeit, waren zu kaufen, via eine, in seinem Wohnsitzstaat zugängliche, passive Website, bewußt wurde, wird diese Zuständigkeitsregeln nicht einsetzen."[496] Der Begriff der passiven Website bleibt bei dieser fehlerhaften Übersetzung unklar.[497] *Spindler* behauptet, dass „ausdrücklich auch sog. passive Web-Sites, die nicht auf einen bestimmten Staat mit ihrem Angebot abzielen, in den Anwendungsbereich des Art. 15 Abs. 1, lit. c einbezogen werden sollen."[498]

---

[493] Vorschlag der Kommission, KOM (1999), 348 endg., S. 17.

[494] ABl.EG 2001 C 146/94 vom 17.5.2001, S. 97.

[495] Vgl. *Buchner*, EWS 2000, S. 147 (151).

[496] KOM (1999), 348 endg., S. 17 f. (original Zitat).

[497] In der englischen Fassung heißt es: „The fact that a consumer simply had knowledge of a service or possibility of buying goods via a passive website accessible in his country of domicile will not trigger the protective jurisdiction"; COM (1999), 348 final, S. 16; dazu sogleich.

[498] *Spindler*, MMR 2000, S. 18 (23).

Eine Anwendung des Art. 15 Abs. 1, lit. c EuGVO auch auf Internetseiten, die nicht interaktiv sind, befürworten *Micklitz / Rott.*[499] Begründet wird diese Ansicht damit, dass die Neuregelung sonst einen deutlich schwächeren Schutz biete als Art. 13 EuGVÜ. Für den Anwendungsbereich des Art. 13 Abs. 1, Nr. 3 EuGVÜ/LGVÜ genügt bereits eine passive Website. Zudem wird auf den geänderten Vorschlag der Kommission[500] verwiesen, nach dem die in den USA vorherrschende Rechtsprechung ausdrücklich abgelehnt werde. In den USA wird danach differenziert, ob eine Interaktion über die Website möglich ist oder nicht.[501]

Diese Ansicht ist abzulehnen. Gegen eine Anwendung des Art. 15 Abs. 1, lit. c EuGVO im Fall einer passiven Website spricht bereits die englische Fassung der Begründung der Kommission zum Vorschlag. Darin heißt es: „The fact that a consumer simply had knowledge of a service or possibility of buying goods via a passive website accessible in his country of domicile will not trigger the protective jurisdiction.“[502] Das bloße Wissen um die Möglichkeit, Dienstleistungen im Internet zu bestellen oder Waren im Internet zu kaufen, das der Verbraucher über eine passive Website erlangt, soll nach der englischen Fassung für den Anwendungsbereich des 4. Abschnitts gerade nicht genügen.

Für eine Differenzierung zwischen einer aktiven und passiven Website entsprechend der dargestellten Definition spricht zudem die Gegenüberstellung der Begriffe „interactive“ und „passive“ in der englischen Fassung des Berichts.[503] Die Intention des europäischen Gesetzgebers, mit den neuen Vorschriften den Warenverkehr im Internet zu vereinfachen, legt diese Auslegung ebenfalls nahe. Es bot sich schon aufgrund der besseren Übersichtlichkeit an, klar zwischen Internetseiten, über die Ware bestellt werden kann, und Internetseiten, die lediglich Werbe- und Informationszwecken dienen, zu differenzieren. Nur so ist die Regelung für den Verbraucher klar verständlich.

Die von der Kommission zu Art. 15 EuGVO getroffene Aussage kann zudem nicht dahingehend verstanden werden, dass die Kommission eine der US-amerikanischen Rechtsprechung entsprechende Auslegung des Begriffs „passive Website“ ablehnt.[504] Die Kommission nimmt lediglich Stellung zu dem vom Parlament vorgeschlagenen Absatz, in dem der Begriff „Ausrichten der Tätigkeit“ definiert werden soll. Abgelehnt wird die US-amerikanische Auslegung

---

[499] S. *Micklitz / Rott*, EuZW 2001, S. 325 (331); dem zustimmend: Thomas / Putzo / *Hüßtege*, ZPO, 2002, Art. 15 EuGVVO, Rn. 8.

[500] KOM (2000), 689 endg., S. 6.

[501] S. *Micklitz / Rott*, EuZW 2001, S. 325 (331), Fn. 115.

[502] COM (1999), 348 final, S. 16.

[503] COM (1999), 348 final, S. 16.

[504] So aber *Micklitz / Rott*, EuZW 2001, S. 325 (331).

des Begriffs der „Tätigkeit“, nicht diejenige des Begriffs der „passiven Website“.[505]

Auf eine entsprechende Differenzierung zwischen aktiven und passiven Websites deutet auch eine gemeinsame Erklärung von Kommission und Rat zu Art. 15 hin. Darin heißt es, „dass es für die Anwendung von Artikel 15 Absatz 1 Buchstabe c nicht ausreicht, dass ein Unternehmen seine Tätigkeit auf den Mitgliedstaat, in dem der Verbraucher seinen Wohnsitz hat, oder auf mehrere Staaten – einschließlich des betreffenden Mitgliedstaats -, ausrichtete, sondern dass im Rahmen dieser Tätigkeiten auch ein Vertrag geschlossen worden sein muss.“[506] Rat und Kommission fordern für die Anwendbarkeit des Art. 15 Abs. 1, lit. c EuGVO einen Vertragsschluss im Rahmen der Werbetätigkeit. Eine solche Möglichkeit besteht bei einer Werbung auf einer passiven Website aber gerade nicht.

Richtig ist, dass die Nichtanwendung des Art. 15 Abs. 1, lit. c EuGVO bei passiven Websites dazu führt, dass die Vorschrift bei Internet-Verträgen enger ausgelegt wird als Art. 13 Abs. 1, Nr. 3 EuGVÜ/LGVÜ.[507] Allerdings schränkt die Eingrenzung der neuen Vorschrift den Schutz der Verbraucher bei Internet-Verträgen gegenüber Art. 13 Abs. 1, Nr. 3 EuGVÜ/LGVÜ nur unwesentlich ein. Art. 13 Nr. 3 EuGVÜ/LGVÜ verlangte im Gegensatz zu Art. 15 Abs. 1, lit. c EuGVO neben einem Angebot oder einer Werbung im Wohnsitzstaat des Verbrauchers zusätzlich, dass der Verbraucher die zum Abschluss des Vertrages erforderliche Rechtshandlung in seinem Wohnsitzstaat vorgenommen hatte. Im Falle einer passiven Website musste der Verbraucher den Vertrag daher in einem Geschäft in seinem Wohnsitzstaat, telefonisch oder schriftlich abschließen. Seinen Wohnsitzstaat durfte er dabei nicht verlassen. Der Anwendungsbereich des Art. 13 Abs. 1, Nr. 3 EuGVÜ/LGVÜ war bei passiven Websites daher sehr begrenzt.

Eine Einbeziehung von Internetseiten, die lediglich Werbe- und Informationszwecken dienen und über die der Verbraucher die Ware nicht direkt bestellen kann, erweiterte den Anwendungsbereich des 4. Abschnitts zudem in einem unverhältnismäßigen Maße. Passive Websites könnten bei sämtlichen Verbraucherverträgen den Anwendungsbereich des 4. Abschnitts der Verordnung eröffnen. Der Verbraucher müsste sich im Prozess nur auf die Internetseite des Anbieters berufen. Zu Recht weist *Spindler* darauf hin, dass eine Anwendung der Vorschriften auf Vertragsschlüsse mittels einer passiven Website dazu führen würde, dass praktisch jede Internetseite die Verbrauchergerichtsstände eröffnen könnte.[508] Zum Schutze des Anbieters ist daher eine Einschränkung bei passiven

---

505 KOM (2000), 689 endg., S. 6.

506 Erklärung des Rates und der Kommission, abgedruckt in: IPRax 2001, S. 259 (261).

507 S. *Micklitz / Rott*, EuZW 2001, S. 325 (331).

508 S. *Spindler*, MMR 2000, S. 18 (23); so auch *Berger*, in: Informatik 2001, 2001, S. 1002 (1004).

Websites erforderlich. Passive Websites eröffnen den Anwendungsbereich des 4. Abschnitts nicht.[509] Zur Abgrenzung zwischen einer aktiven und einer passiven Website ist dabei auf die Nutzbarkeit der Website zum Vertragsabschluss abzustellen.[510] Der Hinweis auf andere Medien, mittels der der Vertrag abgeschlossen werden kann, genügt für die Anwendbarkeit des 4. Abschnitts nicht.[511] Es muss sich vielmehr um eine interaktive Website handeln.

II. Rechtshandlungen des Verbrauchers

Die neue Vorschrift verlangt keine Rechtshandlung des Verbrauchers in seinem Wohnsitzstaat mehr. Auch der „aktive" Verbraucher, der selbst seinen Rechtskreis verlässt, wird nun geschützt.[512] Nicht entscheidend ist, von wem die Initiative zum Abschluss des Vertrages ausgegangen ist.[513] Gerade diese Erweiterung des Schutzbereichs zugunsten des Verbrauchers wurde vielfach kritisiert.[514]

In der Begründung der Kommission zum Vorschlag wird ausdrücklich darauf hingewiesen, dass die Streichung des lit. b in Art. 13 EuGVÜ gerade auch im Hinblick auf Vertragsschlüsse im Internet vorgenommen wurde. Es sei bei Vertragsschlüssen im Internet z.T. sehr schwierig bzw. unmöglich, festzustellen, wo der Verbraucher die Rechtshandlung vorgenommen habe.[515] Umstritten waren insbesondere die Fälle, in denen sich der Verbraucher aus einem fremden Land in seinen Heimatrechner eingewählt hatte. Solche Verträge fallen nun eindeutig in den Anwendungsbereich des 4. Abschnitts. Im Gegensatz zu Art. 13 Abs. 1, Nr. 3, lit. b EuGVÜ sind auch diejenigen Fälle erfasst, in denen der Verbraucher

---

509 So auch: *Hausmann*, The European Legal Forum 2000/01, S. 40 (45); Staudinger / *Hausmann*, 2002, Anh. Art. 27-37 EGBGB, Rn. 106; *Buchner*, EWS 2000, S. 147 (151), Fn. 28; *Lubitz*, CRi 2001, S. 39 (42); *Kropholler*, Europäisches Zivilprozeßrecht, 2002, Art. 15, Rn. 24; Nagel / *Gottwald*, Internationales Zivilprozessrecht, 2002, § 3, Rn. 106; anders aber *Berger*, in: Informatik 2001, 2001, S. 1002 (1005), der Werbung auf einer passive Website mit Werbung in einer Tageszeitung vergleicht.

510 Vgl. dazu aber Thomas / Putzo / *Hüßtege*, ZPO, 2001, Art. 15 EuGVVO, Rn. 8, der eine passive Website definiert als eine Internet-Seite, auf der der Unternehmer seine Leistungen ausdrücklich unter Ausschluss des Wohnsitzstaates des Verbrauchers bewirbt.

511 Vgl. dagegen aber die amerikanische Rechtsprechung zu dem enstprechenden Erfordernis des „purposeful availment". In der Entscheidung Inset Systems, Inc. v. Instruction Set, Inc., 937 F. Supp. 161 (D. Conn. 1996), hatte ein amerikanisches Gericht die gezielte Ausrichtung der Geschäftstätigkeit auf den Wohnsitzstaat in einem Fall angenommen hat, in dem der Anbieter auf seiner Internetseite auch eine gebührenfreie Telefonnummer zu Werbezwecken einsetzte.

512 Vgl. Staudinger / *Hausmann*, 2002, Anh. Art. 27-37 EGBGB, Rn. 106.

513 Vgl. *Reich / Nordhausen*, Verbraucher und Recht im elektronischen Geschäftsverkehr, 2000, S. 102; *Reich / Gambogi*, VuR 2001, S. 269 (271); vgl. dazu auch *Jayme / Kohler*, IPRax 1999, S. 401 (405).

514 Vgl. *Jayme / Kohler*, IPRax 1999, S. 401 (405); *Spindler*, MMR 2000, S. 18 (23).

515 S. KOM (1999), 348 endg., S. 18.

die Ware vom Ausland aus über das Internet bestellt. Es kommt nicht mehr darauf an, wo der Rechner des Verbrauchers steht. Entscheidend ist nur der Abschluss des Vertrages über eine weltweit abrufbare Internetseite. Geht man vom Wortlaut der neuen Vorschrift aus, so genügt jede Ausrichtung der Tätigkeit des Anbieters auf den Wohnsitzstaat des Verbrauchers. Entscheidend ist nach dem Bericht zur neuen Verordnung nur das Vorliegen einer aktiven Website.

Im Ergebnis hieße dies, dass es für den Anwendungsbereich der Verbrauchergerichtsstände auch genügte, wenn ein Unternehmen eine interaktive Website im Netz bereit hielte, der Verbraucher den Vertrag dann aber persönlich und direkt vor Ort abschlösse. Der Vertragsschluss selbst hinge in einem solchen Fall gar nicht mit dem elektronischen Handel zusammen. Trotzdem wäre hier der Anwendungsbereich des 4. Abschnitts eröffnet.

Insbesondere bei Unternehmen in Grenznähe könnte dies zu Konflikten führen. Um sich zu schützen, müssten Unternehmen bei jedem Kunden, der persönlich in dem Geschäft erscheint, erfragen, wo er seinen Wohnsitz hat, wenn sie eine weltweit abrufbare, aktive Internetseite betrieben.[516] Anders als bei Verträgen, die der Verbraucher direkt über das Internet abschließt, könnte sich der Anbieter nur sehr schwer vor einer Zuständigkeit der Gerichte sämtlicher Mitgliedstaaten schützen. An dieser Stelle ist die neue Vorschrift eindeutig zu weit. Hier werden die Interessen der Verbraucher überbewertet. Alleine das Vorhalten der interaktiven Website darf nicht genügen, um den Anwendungsbereich des 4. Abschnitts zu eröffnen.

Die Begründung der Kommission zum Vorschlag verweist dementsprechend auf die Streichung des Erfordernisses der Rechtshandlung des Verbrauchers in seinem Wohnsitzstaat nur im Zusammenhang mit „dem Abschluss von Verträgen via eine interaktive Website."[517] Die Kommission anerkennt in der Begründung eine Auswirkung dieser Streichung somit auch nur im Falle von Verträgen, die direkt über eine (aktive) Website abgeschlossen wurden.

Auch Rat und Kommission fordern, dass der Vertragsschluss direkt über das Medium Internet erfolgt sein muss. Dies folgt schon aus der Erklärung von Kommission und Rat zu Art. 15 EuGVO.[518] Darin erklären Rat und Kommission, „dass es für die Anwendung von Artikel 15 Absatz 1 Buchstabe c nicht ausreicht, dass ein Unternehmen seine Tätigkeit auf den Mitgliedstaat, in dem der Verbraucher seinen Wohnsitz hat, oder auf mehrere Staaten – einschließlich des betreffenden Mitgliedstaats -, ausrichtete, sondern dass im Rahmen dieser Tä-

---

516 Vgl. auch die Kritik bei *Spindler*, MMR 2000, S. 18 (24).

517 KOM (1999), 348 endg., S. 18.

518 In diesem Sinne will auch *Kohler* die Erklärung von Kommission und Rat verstanden wissen, vgl. *Kohler*, in: FS Geimer, 2002, S. 461 (479 f.).

tigkeiten auch ein Vertrag geschlossen worden sein muss."[519] Der Vertrag muss im Rahmen der Tätigkeit abgeschlossen worden sein.

Diese Auslegung führt im Ergebnis zu einer gerechten Lastenverteilung. Der Verbraucher kann nicht auf das Bestehen seiner Rechtsordnung vertrauen, wenn er deren Rechtskreis bewusst verlässt und außer der Website kein weiterer Bezugspunkt zu seinem Heimatstaat besteht.[520] Liegt, wie in diesem Fall, der einzige Anknüpfungspunkt des Vertrages zu dem Wohnsitzstaat des Verbrauchers in dem Vorhalten einer aktiven Website, die aber nicht zum Vertragsschluss genutzt wurde, so kann diese Website den Anwendungsbereich des 4. Abschnitts nicht begründen. Bejaht man hingegen Art. 15 Abs. 1, lit. c EuGVO im Falle einer Werbung auf einer interaktiven Website nur in den Fällen, in denen der Verbraucher den Vertrag auch tatsächlich über das Internet geschlossen hat, so kann sich der Anbieter mit zumutbarem Aufwand vor Kunden aus Rechtskreisen schützen, mit denen er keinen Kontakt wünscht.

III. Auswirkungen der neuen Vorschrift

Die Entscheidung, vor welchem Gericht die Streitigkeiten des Internethandels ausgetragen werden, hat nicht nur konkrete Auswirkungen auf Rechtsstreitigkeiten zwischen dem einzelnen Verbraucher und einem Unternehmen. Vielmehr wird diese Entscheidung sich auf längere Sicht auch auf die Entwicklung des elektronischen Geschäftsverkehrs insgesamt auswirken.

Für eine erfolgreiche Weiterentwicklung des E-Commerce ist es entscheidend, dass sich beide Vertragsparteien Vorteile von Vertragsschlüssen über das Internet versprechen. Die Regelung der neuen Verordnung muss daher den Interessen beiden Vertragsparteien Rechnung tragen.

Trotz vielfacher Vorteile, wie dem erweiterten Wettbewerb der Anbieter im Netz und größerer Vergleichs- und Auswahlmöglichkeiten für die Verbraucher, steht der einzelne Verbraucher weiterhin auf der schwächeren Seite und ist daher schutzwürdig.[521] Dagegen kann auch nicht vorgebracht werden, dass das Internet die Position des Verbrauchers so sehr stärke, dass sich das Machtverhältnis umgedreht habe.[522] *Mankowski* weist zurecht darauf hin, dass die Grundkonditionen des Vertrags weiterhin die Anbieterseite bestimme. Allerdings sind auch die Interessen der kleineren und mittleren Unternehmen zu berücksichtigen, die sich mit Hilfe des Internet neue Märkte erschließen wollen. Ein kleineres Unternehmen kann durch die Verpflichtung, seine Kunden jeweils vor deren Heimatgerichten zu verklagen, unzumutbaren Belastungen ausgesetzt werden.

---

519 Erklärung des Rates und der Kommission, abgedruckt in: IPRax 2001, S. 259 (261).

520 So im Ergebnis auch *Berger*, in: Informatik 2001, 2001, S. 1002 (1004).

521 S. *Mankowski*, MMR 2000, Beilage Nr. 7, S. 22 (36).

522 FAZ vom 10.2.2000, S. 25 („Der Verbraucher sagt den Preis an"); so im Ergebnis auch *Buchner*, EWS 2000, S. 147 (152).

Fraglich ist, ob auch die neue Regelung ausreichende Selbstschutzmöglichkeiten für die Seite der Anbieter offen lässt.

Nach wie vor steht dem Anbieter die Möglichkeit offen, Vertragsschlüsse mit Internetkunden bestimmter Rechtskreise zu verhindern. Der Anbieter kann mit Hilfe von Filterprogrammen E-Mails mit dem Schlusskürzel eines Landes, zu dem er keinen Kontakt wünscht, abfangen. Wie bereits dargestellt, schützt dieses Verfahren die Anbieter aber nicht in sämtlichen Fällen, da Verbraucher eine E-Mail Adresse mit dem Schlusskürzel eines anderen Landes verwenden können. Sicherer ist es dagegen für den Anbieter, wenn er den Kunden bei Eingabe seiner Bestellung zur Angabe der Adresse seines Wohnsitzes oder wenigstens einer (bei Anlieferung von Ware immer erforderlichen) Lieferanschrift zwingt. Solche Eingabemasken oder Fragebögen sind ohne größeren Aufwand für den Anbieter zu erstellen. Gerade kleinere und mittlere Unternehmen, für die ein Rechtsstreit im Ausland eine große Belastung sein kann, können sich auf diese Weise selber schützen. Im Falle einer Täuschung ist der Anbieter ebenfalls geschützt. Wie bereits Art. 13 EuGVÜ ist auch Art. 15 EuGVO so auszulegen, dass im Falle einer Täuschung durch den Verbraucher der besondere Schutz der Verbrauchergerichtsstände entfällt.[523]

Nach wie vor möglich bleibt auch die Verwendung eines Disclaimers auf der Website, mit dessen Hilfe der Anbieter sein Angebot auf bestimmte Verbraucherkreise beschränkt. Erforderlich bleibt dabei aber die Kontrolle des Anbieters, mit wem er kontrahiert.

Die moderne Technik bietet den Anbietern eine Vielfalt von Möglichkeiten, sich vor einem konkreten Vertragsschluss via Internet mit bestimmten Kunden zu schützen. Die Bereitstellung einfacher Eingabemasken ist zudem mit nur geringen Kosten verbunden. Wendet man - wie oben dargestellt - Art. 15 Abs. 1, lit. c EuGVO nur auf Vertragsschlüsse an, die via eine aktive Internetseite abgeschlossen wurden, besteht keine Benachteiligung des Anbieters. Er kann sich mit den dargestellten Mitteln zumutbar selber schützen.

G. Zusammenfassung

Die verbraucherschützenden Vorschriften des 4. Abschnitts der EuGVO orientieren sich weitgehend an den entsprechenden Vorschriften des EuGVÜ/LGVÜ. Eine Neuregelung findet sich in Art. 16 Abs. 1 EuGVO (= Art. 14 Abs. 1 EuGVÜ). Neben der internationalen Zuständigkeit begründet diese Vorschrift nun auch die örtliche Zuständigkeit der Gerichte am Wohnsitz des Verbrauchers. Wesentlich erneuert und erweitert wurde Art. 13 Abs. 1, Nr. 3 EuGVÜ durch Art. 15 Abs. 1, lit. c EuGVO. Neben dem Wegfall des umstrittenen Dienstleistungsbegriffs finden sich dort zwei zentrale Änderungen: Einerseits genügt die bloße Ausrichtung der Tätigkeit des Anbieters auf den Wohnsitzstaat des

523 S. oben, § 5, E., III., 2.

Verbrauchers. Diese wird zwar durch das Zustandekommen des Verbrauchervertrages indiziert; erforderlich ist zudem aber eine Nähe des Vertragstyps zu der beruflichen oder gewerblichen Tätigkeit des Anbieters sowie eine Vergleichbarkeit des Vertragsgegenstandes. Andererseits ist eine Rechtshandlung des Verbrauchers in seinem Wohnsitzstaat nicht mehr erforderlich.[524]

Der Anwendungsbereich der Vorschrift ist auf dem Gebiet des E-Commerce auf Sachverhalte zu begrenzen, in denen der Verbraucher den konkreten Vertrag über eine aktive Internetseite abschließt. Das einfache Vorhalten einer Werbung im Internet kann den Anwendungsbereich der Vorschrift noch nicht eröffnen. Eine Einbeziehung dieser passiven Websites würde die Seite der Anbieter zu stark belasten.

---

[524] Vgl. *Reich / Gambogi*, VuR 2001, S. 269 (271).

§ 13 Internationale Zuständigkeit in Verbrauchersachen nach dem Entwurf eines Haager weltweiten Zuständigkeitsübereinkommens

A. Haager Konferenz für Internationales Privatrecht: Entwicklung eines weltweiten Übereinkommens

Aufgrund des großen Erfolgs der beiden europäischen Staatsverträge (EuGVÜ und LGVÜ) schlugen die USA bereits 1992 auf der Haager IPR-Konferenz vor, die Arbeiten an einem weltweiten Anerkennungs- und Vollstreckungsübereinkommen wieder aufzunehmen.[525] 1971 war ein solches Übereinkommen schon einmal ausgearbeitet worden, scheiterte aber aufgrund seiner mangelhaften Konstruktion.[526]

Die 18. Haager Konferenz für IPR beschloss auf ihrer Tagung 1996, eine vorbereitende Spezialkommission für die Ausarbeitung eines Übereinkommens über die gerichtliche Zuständigkeit und die Anerkennung und Vollstreckung ausländischer Entscheidungen in Zivil- und Handelssachen einzusetzen. Diese Kommission verabschiedete im Oktober 1999 einen Entwurf zu einem weltweiten Anerkennungs- und Vollstreckungsübereinkommen, der im Internet abrufbar ist.[527] Die USA bemängelten die einseitige Ausrichtung des Übereinkommens am Regelungsmuster des EuGVÜ und lehnten eine Ratifizierung dieses Entwurfs ab.[528] Die Spezialkommission entschied zunächst, dass die Konferenz in zwei Sitzungen geteilt werde. Auf der ersten Sitzung vom Juni 2001 wurde ein neuer Entwurf ausgearbeitet ("the Interim Text"), der Gegenstand dieser Untersuchung ist.[529]

Im April 2002 traf sich die „Commission I on General Affairs and Policy" zu einer Beratung über den weiteren Verlauf des Projekts. Man entschied sich, das Projekt fortzusetzen. Auf Wunsch der Mitgliedstaaten wird aber das Verfahren geändert. Der zweite Teil der diplomatischen Konferenz soll nun nicht mehr diesem Projekt gewidmet werden. Gemeinsam mit einer informellen Arbeitsgruppe

---

525 Teilnehmer der Haager Konferenz sind mehr als fünfzig Staaten; die Liste der Vertragsstaaten ist abrufbar unter: www.hcch.net/e/members/members/html; (Stand: November 2002).

526 Das Übereinkommen wurde lediglich von Zypern (1976), den Niederlanden (1979) und Portugal (1983) ratifiziert; zu den Gründen des Scheiterns vgl. *Juenger*, BJIL 1998, S. 110 (111 f.); *Wagner*, IPRax 2001, S. 533 (534); zu dem gescheiterten Abkommen zwischen den USA und dem Vereinigten Königreich von 1976 vgl. *Schack*, ZEuP 1993, S. 306 (309 ff.).

527 www.hcch.net/e/conventions/draft36e.html; (Stand: November 2002).

528 S. *Heß*, IPRax 2000, S. 342 f.

529 Der Entwurf ist abrufbar unter: www.hcch.net/e/workprog/jdgm.html; (Stand: November 2002).

soll das "Permanent Bureau" die Zuständigkeitsvorschriften der Entwürfe von Oktober 1999 und Juni 2001 erneut überarbeiten. Dieser Text soll in der ersten Hälfte 2003 dann einer Spezialkommission eingereicht werden. Erst Ende 2003 soll nach Möglichkeit eine weitere diplomatische Konferenz folgen.[530] Die weitere Entwicklung des Übereinkommens bleibt somit abzuwarten.

Für das Übereinkommen stehen grundsätzlich zwei Systeme zur Auswahl: Das System der convention mixte, wie es von den USA vorgeschlagen wurde oder das europäische System der convention double. Elemente einer convention mixte sind eine schwarze Liste mit verbotenen Entscheidungszuständigkeiten, eine weiße Liste mit positiven Anerkennungszuständigkeiten und eine graue Liste nach der die Vertragsstaaten selbständig entscheiden können, ob sie in ihrem autonomen Recht eine Entscheidungszuständigkeit eröffnen wollen, ohne dagegen entsprechende ausländische Urteile anerkennen zu müssen. Demgegenüber regelt das System der convention double sowohl die Anerkennungs- als auch die Entscheidungszuständigkeit. Die beiden europäischen Staatsverträge (EuGVÜ, LGVÜ) folgen dem System der convention double.[531]

B. Internationale Zuständigkeit in Verbrauchersachen nach dem Entwurf der Diplomatischen Konferenz vom Juni 2001

I. Allgemeines

Der 1999 vorgelegte Entwurf wurde im ersten Teil der Diplomatischen Konferenz im Juni 2001 stark überarbeitet.[532] Der Entwurf von 2001 folgt der Struktur einer convention mixte. Die Zuständigkeitsvorschriften in Verbrauchersachen unterfallen dem Bereich der weißen Liste. Während der sachliche und der räumliche Anwendungsbereich in dem Entwurf geregelt wurden, fehlt es an einer Regelung des zeitlichen Anwendungsbereichs des Übereinkommens.

1. Sachlicher Anwendungsbereich

Das Haager Übereinkommen entspricht in seinem sachlichen Anwendungsbereich weitgehend dem EuGVÜ/LGVÜ und der EuGVO. Gemäß Art. 1 KE (Kommissionsentwurf) sind grundsätzlich alle Zivil- und Handelssachen umfasst. Absatz 2 und 3 enthalten einen umfangreichen Ausnahmekatalog, der aufzählt, auf welche Streitigkeiten das Übereinkommen keine Anwendung findet.

---

530 S. dazu Preliminary Document No. 19, S. 5 (veröffentlicht auf der Website: www.hcch.net/e/workprog/jdgm.html; (Stand: November 2002).

531 Vgl. dazu *Schack*, ZEuP 1993, S. 306 (314 f.); *Walter / Walther*, Swiss Papers on European Integration 2000 (Nr. 25), S. 39 (41 f.).

532 Vgl. allgemein zum Entwurf von 1999: *Grabau / Hennecka*, RIW 2001, S. 569 ff.; *Walter*, in: FS Geimer, 2002, S. 1429 (1434).

Streitigkeiten aus Vertragsverhältnissen zwischen Verbrauchern und Unternehmern werden von dem Übereinkommen grundsätzlich umfasst.

2. Räumlicher Anwendungsbereich

Der Anwendungsbereich des Übereinkommens ist gemäß Art. 2 Abs. 1, S. 1 KE eröffnet, sofern beide Parteien ihren gewöhnlichen Aufenthalt im Gerichtsstaat haben. Befindet sich der gewöhnliche Aufenthalt beider Parteien im gleichen Staat, dann ist der Anwendungsbereich des Übereinkommen ausnahmsweise auch eröffnet, wenn die Parteien die Zuständigkeit der Gerichte eines anderen Vertragsstaates vereinbart haben (Art. 2 Abs. 1, lit. a KE) oder eine ausschließliche Zuständigkeit in dem Forumstaat besteht (Art. 2 Abs. 1, lit. b KE). Art. 21 KE (Rechtshängigkeit) sowie Art. 22 KE (außergewöhnliche Umstände für die Ablehnung der Zuständigkeitsausübung) kommen ebenfalls zur Anwendung, wenn es um den Zuständigkeitskonflikt mit den Gerichten eines anderen Vertragsstaates geht (Art. 2 Abs. 1, lit. c KE). Die Vorschriften über die Anerkennung und Vollstreckung finden auf Urteile Anwendung, die in einem anderen Vertragsstaat gefällt wurden (Art. 2 Abs. 2 KE).

II. Verbrauchergerichtsstand (Art. 7 KE)

Der Entwurf enthält in Art. 7 eine Zuständigkeitsvorschrift für Verbraucherstreitigkeiten, die stark von der Vorschrift des Entwurfs von 1999 abweicht. Insbesondere die US-amerikanische Delegation hatte darauf hingewiesen, dass diese Vorschrift zu sehr an Art. 15 EuGVO angelehnt sei.[533] Gerade im Bereich des

---

[533] Vgl. zum Entwurf von 1999: *Reich / Gambogi*, VuR 2001, S. 269 (276); *Grabau / Hennecka*, RIW 2001, S. 569 (571); *Walter*, FS Geimer, 2002, S. 1429 (1434).

Art. 7 KE von 1999 lautet:

1. A plaintiff who concluded a contract for a purpose which is outside its trade or profession, hereafter designated as the consumer, may bring a claim in the courts of the State in which it is habitually resident, if

   a) the conclusion of the contract on which the claim is based is related to trade or professional activities that the defendant has engaged in or directed to that State, in particular in soliciting business through means of publicity, and

   b) the consumer has taken the steps necessary for the conclusion of the contract in that State.

2. A claim against the consumer may only be brought by a person who entered into the contract in the course of its trade or profession before the courts of the State of the habitual residence of the consumer.

3. The parties to a contract within the meaning of paragraph 1 may, by an agreement which conforms with the requirements of Article 4, make a choice of court –

   a) if such agreement is entered into after the dispute has arisen, or

   b) to the extent only that it allows the consumer to bring proceedings in another court.

E-Commerce bestehen Meinungsverschiedenheiten zwischen den USA und den Europäern. Während die USA die „Philosophie des freien Marktes und konsequenter Fürsprache für mehr Liberalisierung und staatliche Zurückhaltung in Fragen des elektronischen Geschäftsverkehr“[534] vertreten, fordern die Europäer einen speziellen Schutz der Verbraucher durch Zuständigkeitsregelungen auch bei Internet-Verträgen. Die Meinungsverschiedenheiten bezüglich des Verbrauchergerichtsstands gingen bei der Diplomatischen Konferenz im Juni 2001 so weit, dass vorgeschlagen wurde, Verbraucherverträge vollständig von dem Übereinkommen auszunehmen.[535]

1. Verbrauchervertrag (Art. 7 Abs. 1 KE)

Während Art. 7 KE des Entwurfs von 1999 einen Verbrauchervertrag entsprechend Art. 13 EuGVÜ/LGVÜ, Art. 15 EuGVO negativ definierte als einen Vertrag *“for a purpose which is outside its trade or profession”*, enthält der neue Entwurf eine positive Definition des Verbrauchervertrages. Ein Verbrauchervertrag liegt danach vor, wenn der Vertrag zwischen *„a natural person acting primarily for personal, family or household purposes, the consumer, and another party acting for the purposes of its trade or profession“* geschlossen wurde. Der Entwurf bezieht sich eindeutig nur auf Verträge zwischen Verbrauchern und Anbietern. Nicht umfasst werden Verträge zwischen Verbrauchern.[536]

Streitig blieb die Einfügung eines Zusatzes in Art. 7 Abs. 1 KE zum Schutz des Anbieters. Danach sollte die andere Partei (=Anbieter) nachweisen dürfen, dass sie weder wusste noch einen Anlass hatte zu wissen, dass der Verbraucher den Vertrag in erster Linie für persönliche, familiäre oder häusliche Zwecke geschlossen hat und er (=Anbieter) den Vertrag nicht geschlossen hätte, wenn er davon Kenntnis gehabt hätte. Dieser Zusatz sollte insbesondere zum Schutz der Anbieter bei Verträgen über eine große Entfernung (wie im E-Commerce) eingefügt werden. Gegen diesen Zusatz wurde eingewendet, dass es für den Verbraucher sehr schwer sein könne, die Behauptung des Anbieters zu widerlegen.[537]

---

534 *Reich / Gambogi*, VuR 2001, S. 269 (279).

535 Summary of the Outcome of the Discussion in Commission II of the First Part of the Diplomatic Conference 6-20 June 2001, Art. 7, Fn. 43 (veröffentlicht unter: www.hcch.net/e/workprog/jdgm.html; Stand: November 2002).

536 Vgl. *Wagner*, IPRax 2001, S. 533 (539); zur Anwendung des EuGVÜ/LGVÜ/EuGVO auf Verträge zwischen Privaten, vgl. oben, § 5, A., III.

537 Summary of the Outcome of the Discussion im Commission II of the First Part of the Diplomatic Conference 6-20 June 2001, Art. 7, Fn. 44 (veröffentlicht unter: www.hcch.net/e/workprog/jdgm.html; Stand: November 2002).

2. Aktivprozesse der Verbraucher (Art. 7 Abs. 2 KE)

Gemäß Art. 7 Abs. 2 KE sind bei Klagen des Verbrauchers gegen seinen Vertragspartner die Gerichte des Staates zuständig, in dem der Verbraucher seinen gewöhnlichen Aufenthalt hat. Im Gegensatz zu EuGVÜ und EuGVO stellt Art. 7 KE auf den gewöhnlichen Aufenthaltsort des Verbrauchers und nicht auf dessen Wohnsitz ab. Für den Begriff des gewöhnlichen Aufenthalts wurde keine Verweisungslösung entsprechend Art. 52 EuGVÜ/LGVÜ, Art. 59 EuGVO angestrebt. Die Verwendung des Begriffs *habitual residence* im Konventionsentwurf von 1999 war aber auch auf dem 1. Teil der Diplomatischen Konferenz umstritten. Einige Delegationen vertraten die Auffassung, es sei lediglich der Begriff des Aufenthalts zu verwenden *(residence)*, da der Begriff des gewöhnlichen Aufenthalts bereits durch die Haager familienrechtlichen Übereinkommen geprägt worden sei. Insbesondere in dem Haager Übereinkommen von 1980 über die zivilrechtlichen Aspekte internationaler Kindesentführung wurde der Begriff des gewöhnlichen Aufenthalts verwendet. Der Begriff habe daher eine spezielle kindschaftsrechtliche Ausprägung und sei deshalb für das wirtschaftlich ausgerichtete Übereinkommen ungeeignet.[538] Vorgeschlagen wurde auch die Definition des Begriffs in einem eigenen Artikel.[539] Eine Einigung konnte nicht erzielt werden. Nicht natürliche Personen haben gemäß Art. 3 Abs. 3 KE ihren (gewöhnlichen) Aufenthalt in dem Staat, in dem sich ihr satzungsmäßiger Sitz befindet, in dem sie gegründet wurden oder in dem sich ihre Hauptverwaltung bzw. ihre Hauptniederlassung befindet. Diese Definition entspricht der in Art. 60 EuGVO verwendeten Regelung des (Wohn-)Sitzes von Gesellschaften und juristischen Personen.

Die Vorschrift soll wie Art. 14 Abs. 1 EuGVÜ/LGVÜ bzw. Art. 16 Abs. 1 EuGVO den Verbraucher schützen, indem sie ihm das Recht gewährt, seinen Vertragspartner im Staat seines gewöhnlichen Aufenthalts zu verklagen. Die Vorschrift gibt dem Verbraucher ein Wahlrecht. Neben einer Klage im Aufenthaltsstaat des Vertragspartners (Art. 3 KE) und einer Klage am Vertragsgerichtsstand (Art. 6 KE) steht dem Verbraucher auch das Recht zu, seinen Vertragspartner an seinem gewöhnlichen Aufenthalt zu verklagen (Art. 7 Abs. 2 KE).[540] Nicht einigen konnte man sich darüber, ob Art. 7 auf Vertragsstreitigkeiten begrenzt werden solle oder ob auch Klagen auf Schadensersatz aus unerlaub-

---

538 S. *Wagner*, IPRax 2001, S. 533 (537); S. dazu auch: Summary of the Outcome of the Discussion in Commission II of the First Part of the Diplomatic Conference 6-20 June 2001, Art. 3, Fn. 17 (veröffentlicht unter: www.hcch.net/e/workprog/jdgm.html; Stand: November 2002).

539 Vgl. Summary of the Outcome of the Discussion in Commission II of the First Part of the Diplomatic Conference 6-20 June 2001, Art. 3, Fn. 17 (veröffentlicht unter: www.hcch.net/e/workprog/jdgm.html; Stand: November 2002).

540 Vgl. zu Art. 7 KE des Entwurfs von 1999: *Reich / Gambogi*, VuR 2001, S. 269 (276).

ter Handlung oder eine Zivilklage auf der Grundlage eines Gesetzes zum Schutze der Verbraucher umfasst werden sollen.

Zuständig sind die Gerichte am gewöhnlichen Aufenthalt des Verbrauchers, wenn das Klagebegehren im Zusammenhang mit einem Vertrag steht, der sich aus Tätigkeiten des Vertragspartners ergibt (einschließlich Werbung oder Vertragsverhandlungen), die dieser im Verbraucherstaat betrieben oder auf diesen Staat ausgerichtet hat. Ein Zusammenhang soll gemäß Art. 7 Abs. 2, lit. a, b KE fehlen, wenn der Vertragspartner beweist, dass der Verbraucher die für den Vertragsabschluss erforderlichen Schritte in einem anderen Staat (nicht dem Verbraucherstaat) vorgenommen hat. Kumulativ ist gemäß Art. 7 Abs. 2, lit. b KE erforderlich, dass dem Verbraucher die Waren oder Dienstleistungen während seines Aufenthalts in diesem anderen Staat erbracht wurden.[541]

Art. 7 KE stimmt weitgehend mit Art. 15 Abs. 1, lit. c EuGVO überein. Auch diese Vorschrift verlangt ein Ausrichten der Tätigkeit des Anbieters auf den Heimatstaat des Verbrauchers. Allerdings wird der Anwendungsbereich durch Art. 7 Abs. 2, lit. a, b KE wieder eingeschränkt. Hier bestehen gewisse Ähnlichkeiten mit Art. 13 Abs. 1, Nr. 3 EuGVÜ/LGVÜ. Art. 7 Abs. 2 KE ist ausgeschlossen, wenn der Verbraucher die für den Vertragsschluss erforderlichen Rechtshandlungen nicht in seinem Aufenthaltsstaat vorgenommen hat.[542] Kumulativ wird bei Art. 7 Abs. 2 KE gefordert, dass der Verbraucher die Leistungen auch in diesem Staat erhält. Mit den Zusätzen in lit. a, b sollen insbesondere kleine und mittelständische Unternehmen geschützt werden, die ausschließlich in ihrem gewöhnlichen Aufenthaltsstaat mit einem ausländischen Verbraucher (z.B. einem Touristen) handeln.

Ungeklärt blieb die Verwendung des Begriffs „*unless*" oder „*that party establishes that*" vor den Ausnahmen in Art. 7 Abs. 2, lit. a und b KE. Die Verwendung der zweiten Variante würde dem Anbieter die Beweislast für das Vorliegen der Voraussetzungen in lit. a und b zuweisen. Dabei wurde aber die Gefahr gesehen, dass diese Last für kleine Unternehmen zu groß sein könnte.[543]

Nicht einigen konnte man sich zudem auf eine Regelung in Art. 7 Abs. 3 KE zum Schutz der Anbieter im E-Commerce. Danach gilt eine Tätigkeit als nicht auf einen Staat ausgerichtet, wenn die andere Partei (= Anbieter) nachweist, dass sie die angemessenen Schritte unternommen hat, Vertragsabschlüsse mit Verbrauchern, die in diesem Staat ihren gewöhnlichen Aufenthalt haben, zu verhindern.

---

541 Auf diese Ausnahme konnten sich die Delegierten aber noch nicht einigen.

542 Dagegen ist der Anwendungsbereich des Art. 13 Abs. 1, Nr. 3 EuGVÜ/LGVÜ nur eröffnet, wenn der Verbraucher die zum Abschluss des Vertrages erforderliche Rechtshandlung in seinem Wohnsitzstaat vorgenommen hat.

543 S. Summary of the Outcome of the Discussion im Commission II of the First Part of the Diplomatic Conference 6-20 June 2001, Art. 7, Fn. 47 (veröffentlicht unter: www.hcch.net/e/workprog/jdgm.html; Stand: November 2002).

3. Passivprozesse der Verbraucher (Art. 7 Abs. 4 KE)

Art. 7 Abs. 4 KE erfasst Passivprozesse der Verbraucher. Danach kann der Vertragspartner den Verbraucher ausschließlich vor den Gerichten des Staates verklagen, in dem der Verbraucher seinen gewöhnlichen Aufenthalt hat. Diese Vorschrift beinhaltet keine Einschränkungen zugunsten des Anbieters. Im Gegensatz zu Art. 15 Abs. 1, lit. c EuGVO wird nicht verlangt, dass der Anbieter seine Tätigkeit auf den Wohnsitzstaat des Verbrauchers ausgerichtet hat. Ein Verbraucher i.S.d. Art. 7 Abs. 1 KE ist immer vor den Gerichten am gewöhnlichen Aufenthalt des Verbrauchers zu verklagen.[544]

4. Gerichtsstandsvereinbarungen (Art. 7 Abs. 5-7 KE)

Besonders stark umstritten sind die Vorschriften über Gerichtsstandsvereinbarungen bei Verbraucherverträgen. Eine kleine Arbeitsgruppe arbeitete drei unterschiedliche Alternativen für Gerichtsstandsvereinbarungen aus. Die Komplexität der den verschiedenen Alternativen zugrundeliegenden Denkansätze ließ aber bereits die Frage aufkommen, ob diese Vorschriften nicht ganz aus dem Übereinkommen herauszuhalten seien.[545]

Sämtliche Alternativen verweisen auf die Voraussetzungen des Art. 4 KE. Die in Art. 4 Abs. 2 KE aufgeführten Formvoraussetzungen entsprechen weitgehend Art. 17 EuGVÜ/LGVÜ bzw. Art. 23 EuGVO. Streitig blieb bei Art. 4 KE insbesondere, inwieweit hinsichtlich der materiellen Gültigkeit einer Gerichtsstandsvereinbarung der Rückgriff auf das nationale Recht des Entscheidungsstaates zulässig sein soll (so Art. 4 Abs. 1, S. 3, Art. 4 Abs. 4 KE) sowie die Frage, ob Gerichtsstandsvereinbarungen durch nationale Vorschriften verboten werden können (Art. 4 Abs. 5, S. 1 KE).[546] Nach dem Entwurf sind Gerichtsstandsvereinbarungen unwirksam, sofern sie Artt. 7, 8 oder 12 KE widersprechen. Im Folgenden werden die Gemeinsamkeiten der drei vorgeschlagenen Alternativen herausgearbeitet.

Die Alternative A erlaubt eine Gerichtsstandsvereinbarung nach Entstehung der Streitigkeit. Eine Gerichtsstandsvereinbarung vor Entstehung der Streitigkeit ist zulässig, sofern sie dem Verbraucher neben den Zuständigkeiten des Übereinkommens durch Vereinbarung eine weitere Zuständigkeit eröffnet. Im Falle einer Gerichtsstandsvereinbarung vor Entstehung der Streitigkeit ist Art. 4 KE insoweit auf die Vereinbarung anwendbar, wie die Vereinbarung beide Parteien an das Recht des Staates bindet, in dem der Verbraucher im Zeitpunkt der Vereinbarung seinen gewöhnlichen Aufenthalt hat. Eine Gerichtsstandsvereinbarung ist danach gültig, wenn sie nach dem Recht am gewöhnlichen Aufenthalt des Verbrauchers zulässig ist.

---

544 Vgl. *Wagner*, IPRax 2001, S. 533 (539).

545 S. *Wagner*, IPRax 2001, S. 533 (539).

546 S. *Wagner*, IPRax 2001, S. 533 (538).

Die Alternative B ist in 2 Varianten geteilt. Die Variante 2 der Alternative B erlaubt Gerichtsstandsvereinbarungen ebenfalls nach Entstehung der Streitigkeit. Zulässig ist aber auch die Vereinbarung einer zusätzlichen Zuständigkeit neben dem Gerichtsstand des gewöhnlichen Aufenthalts. Eine Vereinbarung vor Entstehung der Streitigkeit ist nur in den Fällen zulässig, in denen der Staat eine Erklärung abgegeben hat, nach der er solche Vereinbarungen akzeptieren und entsprechende Urteile anerkennen und vollstrecken werde. Variante 1 der Alternative B lässt Gerichtsstandsvereinbarungen dagegen sowohl vor als auch nach Entstehung der Streitigkeit grundsätzlich zu. Durch entsprechende Erklärungen können die Vertragsstaaten Gerichtsstandsvereinbarungen aber auf eine Vereinbarung nach Entstehung der Streitigkeit oder auf die Fälle begrenzen, in denen dem Verbraucher eine Klage vor anderen als in Art. 7 KE oder Art. 3 KE genannten Gerichten erlaubt ist.

Alternative C geht von dem Grundsatz aus, dass Gerichtsstandsvereinbarungen nach Entstehung der Streitigkeit zulässig sind und erlaubt eine Gerichtsstandsvereinbarung auch schon vor Entstehung der Streitigkeit. Der Vertragspartner des Verbrauchers kann den Verbraucher aber nur vor dem vereinbarten Gericht verklagen, wenn die Vereinbarung eine Klage im gewöhnlichen Aufenthaltsstaat des Verbrauchers ermöglicht. Ein Verbraucher kann ausschließlich vor dem vereinbarten Gericht klagen. Die anderen Zuständigkeiten des Übereinkommens sind bei dieser Gerichtsstandsvereinbarung ausgeschlossen.

Sämtliche Alternativen ermöglichen eine Klage vor Entstehung der Streitigkeit. Diese Regelung entspricht inhaltlich Art. 15 Nr. 1 EuGVÜ/LGVÜ sowie Art. 17 Nr. 1 EuGVO. Sie beruht auf dem Gedanken, dass dem Verbraucher die Tragweite der Vereinbarung bewusst ist, wenn die Streitigkeit bereits entstanden ist. Eine Übervorteilung des Verbrauchers ist in diesem Zeitpunkt nicht mehr zu erwarten.[547]

Bis auf Alternative C ermöglichen sämtliche Denkmodelle zudem die Vereinbarung eines weiteren Gerichtsstandes zugunsten des Verbrauchers neben den Zuständigkeiten des Art. 7 Abs. 2 KE. Dies entspricht inhaltlich Art. 15 Nr. 2 EuGVÜ/LGVÜ, Art. 17 Nr. 2 EuGVO. Der Verbraucher wird durch die Vereinbarung besser gestellt. Ihm wird ein weiterer Gerichtsstand eröffnet. Weitere Übereinstimmungen bestehen zwischen den Alternativen nicht. Es bleibt abzuwarten, zugunsten welcher Alternative die Konferenz entscheiden wird.

5. Recht des Beklagten, die Zuständigkeit des Gerichts zu bestreiten

Der Entwurf zu Art. 5 KE von 1999 begründete zudem einen Gerichtsstand der rügelosen Einlassung entsprechend Art. 18 EuGVÜ/LGVÜ, Art. 24 EuGVO. Auf diese Vorschrift konnte man sich aber nicht verständigen. Im Falle einer

[547] Zu der entsprechenden Regelung in dem Entwurf von 1999 vgl. *Reich / Gambogi*, VuR 2001, S. 269 (278).

Klage, die auf eine nationale Zuständigkeitsvorschrift aus dem grauen Bereich gestützt wird, könnte sonst durch rügelose Einlassung der weiße Bereich eröffnet werden. Das auf den nationalen Vorschriften beruhende Urteil wäre dann in sämtlichen Vertragsstaaten anerkennungs- und vollstreckungsfähig. Vorgeschlagen wurde daher, die rügelose Einlassung nur bei Klagen zuzulassen, die ausschließlich auf weißen Zuständigkeiten beruhen. Eine entsprechende Regelung findet sich nun in Art. 27a KE. Danach ist der Beklagte von einem Vorgehen gegen das Gericht ausgeschlossen, wenn der Kläger seine Klage auf eine weiße Zuständigkeit stützt und nicht behauptet, dass das Gericht aus einem anderen Grund nach dem nationalen Recht zuständig ist und der Beklagte sich zudem zu den Hauptpunkten einlässt, ohne die Zuständigkeit des Gerichts zu bestreiten.[548] Weiterhin umstritten ist die Frage, ob Art. 5 KE vollständig gestrichen werden soll oder ob die Vorschrift verfahrensrechtlich regeln soll, dass der Beklagte eine weiße Zuständigkeit spätestens im Zeitpunkt der ersten Verteidigung in der Hauptsache zu bestreiten hat.[549]

Werden diese Entwürfe in das Übereinkommen übernommen, so kann auch bei Verbraucherstreitigkeiten die Zuständigkeit durch rügelose Einlassung begründet werden.[550]

III. Auswirkungen des Entwurfs auf den E-Commerce

Bereits im Februar/März 2000 traf sich eine Expertengruppe in Ottawa und untersuchte die Auswirkungen des Entwurfs von 1999 auf den Bereich des E-Commerce.[551] Besonderen Wert wurde dabei auf die Schaffung alternativer Methoden zur Streitbeilegung gelegt. Ein übereinstimmender Vorschlag konnte aber nicht gefunden werden. Der Bericht kommt zu dem Ergebnis, dass das Haager Übereinkommen nicht das richtige Instrument zur Festsetzung solcher alternativen Methoden sei. Einig war man sich auf der Tagung aber darüber, dass das Übereinkommen nicht als Hindernis für Formen der alternativen Streitbeilegung interpretiert werden dürfe.[552]

Zum Schutz von Anbietern bei Verträgen im E-Commerce wird die Einfügung eines Zusatzes in Art. 7 Abs. 1 KE diskutiert. Dem Anbieter soll danach ermöglicht werden, zu zeigen (*demonstrate*), dass er keine Kenntnis davon hatte, dass

---

548 Vgl. Summary of the Outcome of the Discussion in Commission II of the First Part of the Diplomatic Conference 6-20 June 2001, Art. 27a, Fn. 152 (veröffentlicht unter: www.hcch.net/e/workprog/jdgm.html; Stand: November 2002).

549 S. *Wagner*, IPRax 2001, S. 533 (538).

550 Zur Anwendbarkeit des Art. 18 EuGVÜ/LGVÜ auf Verbraucherverträge, vgl. oben, § 8, B. und C.

551 Preliminary Document No. 12, S. 5 f. (veröffentlicht auf der Website: www.hcch.net/e/workprog/jdgm.html; Stand: November 2002).

552 Preliminary Document No. 12, S. 6 (veröffentlicht auf der Website: www.hcch.net/e/workprog/jdgm.html; Stand: November 2002).

sein Vertragspartner Verbraucher im Sinne des Art. 7 Abs. 1 KE ist und dass er den Vertrag im Falle entsprechender Kenntnis nicht geschlossen hätte. Unklar bleibt, welche Anforderungen hier an die Behauptung des Anbieters zu stellen sind. Zu Recht wird gegen diesen Zusatz eingewandt, dass der Verbraucher die Behauptung des Anbieters nur schwer wird widerlegen können. Art. 13 Abs. 1 EuGVÜ/LGVÜ und Art. 15 Abs. 1 EuGVO sind hier enger. Entscheidend ist danach der Geschäftszweck, der nach objektiven Kriterien zu bestimmen ist. Dabei kommt es nicht auf die Kenntnis des Anbieters an, sondern darauf, zu welchem Zweck die Sache oder Dienstleistung tatsächlich (objektiv) genutzt wird.[553] Die Beweislast liegt dabei beim Anbieter. Die subjektive Behauptung des Anbieters, der Vertrag diene beruflichen oder gewerblichen Zwecken, genügt bei Art. 13 Abs. 1 EuGVÜ/LGVÜ, Art. 15 Abs. 1 EuGVO nicht.

1. Aktivprozesse der Verbraucher

Art. 7 Abs. 2 KE eröffnet bei Klagen von Verbrauchern die Zuständigkeit der Gerichte am gewöhnlichen Aufenthalt des Verbrauchers. Die Vorschrift verlangt, dass der Verbrauchervertrag sich aus Tätigkeiten ergibt, die der Anbieter im Verbraucherstaat betrieben oder auf diesen ausgerichtet hat. Ähnlich wie Art. 15 Abs. 1, lit. c EuGVO stellt auch diese Vorschrift auf das Ausrichten der Tätigkeit des Anbieters ab. Es bleibt aber auch bei Art. 7 Abs. 2 KE fraglich, wann ein solches Ausrichten vorliegt.[554] Hier will der umstrittene Absatz 3 Hilfe leisten. Danach liegt ein Ausrichten der Tätigkeit nicht vor, wenn der Anbieter nachweist, dass er die „angemessenen Schritte" (*reasonable steps*) unternommen hat, Vertragsabschlüsse mit Verbrauchern zu verhindern, die in diesem Staat ihren gewöhnlichen Aufenthalt haben.[555] Fraglich bleibt, wann der Anbieter diese „angemessenen Schritte" zur Verhinderung von Vertragsabschlüssen mit bestimmten Verbrauchern vorgenommen hat. Dieses ist im Einzelfall zu prüfen. Anhaltspunkte bieten hier die bereits bei Art. 13 Abs. 1, Nr. 3 EuGVÜ/LGVÜ aufgeführten Abgrenzungskriterien und Schutzmöglichkeiten für den Anbieter.[556] Insbesondere könnte die Verwendung eines Disclaimers auf der Website sowie die Nutzung von Filterprogrammen, die bei E-Mails aus bestimmten Staaten Vertragsabschlüsse verhindern, hier genügen. Im Gegensatz zu Art. 15 Abs. 1, lit. c EuGVO ist der Gerichtsstand des Art. 7 Abs. 2 KE daher nicht bei jeder Website, auf der geworben wird, grundsätzlich eröffnet.

---

553 Bereits beim EuGVÜ auf die Kenntnis und die Möglichkeit der Kenntnisnahme durch den Vertragspartner abstellend: Bericht Giuliano / Lagarde, ABl.EG 1980 C 282/1 vom 31.10.1980, S. 23.; S. dazu oben, § 5, A., I., 3.

554 Zu den Problemen bei Art. 15 Abs. 1, lit. c EuGVO im Bereich des E-Commerce vgl. oben unter: § 12, F., I.

555 *Wagner* spricht hier von „angemessenen Maßnahmen", vgl. *Wagner*, IPRax 2001, S. 533 (539).

556 Vgl. dazu oben, § 5, E., III.

Art. 7 Abs. 2 KE ist zudem nicht anwendbar, wenn der Verbraucher, die für den Vertragsschluss erforderlichen Rechtshandlungen nicht in seinem Aufenthaltsstaat vorgenommen hat. Diese Einschränkung des Anwendungsbereichs stimmt inhaltlich mit Art. 13 Abs. 1, Nr. 3 lit. b EuGVÜ/LGVÜ überein. Kumulativ ist bei Art. 7 Abs. 2 KE aber erforderlich, dass die Waren und Dienstleistungen dem Verbraucher auch in diesem Staat erbracht werden. Ähnlich wie in den Fällen des Art. 13 Abs. 1, Nr. 3 EuGVÜ/LGVÜ stellt sich auch hier die Frage, ob Art. 7 Abs. 2 KE Anwendung findet, wenn sich der Verbraucher vom Ausland aus in seinen Heimatrechner einwählt. Eine Lösung für diesen Problemfall bietet Art. 7 KE nicht. Entscheidend muss daher auch hier sein, von welchem Ort aus der Verbraucher die Erklärung tatsächlich abgegeben hat.[557] Nur wenn der Verbraucher sich im Zeitpunkt der Abgabe seiner Willenserklärung in dem Staat aufhielt, in dem er seinen gewöhnlichen Aufenthalt hat, kann er gemäß Art. 7 Abs. 2 KE Klage erheben. Im Falle eines Vertragsschlusses über eine aktive Website ist der Anwendungsbereich des Art. 7 Abs. 2 KE eröffnet. Unklar bleibt, ob auch passive Websites ausreichen.

Schließt ein Verbraucher einen Vertrag nicht über die aktive Website des Anbieters, sondern reist er in ein anderes Land und erwirbt dort die Ware, so kann der Verbraucher nicht gemäß Art. 7 Abs. 2 KE in seinem gewöhnlichen Aufenthaltsstaat klagen; denn er hat die für den Vertragsabschluss erforderlichen Schritte nicht in seinem gewöhnlichen Aufenthaltsstaat vorgenommen und erhielt die Ware in diesem anderen Staat.

2. Passivprozesse der Verbraucher

Im Falle von Passivprozessen von Verbrauchern sind die Anbieter dagegen nicht geschützt. Liegt ein Verbrauchervertrag i.S.d. Art. 7 Abs. 1 KE vor, so kann der Anbieter den Verbraucher nur vor den Gerichten am gewöhnlichen Aufenthalt des Verbrauchers verklagen. Unerheblich ist es dabei, ob der Anbieter seine Tätigkeit auf den Verbraucherstaat ausgerichtet hat oder nicht. Art. 7 Abs. 4 KE ist hier weiter als die EuGVO, die ein Ausrichten der Tätigkeit des Anbieters auch im Falle eines Passivprozesses verlangt. Anbieter im E-Commerce müssen daher damit rechnen, dass sie ihre Ansprüche gegen ihre Kunden (Verbraucher) weltweit geltend machen müssen. Kleinere und mittelständische Unternehmen könnte dies von der (teuren) Geltendmachung ihrer Ansprüche abhalten.

C. Entwicklungsperspektiven des Haager Übereinkommens

Das geplante weltweite Zuständigkeits- und Vollstreckungsübereinkommen steht wohl nicht vor dem endgültigen Aus.[558] Die zum Teil gravierenden Meinungsverschiedenheiten insbesondere bei den Zuständigkeitsvorschriften lassen

---

557 Vgl. dazu oben, § 5, E., IV.

558 So aber der Titel des Beitrags von *Heß*, IPRax 2000, S. 342 f.

es aber fraglich erscheinen, ob bald ein solches Übereinkommen verabschiedet wird.[559] Zunächst folgt nun eine weitere Überarbeitung der Entwürfe von 1999 und 2001, an deren Ende möglicherweise ein dritter Entwurf stehen wird.[560] Es bleibt abzuwarten, ob der neue Vorschlag eine größere Akzeptanz bei den Mitgliedstaaten erreicht.

Fraglich ist auch die Kompetenz der EG zum Abschluss eines solchen weltweiten Übereinkommens. Haben die Mitgliedstaaten weiterhin die Kompetenz zum Abschluss des Übereinkommens oder muss die EG selber Mitglied der Haager Konferenz werden?[561] Rat und Kommission entwickelten ein pragmatisches Arbeitsverfahren. Dieses sollte aber „in keiner Weise das Ausmaß der externen Zuständigkeit der Gemeinschaft präjudizieren."[562] Die Kompetenz der EG zur Ratifizierung des Übereinkommens wird im Übereinkommen selbst festzuschreiben sein.[563] Im Ergebnis führt ein solcher Kompetenzzuwachs der EG zu einem einheitlichen Einwirken der Europäischen Mitgliedstaaten auf das Haager Übereinkommen. Das komplizierte Ratifizierungsverfahren würde vereinfacht und ließe sich schneller durchführen.

Unklar bleibt, wem die Kompetenz zur Auslegung des Übereinkommens zufällt. Ein dem EuGH entsprechender supranationaler Gerichtshof fehlt für das Haager Übereinkommen.[564] Es ist wohl noch ein weiter Weg bis zur Verabschiedung des Übereinkommens. Kompromissbereitschaft der Vertragsstaaten ist hier erforderlich.[565]

---

559 Vgl. *Wagner*, IPRax 2001, S. 533 (546).

560 Vgl. zum geplanten weiteren Verfahren: Preliminary Document No. 19, S. 5 (veröffentlicht auf der Website: www.hcch.net/e/workprog/jdgm.html; Stand: November 2002).

561 Dazu *Boele-Woelki* in: Liber Amicorum Kurt Siehr, 2000, S. 61 (75 f.); *Sedlmeier*, The European Legal Forum 2002, S. 35 (37); *Leisle*, Dependenzen auf dem Weg vom EuGVÜ, über die EuGVVO, zur EuZPO, 2002, S.186 ff.; *ders.* ZEuP 2002, 316 (339 f.); zum vergleichbaren Problem der Kompetenz der EG zum Abschluss des LGVÜ, vgl. oben, § 10, C.

562 Gemeinsame Erklärung des Rates und der Kommission, IPRax 2001, S. 259 (260).

563 Eine Binnenkompetenz der EG aus Art. 65, lit. a EG hier bejahend: *Leible / Staudinger*, The European Legal Forum 2000/01, S. 225 (232); so auch *Wagner*, IPRax 2001, S. 533 (535).

564 Vgl. *Wagner*, IPRax 2001, S. 533 (547).

565 S. *Wagner*, IPRax 2001, S. 533 (547).

§ 14 Ergebnis: Verbraucherschutz durch Zuständigkeitsvorschriften der EuGVO und des Entwurfs zu einem Haager Übereinkommen

In den letzten Jahren wurde der Blick vermehrt auf den Schutz von Verbrauchern durch Zuständigkeitsregeln gerichtet. Schon kurz nach dem Inkrafttreten des Amsterdamer Vertrages (am 1.5.1999) erließ die EG die ersten entsprechenden Gemeinschaftsrechtsakte. Neben der EuGVO wurde im Jahr 2000 die Einführung eines Justiziellen Netzes beschlossen.[566] Auch die Arbeiten an dem Haager weltweiten Übereinkommen über die gerichtliche Zuständigkeit und ausländische Entscheidungen in Zivil- und Handelssachen wurden stark vorangetrieben.

Während die Einführung des Justiziellen Netzes eher lautlos geschah, traf die EuGVO insbesondere aufgrund der Neuregelung des 4. Abschnitts zum Teil auf scharfe Kritik. Zu begrüßen ist die Aufrechterhaltung eines geschlossenen Regelungsbereichs der Gerichtszuständigkeit in Verbrauchersachen und die Orientierung an dem bewährten System von EuGVÜ und LGVÜ. Die Neuregelung beseitigt zum Teil bestehende Schwierigkeiten. So regelt Art. 16 Abs. 1 EuGVO neben der internationalen Zuständigkeit nun auch die örtliche Zuständigkeit. Der Streit um den Begriff der Dienstleistung in Art. 13 Abs. 1, Nr. 3 EuGVÜ/LGVÜ ist weggefallen. Geschützt ist zudem auch der Verbraucher, der zum Abschluss eines Vertrages seinen Rechtskreis verlässt.

Die Verwendung des unklaren Abgrenzungskriteriums „Ausrichten" sorgt aber insbesondere auf dem Gebiet des E-Commerce für Unsicherheiten. Zum Schutz der Anbieter ist im Bereich des E-Commerce eine enge Auslegung des Begriffs erforderlich. Eine deutlichere Eingrenzung des Anwendungsbereichs der Vorschrift durch den Gesetzgeber wäre wünschenswert gewesen.

Der umstrittene Haager Entwurf vom Juni 2001 berücksichtigt die Interessen des Anbieters bei Aktivprozessen von Verbrauchern besser als die EuGVO. Zwar stellt Art. 7 Abs. 2 KE ähnlich wie Art. 15 EuGVO auf das Ausrichten der Tätigkeit des Anbieters ab. Art. 7 Abs. 3 KE bietet dem Anbieter aber die Möglichkeit, selbständig den Anwendungsbereich der Vorschrift zu begrenzen. Es genügt hier der Nachweis, dass der Anbieter „angemessene Schritte" unternom-

---

566 Ziel des Justiziellen Netzes ist die Verbesserung der justiziellen Zusammenarbeit zwischen den Mitgliedstaaten. Es wird eine Plattform geschaffen, die dem einzelnen Bürger Informationen über die verschiedenen Gemeinschaftsakte sowie die unterschiedlichen Rechts- und Verwaltungssysteme der verschiedenen Länder gibt. Eine solche Plattform kann den Schutz der Verbraucher dadurch verbessern, dass diese Informationen über die verschiedenen Rechtssysteme der Mitgliedstaaten erhalten. Große Auswirkungen wird dieses Netz auf den Schutz des einzelnen Verbrauchers aber nicht haben; vgl. dazu Einleitung zum Vorschlag für ein Europäisches Justizielles Netz, KOM (2000), 592 endg., S. 3.

men hat, um Vertragsabschlüsse mit Verbrauchern bestimmter Länder zu verhindern. Ähnlich wie Art. 13 Abs. 1, Nr. 3 EuGVÜ/LGVÜ schließt zudem Art. 7 Abs. 2 lit. a, b KE den Verbrauchergerichtsstand in den Fällen aus, in denen der Verbraucher die für den Vertragsabschluss erforderlichen Schritte nicht in seinem Aufenthaltsstaat vorgenommen hat.

Dagegen werden die Interessen der Anbieter bei Passivprozessen von Verbrauchern in dem Entwurf kaum berücksichtigt. Im Falle eines Verbrauchervertrages i.S.d. Art. 7 Abs. 1 KE kann der Anbieter Klage nur vor den Gerichten am gewöhnlichem Aufenthalt des Verbrauchers erheben. Dabei ist es unerheblich, ob er seine Tätigkeit auf den Verbraucherstaat ausgerichtet hat oder nicht. Anbieter müssen im Anwendungsbereich dieses Entwurfs daher grundsätzlich damit rechnen, dass sie ihre Ansprüche gegen Verbraucher weltweit geltend machen müssen. Die Zulässigkeit von Gerichtsstandsvereinbarungen bleibt unklar. Eine Anpassung des Haager Übereinkommens an Art. 15 Nr. 1 und 2 EuGVÜ/LGVÜ bzw. Art. 17 Nr. 1, 2 EuGVO scheint aber gewünscht. Es bleibt abzuwarten, was die weitere Überarbeitung der Entwürfe von 1999 und 2001 bringt.

Trotz ihrer teilweisen Schwächen ist die Weiterentwicklung verbraucherschützender Zuständigkeitsregelungen auf europäischer und weltweiter Ebene im Ergebnis zu begrüßen.[567] Dem insbesondere durch moderne Vermarktungstechniken stark vereinfachten weltweiten Vertrieb von Waren an private Endverbraucher, kann auf diese Weise Rechnung getragen werden.

567 Im Ergebnis so auch *Walter*, in: FS Geimer, 2002, S. 1429 (1443).

Teil 3: Rechtsvergleichende Untersuchungen

Im folgenden Teil wird ein Überblick über die Regelung der internationalen Zuständigkeit nach dem autonomen Recht verschiedener europäischer Staaten gegeben. Untersucht werden die Rechtsordnungen Deutschlands, Österreichs, der Schweiz, Englands und Italiens. Dabei kann im Rahmen dieser Arbeit das Zuständigkeitsrecht der einzelnen Staaten nicht in aller Ausführlichkeit behandelt werden. Untersucht werden sollen hier nur die verschiedenen Ansätze, die die nationalen Rechtsordnungen bei Streitigkeiten mit Beteiligung von Verbrauchern bereit halten.

Ein einheitlicher Verbraucherbegriff lässt sich in den verschiedenen nationalen Rechtsordnungen nicht finden. Einige Länder wie z.B. Österreich und die Schweiz haben eigene Gerichtsstandsregelungen geschaffen, die Verbraucherdefinitionen enthalten. Dagegen finden sich in anderen Rechtsordnungen - wie z.B. in England - keine gesonderten Gerichtsstandsregelungen zum Schutze von Verbrauchern. Der in den unterschiedlichen nationalen Vorschriften verwendete Verbraucherbegriff ist jeweils gesondert darzustellen. Es ist davon auszugehen, dass bei Aktivklagen von Verbrauchern solche Gerichtsstandsregelungen verbraucherschützend sind, die Verbrauchern eine Klage an ihrem Wohnsitz und wahlweise am Sitz des Unternehmens ermöglichen. Bei Passivprozessen sind Gerichtsstandsregeln verbraucherschützend, die lediglich eine Klage am Wohnsitz des Verbrauchers ermöglichen.

Bei grenzüberschreitenden Verbraucherstreitigkeiten richtet sich die internationale Zuständigkeit nach der lex fori, wenn der Anwendungsbereich der vorrangigen europäischen Staatsverträge (EuGVÜ/LGVÜ) und der EuGVO nicht eröffnet ist. Dazu zählen auch die Fälle, in denen der zeitliche Anwendungsbereich der Staatsverträge nicht eröffnet ist. So kann der Forumstaat das Übereinkommen erst spät ratifiziert oder den Staatsvertrag noch nicht in innerstaatliches Recht umgesetzt haben. Entscheidend ist hier der Zeitpunkt der Klageerhebung.[568] Häufiger kommt das nationale Recht aber zur Anwendung, wenn der räumliche Anwendungsbereich der Übereinkommen oder der EuGVO nicht eröffnet ist.[569]

---

568 S. dazu oben, § 4, B., I.

569 Hier sind bei Verbraucherstreitigkeiten folgende Konstellationen möglich:

1. Der beklagte Verbraucher hat keinen Wohnsitz im Anwendungsbereich des Übereinkommens bzw. der EuGVO.
2. Der beklagte Anbieter hat weder seinen Sitz noch eine Zweigniederlassung, Agentur oder sonstige Niederlassung in einem Mitglied-/ Vertragsstaat.
3. Die Parteien haben die Zuständigkeit eines Gerichts vereinbart. Nach der hier vertretenen Auffassung kommt es nur in den Fällen zur Anwendung des autonomen Rechts, in denen weder Kläger noch Beklagter ihren Wohnsitz in einem Mitglied-/ Vertragsstaat

Das angerufene Gericht entscheidet in diesen Fällen nach dem autonomen Recht über seine internationale Zuständigkeit. Verneint es seine internationale Zuständigkeit, so muss sich der Kläger an die Gerichte eines anderen Staates wenden. Die daraufhin angerufenen Gerichte entscheiden über die internationale Zuständigkeit wiederum nach ihrem autonomen Recht. Der Schutz der Verbraucher kann stark differieren, je nachdem vor welchem Gericht der Kläger Klage erhebt.

---

haben oder die Parteien die Zuständigkeit eines Nichtmitglied-/ vertragsstaates vereinbart haben.

4. Der Anwendungsbereich des Art. 18 EuGVÜ/LGVÜ bzw. 24 EuGVO ist ebenfalls schon dann eröffnet, wenn nur eine der beiden Parteien ihren Wohnsitz in einem Vertrags-/ bzw. Mitgliedstaat hat. Nationales Zuständigkeitsrecht ist daher nur anwendbar, sofern keine Partei in einem Vertrags- / Mitgliedstaat wohnt.

§ 15 Das Recht der internationalen Zuständigkeit in Deutschland

A. Verhältnis von nationalem Recht und europäischem Recht

Das EuGVÜ wurde von Deutschland am 27.09.1968 ratifiziert. Am 01.03.1995 trat Deutschland auch dem LGVÜ bei. Die Staatsverträge wurden in Deutschland direkt in nationales Recht transformiert. Die EuGVO trat am 01.03.2002 in Kraft. Die nationalen Gerichtsstandsvorschriften können die internationale Zuständigkeit daher nur in den Fällen begründen, in denen weder der Anwendungsbereich einer der Staatsverträge noch der Anwendungsbereich der EuGVO eröffnet ist.

B. Das System der internationalen Zuständigkeit im deutschen Recht

Eine zusammenhängende Regelung der internationalen Zuständigkeit findet sich im deutschen Verfahrensrecht nicht. Ausdrücklich regeln in der ZPO nur die §§ 606a Abs. 1 und 640a Abs. 2 ZPO die internationale Zuständigkeit direkt.[570] In Deutschland gilt das Prinzip der Doppelfunktionalität der Gerichtsstandsnormen.[571] Örtliche und internationale Zuständigkeit sind nicht identisch, in ihren Voraussetzungen aber miteinander verknüpft.[572] Die örtliche Zuständigkeit indiziert die internationale Zuständigkeit.[573] Zuständigkeitsvorschriften, die die örtliche und somit auch die internationale Zuständigkeit der deutschen Gerichte bestimmen, finden sich in der ZPO sowie in Sondergesetzen.

C. Die verbraucherschützenden Gerichtsstandsregelungen in Deutschland

Seit dem 30. Juni 2000 lautet § 13 des deutschen Bürgerlichen Gesetzbuchs: „Verbraucher ist jede natürliche Person, die ein Rechtsgeschäft zu einem Zweck abschließt, der weder ihrer gewerblichen noch ihrer selbständigen beruflichen

---

570 Vgl. zu den internationalen Zuständigkeitsvorschriften im deutschen Recht, *Geimer*, Internationales Zivilprozeßrecht, 2001, Rn. 944.

571 Statt aller: *Geimer* Internationales Zivilprozeßrecht, 2001, Rn. 943 f. m.w.N.

572 S. BGHZ 44, S. 46 (47).

573 Eine Ausnahme vom Grundsatz der Doppelfunktionalität der Gerichtsstandsvorschriften wird nach h.M. aber angenommen im Falle einer parteierweiternden Widerklage, vgl. BGH, NJW 1981, S. 2642; *Linke*, Internationales Zivilprozeßrecht, 2001, Rn. 172; ausführlich dazu *Eickhoff*, Inländische Gerichtsbarkeit, 1985, S. 102 ff.

Tätigkeit zugerechnet werden kann."[574] Diese Definition entspricht weitgehend der in EuGVÜ/LGVÜ und EuGVO verwendeten Verbraucherdefinition.[575] Allerdings fehlt es im deutschen Zivilprozessrecht an einheitlichen Vorschriften, die den Artt. 13-15 EuGVÜ/LGVÜ bzw. Artt. 15-17 EuGVO entsprechen. Untersucht werden hier daher nur die vorhandenen nationalen Gerichtsstandsregelungen für vertragliche Ansprüche im Hinblick auf ihre Wirkung bei Streitigkeiten, an denen typischerweise Verbraucher beteiligt sind.[576]

Im deutschen Zuständigkeitsrecht werden drei Typen von Gerichtsständen unterschieden: Allgemeine Gerichtsstände, besondere Gerichtsstände und ausschließliche Gerichtsstände. Die §§ 12-19a ZPO regeln die allgemeinen Gerichtsstände. Sie begründen die Zuständigkeit regelmäßig nur konkurrierend neben den besonderen Gerichtsständen. Die ausschließlichen Gerichtsstände, die sich u.a. in Sondergesetzen finden, gehen anderen Gerichtsständen vor und verdrängen diese.[577]

I. Allgemeine Gerichtsstände

Gemäß § 12 ZPO ist der Beklagte grundsätzlich an seinem allgemeinen Gerichtsstand zu verklagen. Die Zuständigkeit bestimmt sich gemäß § 13 ZPO nach dem Wohnsitz des Beklagten. Der Wohnsitz ergibt sich im deutschen Recht aus den §§ 7 ff. BGB. Der Wohnsitz einer Person liegt danach dort, wo sich diese Person ständig niederlässt (§ 7 BGB).[578] Hat der Beklagte nach dieser Vorschrift keinen Wohnsitz im Inland, so ist gemäß § 16 ZPO der letzte Wohnsitz des Beklagten oder dessen letzter Aufenthaltsort maßgeblich. Juristische Personen haben ihren allgemeinen Gerichtsstand gemäß § 17 ZPO an ihrem Sitz. Entscheidend für die Sitzbestimmung ist das im konkreten Fall anwendbare materielle Recht (lex causae). Der Sitz einer juristischen Person kann sich daher auch aus ausländischem Recht ergeben.[579] Kommt deutsches Recht zur Anwendung, so liegt der Sitz einer juristischen Person am Hauptsitz ihrer Verwaltung.[580] Lässt sich der Sitz nach dem materiellen Recht nicht bestimmen, so gilt gemäß § 17 Abs. 1, S. 2 ZPO der Ort, an dem die Verwaltung geführt wird. Im

---

574 Zum Verbraucherbegriff nach § 13 BGB vgl. *Pfeiffer*, in: Die Schuldrechtsreform, 2001, S. 133 ff.;

575 Vgl. zur Frage der Einbeziehung unselbstständig Tätiger in den Verbraucherbegriff des Art. 13 EuGVÜ/LGVÜ, oben, § 5, A., 2.

576 Vgl. dazu auch *Vollkommer / Vollkommer*, in: FS Geimer, 2002, S. 1367 (1377 ff.), die die in der Literatur als Verbrauchergerichtsstände bezeichneten Gerichtsstände im Hinblick auf die Definition des „Verbrauchers" in § 13 BGB untersuchen. Echte Verbrauchergerichtsstände sind danach nur § 38 ZPO und § 29c ZPO.

577 S. Zöller / *Vollkommer*, Zivilprozeßordnung, 2002, § 12, Rn. 6 ff.

578 Vgl. *Kropholler*, Internationales Privatrecht, 2001, S. 573, § 58 III, 1 c.

579 S. MünchKomm ZPO, *Patzina*, § 17, Rn. 9.

580 Vgl. nur Staudinger / *Großfeld*, IntGesR, 1998, Rn. 28.

nationalen Zivilverfahrensrecht besteht somit der Grundsatz: actor sequitur forum rei. Die Gerichte am Wohnsitz bzw. Sitz des Beklagten sind auch international zuständig.

II. Besondere Gerichtsstände

Der Kläger kann auch einen der besonderen Gerichtsstände wählen, wenn die Voraussetzungen eines solchen Gerichtsstandes vorliegen (§ 35 ZPO). Im deutschen Recht gibt es eine Vielzahl von besonderen Gerichtsständen, von denen aber nur einige für Vertragsstreitigkeiten praktische Bedeutung haben. Dazu zählen der Gerichtsstand der Niederlassung (§ 21 ZPO) sowie der Gerichtsstand des Vermögens (§ 23 ZPO). Für Verbraucherstreitigkeiten kann zudem der Gerichtsstand des Erfüllungsortes (§ 29 ZPO) sowie der Gerichtsstand für Haustürgeschäfte (§ 29c Abs. 1, S. 1 ZPO) entscheidend sein.[581]

Außerhalb der ZPO finden sich weitere besondere Gerichtsstände, die dem Kläger die Rechtsverfolgung erleichtern. Hier sind insbesondere § 6 Abs. 2 AuslInvestmG, § 48 VVG, § 109 VAG und § 56 Abs. 2 LuftVG verbraucherschützend, da sie dem Kläger jeweils einen weiteren Wahlgerichtsstand neben dem allgemeinen Gerichtsstand zubilligen.[582] Das HGB enthält in § 440 ebenfalls eine Gerichtsstandsregelung für Verbraucherstreitigkeiten.

1. Gerichtsstand der Niederlassung (§ 21 ZPO)

§ 21 ZPO eröffnet einen besonderen Gerichtsstand am Ort der Niederlassung. Der Kläger soll davor geschützt werden, Klage an dem weit entfernten Gerichtsstand des Anbieters erheben zu müssen, obwohl die Klage lediglich Bezug zu der nahegelegenen Niederlassung hat. Zudem besteht größere Beweisnähe des Gerichts am Sitz der Niederlassung. Eine Niederlassung ist jede von dem Inhaber an einem anderen Ort als dem seines Sitzes für eine gewisse Dauer eingerichtete, auf seinen Namen und für seine Rechnung betriebene und „selbständige, dh. aus eigener Entscheidung zum Geschäftsabschluß und Handeln berechtigte“ Geschäftsstelle.[583] Eine Agentur genügt nicht.[584]

2. Gerichtsstand des Vermögens (§ 23 ZPO)

§ 23 ZPO begründet einen besonderen Gerichtsstand in dem Bezirk, in dem sich Vermögen oder der mit der Klage in Anspruch genommene Gegenstand befinden. Als exorbitanter Gerichtsstand ist diese Vorschrift international unerwünscht, verstößt aber nicht gegen das Völkerrecht. Im Anwendungsbereich des

---

581 Vgl. *Schilken*, Zivilprozeßrecht, 2000, Rn. 309 ff.

582 Vgl. zur Gruppe der Verbrauchergerichtsstände ausführlich *Scherer*, Gerichtsstände zum Schutze des Verbrauchers, 1991, S. 4-23.

583 BGH, NJW 1987, S. 3081 (3082); OLG Düsseldorf, NJW-RR 1989, S. 432 (433).

584 S. *de Bra*, Verbraucherschutz durch Gerichtsstandsregelungen, 1992, S. 89.

europäischen Rechts ist dieser Gerichtsstand gemäß Art. 3 Abs. 2 EuGVÜ/LGVÜ/EuGVO ausgeschlossen.

Als ungeschriebenes Tatbestandsmerkmal wird für § 23 ZPO ein hinreichender Inlandsbezug des Rechtsstreits verlangt, der über die bloße Vermögensbelegenheit hinausgeht.[585] Als ausreichender Inlandsbezug wird dabei der Wohnsitz oder gewöhnliche Aufenthalt des Klägers im Inland angesehen.[586] Zur Begründung des Vermögensgerichtsstandes genügt es bei Verbraucherstreitigkeiten somit, wenn der klagende Verbraucher oder der klagende Anbieter in Deutschland wohnt.[587]

3. Gerichtsstand des Erfüllungsortes (§ 29 ZPO)

Bei Verbraucherverträgen ist insbesondere der Gerichtsstand des Erfüllungsortes von Bedeutung. § 29 ZPO eröffnet einen besonderen Gerichtsstand für Vertragsverhältnisse an dem Ort, an dem die streitige Verpflichtung zu erfüllen ist. Die Vorschrift umfasst Vertragsverhältnisse im weitesten Sinne. Auch Sekundäransprüche wie Schadensersatz und Mängelgewährleistung sind umfasst.[588] Der Ort der Erfüllung der vertraglichen Hauptpflicht ist entscheidend, unabhängig davon, ob auf Feststellung, Erfüllung, Aufhebung oder Schadensersatz geklagt wird.[589] Der Erfüllungsort bestimmt sich in Fällen mit Auslandsbezug nach überwiegender Ansicht nach der lex causae, da nur bei einer Übereinstimmung des Gerichtsstands des Erfüllungsortes mit dem materiellrechtlichen Leistungsort gewährleistet ist, dass wirklich dort geklagt wird, wo auch erfüllt werden muss.[590]

---

585 Vgl. BGHZ 115, S. 90 (94 ff.) = NJW 1996, S. 2096; BGH, NJW 1997, S. 324 (325); BGH, NJW 1997, S. 2885 (2886); *Fricke*, NJW 1992, S. 3066; *Schlosser*, IPRax 1992, S. 140; Zöller / *Vollkommer*, Zivilprozeßordnung, 2002, § 23, Rn. 1; Wieczorek / Schütze / *Hausmann*, Zivilprozeßordnung, 1994, § 23, Rn. 1, 48; Staudinger / *Hausmann*, 2002, Anh. II zu Art. 27-37 EGBGB, Rn 156 ff. m.w.N.; a.A.: *Fischer*, RIW 1990, S. 794.

586 Ausnahmsweise kann hier auch eine größere Rechts- oder Beweisnähe der deutschen Gerichte oder die drohende Rechtsverweigerung für den Inlandsbezug genügen; vgl. dazu Wieczorek / Schütze / *Hausmann*, Zivilprozeßordnung, 1994, § 23, Rn. 50 f.; Staudinger / *Hausmann*, 2002, Anh. II zu Art. 27-37 EGBGB, Rn 159.

587 Vgl. Wieczorek / Schütze / *Hausmann*, Zivilprozeßordnung, 1994, § 23, Rn. 49; Staudinger / *Hausmann*, 2002, Anh. II zu Art. 27-37 EGBGB, Rn 158.

588 Verschulden bei Vertragsschluss fällt nach überwiegender Ansicht ebenfalls in diesen Anwendungsbereich: BayObLG, VersR 1985, S. 741 (743); *Küpper*, DRiZ 1990, S. 445 ff.; a.A. LG Kiel, NJW 1989, S. 841.

589 S. *Rüßmann*, JurPC Web-Dok. 108/1998, Abs. 15.

590 Vgl. Reithmann / *Martiny*, Internationales Vertragsrecht, 1996, Rn. 271; BGH, NJW 1981, S. 2642 (2643); BGH, NJW 1993, S. 1073 (1075); Zöller / *Geimer*, Zivilprozeßordnung, 2002, § 328, Rn. 107; a.A. *Schack*, Der Erfüllungsort, 1985, Rn. 223; *ders.*, Internationales Zivilverfahrensrecht, 2002, Rn. 270.

Im ersten Schritt ist daher das auf das konkrete Schuldverhältnis anwendbare materielle Recht gemäß Artt. 27 ff. EGBGB zu bestimmen. Liegt eine Rechtswahl i.S.d. Art. 27 EGBGB vor, so bestimmt sich der Erfüllungsort nach diesem Recht. Der Erfüllungsort liegt nicht zwingend in Deutschland. Führt das gewählte Recht in dem konkreten Fall aber zu einem Erfüllungsort in Deutschland, so sind die deutschen Gerichte gemäß § 29 ZPO international zuständig. Besteht dagegen keine Rechtswahl, so findet das Recht desjenigen Staates Anwendung, zu dem der Vertrag die engste Verbindung aufweist. Gemäß Art. 28 Abs. 2 EGBGB wird vermutet, dass die engste Verbindung zu dem Staat bestehe, in dem die Partei, die die charakteristische Leistung zu erbringen hat, im Zeitpunkt des Vertragsabschlusses ihren gewöhnlichen Aufenthalt hat. Verbraucherverträge unterliegen dem Recht des Staates, in dem der Verbraucher seinen gewöhnlichen Aufenthalt hat (Art. 29 Abs. 2 EGBGB). Der Verbraucherbegriff des Art. 29 Abs. 1 EGBGB entspricht dabei dem der Übereinkommen bzw. der EG-Verordnung. Bei Verträgen mit Verbrauchern, die ihren Wohnsitz in Deutschland haben, kommt es in den Fällen, in denen keine Rechtswahl getroffen wurde, daher zur Anwendung des deutschen Rechts. Entscheidend für die Bestimmung des Erfüllungsortes sind dann die §§ 269, 270 BGB.

4. Gerichtsstand für Haustürgeschäfte (§ 29c Abs. 1, S. 1 ZPO)

Der neue § 29c Abs. 1 ZPO eröffnet in Satz 1 bei Haustürgeschäften für Klagen des Verbrauchers gegen den Unternehmer eine besondere Zuständigkeit der Gerichte am Wohnsitz, bzw. gewöhnlichen Aufenthalt des Verbrauchers. § 29c ZPO löst § 7 HausTWG ab und wurde durch das Schuldrechtsmodernisierungsgesetz[591] zum 1.1.2002 in die ZPO eingefügt. Die Vorschrift konnte als ausschließlich verfahrensrechtliche Norm nicht in das Bürgerliche Gesetzbuch integriert werden und wurde daher in die ZPO eingefügt.[592] Anders als bisher § 7 HausTWG begründet § 29c Abs. 1, S. 1 ZPO bei Klagen des Verbrauchers gegen den Unternehmer keine ausschließliche Zuständigkeit. Eine ausschließliche Zuständigkeit besteht lediglich bei Passivprozessen des Verbrauchers (§ 29c Abs. 1, S. 2 ZPO).[593]

Gemäß § 29c Abs. 1 ZPO muss es sich um eine Klage aus einem Haustürgeschäft gemäß § 312 BGB handeln. § 312 BGB enthält eine Legaldefinition für Haustürgeschäfte. Umfasst sind Verträge zwischen einem Unternehmer (i.S.d. § 14 BGB) und einem Verbraucher (i.S.d. § 13 BGB), die eine entgeltliche Leistung zum Gegenstand haben. Zudem muss der Verbraucher zum Abschluss des Vertrages unter bestimmten situativen Voraussetzungen i.S.d. § 312 Abs. 1, Nr. 1-3 BGB bestimmt worden sein.

---

591 BGBl. I 2001, S. 3138 ff.

592 S. Begründung zum Entwurf, BT-Drucksache 14/6040, S. 278.

593 S. zu Passivprozessen unten, § 15, C., III., 2., b.

§ 29c ZPO eröffnet dem Verbraucher bei Aktivprozessen die Möglichkeit, an seinem Wohnsitz Klage zu erheben. Eine Klageerhebung an dem allgemeinen oder einem weiteren besonderen Gerichtsstand bleibt möglich. Fraglich ist, ob Gerichtsstandsvereinbarungen unter den Voraussetzungen des § 38 ZPO ebenfalls weiterhin zulässig bleiben. Es wird vertreten, in allen Fällen von Klagen aus einem Geschäft i.S.d. § 312 BGB sei eine von Abs. 1 abweichende Zuständigkeitsvereinbarung nur unter den Voraussetzungen des Abs. 3 zulässig.[594] Begründet wird diese Ansicht aber nicht.

Die Begründung zum Entwurf der Vorschrift enthält keinen Hinweis darauf, dass § 29c Abs. 3 ZPO Gerichtsstandsvereinbarungen bei Aktivprozessen von Verbrauchern lediglich in den aufgeführten Fallkonstellationen erlaube. Hingewiesen wird in der Begründung lediglich darauf, dass § 29c Abs. 3 ZPO wörtlich dem bisherigen § 7 Abs. 2 HausTWG entspreche.[595] Diese Vorschrift diente der Durchbrechung der Ausschließlichkeit der Gerichtsstände des § 7 HausTWG. Der neue § 29c Abs. 3 ZPO könnte daher ebenfalls lediglich der Durchbrechung der ausschließlichen Zuständigkeit gemäß § 29c ZPO dienen. Umfasst wären dann lediglich Klagen des Anbieters gegen den Verbraucher i.S.d. § 29c Abs. 1, S. 2 ZPO. Gerichtsstandsvereinbarungen wären bei Aktivklagen von Verbrauchern unter den Voraussetzungen des § 38 ZPO weiterhin zulässig.

Der Wortlaut des § 29c Abs. 3 ZPO deutet aber daraufhin, dass Gerichtsstandsvereinbarungen in sämtlichen Fällen des § 29c Abs. 1 ZPO nur eingeschränkt zulässig sein sollen. § 29c Abs. 3 ZPO verweist ausdrücklich auf den gesamten ersten Absatz. Für diese Auslegung sprechen insbesondere auch teleologische Erwägungen. Zweck der Neuregelung des § 7 HausTWG war es, den Schutz der Verbraucher bei Haustürgeschäften dadurch zu erweitern, dass diese die zusätzliche Möglichkeit erhalten, ihre Vertragspartner am allgemeinen Gerichtsstand und am Erfüllungsort zu verklagen.[596] Eine Erweiterung des Schutzes des Verbrauchers würde aber nicht erreicht, wenn man gleichzeitig Gerichtsstandsvereinbarungen unter sämtlichen Voraussetzungen des § 38 ZPO zuließe. Während unter der Geltung des § 7 HausTWG eine Gerichtsstandsvereinbarung bei Aktivprozessen von Verbrauchern lediglich unter den eingeschränkten Voraussetzungen des § 7 Abs. 2 HausTWG zulässig war, wäre nach der neuen Vorschrift eine solche Vereinbarung unter den weiteren Voraussetzungen des § 38 ZPO möglich. Anbieter könnten durch entsprechende Gerichtsstandsvereinbarungen die Wahlmöglichkeit des Verbrauchers unterlaufen. Anstatt den Schutz des Verbrauchers zu erweitern, würde dieser unter der Geltung des § 29c

---

594 Baumbach / Lauterbach / *Hartmann*, ZPO, 2002, § 29c, Rn. 6.

595 S. Begründung zum Entwurf für ein Gesetz zur Modernisierung des Schuldrechts, BT-Drucksache 14/6040, S. 278.

596 S. Begründung zum Entwurf für ein Gesetz zur Modernisierung des Schuldrechts, BT-Drucksache 14/6040, S. 278.

ZPO eingeschränkt. § 29c Abs. 3 ZPO ist daher auch auf Aktivprozesse der Verbraucher anzuwenden. Eine Gerichtsstandsvereinbarung ist bei Haustürgeschäften i.S.d. § 29c Abs. 1 daher nur in den in Abs. 3 aufgeführten Fällen zulässig.

Für Widerklagen nimmt § 29c Abs. 2 ZPO eine Einschränkung vor. Danach findet § 33 Abs. 2 ZPO hier keine Anwendung. Begründet wird diese Einschränkung damit, dass es unbillig wäre, die andere Vertragspartei für eine Widerklage auf den ausschließlichen Gerichtsstand nach § 29c Abs. 1, S. 2 ZPO zu verweisen, wenn der Verbraucher seinen Vertragspartner an dessen Sitz verklagt. Entscheidet sich der Verbraucher gegen eine Klage vor heimischen Gerichten, so muss der Vertragspartner auch die Widerklage vor diesen Gerichten erheben können.[597]

Gemäß § 5 Abs. 2 HausTWG war das HausTWG gegenüber dem VerbrKrG, dem Ausl-InvestmG, sowie dem KAAG und dem FernUSchG trotz Vorliegens eines Haustürgeschäfts gemäß § 1 Abs. 1 HausTWG, ausdrücklich subsidiär.[598] Dem § 5 Abs. 2 HausTWG entspricht der neue § 312a BGB. Allerdings verweist § 29c ZPO ausschließlich auf die Definition eines Haustürgeschäfts nach § 312 BGB. Auf § 312a BGB wird dagegen nicht verwiesen. In der Begründung zu § 312a BGB wird zudem ausdrücklich darauf hingewiesen, dass sich der im letzten Halbsatz erklärte Anwendungsvorrang nur auf materiell-rechtliche Vorschriften beziehe. § 312a BGB erklärt im letzten Halbsatz „nur die Vorschriften über diese Geschäfte“ für anwendbar. Prozessuale Vorschriften wie § 29c ZPO werden nicht erfasst.[599] § 29c ZPO findet daher auf sämtliche Haustürgeschäfte Anwendung, auch wenn diese zugleich den Regelungen über Verbraucherdarlehensverträge, Finanzierungshilfen oder über Teilzeit-Wohnrechte unterfallen.[600]

---

[597] S. Begründung zum Entwurf für ein Gesetz zur Modernisierung des Schuldrechts, BT-Drucksache 14/6040, S. 278.

[598] Ein Eingreifen der Gerichtsstandsklausel (§ 7 HausTWG) wurde z.T. auch im Anwendungsbereich des VerbrKrG bejaht. Begründet wurde diese Ansicht damit, dass das bei Haustürgeschäften bestehende besondere Bedürfnis des Kunden, nicht vor einem weit entfernten Gericht klagen zu müssen, auch in den Fällen bestehe, in denen der Kunde einen Kreditvertrag im Rahmen eines Haustürgeschäfts abschließt. Dagegen sprach aber der Wille des GesetzgeberS. In der amtlichen Begründung zum VerbrKrG wurde ausdrücklich darauf hingewiesen, dass eine Gerichtsstandsregelung hier nicht erforderlich sei. Vgl. *Fischer / Machunsky*, Haustürwiderrufsgesetz, 1995, Grundlagen Rn. 86; MünchKomm BGB / *Ulmer*, 1995, § 5 HausTWG, Rn. 15a m.w.N.

[599] S. Begründung zum Entwurf eines Gesetzes zur Modernisierung des Schuldrechts, BT-Drucksache 14/7052, S. 191.

[600] Vgl. Zöller / *Vollkommer*, Zivilprozeßordnung, 2002, § 29c, Rn. 4; *Vollkommer / Vollkommer*, in: FS Geimer, 2002, S. 1367 (1382 f.); Im Anwendungsbereich des Teilzeit-Wohnrechtegesetzes sollte bereits nach dem HausTWG ausdrücklich auch die Regelung des § 7 HausTWG Gültigkeit haben, sofern eine Freizeitveranstaltung i.S.d. § 1 Abs. 1 HausTWG vorlag. Darauf wird ausdrücklich auch in der Begründung des Regierungsentwurfs zum Teilzeit-Wohnrechtegesetz hingewiesen.

Der Anwendungsbereich des § 29c Abs. 1 ZPO wird dadurch gegenüber § 7 Abs. 1 HausTWG erweitert. Begründet wird diese Erweiterung der Zuständigkeitsregelung mit dem Argument, es sei kein Grund ersichtlich, warum dem Verbraucher, der z.B. einen Verbraucherdarlehensvertrag an der Haustür schließe, nicht der Gerichtsstand des § 29c ZPO zugute kommen solle.[601]

Nicht geregelt hat der Gesetzgeber aber das Verhältnis des § 29c ZPO zu § 26 FernUSchG.[602] Während § 5 Abs. 2 HausTWG bei Fernunterrichtsverträgen den Anwendungsbereich des HausTWG und somit auch § 7 HausTWG ausschloss, fehlt es nun an einer entsprechenden Regelung. Schließt ein Verbraucher einen Fernunterrichtsvertrag unter den Voraussetzungen des § 312 Abs. 1 BGB, so kann sich die Zuständigkeit sowohl aus § 26 FernUSchG als auch aus § 29c ZPO ergeben. Das Verhältnis der beiden Vorschriften zueinander bleibt dabei unklar. Im Falle einer Klage des Verbrauchers ergeben sich nach der hier vertretenen Auffassung aber nur wenige Unterschiede zwischen den beiden Vorschriften. Bei Aktivprozessen des Teilnehmers nach § 26 FernUSchG besteht keine ausschließliche internationale Zuständigkeit.[603] Auch in diesen Fällen steht dem Verbraucher ein Wahlrecht zu. § 26 Abs. 1 FernUSchG begründet daher nur einen besonderen Gerichtsstand zugunsten des Teilnehmers. Der Teilnehmer kann seinen Vertragspartner auch an seinem allgemeinen Gerichtsstand verklagen. Da der allgemeine Gerichtsstand des Teilnehmers gemäß §§ 12 ff. BGB an dessen Wohnsitz liegt, entspricht die Vorschrift im Ergebnis weitgehend § 29c Abs. 1, S. 1 ZPO, der eine besondere Zuständigkeit am Wohnsitz des Verbrauchers eröffnet. Ein Ausschluss des § 33 Abs. 2 ZPO findet sich bei § 26 FernUSchG für diese Fälle aber nicht. Für einen Vorrang des § 29c Abs. 2 ZPO spricht daher die Tatsache, dass diese Vorschrift die Interessen beider Parteien besser berücksichtigt als § 26 FernUSchG.

5. Sondergesetze

Einige Sondergesetze enthalten Gerichtsstandsregelungen, die der schwächeren Vertragspartei und somit auch Verbrauchern die Rechtsverfolgung erleichtern. Diejenigen Gerichtsstände, die keine ausschließliche Wirkung haben, werden hier kurz dargestellt.

a. § 48 VVG

§ 48 VVG begründet einen besonderen Gerichtsstand an dem Ort, an dem der Versicherungsagent zur Zeit der Vermittlung oder der Schließung des Vertrages

---

601 S. Begründung zum Entwurf eines Gesetzes zur Modernisierung des Schuldrechts, BT-Drucksache 14/7052, S. 191; so auch *Vollkommer / Vollkommer*, in: FS Geimer, 2002, S. 1367 (1383).

602 In der Fassung vom 14.12.2000, abgedruckt in BGBl. I 2000, S. 1670.

603 Vgl. dazu ausführlich unten, § 15, C., III., 1.

seine gewerbliche Niederlassung oder in Ermangelung einer solchen Niederlassung seinen Wohnsitz hatte.[604]

§ 48 VVG wurde eingeführt, damit der Versicherungsnehmer nicht vor den Gerichten an der möglicherweise weit entfernten Niederlassung der Versicherung klagen muss. § 29 ZPO kann den Versicherungsnehmer hier nicht ausreichend schützen, da der Leistungsort für die Verbindlichkeit des Versicherers der Ort ist, an dem der Versicherer seine Niederlassung hat. § 21 ZPO kann den Versicherungsnehmer nur in den Fällen schützen, in denen die Versicherung eine Zweigniederlassung gegründet hat.[605] Die Vorschrift begründet keinen ausschließlichen Gerichtsstand. Auf Klagen des Versicherungsunternehmens gegen den Versicherungsnehmer ist die Vorschrift nicht anwendbar.

§ 48 Abs. 2 VVG schließt Gerichtsstandsvereinbarungen aus, mit denen die nach § 48 Abs. 1 VVG begründete Zuständigkeit umgangen werden soll. Der Versicherungsnehmer soll davor geschützt werden, dass der Versicherer sämtliche Klagen an den ihm günstigen Gerichtsstand zieht.[606]

Die Vorschrift kann das Schutzniveau des europäischen Rechts aber nicht erreichen.[607] Für Klagen in Versicherungssachen bestimmt sich die internationale Zuständigkeit im Anwendungsbereich der Übereinkommen abschließend nach den Artt. 7 ff. EuGVÜ/LGVÜ bzw. Artt. 8 ff. EuGVO. Für den Anwendungsbereich dieser Vorschriften genügt dabei, wie auch bei Verbraucherstreitigkeiten, eine Zweigniederlassung, Agentur oder sonstige Niederlassung in einem Vertrags-/Mitgliedstaat.[608] In der überwiegenden Zahl der grenzüberschreitenden Streitigkeiten zwischen Versicherung und Versicherungsnehmer wird man eine Niederlassung annehmen können, wenn ein Versicherungsagent beteiligt ist. Hat dieser seinen Wohnsitz in einem Vertrags-/Mitgliedstaat, so ist der Anwendungsbereich des nationalen Rechts nicht eröffnet. Die nationale Vorschrift gelangt bei grenzüberschreitenden Sachverhalten daher nur selten zur Anwendung.[609]

Der Versicherungsnehmer kann im Anwendungsbereich der europäischen Vorschriften bei Klagen gegen den Versicherer zwischen den Gerichten verschiedener Staaten wählen, während der Versicherer nur am Wohnsitz des Versicherungsnehmers klagen kann.[610] Eingeschränkt ist zudem die Zulässigkeit von Ge-

---

[604] Dazu auch Staudinger / *Hausmann*, 2002, Anh. II zu Art. 27-37 EGBGB, Rn 91.

[605] S. *de Bra*, Verbraucherschutz durch Gerichtsstandsregelungen, 1992, S. 87.

[606] Vgl. zum Normzweck Prölss / Martin / *Kollhosser*, Versicherungsvertragsgesetz, 1998, § 48, Rn. 1.

[607] Vgl. dazu auch: *Vollkommer / Vollkommer*, in: FS Geimer, 2002, S. 1367 (1378 f.).

[608] Vgl. zur Abgrenzung oben, § 5, C.

[609] Vgl. zum Problem von Wohnsitz und Niederlassung im gleichen Vertrags-/Mitgliedstaat, oben: § 5, C., III.

[610] S. Staudinger / *Hausmann*, 2002, Anh. II zu Art. 27-37 EGBGB, Rn 83.

richtsstandsvereinbarungen. Zulässig sind Gerichtsstandsvereinbarungen insbesondere, wenn sie nach Entstehung der Streitigkeit getroffen wurden oder wenn sie die Gerichtsstände zugunsten des Versicherungsnehmers, Versicherten oder Begünstigten erweitern (Art. 12, Nr. 1, 2 EuGVÜ/LGVÜ, Art. 13 Nr. 1, 2 EuGVO). Der Schutz des Versicherungsnehmers entspricht hier dem Schutz der Verbraucher durch die Art. 15 Nr. 1, 2 bzw. Art. 17 Nr. 1, 2 EuGVO.

b. § 109 VAG

§ 109 VAG eröffnet für Klagen, die aus dem inländischen Versicherungsgeschäft gegen das Unternehmen erhoben werden, die Zuständigkeit des Gerichts, in dessen Bezirk das Unternehmen seine Niederlassung hat. Die Vorschrift, die inhaltlich § 21 ZPO entspricht, bezweckt den prozessualen Schutz des Versicherungsnehmers in Fällen mit Auslandsberührung. Auch diese Vorschrift wird bei grenzüberschreitenden Sachverhalten durch die Artt. 7 ff. EuGVÜ/LGVÜ bzw. Artt. 8 ff. EuGVO verdrängt.

§ 109 VAG begründet keinen ausschließlichen Gerichtsstand, ist aber unabdingbar und schützt den Versicherungsnehmer dadurch vor einem vertraglichen Ausschluss des Gerichtsstandes der Niederlassung.[611] § 109 Abs. 1 VAG verweist auf § 106 Abs. 2 VAG, der das ausländische Unternehmen dazu verpflichtet, eine Niederlassung im Inland zu unterhalten. Zuständig sind gemäß § 109 VAG auch die Gerichte am Ort dieser Niederlassung. Umfasst sind nur Klagen des Versicherungsnehmers gegen das Versicherungsunternehmen.[612]

c. § 6 Abs. 2 AuslInvestmG

Für Klagen gegen eine ausländische Investmentgesellschaft ist gemäß § 6 Abs. 2 AuslInvestmG das Gericht zuständig, in dessen Bezirk der Repräsentant der Gesellschaft seinen Wohnsitz oder Sitz hat. Die Vorschrift begründet keinen ausschließlichen Gerichtsstand. Sie kann aber gemäß § 6 Abs. 2, S. 2 AuslInvestmG nicht abbedungen werden, da sie dem inländischen Anteilsinhaber die gerichtliche Rechtsverfolgung bei Ansprüchen aus dem Vertrieb von Investmentanteilen in Deutschland gewährleisten soll. Der inländische Anleger soll beim Vertrieb ausländischer Investmentanteile in Deutschland klagen können.

d. § 56 LuftVG

§ 56 LuftVG eröffnet den Geschädigten aus Flugzeugunfällen die Möglichkeit, Schadensersatzansprüche auch in dem Bezirk geltend zu machen, in dem der Unfall eingetreten ist. Die Vorschrift knüpft an den Beförderungsvertrag an und wird daher der Gruppe der verbraucherschützenden Gerichtsständen zugeord-

---

611 S. *de Bra*, Verbraucherschutz durch Gerichtsstandsregelungen, 1992, S. 90.

612 Vgl. *Scherer*, Gerichtsstände zum Schutze des Verbrauchers in Sondergesetzen, 1991, S. 8.

net.[613] § 56 Abs. 2 LuftVG ermöglicht Passagieren zudem eine Klage am Gericht des Bestimmungsortes.

e. *§ 440 HGB*

Durch das am 1.7.1998 in Kraft getretene Transportrechtsreformgesetz wurden einige Vorschriften im HGB novelliert. § 440 HGB eröffnet einen besonderen Gerichtsstand für Streitigkeiten aus Transportverträgen.[614] Für alle Rechtsstreitigkeiten aus einer Beförderung i.S.d. §§ 407-450 HGB werden zwei besondere Gerichtsstände zugelassen. Zuständig ist gemäß § 440 Abs. 1 HGB auch das Gericht, in dessen Bezirk der Ort der Übernahme liegt, sowie das Gericht, in dessen Bezirk der für die Ablieferung des Gutes vorgesehene Ort liegt.[615]

Für Klagen gegen den ausführenden Frachtführer ist auch der Gerichtsstand des (vertraglichen) Frachtführers sowie für Klagen gegen den (vertraglichen) Frachtführer der Gerichtsstand des ausführenden Frachtführers eröffnet. Diese Regelung soll die Rechtsverfolgung in Fällen erleichtern, in denen ein Unterfrachtführer eingeschaltet wurde.[616]

§ 440 HGB findet auch auf Verträge mit Verbrauchern Anwendung. Absender bei einem Frachtvertrag kann auch eine natürliche Person sein, die den Frachtvertrag zu einem Zweck abschließt, der weder ihrer gewerblichen, noch ihrer selbstständigen beruflichen Tätigkeit zugerechnet werden kann (§ 414 Abs. 4 HGB).

§ 440 HGB wird bei grenzüberschreitenden Transportverträgen aber durch die vorrangigen internationalen Übereinkommen verdrängt. Außerhalb ihres sachlichen Anwendungsbereichs kann § 440 HGB ausnahmsweise Anwendung finden.[617] Handelt es sich um Verträge über die entgeltliche Beförderung von Gütern auf der Straße mittels Fahrzeugen, so ist grundsätzlich der Anwendungsbereich der CMR eröffnet, sofern der Ort der Übernahme des Guts und der vorgesehene Ablieferungsort in verschiedenen Staaten liegen und einer dieser Staaten ein Vertragstaat ist.[618] Da Deutschland Vertragstaat ist, wird § 440 HGB bei grenzüberschreitenden Frachtverträgen überwiegend durch das vorrangige CMR verdrängt.[619] Im Anwendungsbereich des CMR bestimmt sich die internationale

---

613 Vgl. dazu ausführlich *de Bra*, Verbraucherschutz durch Gerichtsstandsregelungen, 1992, S. 91.

614 Ausführlich zu § 440 HGB: *Vollkommer / Vollkommer*, in: GS Helm, 2001, S. 365 ff.

615 MünchKomm HGB, *Dubischar*, 2000, § 440, Rn. 2.

616 Vgl. MünchKomm HGB, *Dubischar*, 2000, § 440, Rn. 3.

617 Vgl. *Vollkommer / Vollkommer*, in: GS Helm, 2001, S. 365 (367).

618 S. Staudinger / *Hausmann*, 2002, Anh. II zu Art. 27-37 EGBGB, Rn 119; zum Verhältnis des CMR zum EuGVÜ/LGVÜ, vgl. *Haubold*, IPRax 2000, S. 91 ff.; *Dißar*, TranspR 2001, S. 387 ff.; *Heuer*, TranspR 2002, S. 221 ff., jeweils m.w.N.

619 Die internationale Zuständigkeit kann aber aus § 440 HGB folgen, sofern der sachliche Anwendungsbereich des CMR nicht eröffnet ist. Dies liegt vor, wenn die materiellen

Zuständigkeit ausschließlich nach Art. 31 CMR. Zulässig sind danach auch Gerichtsstandsvereinbarungen zwischen den Parteien. Liegt keine Gerichtsstandsvereinbarung vor, so kann der Kläger den Beklagten im Staat seines gewöhnlichen Aufenthalts oder seiner Hauptniederlassung verklagen. Möglich ist auch eine Klage in dem Staat, in dem der Beklagte eine Zweigniederlassung, oder Geschäftsstelle unterhält sowie eine Klage am Übernahmeort.[620] Bei grenzüberschreitenden Frachtverträgen mit Verbraucherbeteiligung begründet § 440 HGB daher nur in Ausnahmefällen die internationale Zuständigkeit.

6. Gerichtsstand kraft Sachzusammenhangs

Umstritten ist die Zulassung einer Zuständigkeit kraft Sachzusammenhangs, wenn der Kläger seine Klage auf mehrere Anspruchsgrundlagen des materiellen Rechts stützt und das angerufene Gericht an sich nur für eine von ihnen örtlich zuständig ist.

a. Die Ansicht in Literatur und Rechtsprechung

In Literatur und Rechtsprechung wird heute vermehrt eine Zuständigkeit des angerufenen Gerichts kraft Sachzusammenhang bei Konkurrenz mehrerer Anspruchsgrundlagen angenommen.[621] Zwar könnte der Kläger regelmäßig sämtliche Ansprüche am allgemeinen Gerichtsstand des Beklagten geltend machen, dies entwerte aber die sach- und beweisnäheren besonderen Gerichtsstände.[622] Gestützt wird diese Ansicht in neuerer Zeit zudem auf § 17 Abs. 2, S. 1 GVG, der vorsieht, dass das Gericht, zu dem der Rechtsweg wegen eines Klagegrundes in zulässiger Weise beschritten wurde, den Rechtsstreit unter allen in Betracht kommenden rechtlichen Gesichtspunkten zu entscheiden habe. Es wird vorgebracht, was im Verhältnis der verschiedenen Gerichtszweige gelte, müsse erst recht für die örtliche Zuständigkeit zwischen Gerichten desselben Gerichtszweiges gelten.[623]

Haftungsregeln der Art. 3 ff. CMR nur über die Verweisung der §§ 457-459 HGB anwendbar sind; vgl. Staudinger / *Hausmann*, 2002, Anh. II zu Art. 27-37 EGBGB, Rn. 120.

620 S. Staudinger / *Hausmann*, 2002, Anh. II zu Art. 27-37 EGBGB, Rn 122.

621 Vgl. KG Berlin, MDR 2000, S. 413 f.; *Windel*, ZZP 111, S. 3 (13 ff.); MünchKomm BGB / *Lüke*, 2000, § 261, Rn. 59; *Rosenberg / Schwab / Gottwald*, Zivilprozessrecht, 1994, § 36 VI 2; Wieczorek / Schütze / *Hausmann*, Zivilprozeßordnung, 1994, Vor § 12, Rn. 18; *Schack*, Internationales Zivilverfahrensrecht, 2002, Rn. 341 ff.; Thomas / *Putzo*, ZPO, 2002, § 12, Rn. 8; Zöller / *Vollkommer*, Zivilprozeßordnung, 2002, § 12, Rn. 20 m.w.N.

622 S. Wieczorek / Schütze / *Hausmann*, Zivilprozeßordnung, 1994, vor § 12, Rn. 18; *Schack*, Internationales Zivilverfahrensrecht, 2002, Rn. 342; *Windel*, ZZP 111, S. 3 (13 ff.).

623 Vgl. dazu Zöller / *Vollkommer*, Zivilprozeßordnung, 2002, § 12, Rn. 21 m.w.N.

Überwiegend wurde dagegen bisher vertreten, das angerufene Gericht sei lediglich für die materiellrechtliche Anspruchsgrundlage zuständig, deren Zuständigkeitsvoraussetzungen vorliegen.[624] Der BGH lehnte in einer Entscheidung zur Frage der internationalen Zuständigkeit eine Annexzuständigkeit ab.[625] Das Gericht verwies dabei auf die Rechtsprechung des EuGH, der eine Annexzuständigkeit bei Art. 5 EuGVÜ ebenfalls ablehnt.[626] Nach Ansicht des BGH „wäre [es] nicht verständlich, eine internationale Zuständigkeit kraft Sachzusammenhangs in Fällen, die der Geltung des EUGVÜ unterliegen, auszuschließen, sie dagegen in Fällen außerhalb seines Geltungsbereichs allgemein zuzulassen, obwohl das Interesse der europäischen Staatengemeinschaft gerade darauf abzielt, in Fällen mit Auslandsbezug zu möglichst einheitlichen Verfahrensgrundsätzen zu gelangen."[627] Insbesondere würde der vom EuGH betonte Beklagtenschutz unterlaufen, „wenn in Fällen mit Auslandsbezug eine internationale Zuständigkeit deutscher Gerichte schon dadurch zustande kommen könnte, daß die örtliche Zuständigkeit für einen deliktischen Anspruch kraft Sachzusammenhangs ohne weiteres die Zuständigkeit für andere Ansprüche nach sich ziehen könnte, die an sich nicht der örtlichen und damit auch der internationalen Zuständigkeit des angegangenen Gerichts unterliegen."[628]

b. *Eigene Stellungnahme*

Mit der Ansicht in der Literatur, ist eine Zuständigkeit des angerufenen Gerichts kraft Sachzusammenhang für sämtliche konkurrierende Ansprüche anzunehmen. Zwar erscheint eine Anwendung des § 17 Abs. 2 GVG hier fraglich, da sich der Wortlaut von § 17 Abs. 2 GVG auf den Rechtsweg, nicht aber auf die Kompetenzverteilung innerhalb des Rechtweges bezieht; eine solche Verfahrenskonzentration ist aber insbesondere im Hinblick auf den Verbraucherschutz sinnvoll.

Der Schutz, den die aufgeführten besonderen Gerichtsstände bestimmten Personengruppen gewähren sollen, würde nicht erreicht, wenn zu den vertraglichen Ansprüchen konkurrierenden Ansprüche nicht vor den selben Gerichten erhoben werde könnten. Schon aus Kostengründen sähen sich diese Personen dazu gezwungen, sämtliche Ansprüche am allgemeinen Gerichtsstand des Beklagten geltend zu machen. Der Zweck dieser Zuständigkeitsvorschriften, den Zugang

---

[624] BGH, NJW 1971, S. 564; BGHZ 132, S. 111; BGH, NJW 1996, S. 1411 (1413); OLG Köln, MDR 2000, S. 170; Baumbach / Lauterbach / *Hartmann*, ZPO, 2002, § 32, Rn. 14; Stein / Jonas / *Schumann*, Zivilprozeßordnung, 1993, § 32, Rn. 17, 25; *Jauernig*, Zivilprozeßrecht, 2002, S. 44 m.w.N.; anders dagegen bei Anspruchskonkurrenz zwischen familienrechtlichen und schuldrechtlichen Streitigkeiten, vgl. BGH, NJW 1983, S. 1913 sowie BGH, NJW 1974, S. 410.

[625] BGHZ 132, S. 111 ff.

[626] Vgl. EuGH, RS. 189/87 (Kalfelis/Schröder), Slg. 1988, S. 5565, Nr. 19.

[627] BGHZ 132, S. 113.

[628] BGHZ 132, S. 114.

zu den Gerichten zu erleichtern, indem zwischen verschiedenen zuständigen Gerichten gewählt werden kann, würde unterlaufen. Ein Verbraucher muss daher vor dem gemäß § 29c ZPO zuständigen Gericht an seinem Wohnsitz auch konkurrierende deliktische Ansprüche geltend machen können, sofern ein Zusammenhang der geltend gemachten deliktischen Ansprüche mit dem Haustürgeschäft besteht.[629]

Würde ein neuer (internationaler) Verbrauchergerichtsstand in die ZPO eingefügt, so könnten dort auch sämtliche konkurrierenden Ansprüche geltend gemacht werden, die im Zusammenhang mit dem Verbrauchergeschäft stehen. Bei grenzüberschreitenden Verbraucherstreitigkeiten ergäbe sich auch kein Widerspruch zu den europäischen Vorschriften, da dort für konkurrierende Ansprüche ebenfalls eine Annexzuständigkeit am Verbrauchergerichtsstand besteht.[630]

III. Ausschließliche Gerichtsstände

Besteht ein ausschließlicher Gerichtsstand, so geht dieser anderen Zuständigkeiten vor und schließt eine Gerichtsstandsvereinbarung sowie die rügelose Einlassung aus.[631] In der ZPO findet sich nun auch eine ausschließliche Zuständigkeiten zum Schutze von Verbrauchern. § 29c Abs. 1, S. 2 ZPO begründet bei Klagen gegen den Verbraucher eine ausschließliche Zuständigkeit am Wohnsitz, oder in Ermangelung eines Wohnsitzes, am gewöhnlichen Aufenthalt des Verbrauchers. Eine ausschließliche Zuständigkeit eröffnet zudem die Vorschrift des § 29a ZPO. Im deutschen Recht findet sich eine ausschließliche verbraucherschützende Gerichtsstandsvorschriften zudem in § 26 FernUSchG.

1. Gleichlauf von ausschließlicher örtlicher und ausschließlicher internationaler Zuständigkeit?

Streitig ist, ob die ausschließliche örtliche Zuständigkeit im deutschen Zuständigkeitsrecht auch eine ausschließliche internationale Zuständigkeit eröffnet. Grundsätzlich ist zwischen einer ausschließlichen örtlichen und einer ausschließlichen internationalen Zuständigkeit zu differenzieren. Während die ausschließliche örtliche Zuständigkeit bestimmt, welches Gericht konkret zuständig ist, lässt die ausschließliche internationale Zuständigkeit nur die Gerichte eines bestimmten Staates entscheiden.[632]

a. Streitstand in Literatur und Rechtsprechung

In der Literatur wird angenommen, dass nicht jede ausschließliche örtliche Zuständigkeit zwingend auch eine ausschließliche internationale Zuständigkeit er-

---

629 So auch Zöller / *Vollkommer*, Zivilprozeßordnung, 2002, § 29c, Rn. 5.

630 Vgl. dazu oben, § 5, A., I., 1.

631 Vgl. MünchKomm BGB / *Patzina*, 2000, § 12, Rn. 27.

632 S. *Geimer*, Internationales Zivilprozeßrecht, 2001, Rn. 865.

öffne.[633] Überwiegend wird eine Prüfung des jeweiligen Regelungszwecks der Vorschrift gefordert.[634] Es ist danach zu prüfen, ob der Gesetzgeber regeln wollte, welches deutsche Gericht örtlich zuständig ist oder ob der Rechtsstreit zudem ausschließlich seinen eigenen Gerichten zugeordnet werden sollte.[635]

Der Streit um die ausschließliche internationale Zuständigkeit des § 7 Abs. 1 HausTWG ist durch die Neufassung der Vorschrift in § 29c Abs. 1 ZPO nun weggefallen. § 29c ZPO differenziert nun selbst zwischen Aktiv- und Passivprozessen des Verbrauchers.[636] Lediglich im Falle einer Klage gegen einen Verbraucher aus einem Hautürgeschäft i.S.d. § 312 BGB besteht danach eine ausschließliche örtliche Zuständigkeit. Klagt der Verbraucher dagegen aus einem Haustürgeschäft gegen seinen Vertragspartner, so besteht nur eine besondere Zuständigkeit am Wohnsitz (bzw. gewöhnlichen Aufenthalt) des Verbrauchers. Bei Aktivprozessen hat der Verbraucher daher ein Wahlrecht.

§ 26 FernUSchG begründet eine ausschließliche örtliche Zuständigkeit. Fraglich ist, ob hier ein Gleichlauf zwischen örtlicher und internationaler Zuständigkeit anzunehmen ist. *Geimer* fordert auch für Streitigkeiten aus Fernunterrichtsverträgen, zwischen der Rolle des Verbrauchers im Prozess zu differenzieren. Er verweist dabei auch auf die Vorschrift des Art. 14 EuGVÜ (bzw. Art. 16 EuGVO), die ebenfalls zwischen den Rollen der Parteien im Prozess unterscheidet.[637] Bei Streitigkeiten aus einem Fernunterrichtsvertrag oder über das Beste-

---

633 Vgl. *Milleker*, Der negative Internationale Kompetenzkonflikt, 1975, S. 45; *Geimer*, Internationales Zivilprozeßrecht, 2001, Rn. 865; *Kropholler*, in: Handbuch des Internationalen Zivilverfahrensrechts, 1982, Kap. III, Rn. 153; *Schütze*, Deutsches Internationales Zivilprozeßrecht, 1985, S. 33; *Schack*, Internationales Zivilverfahrensrecht, 2002, Rn. 197; *de Bra*, Verbraucherschutz durch Gerichtsstandsregelungen, 1992, S. 103 m.w.N.

634 Vgl. *Geimer*, Internationales Zivilprozeßrecht, 2001, Rn. 873; *Schack*, Internationales Zivilverfahrensrecht, 2002, Rn. 197; *Schaltinat*, Internationale Verbraucherstreitigkeiten, 1998, S. 38; *de Bra*, Verbraucherschutz durch Gerichtsstandsregelungen, 1992, S. 104.

635 *Geimer* verlangt hier sogar ein unmittelbares Staatsinteresse (öffentliches Interesse) als Grund für die Normierung der Ausschließlichkeit, Internationales Zivilprozeßrecht, 2001, Rn. 874.

636 Eine Differenzierung zwischen der Rolle, die der Verbraucher im Prozess hat, wurde bei internationalen Streitigkeiten in der Literatur bereits bei § 7 Abs. 1 HausTWG gefordert. Lediglich im Falle von Passivprozessen des Verbrauchers sollte danach eine ausschließliche internationale Zuständigkeit bestehen.

637 Vgl. *Geimer*, Internationales Zivilprozeßrecht, 2001, Rn. 1289; *Jayme* erklärt zudem, dass eine Ausschließlichkeit dieses Gerichtsstandes „über das rechtspolitische Ziel des Verbraucherschutzes [hinaus geht] und ihn in grenzüberschreitenden Fällen [gefährdet]." Lebte der Kunde selbst im Ausland, so wären die inländischen Gerichtsstände ausgeschlossen. Nach *Jayme* ist dies abzulehnen, da sonst in einem Fall, in dem der ausländische Staat einen Klägergerichtsstand nicht vorsieht, möglicherweise kein Gerichtsstand zur Verfügung stehe. Er greift hier daher auf den allgemeinen Grundsatz zurück, dass bei der Anwendbarkeit deutschen Rechts ein Gerichtsstand zur Verfügung stehen müsse,

hen eines solchen Vertrages sind gemäß § 26 FernUSchG die Gerichte ausschließlich zuständig, in deren Bezirk der Teilnehmer seinen allgemeinen Gerichtsstand hat. Im Anwendungsbereich dieser Vorschrift sollen dem Kunden neben dem Gerichtsstand des § 26 FernUSchG sämtliche anderen Gerichtsstände wahlweise zur Verfügung stehen. Im Gegenzug soll aber für den klagenden Vertragspartner lediglich der Gerichtsstand des § 26 FernUSchG die internationale Zuständigkeit begründen können.[638]

Bei § 29a ZPO stellt sich ebenfalls die Frage, ob ausschließliche örtlich und ausschließliche internationale Zuständigkeit parallel laufen. Auch hier ist der Regelungszweck zu berücksichtigen. Das LG Bonn lehnte eine ausschließliche Zuständigkeit des § 29a ZPO in einem Fall ab, in dem der streitige Wohnraum im Ausland lag.[639] In diesem Urteil unterschied das Gericht aber nicht deutlich genug zwischen internationaler und örtlicher Zuständigkeit, so dass die Argumentation des Gerichts nicht überzeugen kann.[640]

Eine ausführliche Begründung gegen eine ausschließliche internationale Zuständigkeit bei § 29a ZPO findet sich bei *Geimer*.[641] Er geht davon aus, dass das Recht des Beklagten auf angemessene Verteidigung am besten in seinem Wohnsitzstaat gewährleistet sei. Der Beklagte habe kein berechtigtes Interesse daran, den Streit vor den Gerichten am Belegenheitsort zu führen. Zwar sprächen Beweis- und Sachnähe für eine Zuständigkeit des Belegenheitsstaates, diese Verfahrensinteressen seien aber nicht so stark, dass die internationale Ausschließlichkeit der Gerichte im Belegenheitsstaat daraus zwingend folge. *Geimer* widerspricht auch dem Argument, die Anwendung des mit öffentlichem Recht verbundenen ausländischen Liegenschafts- und Wohnungsrechts sei für den deutschen Richter zu schwierig. Der Grad der Schwierigkeit der Rechtsanwendung könne nach seiner Ansicht für die Frage nach der Ausschließlichkeit nicht entscheidend sein. Die These von der Nichtanwendbarkeit fremden öffentlichen Rechts spricht seiner Ansicht nach ebenfalls nicht für die internationale Ausschließlichkeit des § 29a ZPO, da die deutsche Gerichte auch über im Ausland befindliche Immobilien entscheiden müssten, die öffentlich-rechtlichen Pflichten unterliegen könnten. *Geimer* widerspricht auch dem Argument der Ineffekti-

---

damit die deutschen Sachnormen durchgesetzt werden können, vgl. *Jayme*, in: FS Nagel, 1987, S. 128; dagegen eine ausschließliche Zuständigkeit bei § 6a AbzG bejahend: *de Bra*, Verbraucherschutz durch Gerichtsstandsregelungen, 1992, der eine Gesetzeslücke hier ausschließt; im Ergebnis so auch *Schaltinat*, Internationale Verbraucherstreitigkeiten, 1998, S. 39 f.; die ausschließliche internationale Zuständigkeit wohl bejahend: BGH, IPRax 1994, S. 449 ff.

638 S. *Geimer*, Internationales Zivilprozeßrecht, 2001, Rn. 1291; in diesem Sinne auch *Senff*, Wer ist Verbraucher im internationalen Zivilprozeß?, 2000, S. 77 f.

639 LG Bonn, NJW 1974, S. 427; im Ergebnis zustimmend: *Geimer*, NJW 1974, S. 2189 f.

640 Auf dieses Urteil des LG Bonn verweist auch OLG Düsseldorf, ZMR 1990, 144 f.

641 S. *Geimer*, Internationales Zivilprozeßrecht, 2001, Rn. 929 ff.

vität gerichtlicher Entscheidungen des Wohnsitzstaates. Entscheidend für die internationale Ausschließlichkeit könne nicht sein, in welchem Umfang die deutschen Urteile im Belegenheitsstaat anerkannt werden.

b. Eigene Stellungnahme

Der Gesetzgeber entschied sich für eine verbraucherfreundliche Neuregelung des § 7 Abs. 1 HausTWG in § 29c Abs. 1 ZPO. Lediglich im Falle einer Klage gegen den Verbraucher besteht eine ausschließliche Zuständigkeit. Dies muss auch für internationale Streitigkeiten gelten. Der Verbraucher wird bei einer internationalen Streitigkeit auf diese Weise umfassend geschützt, aber nicht eingeengt. Im Aktivprozess stehen ihm sämtliche Wahlgerichtsstände zur Verfügung. § 29c Abs. 1, S. 2 ZPO begründet sowohl eine ausschließliche örtliche, als auch eine ausschließliche internationale Zuständigkeit. Darin spiegelt sich der gleiche Gedanke wieder, der auch den europäischen verbraucherschützenden Vorschriften zugrunde liegt. Wird die schwächere Partei, der Verbraucher, verklagt, so sind nur die Gerichte an seinem Wohnsitz (bzw. gewöhnlichen Aufenthalt) zuständig. Im Falle eines Aktivprozesses besteht dagegen nur ein besonderer Gerichtsstand. Der Verbraucher kann einen ihm günstigen Gerichtsstand wählen. Gerichtsstandsvereinbarungen sind zum Schutze der Verbraucher auch bei Aktivprozessen von Verbrauchern lediglich in den in § 29c Abs. 3 ZPO aufgeführten Fallkonstellationen möglich. Dagegen kann der Vertragspartner, wie auch bei Art. 14 EuGVÜ/LGVÜ, den Verbraucher nur vor dessen Heimatgerichten verklagen.

Die gleichen Argumente sprechen für eine entsprechende Auslegung des § 26 FernUSchG. Auch diese Vorschrift bezweckt den Schutz der schwächeren Vertragspartei. Es ist daher danach zu differenzieren, welche Rolle der Vertragspartner im Rechtsstreit einnimmt.[642] Gerichtsstandsvereinbarungen bleiben auch hier zum Schutz der Verbraucher lediglich in den in § 26 Abs. 2 FernUSchG aufgeführten Fallkonstellationen zulässig.

Der Ansicht *Geimers* zu § 29a ZPO ist mit Blick auf den Regelungszweck der Vorschrift dagegen nicht zu folgen. Die Vorschrift wurde in die ZPO eingeführt, um Gerichtsstandsvereinbarungen zu verhindern, die regelmäßig weder im Interesse der Rechtspflege noch der Prozessparteien, insbesondere der sozial schwachen Mieter lagen.[643] Die Vorschrift wurde an Art. 16 EuGVÜ angepasst, der eine ausschließliche Zuständigkeit am Belegenheitsort eröffnet.[644] Diese Anpassung an die europäische Vorschrift spricht bereits für eine Ausschließlichkeit des § 29a ZPO. Zweck der Vorschrift ist die Konzentration der mit Miet- und Pachtstreitigkeiten von Räumen zusammenhängenden Verfahren bei einem Gericht, das mit den örtlichen Verhältnissen vertraut ist. Ein solches Gericht ist zur

---

642 So auch Wieczorek / Schütze / *Hausmann*, Zivilprozeßordnung, 1994, § 29, Rn. 107.

643 Begründung des Bundesratsentwurfs, BR-Drucksache 5/1743, S. 3.

644 Zöller / *Vollkommer*, Zivilprozeßordnung, 2002, § 29a, Rn. 2.

Beurteilung etwaiger Einwendungen besonders geeignet und kann eine Beweisaufnahme leicht durchführen.[645] Dies gilt auch bei Fällen mit internationalem Bezug.[646] Die Gerichte des Landes, in dem sich die Räume befinden, haben die besseren Möglichkeiten, in die örtlichen Verhältnisse Einblick zu nehmen. Die inländische Rechtsprechung ist ebenso bekannt wie die öffentlich-rechtlichen Rechtsverhältnisse. Es ist daher sinnvoll, dass diese Vorschrift auch die internationale Zuständigkeit ausschließlich regelt.[647] Ausschließlich zuständig sind die Gerichte am Belegenheitsort des Wohnraums.

Zu beachten ist, dass das EuGVÜ/LGVÜ wie auch die EuGVO eine Anerkennung des am Belegenheitsort des Grundstücks ergangenen Urteils in allen anderen Vertrags-/Mitgliedstaaten gewährleistet (Art. 26 EuGVÜ, Art. 33 EuGVO). Eine solche Sicherung fehlt dagegen im nationalen Recht. Um einem Kompetenzkonflikt entgegenzuwirken, ist auch bei § 29a ZPO eine ausschließliche internationale Zuständigkeit am Belegenheitsort in den Fällen ausnahmsweise abzulehnen, in denen eine Anerkennung des Urteils im Wohnsitzstaat des Beklagten nicht gesichert ist.[648] § 29a ZPO wurde nicht mit dem Ziel eingeführt, die schwächere Partei im Prozess zu schützen, sondern beruht auf der praktischen Erwägung, dass die Gerichte am Belegenheitsort mit den Verhältnissen besser vertraut sind. Eine ausschließe internationale Zuständigkeit ist daher anzunehmen. Lediglich in den Fällen, in denen dem Kläger die Anerkennung des ausländischen Urteils im Inland versagt werden würde, ist eine Ausschließlichkeit ausnahmsweise zu verneinen.

2. Die einzelnen Gerichtsstände

a. § 29a ZPO

Für Streitigkeiten über Ansprüche aus Miet- oder Pachtverhältnissen über Räume oder über das Bestehen solcher Verhältnisse ist gemäß § 29a ZPO das Gericht ausschließlich zuständig, in dessen Bezirk sich die Räume befinden. § 29a ZPO kommt auch bei internationalen Streitigkeiten zur Anwendung, findet aber

---

645 Zöller / *Vollkommer*, Zivilprozeßordnung, 2002, § 29a, Rn. 2.

646 Vgl. *Kropholler*, in: Handbuch des Internationalen Zivilverfahrensrechts, 1982, Kap III, Rn. 360.

647 Nach der Lage des Wohnraums differenzierend: Stein / Jonas / *Schumann*, Zivilprozeßordnung, 1993, § 29a, Rn. 23 f.

648 S. *Schack*, Internationales Zivilverfahrensrecht, 2002, Rn. 237, der für den Fall des LG Bonn eine ausschließliche internationale Zuständigkeit mit der Begründung ablehnt, in dem Fall sei das Urteil in Deutschland mangels Verbürgung der Gegenseitigkeit (§ 328 Abs. 1, Nr. 5 ZPO) nicht vollstreckbar. Im Ergebnis lehnt *Schack* daher eine ausschließliche internationale Zuständigkeit in den Fällen ab, in denen eine Anerkennung in Deutschland nicht gesichert ist; so auch Wieczorek / Schütze / *Hausmann*, Zivilprozeßordnung, 1994, § 29a, Rn. 41.

nur auf im Inland belegenen Miet- oder Pachtraum Anwendung.[649] Zweck der Vorschrift ist, wie bereits dargelegt, die Konzentration der mit Miet-/ (Pacht-)streitigkeiten über Räume zusammenhängenden Verfahren bei den ortsnahen Gerichten.

b. § 29c ZPO

Für Klagen aus Haustürgeschäften im Sinne des § 312 BGB sind bei Passivprozessen des Verbrauchers gemäß § 29c Abs. 1, S. 2 ZPO die Gerichte im Wohnsitzstaat des Verbrauchers ausschließlich international zuständig. Besteht kein inländischer Wohnsitz des Verbrauchers, so ist auf dessen gewöhnlichen Aufenthalt abzustellen. Bei Passivprozessen ist der Verbraucher durch diese ausschließliche örtliche und auch internationale Zuständigkeit geschützt.

Eine Gerichtsstandsvereinbarung gemäß § 29c Abs. 3 ZPO ist nur in den Fällen zulässig, in denen der Kunde nach Vertragsschluss seinen Wohnsitz oder gewöhnlichen Aufenthaltsort aus dem Geltungsbereich des Gesetzes verlegt oder sein Wohnsitz oder gewöhnlicher Aufenthaltsort im Zeitpunkt der Klageerhebung nicht bekannt ist. Dieser Absatz entspricht inhaltlich § 38 Abs. 3, Nr. 2 ZPO. Die Vorschrift ist erforderlich, da nur eine ausdrückliche Regelung die ausschließliche Zuständigkeit des § 29c Abs. 1, S. 2 ZPO durchbrechen kann. Eine Prorogation nach Entstehung der Streitigkeit gestattet § 29c Abs. 3 ZPO nicht.[650] Aufgrund der Ausschließlichkeit des Gerichtsstandes, ist gemäß § 40 Abs. 2, S. 2 ZPO auch eine rügelose Einlassung des Beklagten nicht möglich.[651]

Probleme ergeben sich im Falle eines Passivprozesses des Verbrauchers bei gleichzeitiger Anwendung von § 29c Abs. 1, S. 2 ZPO und § 26 Abs. 1 FernUSchG.[652] Es bleibt unklar, welche Vorschrift die internationale Zuständigkeit vorrangig regelt. Die Anwendung beider Vorschriften führt aber zu ähnlichen Ergebnissen. Zwar erklärt § 29c Abs. 1, S. 2 ZPO die Gerichte am Wohnsitz des Verbrauchers für ausschließlich zuständig während § 26 Abs. 1 FernUSchG auf den allgemeinen Gerichtsstand des Teilnehmers verweist, im Ergebnis sind aber nach beiden Vorschriften die Gerichte am Wohnsitz des Verbrauchers ausschließlich international zuständig. Unterschiede können sich aber bei Gerichtsstandsvereinbarungen ergeben. Im Gegensatz zu § 29c Abs. 3 ZPO sind nach § 26 Abs. 2 FernUSchG Gerichtsstandsvereinbarungen nach Entstehung der Streitigkeit (§ 26 Abs. 2, Nr. 1 FernUSchG) zulässig, wenn sie ausdrücklich und schriftlich vereinbart wurden. § 29c Abs. 3 ZPO und § 26 Abs. 2, Nr. 2 FernUSchG stimmen dagegen überein. Für einen Vorrang des § 29c ZPO spricht die stärkere Einschränkung von Gerichtsstandsvereinbarungen, die den Verbraucherschutz verstärkt.

---

[649] S. Zöller / *Vollkommer*, Zivilprozeßordnung, 2002, § 29a, Rn. 4.

[650] S. Wieczorek / Schütze / *Hausmann*, Zivilprozeßordnung, 1994, § 38, Rn. 84.

[651] S. *Vollkommer / Vollkommer*; in: FS Geimer, 2002, S. 1367 (1388).

[652] Vgl. dazu bereits oben, § 15, C., II., 4.

c. *§ 26 FernUSchG*

Für Streitigkeiten aus einem Fernunterrichtsvertrag oder über das Bestehen eines solchen Vertrages eröffnet § 26 Abs. 1 FernUSchG einen ausschließlichen Gerichtsstand in dem Bezirk, in dem der Teilnehmer seinen allgemeinen Gerichtsstand hat.[653] Die Ausschließlichkeit der internationale Zuständigkeit dieser Vorschrift ist von der Rolle der Partei im Prozess abhängig zu machen.[654]

Der Anwendungsbereich des Gesetzes ist in § 1 FernUSchG bestimmt. § 26 FernUSchG umfasst alle Streitigkeiten aus einem Fernunterrichtsvertrag sowie Streitigkeiten aus Ansprüchen, die mit dem Fernunterrichtsvertrag im Zusammenhang stehen. Umfasst sind auch die positive Forderungsverletzung, die c.i.c. und Klagen aus ungerechtfertigter Bereicherung.[655] Anders als § 29c ZPO erklärt § 26 FernUSchG nicht die Gerichte am Wohnsitz des Verbrauchers, sondern die Gerichte am allgemeinen Gerichtsstand des Teilnehmers für zuständig. Die Vorschriften der §§ 12 ff. ZPO finden daher unmittelbare Anwendung. Im Falle einer Klage gegen den Verbraucher (Teilnehmer) begründen aber beide Vorschriften die Zuständigkeit der Gerichte am Wohnsitz des Verbrauchers.

Gemäß § 26 Abs. 2 FernUSchG sind von § 26 Abs. 1 FernUSchG abweichende Gerichtsstandsvereinbarungen nach Entstehung der Streitigkeit sowie bei Wohnsitzverlegung bzw. Unauffindbarkeit des Teilnehmers zulässig.

IV. Gerichtsstandsvereinbarungen

Die Parteien können die Zuständigkeit der Gerichte nur nach Maßgabe der §§ 38 ff. ZPO vereinbaren. Hintergrund der Einführung der §§ 38-40 ZPO war die wachsende Anzahl von Gerichtsstandsvereinbarungen in Allgemeinen Geschäftsbedingungen, die insbesondere Verbraucher benachteiligten.[656]

§ 38 Abs. 1 ZPO ist nur auf Gerichtsstandsvereinbarungen zwischen Kaufleuten (i.S.d. § 1 HGB) und juristischen Personen des öffentlichen Rechts oder öffentlichrechtlichen Sondervermögen anwendbar.[657] Bei grenzüberschreitenden Verbraucherverträgen kommt daher nur § 38 Abs. 2 und 3 ZPO zur Anwendung. Gemäß § 39 ZPO kann die Zuständigkeit eines Gerichts im ersten Rechtszug auch durch rügelose Einlassung des Beklagten eröffnet werden. §§ 38 ff. ZPO

---

653 FernUSchG in der Fassung vom 14.12.2000, abgedruckt in BGBl. I 2000, S. 1670.

654 So auch *Geimer*, vgl. oben, § 15, C., III., 1., a.

655 Vgl. ausführlich *Scherer*, Gerichtsstände zum Schutze des Verbrauchers in Sondergesetzen, 1991, S. 185 ff.

656 Vgl. Zöller / *Vollkommer*, Zivilprozeßordnung, 2002, vor § 38, Rn. 8; *Koch*, Verbraucherprozeßrecht, 1990, S. 74 f.

657 Zur streitigen Frage der Anwendbarkeit des § 38 Abs. 2 auf internationale Gerichtsstandsvereinbarungen zwischen Kaufleuten, vgl. Staudinger / *Hausmann*, 2002, Anh. II zu Art. 27-37 EGBGB, Rn. 177; *F. Sandrock*, Die Vereinbarung eines neutralen internationalen Gerichtsstandes, 1996, S. 71 m.w.N.

bestimmen die internationale Prorogation sowie analog die Derogation.[658] Erhebt der Kläger Klage vor einem nach den allgemeinen Vorschriften zuständigen Gericht, so hat das Gericht die vom Beklagten eingewandte Gerichtsstandsvereinbarung zu prüfen.

Umstritten ist im deutschen Recht die Qualifikation von Gerichtsstandsvereinbarungen. Ein Teil der Lehre und die Rechtsprechung qualifiziert die Gerichtsstandsvereinbarung als materiellrechtlichen Vertrag über prozessrechtliche Beziehungen.[659] Dagegen wird die Gerichtsstandsvereinbarung in der Literatur zumeist als Prozessvertrag qualifiziert.[660] Einigkeit besteht bei internationalen Gerichtsstandsvereinbarungen aber insoweit, als das Zustandekommen der Einigung und deren Wirksamkeit sich nach dem auf die Gerichtsstandsvereinbarung anwendbaren materiellen Recht richtet, während die Zulässigkeit, die Wirkungen, die Notwendigkeit der Einigung sowie die Auslegung und Form sich nach der lex fori bestimmen.[661]

Gemäß § 40 Abs. 1 ZPO muss sich die Vereinbarung grundsätzlich auf ein konkretes Rechtsverhältnis beziehen. Dies gilt nach einhelliger Ansicht auch für internationale Gerichtsstandsvereinbarungen.[662] Zulässig ist die Vereinbarung eines Wahlgerichtsstandes sowie die Vereinbarung einer ausschließlichen internationalen Zuständigkeit.[663]

Gemäß § 40 Abs. 2 ZPO ist eine Gerichtsstandsvereinbarung in den Fällen unzulässig, in denen andere als vermögensrechtliche Ansprüche betroffen sind oder ein ausschließlicher Gerichtsstand besteht. § 38 ZPO wird durch die Vorschrift des § 29 Abs. 2 ZPO ergänzt, nach der eine Erfüllungsortvereinbarung

---

658 Ausführlich zur analogen Anwendung der §§ 38 ff. ZPO auf Derogationsvereinbarungen, vgl. *F. Sandrock*, Die Vereinbarung eines neutralen internationalen Gerichtsstandes, 1996, S. 76 ff.

659 Vgl. BGHZ 49, S. 384 (386 f.); BGHZ 57, S. 72 (75); BGH, IPRax 1990, S. 41 (42 f.) m. klarstellender Anm. *Schack*, IPRax 1990, S. 19 f.; OLG München, IPRax 1991, S. 46 (48); dagegen aber auf die prozessuale Komponente abstellend: BGHZ 59, S. 23 (26 f.); MünchKomm BGB / *Patzina*, 2000, § 38, Rn. 13; *F. Sandrock*, Die Vereinbarung eines neutralen internationalen Gerichtsstandes, 1996, S. 47.

660 Vgl. Reithmann / Martiny / *Hausmann*, Internationales Vertragsrecht, 1996, Rn. 2090 ff.; Wieczorek / Schütze / *Hausmann*, Zivilprozeßordnung, 1994, § 38, Rn. 11; *ders.* in: FS Lorenz, 1991, S. 359 (361); Staudinger / *Hausmann*, 2002, Anh. II zu Art. 27-37 EGBGB, Rn. 185; *Roth*, ZZP 93 (1980), S. 156 (163); *Geimer*, Internationales Zivilprozeßrecht, 2001, Rn. 1677.

661 S. *Kröll*, ZZP 113 (2000), S. 135 (137); *F. Sandrock*, Die Vereinbarung eines neutralen internationalen Gerichtsstandes, 1996, S. 47; *Rauscher*, ZZP 104 (1991), S. 271 (276); dagegen aber auch bei dem Zustandekommen einer internationalen Zuständigkeit auf die lex fori abstellend: OLG Saarbrücken, NJW-RR 1989, S. 828 (829 f.).

662 Vgl. *Hausmann*, in: FS Lorenz, 1991, S. 359 (373) m.w.N.

663 Vgl. *Kropholler*, in: Handbuch des Internationalen Zivilverfahrensrechts, 1982, Kap. III, Rn. 518; *Hausmann*, in: FS Lorenz, 1991, S. 359 (373).

nur zwischen Kaufleuten und juristischen Personen zulässig ist. Eine Erfüllungsortvereinbarung ist bei Verbraucherverträgen daher unzulässig.

1. § 38 Abs. 3 ZPO

Internationale Gerichtsstandsvereinbarungen sind gemäß § 38 Abs. 3 Nr. 1 ZPO nach Entstehung der Streitigkeit zulässig. Erforderlich ist eine schriftliche Vereinbarung.[664] Die Vorschrift entspricht Artt. 15 Nr. 1 EuGVÜ/LGVÜ, 17 Nr. 1 EuGVO. Der Gesetzgeber ging davon aus, dass eine schriftliche Vereinbarung nach Entstehung der Streitigkeit die schwächere Vertragspartei nicht mehr benachteilige. Den Parteien ist zu diesem Zeitpunkt die Tragweite der Vereinbarung bewusst. Eine Übervorteilung der schwächeren Partei ist nicht mehr zu erwarten.[665]

§ 38 Abs. 3 Nr. 2 ZPO schützt die Parteien vor den Folgen des Umzugs einer Partei ins Ausland. Zulässig ist danach die Vereinbarung der inländischen internationalen Zuständigkeit, wenn die beklagte Partei ihren Wohnsitz oder gewöhnlichen Aufenthaltsort nach Vertragsschluss aus dem Geltungsbereich der ZPO verlegt oder ihr Wohnsitz oder gewöhnlicher Aufenthalt im Zeitpunkt der Klageerhebung nicht bekannt ist. Diese Vorschrift schützt den Kläger bei reinen Inlandsgeschäften vor der erschwerten Rechtsverfolgung vor ausländischen Gerichten.

2. § 38 Abs. 2 ZPO

§ 38 Abs. 2 ZPO wurde im Interesse der Erleichterung des internationalen Rechtsverkehrs geschaffen. Vorbild für diese Vorschrift war Art. 17 EuGVÜ/LGVÜ.[666] Voraussetzung einer internationalen Gerichtsstandsvereinbarung vor Entstehung der Streitigkeit ist danach, dass eine der beiden Parteien bei Vertragsschluss keinen allgemeinen Gerichtsstand gemäß §§ 12 ff. ZPO im Inland hat. Besteht ein besonderer Gerichtsstand im Inland, so ist eine Prorogation dagegen nicht ausgeschlossen. Bei Doppelwohnsitz einer Partei lehnt der BGH eine Anwendung von § 38 Abs. 2, S. 1 ZPO dagegen ab. Zu Recht bejaht *Geimer* demgegenüber die Anwendung des § 38 Abs. 1, S. 1 ZPO auch in diesen Fällen. Im Falle eines Doppelwohnsitzes einer Partei kann ebenfalls ein internationaler Bezug vorliegen.[667]

---

664 Ausführlich zu den Formerfordernissen des § 38 Abs.3 ZPO: *Lindenmayr*, Vereinbarung über die internationale Zuständigkeit und das darauf anwendbare Recht, 2002, S. 234 f.

665 Vgl. Bericht des Rechtsausschusses, BT-Drucksache 7/1384, S. 4.

666 Vgl. Zöller / *Vollkommer*, Zivilprozeßordnung, 2002, § 38, Rn. 23.

667 S. *Geimer*, Internationales Zivilprozeßrecht, 2001, Rn. 1614.

Die Vereinbarung muss gemäß § 38 Abs. 2, S. 2 ZPO schriftlich abgeschlossen oder mündlich getroffen und schriftlich bestätigt werden.[668] Diese sogenannten „halbe Schriftlichkeit" entspricht der des Art. 17 Abs. 1, lit.a, 2. Alt. EuGVÜ/LGVÜ (Art. 23 Abs. 1, lit.a, 2. Alt. EuGVO). § 38 Abs. 2, S. 2 ZPO ist daher entsprechend auszulegen.[669] Es genügt dabei, dass die Parteien allgemein die internationale Zuständigkeit der deutschen Gerichte vereinbaren und dass im Zeitpunkt der Klageerhebung das örtlich zuständige Gericht bestimmbar ist.[670] Die Wirksamkeit der Form bestimmt sich nach der lex fori. Das Formerfordernis ist nach überwiegender Ansicht bei Vorliegen der Voraussetzungen der §§ 126, 127 S. 2 BGB erfüllt.[671] Ausreichend ist daher ein Telegramm oder ein Telefax. Eine eigenhändige Unterschrift ist nicht erforderlich.[672] Eine Gerichtsstandsvereinbarung in Allgemeinen Geschäftsbedingungen genügt, sofern im Rahmen des Vertrages ausdrücklich auf die Allgemeinen Geschäftsbedingungen Bezug genommen wird.[673] Eine schriftliche Bestätigung einer mündlichen Vereinbarung genügt bei § 38 Abs. 2 ZPO ebenfalls.

Die Wahlfreiheit der Parteien wird durch Satz 3 aber in den Fällen eingeschränkt, in denen eine Partei ihren allgemeinen Gerichtsstand im Inland hat. Vereinbaren die Parteien die internationale Zuständigkeit der deutschen Gerichte, so kann nur die örtliche Zuständigkeit desjenigen Gerichts gewählt werden, bei dem diese Partei ihren allgemeinen oder einen besonderen Gerichtsstand hat. Diese Beschränkung der örtlichen Prorogationsfreiheit wurde zugunsten inländischer Verbraucher eingeführt. Der inländische Verbraucher sollte gegenüber einem ausländischen Vertragspartner nicht schlechter stehen als gegenüber einem inländischen.[674] Schließt der Verbraucher einen Vertrag mit einem ausländischen Tochterunternehmen eines inländischen Anbieters, so wäre die Vereinbarung der örtlichen Zuständigkeit der Gerichte am Verwaltungssitz auch schon vor Entstehung der Streitigkeit möglich. Bei Verbraucherstreitigkeiten mit rei-

---

668 Ausführlich zu den Formerfordernissen des § 38 Abs. 2, S. 2 ZPO: *Lindenmayr*, Vereinbarung über die internationale Zuständigkeit und das darauf anwendbare Recht, 2002, S. 235 ff.

669 S. *F. Sandrock*, Die Vereinbarung eines neutralen internationalen Gerichtsstandes, 1996, S. 72.

670 Lässt sich das örtlich zuständige Gericht der Vereinbarung nicht entnehmen, so sind die Gerichte in Berlin gemäß § 15 Abs. 1, S. 2, § 27 Abs. 2 ZPO örtlich zuständig; vgl. MünchKomm BGB / *Patzina*, 2000, § 38, Rn. 30; *F. Sandrock*, Die Vereinbarung eines neutralen internationalen Gerichtsstandes, 1996, S. 70.

671 Vgl. MünchKomm BGB / *Patzina*, 2000, § 38, Rn. 32.

672 Palandt / *Heinrichs*, BGB, 2002, § 127, Rn. 2; *F. Sandrock*, Die Vereinbarung eines neutralen internationalen Gerichtsstands, 1996, S. 73.

673 S. MünchKomm BGB / *Patzina*, 2000, § 38, Rn. 32; *F. Sandrock*, Die Vereinbarung eines neutralen internationalen Gerichtsstandes, 1996, S. 73 m.w.N.

674 MünchKomm BGB / *Patzina*, 2000, § 38, Rn. 31.

nem Inlandsbezug ist eine Prorogation dagegen erst nach Entstehung der Streitigkeit zulässig (§ 38 Abs. 3, Nr. 1 ZPO).[675]

D. Auswirkungen auf den Verbraucherschutz

Entscheidend für die Frage der internationalen Zuständigkeit im nationalen Recht ist bei Verbraucherverträgen, welche Rolle der Verbraucher im Prozess einnimmt. Daher ist zwischen Aktiv- und Passivprozessen der Verbraucher zu differenzieren.

I. Der Verbraucher in der Rolle des Beklagten

Wird der Verbraucher von seinem Vertragspartner vor deutschen Gerichten verklagt, so kommt es grundsätzlich zur Zuständigkeit der Gerichte am Wohnsitz des Beklagten. Der beklagte Verbraucher ist durch den actor sequitur forum rei-Grundsatz geschützt. Unabhängig vom Wohnsitz des Verbrauchers können aber besondere und ausschließliche Gerichtsstände die internationale Zuständigkeit der deutschen Gerichte eröffnen. Das gleiche gilt beim Abschluss von Gerichtsstandsvereinbarungen.

Im Rahmen der besonderen Gerichtsstände ist bei Verbraucherverträgen insbesondere der Gerichtsstand des Erfüllungsortes zu beachten (§ 29 ZPO). Der Erfüllungsort, der sich nach der lex causae bestimmt, muss nicht zwingend am Wohnsitz des Verbrauchers liegen.[676] Der Verbraucher wird zumeist auf Zahlung einer Geldschuld verklagt. In diesen Fällen liegt der Leistungsort aber am Wohnsitz des Verbrauchers, sofern der Verbraucher seinen Wohnsitz in Deutschland hat und keine Rechtswahl getroffen wurde (Art. 29 EGBGB, § 269 i.V.m. § 270 Abs. 4 BGB).[677] Hat der Verbraucher Vermögen in Deutschland, so kann der Anbieter gemäß § 23 ZPO den Verbraucher selbst dann im Inland verklagen, wenn der Verbraucher keinen Wohnsitz im Inland hat.

---

675 S. Wieczorek / Schütze / *Hausmann*, Zivilprozeßordnung, 1994, § 38, Rn. 66.

676 Vgl. zur Bestimmung des Erfüllungsortes nach der lex causae: Reithmann / *Martiny*, Internationales Vertragsrecht, 1996, Rn. 271; BGH, NJW 1981, S. 2642 (2643); BGH, NJW 1993, S. 1073 (1075); Zöller / *Geimer*, Zivilprozeßordnung, 2002, § 328, Rn. 107; Staudinger / *Hausmann*, 2002, Anh. Art. 27-37 EGBGB, Rn. 69; a.A. *Schack*, Der Erfüllungsort, 1985, Rn. 223; *ders.*, Internationales Zivilverfahrensrecht, 2002, Rn. 269 ff.

677 Bei Zug-um-Zug-Leistungspflichten wird dagegen vor allem in der Rechtsprechung ein einheitlicher gemeinsamer Erfüllungsort an dem Ort angenommen, an dem die vertragscharakteristische Leistung zu erbringen ist; vgl. OLG Düsseldorf, MDR 1976, S. 496; LG Bremen, NJW 1965, S. 203 f.; BayObLG, MDR 1981, S. 233 f.; OLG Karlsruhe, NJW-RR 1986, S. 351 f.; OLG Nürnberg, NJW 1985, S. 1296 (1297); dazu kritisch: *de Bra*, Verbraucherschutz durch Gerichtsstandsregelungen, 1992, S. 8 f.; *Schack*, Der Erfüllungsort, 1985, Rn. 113, 182 f.; *Schmid*, MDR 1993, S. 410 f.; *Rudisch*, in: Internationales Verbraucherschutzrecht, 1995, S. 191 (201).

Bei Miet- und Pachtstreitigkeiten sind gemäß § 29a ZPO die Gerichte des Belegenheitsortes der Räume ausschließlich zuständig. Der beklagte Verbraucher ist hier geschützt. Eine ausschließliche internationale Zuständigkeit der Gerichte am Wohnsitz des Verbrauchers eröffnen zudem § 29c Abs. 1, S. 2 ZPO bei Haustürgeschäften (i.S.d. § 312 Abs. 1 BGB) sowie § 26 Abs. 1 FernUSchG bei Fernunterrichtsverträgen. Gerichtsstandsvereinbarungen sind im Anwendungsbereich dieser Vorschriften nur in bestimmten Fallkonstellationen zulässig.[678]

Bei grenzüberschreitenden Verbraucherverträgen sind Verbraucher vor Gerichtsstandsvereinbarungen nur schlecht geschützt. Zwar lässt § 38 Abs. 3 ZPO Gerichtsstandsvereinbarungen lediglich in eingeschränkten Fallkonstellationen zu, bei grenzüberschreitenden Verträgen ermöglicht § 38 Abs. 2 ZPO soche Vereinbarungen aber ohne diese Einschränkungen. Verbraucher werden nicht zusätzlich geschützt.

Möglich ist zudem die Begründung der internationale Zuständigkeit der deutschen Gerichte durch rügelose Einlassung des beklagten Verbrauchers (§ 39 ZPO). Diese Regelung entspricht Art. 18 EuGVÜ/LGVÜ, Art. 24 EuGVO, da eine rügelose Einlassung auch im deutschen Recht erst im Zeitpunkt der mündlichen Verhandlung, also nach Entstehung der Streitigkeit möglich ist.

Bei Passivprozessen besteht im Ergebnis nicht zwingend eine ausschließliche Zuständigkeit der Gerichte am Wohnsitz des Verbrauchers. Besondere Gerichtsstände ermöglichen Klagen vor deutschen Gerichten auch in den Fällen, in denen der Verbraucher keinen Wohnsitz im Inland hat. Zudem sind Gerichtsstandsvereinbarungen auch bei Verbraucherverträgen zulässig. Lediglich im beschränkten Anwendungsbereich des § 29c Abs. 1, S. 2 ZPO sowie § 26 Abs. 1 FernUSchG sind Verbraucher bei Passivprozessen umfassend geschützt.

II. Der Verbraucher in der Rolle des Klägers

Klagt der Verbraucher vor deutschen Gerichten gegen den Anbieter, so ist der inländische Gerichtsstand grundsätzlich eröffnet, wenn der beklagte Anbieter seinen Sitz im Inland hat (§§ 12, 13, 17 ZPO). § 21 ZPO ermöglicht Verbrauchern, ihren Vertragspartner auch am inländischen Gerichtsstand der Niederlassung zu verklagen.[679] In verschiedenen Sondergesetzen wird der Gerichtsstand der Niederlassung als prorogationsfest bestimmt. Diese Sondergesetzte haben aber nur einen begrenzten Anwendungsbereich.

Möglich ist auch eine Klage am Gerichtsstand des Erfüllungsortes (§ 29 ZPO). Selbst in den Fällen, in denen das deutsche materielle Recht zur Anwendung

---

678 Vgl. § 29c Abs. 3 ZPO, § 26 Abs. 2 FernUSchG.

679 Hier ist aber der Vorrang des europäischen Rechts (EuGVÜ/LGVÜ/EuGVO) zu beachten. Unterhält der Anbieter eine Niederlassung in Deutschland, so kann der Anwendungsbereich der Übereinkommen bzw. der EG-Verordnung eröffnet sein (Art. 13 Abs. 2 EuGVÜ/LGVÜ, Art. 15 Abs. 2 EuGVO).

kommt, liegt der Erfüllungsort aber nicht unbedingt im Inland.[680] Die Vorschrift hat daher keine zwingend verbraucherschützende Wirkung.[681] Ein Verbraucher wird zudem nur selten Kenntnis von dem inländischen Vermögen des Anbieters haben, so dass § 23 ZPO einem Verbraucher nur ausnahmsweise zu einem inländischen Gerichtsstand verhilft.[682]

Geschützt werden Verbraucher bei Aktivprozessen durch die §§ 29c Abs. 1, S. 1 ZPO und § 26 Abs. 1 FernUSchG, die eine besondere Zuständigkeit der Gerichte am Wohnsitz des Verbrauchers begründen. Gerichtsstandsvereinbarungen sind hier zum Schutze der Verbraucher nur unter den eingeschränkten Voraussetzungen des § 29c Abs. 3 ZPO sowie § 26 Abs. 2 FernUSchG zulässig.

Klagen aus Miet- und Pachtstreitigkeiten kann der Verbraucher in seinem Wohnsitzstaat erheben, sofern sich dort die streitigen Räume befinden (§ 29a ZPO).

Gerichtsstandsvereinbarungen sind bei Aktivprozessen von Verbrauchern unter den Voraussetzungen des § 38 Abs. 2 ZPO auch zu Lasten der Verbraucher zulässig.

Bei Aktivprozessen von Verbrauchern liegen daher nicht regelmäßig die Voraussetzungen für eine wahlweise Zuständigkeit der Gerichte am Wohnsitz des Verbrauchers oder am Sitz des Unternehmens vor. Geschützt sind Verbraucher bei Aktivprozessen lediglich durch die § 29c ZPO, § 26 FernUSchG sowie durch vereinzelte Vorschriften in Sondergesetzen, die unprorogable Wahlgerichtsstände begründen. Einen umfassenden Schutz können diese Vorschriften aber nicht bieten.

III. Internet-Verträge

Auch bei Verträgen, die Verbraucher über das Internet geschlossen haben, stellt sich die Frage nach dem Schutz, den die nationalen Gesetze den Verbrauchern bieten. Es sind daher die bestehenden nationalen Gerichtsstandsreglungen auf ihre Schutzwirkung im Falle von Internet-Verträgen zu untersuchen.

1. Schutz der Verbraucher durch § 29c ZPO, § 26 FernUSchG

§ 29c ZPO kann Verbraucher nur in den Fällen schützen, in denen der Anwendungsbereich der Vorschrift eröffnet ist. Fraglich ist daher, ob § 29c ZPO auch auf über das Internet geschlossene Verbraucherverträge Anwendung findet.

---

680 Zum Erfüllungsort bei anderen Vertragstypen: *Schack*, Der Erfüllungsort, 1985, Rn. 65 ff.

681 Vgl. *Koch*, Verbraucherprozeßrecht, 1990, S. 71 ff.; *Schaltinat*, Internationale Verbraucherstreitigkeiten, 1998, S. 21.

682 Zur einschränkenden Auslegung des § 23 ZPO vgl. Wieczorek / *Schütze*, Zivilprozeßordnung, 1994, Einl. Rn. 163; OLG Stuttgart, RIW 1990, S. 829 (830); BGHZ 115, S. 90 (94 ff.).

§ 312 Abs. 1 BGB enthält eine Legaldefinition für Haustürgeschäfte. Der Vertrag muss eine entgeltliche Leistung zum Gegenstand haben. Zudem muss eine der in § 312 Abs. 1 Nr. 1-3 BGB genannten situativen Voraussetzungen für ein Haustürgeschäft vorliegen. Verträge mit Verbrauchern, die über das Internet geschlossen werden, sind zumeist entgeltlich. Entscheidend für die Anwendbarkeit des § 29c ZPO auf Internet-Verträge ist daher die Frage, ob die Verhandlungssituationen, die zum Abschluss von Online-Geschäften führen, den Anforderungen der § 312 Abs. 1, Nr. 1-3 BGB entsprechen. § 312 Abs. 1 Nr. 1 ZPO fordert eine mündliche Verhandlung am Arbeitsplatz des Verbrauchers oder im Bereich seiner Privatwohnung. Es muss eine verbale Kontaktaufnahme mit dem Unternehmer zum Zwecke des Vertragsschlusses erfolgen.[683] Eine solche verbale Kontaktaufnahme wird bei telefonischen Verhandlungen abgelehnt.[684] Bei Verträgen, die über das Internet geschlossen werden ist § 312 Abs. 1, Nr. 1 BGB daher erst Recht abzulehnen. Der Verbraucher nimmt ausschließlich mit Hilfe elektronischen Datenaustausches Kontakt mit dem Anbieter auf. Eine mündliche Vertragsverhandlung findet nicht statt.[685]

Das Vorliegen einer Freizeitveranstaltung i.S.d. § 312 Abs. 1, Nr. 2 BGB ist bei Internet-Verträgen ebenfalls abzulehnen.[686] Es fehlt schon an der Organisationsform einer Veranstaltung. Zudem müsste die Veranstaltung Freizeitcharakter haben. Zwar surfen Verbraucher häufig als Freizeitbeschäftigung im Internet und im Einzelfall kann eine für den Kunden interessant gestaltete Internetseite auch dazu führen, dass der Verbraucher in eine unbeschwerte Stimmung versetzt wird, die ihn zum Abschluss von Verträgen animiert. Allerdings fehlt es bei Verträgen, die über das Internet geschlossen werden, regelmäßig an der für § 312 Abs. 1, Nr. 2 BGB geforderten Organisationsform. Erforderlich ist eine Unterhaltungsveranstaltung an besonderen Orten.[687] Der Verbraucher nimmt im Zeitpunkt des Vertragsschlusses gewöhnlich nicht an einer organisierten Verkaufsveranstaltung teil, sondern sitzt vor seinem Computer in seiner Privatwohnung oder am Arbeitsplatz. § 312 Abs. 1, Nr. 2 BGB ist hier daher abzuleh-

---

683 *Meents*, Verbraucherschutz bei Rechtsgeschäften im Internet, 1998, S. 107.

684 Vgl. Palandt / *Putzo*, BGB, 2002, § 1 HausTWG, Rn. 10; dagegen aber *Gilles*, NJW 1988, S. 2424 (2427).

685 Vgl. *Meents*, Verbraucherschutz bei Rechtsgeschäften im Internet, 1998, S. 107; *Reich / Nordhausen*, Verbraucher und Recht im elektronischen Geschäftsverkehr, 2000, S. 47; dagegen spricht auch nicht die teilweise vertretene, auf rechtspolitischen Erwägungen beruhende Ansicht, § 1 Abs. 1, Nr. 1 HausTWG finde auch auf Teleshopping-Verträge Anwendung (so: Staudinger / *Werner*, BGB, 2001, § 1 HWiG, Rn. 76; *Bultmann / Rahn*, NJW 1988, S. 2432 (2436)), schließlich wird der Verbraucher bei Internet-Verträgen nicht wie beim Teleshopping durch die Art und die Intensität des Ansprechens in seiner Entscheidungsfreiheit beeinträchtigt.

686 Zu den Voraussetzungen ausführlich: Staudinger / *Werner*, BGB, 2001, § 1 HWiG, Rn. 87 ff.

687 S. Staudinger / *Werner*, BGB, 2001, § 1 HWiG, Rn. 96.

nen.[688] Etwas anderes ergibt sich lediglich in den Fällen, in denen der Verbraucher auf einer Freizeitveranstaltung zum Abschluss von Verträgen über das Internet aufgefordert wird. In diesen Fällen stellt der Computer nur das Übertragungsmedium für die Willenserklärung dar. Ein solcher Vertrag wurde dann auf einer Freizeitveranstaltung i.S.d. § 312 Abs. 1, Nr. 2 BGB geschlossen.[689] Der typische Internet-Vertrag, bei dem der Verbraucher eine Willenserklärung von seinem Heimatrechner aus an einen ausländischen Vertragspartner abgibt, fällt dagegen nicht in den Anwendungsbereich der Vorschrift.

§ 312 Abs. 1, Nr. 3 BGB umfasst ebenfalls keine Internet-Verträge. Erforderlich sind hier zwei Elemente. Zum einen muss sich das Medium der Kontaktaufnahme entweder in einem Verkehrsmittel oder im Bereich öffentlich zugänglicher Verkehrswege befinden. Zum anderen muss ein überraschendes Ansprechen des Kunden erfolgen. Erforderlich ist dabei eine individualisierte Kontaktaufnahme.[690] An einem überraschenden Ansprechen fehlt es bei Vertragsabschlüssen über das Internet aber selbst dann, wenn man auf eine verbale Kontaktaufnahme verzichten wollte. Websites sprechen eine unbestimmte Zielgruppe von Nutzern an. Eine individualisierte Kontaktaufnahme gegenüber Einzelpersonen erfolgt nicht. Es genügt für den Anwendungsbereich des § 312 Abs. 1, Nr. 3 BGB daher nicht, wenn der Anbieter Internet-Terminals zu Verkaufszwecken im Bereich öffentlich zugänglicher Verkehrsflächen oder in Verkehrsmitteln aufstellt.[691]

Über das Umgehungsverbot des § 312f BGB kommt § 29c ZPO nicht zur Anwendung, da § 29c ZPO nicht auf diese Vorschrift verweist.[692] Anders als im HausTWG findet die Vorschrift zum Schutz vor Umgehungsgeschäften bei der

688 Auf das fehlende „Wir-Gefühl" abstellend: *Meents*, Verbraucherschutz bei Rechtsgeschäften im Internet, 1998, S. 110 ff.

689 Vgl. *Waldenberger*, BB 1996, S. 2365 (2367).

690 Vgl. *Fischer / Machunsky*, Haustürwiderrufsgesetz, 1995, § 1, Rn. 184.

691 S. ausführlich dazu *Meents*, Verbraucherschutz bei Rechtsgeschäften im Internet, 1998, S. 112 ff.

692 Auch im Anwendungsbereich des HausTWG wurde ein Umgehungsgeschäft bei Internet-Verträgen zu Recht abgelehnt, da im Falle eines Vertragsschlusses via Internet der Verbraucher nicht von dem Anbieter persönlich überrascht wird. Der Verbraucher nutzt vielmehr selber die Vorteile eines Produkt- und Preisvergleichs über das Internet. Es fehlt hier an dem Überrumpelungsmoment; vgl. dazu Palandt / *Putzo*, 2002, HausTWG, Einführung, Rn. 2; Staudinger / *Werner*, BGB, 2001, Vorbem. zum HWiG, Rn. 4; vgl. auch *Junker*, RIW 1999, S. 809 (812); so auch *Borges*, ZIP 1999, S. 130 (133); *Hoeren / Oberscheidt*, VuR 1999, S. 371 (377); dagegen will *Meents* bei Internet-Verträgen eine Vergleichbarkeit mit § 1 Abs. 1, Nr. 1 HWiG in den Fällen annehmen, in denen der Kunde aufgrund einer Website zu einem Vertragsschluss verleitet worden ist; vgl. *Meents*, Verbraucherschutz bei Rechtsgeschäften im Internet, 1998, S. 119 f.

Gerichtsstandsregelung daher keine Anwendung.[693] Die Voraussetzungen eines Haustürgeschäfts i.S.d. § 312 Abs. 1 BGB liegen bei typischen Internet-Verträgen somit nicht vor. § 29c ZPO ist auf Vertragsschlüsse von Verbrauchern, die über das Internet geschlossen wurden, nicht anwendbar.[694]

§ 26 FernUSchG kann Verbraucher nur in den Fällen schützen, in denen der Anwendungsbereich des Gesetzes eröffnet ist. Bei Streitigkeiten über einen entgeltlichen Fernunterrichtsvertrag ist der Anwendungsbereich dieses Gesetzes eröffnet. Wird ein solcher Vertrag über das Internet geschlossen, so findet § 26 FernUSchG Anwendung. In diesen seltenen Fällen wird der Verbraucher durch § 26 FernUSchG geschützt.

Die weiteren verbraucherschützenden Sondergesetze mit eigenen Gerichtsstandsregelungen kommen bei Internet-Verträgen mit Verbrauchern nicht zur Anwendung.

2. Schutz der Verbraucher durch weitere Vorschriften der ZPO

Klagt ein Verbraucher mit Wohnsitz im Inland gegen seinen ausländischen Vertragspartner, so kommt es auch im Falle von Internet-Verträgen grundsätzlich zur internationalen Zuständigkeit der Gerichte am Wohnsitz bzw. Sitz des Beklagten gemäß §§ 12, 13, 17 ZPO. Gemäß § 21 ZPO kann der Verbraucher seinen Vertragspartner ferner vor den Gerichten der Niederlassung verklagen. Dieser Gerichtsstand kommt aber nur zur Anwendung, wenn der Vertragspartner über eine selbstständige Niederlassung im Inland verfügt und das konkrete Geschäft Bezug zu dieser Niederlassung hat. Bei Vertragsschlüssen im Internet wird dies nur selten der Fall sein. Schließlich bietet der Internethandel dem Anbieter gerade den Vorteil eines weltweiten Vertriebs ohne weitere Niederlassungen.

§ 23 ZPO ermöglicht dem Verbraucher eine Klage im Inland. Allerdings wird der Online-Vertragspartner nur selten Vermögen im Inland haben und dem Verbraucher wird dies auch nur selten bekannt sein. Dieser Gerichtsstand schützt den Verbraucher bei Internet-Verträgen daher nur unzureichend.

§ 29 ZPO kann dem klagenden Verbraucher nur in den Fällen helfen, in denen sich der Erfüllungsort des streitigen Vertrages am Wohnsitz des Verbrauchers

---

693 Ähnlich wie bei telefonischen Vertragsschlüssen kann der Verbraucher sich hier leicht von dem Geschäft distanzieren; anders aber *Meents*, Verbraucherschutz bei Rechtsgeschäften im Internet, 1998, S. 119 ff.; *Waldenberger*, BB 1996, S. 2365 (2367), die hier auf die Ablenkung des Kunden durch aufwendig gestaltete Websites abstellen. Telefonische Verhandlungen wurden vom Gesetzgeber bewusst vom Anwendungsbereich des HausTWG ausgenommen, S. BT-Drucksache 10/2876, S. 11; a.A. AG Göttingen, NJW-RR 1996, S. 241 f.; *Klingsporn*, NJW 1997, S. 1546, 1547.

694 Im Ergebnis so auch *Reich / Nordhausen*, Verbraucher und Recht im elektronischen Geschäftsverkehr 2000, S. 46 ff.; *Hoeren*, Rechtsfragen des Internet, 1998, Rn. 327; *Köhler*, NJW 1998, S. 185 (187 f.).

im Inland befindet. Entscheidend ist hier das anwendbare materielle Recht. Bestellt der Verbraucher mit gewöhnlichem Aufenthalt in Deutschland Waren über eine Website, die weltweit präsent ist, so liegt grundsätzlich ein Verbrauchervertrag i.S.d. Art. 29 EGBGB vor, auf den deutsches Recht Anwendung findet. Im Falle eines (bei Internet-Verträgen zumeist vorliegenden) Versandhandelskaufs, handelt es sich gemäß § 447 BGB um eine Schickschuld. Der Erfüllungsort für die gekaufte Sache liegt beim Anbieter.

Der Gerichtsstand für die Kaufpreiszahlung (gem. § 29c ZPO) befindet sich dagegen am Wohnsitz des Käufers, da die streitige Verpflichtung dort zu erfüllen ist.[695] Wird der Verbraucher verklagt, so schützt ihn zudem der actor sequitur forum rei-Grundsatz. Eine Klage gegen den Verbraucher am inländischen Gerichtsstand des Vermögens bleibt aber zulässig.

Die Zulässigkeit von Gerichtsstandsvereinbarungen bestimmt sich nach § 38 Abs. 2, 3 ZPO. Für die Formerfordernisse des § 38 Abs. 2, S. 2 ZPO ist eine handschriftliche Form nicht erforderlich. Wird der Vertrag via Internet geschlossen, so ist das weite Schriftformerfordernis erfüllt.[696] Bei Internet-Verträgen genügt an Stelle der Schriftform gemäß § 126a BGB sogar eine qualifizierte elektronische Signatur nach § 2, Nr. 2 SigG.[697]

IV. Abschließende Bewertung

Das deutsche Zuständigkeitsrecht kann Verbraucher bei internationalen Streitigkeiten nur unzureichend schützen.

Bei Passivprozessen von Verbrauchern bestehen Schutzlücken. Die ausschließlichen Gerichtsstände umfassen nicht sämtliche Verbraucherstreitigkeiten. Klagen an einem besonderen Gerichtsstand bleiben ebenso möglich wie Gerichtsstandsvereinbarungen zu Lasten der Verbraucher.

Bei Aktivprozessen besteht ebenfalls nur eine begrenzte Zahl nicht bzw. begrenzt derogierbarer Wahlgerichtsstände die Verbraucher schützen. Außerhalb des Anwendungsbereichs dieser Vorschriften bleiben Gerichtsstandsvereinbarungen zu Lasten der Verbraucher zulässig.

Auf dem Gebiet des E-Commerce ist der Verbraucher durch das deutsche Zuständigkeitsrecht nicht ausreichend geschützt. Zwar hat der Gesetzgeber mit dem Schuldrechtsmodernisierungsgesetz der breiten Streuung der vorhandenen Sondergerichtsstände über mehrere Gesetze entgegengewirkt, eine umfassende verbraucherschützende Gerichtsstandsregelung fehlt aber nach wie vor.

---

695 Vgl. Zöller / *Vollkommer*, Zivilprozeßordnung, 2002, § 29, Rn. 25.

696 Zur Bestätigung durch Telegramm oder Telex, vgl. MünchKomm BGB / *Patzina*, 2000, § 38, Rn. 32 m.w.N.

697 Signaturgesetz, abgedruckt in BGBl. I 2001, S. 876 ff.

Im Ergebnis bieten die nationalen Gerichtsstandsvorschriften keinen ausreichenden Schutz für die Verbraucher. Ein den europäischen Zuständigkeitsvorschriften vergleichbarer Verbraucherschutz besteht im deutschen Zuständigkeitsrecht nicht.

E. Auswirkungen der ZPO-Reform

Am 1. Januar 2002 traten neue ZPO-Vorschriften in Deutschland in Kraft.[698] Die ZPO-Novelle beinhaltet keine eigenen Regelungen für Fragen der internationale Zuständigkeit. Es bleibt bei dem Grundsatz der Doppelfunktionalität der Gerichtsstandsvorschriften. Besondere verbraucherschützenden Zuständigkeitsvorschriften finden sich auch in den neuen Vorschriften nicht. Die oben genannten Vorschriften finden auf Verbraucherverträge weiterhin Anwendung.

Eine beachtliche Neuerung findet sich bei den Berufungs- und Revisionsvorschriften. Bisher folgten die Gerichte einer Entscheidung des Großen Senats, nach der Berufung und Revision darauf gestützt werden können, dass das Gericht der vorherigen Instanz nicht international zuständig war.[699] Diese Rechtsprechung wurde aber in der Gesetzesnovelle nicht kodifiziert. Der neue § 513 Abs. 2 ZPO bestimmt nun, dass die Berufung nicht darauf gestützt werden kann, dass das Gericht des ersten Rechtszuges seine Zuständigkeit zu Unrecht angenommen habe. Der Wortlaut des § 545 Abs. 2 ZPO entspricht weitgehend § 513 Abs. 2 ZPO, und bestimmt, dass auch die Revision nicht darauf gestützt werden kann, dass das erstinstanzliche Gericht seine Zuständigkeit zu Unrecht angenommen oder verneint habe. In § 547 ZPO wurde zudem die Verletzung der Zuständigkeit als absoluter Revisionsgrund nicht übernommen (vgl. aber § 551 Nr. 4 ZPO a.F.). Der Gesetzgeber will mit diesen neuen Vorschriften Rechtsmittelstreitigkeiten, die allein auf die Frage der Zuständigkeit des Gerichts gestützt werden, vermeiden.[700] *Staudinger* geht davon aus, dass gerade wegen der fehlenden Übernahme dieses absoluten Revisionsgrundes in die neuen Vorschriften „auf Revisionsebene die Rüge eines Zuständigkeitsmangels ganz generell außer Betracht bleiben soll."[701] Auch im Beschwerde- und Rechtsbeschwerdeverfahren kann gemäß §§ 571 Abs. 2, S. 2, 576 Abs. 2 ZPO eine Kontrolle der Zuständigkeit ausdrücklich nicht „darauf gestützt werden,

---

698 Vgl. den Abdruck des Gesetzes in: BT-Drucksache 14/4722; für einige Vorschriften gelten allerdings Übergangsvorschriften, vgl. BT-Drucksache 14/4722, S. 24 ff.

699 BGHZ 44, S. 46 (49 ff.).

700 S. Begründung in BT-Drucksache 14/4722, S. 106.

701 *Staudinger*, IPRax 2001, S. 298 (299).

dass das Gericht des ersten Rechtszuges seine Zuständigkeit zu Unrecht angenommen oder verneint hat."[702]

Der Gesetzgeber hat keine besonderen Vorschriften für die Überprüfung der internationalen Zuständigkeit erlassen. Auch in der Begründung zur Novelle findet sich keine Aussage dazu, dass die Novelle sich nicht auf die internationale Zuständigkeit beziehe. Möglich ist daher der Rückschluss, dass der Gesetzgeber auch die Überprüfung der internationalen Zuständigkeit in der Berufungs-, Revisions- und Beschwerdeinstanz grundsätzlich verhindern wollte.[703]

Staudinger kritisiert diese Änderungen zu Recht. Auf europäischer Ebene besteht die Gefahr, dass bei Streitigkeiten bezüglich der internationalen Zuständigkeit keine Vorabentscheidungsverfahren mehr durch die vorlagebefugten deutschen Gerichte betrieben werden. Die gemäß Art. 68 EG vorlagebefugten letztinstanzlichen deutschen Gerichte können die internationale Zuständigkeit im Berufungs- oder Revisionsverfahren nach der ZPO-Novelle nicht mehr überprüfen, obwohl die Überprüfbarkeit der internationalen Zuständigkeit im europäischen Recht zwingend vorgeschrieben ist. So bestimmen Artt. 19, 20 Abs. 1 EuGVÜ/LGVÜ die Unzuständigkeit der Gerichte in bestimmten Fällen. Insbesondere Art. 19 EuGVÜ/LGVÜ ist dabei in allen Instanzen zu beachten. Mit der EuGVO finden diese Vorschriften (Artt. 25, 26 EuGVO) im nationalen Recht direkte Anwendung.[704]

Auf die Auswirkungen der ZPO-Novelle im Anerkennungs- und Vollstreckungsverfahren wird ebenfalls zu Recht hingewiesen. Zwar kann die fehlende internationale Zuständigkeit eines Gerichts durch den Eintritt der Rechtskraft geheilt werden, in einigen Fällen ist eine solche Entscheidung dann aber nicht anerkennungs- oder vollstreckungsfähig.[705] Bei Verbraucherstreitigkeiten normieren die Vorschriften der Art. 28 Abs. 1, 3, Art. 34 Abs. 2 EuGVÜ/LGVÜ (Art. 35 Abs. 1, 3, Art. 45 Abs. 1 EuGVO) ein Anerkennungsverbot und einen Vollstreckungsablehnungsgrund. So kann die fehlende, nicht überprüfbare internationale Zuständigkeit in Verbrauchersachen trotz bestehender Rechtskraft des Urteils Auswirkungen auf die Anerkennung und Vollstreckung im Ausland haben.[706] Dieses Ergebnis steht im Widerspruch zum europäischen Recht und kann

---

702 BT-Drucksache 14/4772, S. 21.

703 Vgl. dazu ausführlich *Staudinger*, IPRax 2001, S. 298 (299); a.A. aber OLG Celle (Az.: 9 U 67/02), das eine Überprüfung der internationalen Zuständigkeit im sachlichen Anwendungsbereich des EuGVÜ ungeachtet des Wortlauts des § 513 Abs. 2 ZPO in allen Instanzen von Amts wegen prüfen lassen will, Leitsatz, abgedruckt in IPRax 2002, S. VII; vgl. jetzt auch BGH, EBE/BGH 2002, Leitsatz 710/02.

704 S. *Staudinger*, IPRax 2001, S. 298 (299 f.).

705 S. *Staudinger*, IPRax 2001, S. 298 (300).

706 S. *Staudinger*, IPRax 2001, S. 298 (300).

vom Gesetzgeber daher nicht gewollt sein.[707] Eine Klarstellung durch den deutschen Gesetzgeber wäre hier zu begrüßen.

707 So im Ergebnis auch jüngst BGH, EBE/BGH 2002, Leitsatz 710/02.

§ 16 Das Recht der internationalen Zuständigkeit in Österreich

A. Zur österreichischen Terminologie

Im österreichischen Recht ergeben sich terminologische Unterschiede zum deutschen Recht. Das österreichische Recht verwendet den Begriff der inländischen Gerichtsbarkeit sowohl für die Regelung der Gerichtsbarkeit als auch für die Regelung der internationalen Zuständigkeit.[708] Hier ist zu differenzieren: Die inländische Gerichtsbarkeit entscheidet über die völkerrechtliche Frage nach der Reichweite der Staatsgewalt. Sie gibt den Gerichten die Befugnis zur Ausübung der Gerichtsbarkeit. Grundsätzlich sind alle diejenigen Personen der inländischen Gerichtsbarkeit unterworfen, die sich auf inländischem Staatsgebiet aufhalten, sowie alle diejenigen Sachen, die sich im Inland befinden. Ausnahmen vom Grundsatz der unbeschränkten inländischen Gerichtsbarkeit finden sich im Völkerrecht. So bestehen für bestimmte Personen Immunitäten.[709] Die inländische Gerichtsbarkeit kann im österreichischen Recht nicht durch Vereinbarung gemäß § 104 JN (Jurisdiktionsnorm) begründet werden.[710] Fehlt die inländische Gerichtsbarkeit, so ist das ergangene Urteil nichtig (§ 42 Abs. 2 JN). Eine Heilung der fehlenden inländischen Gerichtsbarkeit ist im österreichischen Recht nicht möglich.

Erst nachdem die inländische Gerichtsbarkeit bejaht wurde, stellt sich die Frage nach der internationalen Zuständigkeit.[711] Die fehlende internationale Zuständigkeit ist im Gegensatz zur fehlenden inländischen Gerichtsbarkeit im österrei-

---

708 *Rechberger / Simotta*, weisen darauf hin, dass die österreichischen Gesetze zwar weiterhin nur den Begriff der inländischen Gerichtsbarkeit verwenden. Aufgrund der verschiedenen Rechtsfolgen, die die Gesetze bei Vorliegen von Immunität oder Fehlen eines im Gesetz geforderten Anknüpfungspunktes vorschreiben, könne man hier aber zwischen den beiden Begriffen differenzieren. Sie gehen davon aus, dass sich der deutsche Begriff der internationalen Zuständigkeit auch im österreichischen Recht in Zukunft durchsetzen werde, vgl. *Rechberger / Simotta*, Zivilprozeßrecht, 2000, Rn. 64. *Heiss / Mayr* weisen zudem darauf hin, dass nun auch im Gesetz selbst an mehreren Stellen unterschieden werde, ob es sich um eine „inländische Gerichtsbarkeit" im engeren Sinne oder um eine inländische Gerichtsbarkeit „im Sinne der internationalen Zuständigkeit" handele, vgl. *Heiss / Mayr*, IPRax 1999, S. 305 (306).

709 Zu den Einschränkungen der inländischen Gerichtsbarkeit ausführlich: *Rechberger / Simotta*, Zivilprozeßrecht, 2000, Rn. 62.

710 Möglich ist ein Verzicht auf die Immunität, vgl. *Rechberger / Simotta*, Zivilprozeßrecht, 2000, Rn. 63.

711 Als Regeln der internationalen Zuständigkeit bezeichnet man die innerstaatlichen Normen, die die Frage beantworten, ob eine Rechtssache mit Auslandsbeziehung von einem inländischen Gericht entschieden werden darf. Dem Staat steht es insoweit frei, die Grenzen der Entscheidungsbefugnisse seiner Gerichte durch autonomes Recht zu bestimmen; S. *Roth*, ZVglRWiss 90 (1991), S. 298 ff.

chischen Recht heilbar. Im Folgenden wird lediglich die internationale Zuständigkeit im österreichischen Recht untersucht, auch wenn das Gesetz hier weiterhin den Begriff der inländischen Gerichtsbarkeit verwendet.[712]

B. Verhältnis von nationalem Recht und europäischem Recht

Die internationale Zuständigkeit bestimmt sich auch im österreichischen Recht vorrangig nach den völkerrechtlichen Verträgen bzw. dem europäischen Recht. EuGVÜ, LGVÜ sowie EuGVO haben daher grundsätzlich Anwendungsvorrang. Im autonomen Bereich findet sich kein abgeschlossener Katalog von Vorschriften, die die internationale Zuständigkeit begründen.

In Österreich ist das EuGVÜ erst seit dem 1.12.1998 in Kraft. Österreich ratifizierte das 4. Beitrittsübereinkommen. Das Land hatte zwar als EFTA Mitglied an der Konferenz von Lugano teilgenommen, der bereits 1988 unterzeichnete Staatsvertrag trat in Österreich aber erst 1996 in Kraft. Das EuGVÜ findet lediglich auf Klagen Anwendung, die nach seinem Inkrafttreten rechtshängig wurden. Eine Klage ist im österreichischen Recht rechtshängig, wenn sie gerichtsanhängig ist. Im Verhältnis zu Österreich findet das LGVÜ noch auf diejenigen Klagen Anwendung, die zwischen dem 31.8.1996 und dem 30.11.1998 rechtshängig gemacht wurden.[713] Seit dem 1. März 2002 gilt die EuGVO auch in Österreich.

C. Das System der internationalen Zuständigkeit im österreichischen Recht

Zur Bestimmung der internationalen Zuständigkeit prüfen die Gerichte zunächst die völkerrechtlichen Regelungen und das autonome österreichische Recht. Finden sich dort keine ausdrücklichen Regelungen der internationalen Zuständigkeit, so gilt im österreichischen Recht seit 1997 das Prinzip der Doppelfunktionalität der örtlichen Zuständigkeitsregeln (§ 27a JN).[714] Während bis 1997 zum Teil noch gefordert wurde, dass bei bestimmten Gerichtsständen eine zusätzliche Inlandsbeziehung bestehen müsse, um die internationale Zuständigkeit der inländischen Gerichte zu begründen (Indikationentheorie), wird nun ausdrücklich

---

[712] Eine Differenzierung zwischen den Begriffen im österreichischen Recht ausführlich begründend: *Roth*, ZVglRWiss 90 (1991), S. 298 ff.; Vgl. dazu auch *Rechberger*, in: FS Nagel, 1987, S. 294 ff.

[713] Vgl. *Mayr*, ÖJZ 1997, S. 847 (854 f.).

[714] Seit dem durch die WGN (Wertgrenzen-Novelle) 1997 neu geschaffenen § 27a Abs. 1 JN; vorher war umstritten, ob stets bei Vorliegen eines inländischen Gerichtsstandes schon die inländische Jurisdiktion gegeben ist oder ob die örtliche Zuständigkeit nur ein Indiz für die inländische Gerichtbarkeit ist, vgl. dazu *Roth*, ZVglRWiss 90 (1991), S. 298 (301).

keine Inlandsbeziehung mehr gefordert.[715] Im Gegensatz zum deutschen Recht befinden sich die Vorschriften über die örtliche Zuständigkeit im österreichischen Recht aber nicht in der österreichischen Zivilprozessordnung, sondern in den Jurisdiktionsnormen (JN) vom 1. August 1895. Das Gerichtsstandssystem der JN unterscheidet zwischen allgemeinen und besonderen Gerichtsständen. Die besonderen Gerichtsstände werden dabei wiederum in ausschließliche und Wahlgerichtsstände geteilt. Auch Gerichtsstandsvereinbarungen sind möglich.

Im Folgenden sind kurz diejenigen Gerichtsstandsvorschriften darzustellen, die in Verbindung mit § 27a JN die internationale Zuständigkeit bei Verbraucherstreitigkeiten regeln.

I. Allgemeine Gerichtsstände

Das österreichische Gerichtsstandssystem geht davon aus, dass jeder einen allgemeinen Gerichtsstand hat. Dieser allgemeine Gerichtsstand wird durch die Beziehung einer Person zu einem Gerichtssprengel begründet. Im Zweifel können sämtliche Klagen gegen eine Person an diesem allgemeinen Gerichtsstand anhängig gemacht werden.[716]

Der allgemeine Gerichtsstand befindet sich gemäß § 66 JN am Wohnsitz oder gewöhnlichen Aufenthalt einer Person. Gemäß § 66 Abs. 1, S. 2 JN liegt der Wohnsitz an dem Ort, an dem sich eine Person „in der erweislichen oder aus den Umständen hervorgehenden Absicht niedergelassen hat, daselbst ihren bleibenden Aufenthalt zu nehmen." Der Aufenthalt einer Person bestimmt sich gemäß § 66 Abs. 2, S. 2 JN, „ausschließlich nach tatsächlichen Umständen". Ob ein Aufenthalt als gewöhnlicher Aufenthalt anzusehen ist, regelt die Vorschrift des § 66 Abs. 2, S. 3 JN. Danach sind die Dauer und die Beständigkeit des Aufenthalts „sowie andere Umstände persönlicher oder beruflicher Art zu berücksichtigen, die dauerhafte Beziehungen zwischen einer Person und ihrem Aufenthalt anzeigen." Auch im österreichischen Recht gilt daher der Grundsatz actor sequitur forum rei. Im Gegensatz zum europäischen Recht wird im österreichischen Recht aber zusätzlich zum Wohnsitz auch an den gewöhnlichen Aufenthalt des Beklagten angeknüpft. Hat der Beklagte mehrere Wohnsitze oder Aufenthaltsorte, so besteht gemäß § 66 Abs. 3 JN an jedem dieser Orte ein allgemeiner Gerichtsstand. Der Kläger kann in diesem Fall zwischen den verschiedenen allgemeinen Gerichtsständen wählen.

Für Personen, die weder im Inland noch im Ausland einen Wohnsitz oder gewöhnlichen Aufenthalt haben, begründet § 67 JN einen allgemeinen Gerichtsstand am Ort des jeweiligen Aufenthaltes im Inland. Besteht kein solcher Aufenthalt im Inland oder ist dieser unbekannt, so kann diese Person, bei Klagen

---

715 Zur alten Rechtslage vgl. *Roth*, ZVglRWiss 90 (1991), S. 298 (305).

716 Vgl. *Rechberger / Simotta*, Zivilprozeßrecht, 2000, Rn. 109.

aus im Inland begründeten oder dort zu erfüllenden Verbindlichkeiten, am Gericht des letzten Wohnsitzes oder Aufenthaltes verklagt werden.

Der allgemeine Gerichtsstand juristischer Personen befindet sich gemäß § 75 Abs. 1 JN an deren Sitz. Der Sitz einer juristischen Person befindet sich im Zweifel am Hauptsitz der Verwaltung (§ 75 Abs. 1, S. 2 JN).

II. Besondere Gerichtsstände

Die besonderen Gerichtsstände des österreichischen Rechts werden in ausschließliche Gerichtsstände und Wahlgerichtsstände unterteilt. Bei Verbraucherstreitigkeiten kommen die ausschließlichen Gerichtsstände nicht in Betracht. Zu untersuchen sind daher nur die Wahlgerichtsstände, die bei internationalen Verbraucherstreitigkeiten i.V.m. § 27a JN in Betracht kommen.

Der Kläger kann im Anwendungsbereich der Wahlgerichtsstände zwischen dem allgemeinen Gerichtsstand des Beklagten und einem Wahlgerichtsstand wählen. Die §§ 86a bis 100 JN regeln insgesamt neunzehn Wahlgerichtsstände. Zudem bestehen Wahlgerichtsstände in anderen Gesetzen.

1. Gerichtsstand der Niederlassung (§ 87 JN)

Hat der Vertragspartner außerhalb seines Wohnsitzes oder gewöhnlichen Aufenthaltes eine Hauptniederlassung, eine Betriebstätte, eine Zweigniederlassung oder ein bewirtschaftetes Gut, so kann er wegen Ansprüchen, die sich auf seine geschäftliche oder berufliche Tätigkeit, auf die Zweigniederlassung oder auf die Bewirtschaftung des Gutes beziehen, bei dem Gericht verklagt werden, in dessen Sprengel sich die Zweigniederlassung usw. befindet.[717] Der Verbraucher kann seinen Vertragspartner daher wahlweise an dessen Verwaltungssitz (allgemeiner Gerichtsstand) oder am Gerichtsstand der Zweigniederlassung (§ 87 JN) verklagen.

2. Gerichtsstand des Erfüllungsortes (§ 88 JN)

§ 88 JN ermöglicht die Klage am Erfüllungsort, sofern die Parteien ausdrücklich einen Erfüllungsort vereinbart haben und die Klage auf Feststellung des Bestehens oder Nichtbestehens des Vertrages, auf die Erfüllung oder Aufhebung des Vertrages oder auf Schadensersatz wegen Nicht- oder nicht gehöriger Erfüllung gerichtet ist.[718] Die Vereinbarung des Erfüllungsortes muss im Bestreitungsfalle urkundlich nachgewiesen werden. Im Falle von Verbraucherverträgen besteht hier aber ein Schutz des Verbrauchers gemäß § 14 Abs. 1 Konsumentenschutzgesetz (KSchG).[719]

---

717 Vgl. *Ballon*, Einführung in das österreichische Zivilprozeßrecht, 1999, Rn. 62.

718 Vgl. *Rechberger / Simotta*, Zivilprozeßrecht, 2000, Rn. 124.

719 Ausführlich zu § 14 KSchG unten, § 16, C., IV.

3. Fakturengerichtsstand (§ 88 Abs. 2 JN)

Eine besondere Art des Gerichtsstandes des Erfüllungsortes ist der Fakturengerichtsstand. Bei Klagen von Personen, die ein Handelsgewerbe betreiben, wird der Gerichtsstand des Erfüllungsortes auch durch die Annahme einer gleichzeitig mit der Ware oder bereits vor deren Eintreffen übersendeten Rechnung begründet. Die Rechnung muss eine sogenannte Fakturenklausel enthalten, d.h. einen Vermerk darüber, an welchem Ort die Zahlung zu leisten ist und Klage erhoben werden kann.

Die Vorschrift findet grundsätzlich auch auf Verbraucherverträge Anwendung, da es nach der Rechtsprechung der österreichischen Gerichte nicht auf die Kaufmannseigenschaften der Parteien im handelsrechtlichen Sinne ankommt.[720] Verbraucher werden aber gemäß § 14 Abs. 1 KSchG geschützt.

4. §§ 89, 93 Abs. 2 JN i.V.m. Art. 59 a ScheckG

Aus einem Wechsel verpflichtete Personen können vor dem Gericht des Zahlungsortes verklagt werden. Gemäß Art. 59 a Abs. 1 ScheckG gelten die Zuständigkeitsvorschriften der §§ 89, 93 Abs. 2 JN auch für die Geltendmachung von Rückgriffsansprüchen aus einem Scheck. Hat der Verbraucher die Ware mit einem Scheck gezahlt, so kann er von seinem Vertragspartner am Gerichtsstand des Zahlungsortes verklagt werden. § 14 Abs. 1 KSchG schützt den Verbraucher aber auch in diesen Fällen.

5. Gerichtsstand des früheren allgemeinen Gerichtsstandes (§ 97 JN)

§ 97 JN ermöglicht es Kleingewerbetreibenden wegen ihrer Forderungen für gelieferte Erzeugnisse und Waren, innerhalb von neunzig Tagen von der Zeit der letzten Lieferung oder Leistung an bei dem Gericht des früheren allgemeinen Gerichtsstandes des Abnehmers zu klagen. Voraussetzung für diese Klage ist, dass der Abnehmer mittlerweile seinen allgemeinen Gerichtsstand verlegt hat. Diese Vorschrift schützt die Anbieter vor dem Verlust ihrer Ansprüche durch den Umzug des Vertragspartners. Die Vorschrift hat aber keine große Bedeutung.[721]

6. Gerichtsstand des Vermögens (§ 99 JN)

Besteht kein allgemeiner Gerichtsstand einer Person im Inland, so können vermögensrechtliche Ansprüche bei dem Gericht geltend gemacht werden, in dessen Sprengel sich Vermögen dieser Personen oder der mit der Klage in Anspruch genommene Gegenstand befindet. Zweck dieses Gerichtstandes ist es,

---

720 Vgl. GIUNF 842, S. 6649 (6672).

721 S. *Ballon*, Einführung in das österreichische Zivilprozeßrecht, 1999, Rn. 62.

inländischen Klägern die Prozessführung gegenüber Ausländern zu erleichtern, die Vermögen im Inland haben. Es handelt sich hierbei um einen exorbitanten Gerichtsstand, dessen Anwendung im europäischen Recht ausgeschlossen ist (Art. 3 Abs. 2 EuGVÜ/LGVÜ/EuGVO).[722] Gemäß § 99 Abs. 1, S. 2 JN darf der Wert des im Inland befindlichen Vermögens nicht unverhältnismäßig geringer sein als der Wert des Streitgegenstandes. Bei Forderungen gilt der Wohnsitz des Drittschuldners als der Ort, an dem sich das Vermögen befindet. Die Vorschrift kommt nur zur Anwendung, wenn kein allgemeiner Gerichtsstand im Inland eröffnet ist.[723]

Ausländische juristische Personen können auch vor dem Gericht verklagt werden, in dessen Sprengel sich ihre ständige Vertretung für das Inland oder ein mit der Besorgung der Geschäfte solcher Anstalten und Gesellschaften betrautes Organ befindet (§ 99 Abs. 3 JN). Im Anwendungsbereich des europäischen Rechts wird diese Vorschrift aber durch Art. 13 Abs. 2 EuGVÜ/LGVÜ bzw. Art. 15 Abs. 2 EuGVO verdrängt.

Da Verbraucher nur sehr selten Kenntnis davon haben, wo sich das Gesellschaftsvermögen des Anbieters befindet, kann Verbrauchern nur § 99 Abs. 3 JN weiterhelfen. Der Verbraucher kann eine ausländische juristische Personen vor dem Gericht verklagen, in dessen Sprengel sich deren ständige Vertretung für Österreich befindet.

III. Gerichtsstandsvereinbarungen

Die internationale Zuständigkeit kann gemäß § 104 Abs. 1, Nr. 1 i.V.m. § 27a JN auch durch Vereinbarung eines österreichischen Gerichts begründet werden.[724] Vereinbarungen über den Erfüllungsort und den Fakturengerichtsstand (§ 88 JN) sind ebenfalls zulässig.[725] Die Zulässigkeit von Gerichtsstandsvereinbarungen bestimmt sich im österreichischen Recht aber grundsätzlich nach § 104 JN. Nach überwiegender Ansicht stellt die Zuständigkeitsvereinbarung im österreichischen Recht einen Prozessvertrag dar, dessen Voraussetzungen durch das österreichische Zivilprozessrecht geregelt werden.[726]

Die österreichischen Gerichte sind international zuständig, wenn ihre Zuständigkeit prorogiert wird. Es bedarf keiner Nähebeziehung zu Österreich. Zudem ist nicht erforderlich, dass eine Partei ihren Wohnsitz in Österreich hat.[727] Die Formvoraussetzungen für eine solche Prorogation sind in der Vorschrift nicht geregelt. Der OGH verweist insoweit auf die Formerfordernisse des EuG-

---

722 Vgl. zur Anwendung des Gerichtsstandes als Druckmittel *Böhm*, JBl 1988, S. 459 (462).

723 S. *Ballon*, Einführung in das österreichische Zivilprozeßrecht, 1999, Rn. 61.

724 Vgl. *Roth*, ZVglRWiss 90 (1991), S. 298 (305).

725 *Schoibl*, in: Beiträge zum Zivilprozeßrecht, 1991, S. 121 (157).

726 Vgl. *Schoibl*, in: Beiträge zum Zivilprozeßrecht, 1991, S. 121 (158 f.) m.w.N.

727 Vgl. *Rechberger / Simotta*, Zivilprozeßrecht, 2000, Rn. 71/4.

VÜ/LGVÜ.[728] Erforderlich ist gemäß § 104 Abs. 1 JN aber, dass die Vereinbarung im Streitfall urkundlich nachgewiesen wird.[729] Die Prorogation muss sich nicht auf ein bestimmtes Gericht beziehen. Es genügt, wenn die Zuständigkeit der österreichischen Gerichte vereinbart wird. Erforderlich ist aber, dass die Vereinbarung sich entweder auf einen bestimmten Rechtsstreit oder auf die aus einem bestimmten Rechtsverhältnis entspringende Rechtsstreitigkeit bezieht (§ 104 Abs. 2 JN). Zulässig sind sowohl die Vereinbarung einer ausschließlichen, als auch die Vereinbarung einer wahlweisen Zuständigkeit.[730] Unzulässig ist dagegen eine Vereinbarung zu Lasten des Verbrauchers i.S.d. § 14 Abs. 1 KSchG.[731]

Gemäß § 104 Abs. 5 JN sind Gerichtsstandsvereinbarungen ausgeschlossen, wenn das Völkerrecht oder besondere gesetzliche Vorschriften etwas Anderes bestimmen. So ist der Ausschluss der österreichischen internationalen Zuständigkeit bei Klagen von Verbrauchern gegen Unternehmer unwirksam, da § 14 Abs. 3 KSchG keine Vereinbarung zulässt, die einen nach dem Gesetz gegebenen Gerichtsstand ausschließt. Im Anwendungsbereich des § 14 KSchG sind Gerichtsstandsvereinbarungen daher nur sehr eingeschränkt zulässig. Hier wird der Verbraucher umfassend geschützt.[732]

Eine positiv-rechtliche Bestimmung für eine Derogationsvereinbarung findet sich im österreichischen Zivilprozessrecht nicht. Da mit der Prorogation eines anderen Gerichts aber auch die Derogation der österreichischen Gerichte verbunden sein kann, wird § 104 JN analog auf die Derogationsvereinbarung angewendet. Neben den aufgeführten Wirksamkeitsvoraussetzungen des § 104 JN bestehen zusätzlich Voraussetzungen. So wird im österreichischen Recht verlangt, dass das prorogierte Gericht bereit ist, den Rechtsstreit zur Entscheidung anzunehmen. Zudem ist die Derogationsvereinbarung nur dann wirksam, wenn zu erwarten ist, dass die Entscheidung in Österreich anerkannt wird. Bestehen offensichtliche Anerkennungsmängel, so ist die Derogationsvereinbarung unwirksam.[733]

---

728 S. OGH JBl 1998, S. 726 (728).

729 Dabei handelt es sich aber um eine Beweisregelung und nicht um eine Formvorschrift; S. *Leipold*, in: FS Schwab, 2000, S. 51 (65).

730 Vgl. *Schoibl*, in: Beiträge zum Zivilprozeßrecht, 1991, S. 121 (172).

731 Vgl. dazu unten, § 16, C., IV., 1.

732 S. dazu ausführlich unten, § 16, C., IV., 3.

733 Vgl. ausführlich zu den Voraussetzungen einer Derogationsvereinbarung im österreichischen Recht: *F. Sandrock*, Die Vereinbarung eines neutralen internationalen Gerichtsstandes, 1997, S. 104 ff. m.w.N.

IV. Zuständigkeit nach dem Konsumentenschutzgesetz

1. § 14 Abs. 1 KSchG

Eine Vorschrift zum Schutz von Verbrauchern findet sich im österreichischen KSchG (§ 14 Abs. 1 KSchG). Die Norm ist zwar mit „Gerichtsstand" überschrieben, bietet aber keinen Aktivgerichtsstand für Verbraucher.[734] § 14 Abs. 1 KSchG enthält keine positive internationale Zuständigkeitsregelung für Klagen aus Verbrauchergeschäften. Die Vorschrift schützt Verbraucher nur vor gewillkürten Gerichtsständen.[735] Die Dispositionsmöglichkeiten des § 104 Abs. 1 JN werden eingeschränkt. Zudem bezieht sich das Prorogationsverbot auch auf den Gerichtsstand des Erfüllungsortes (§ 88 JN) und des Wechselzahlungsortes (§§ 89, 93 Abs. 2, JN).[736] Die Vorschrift regelt die internationale Zuständigkeit, da sie die gemäß § 27a JN grundsätzlich zulässige internationale Prorogation beschränkt.

In § 14 Abs. 1 KSchG heißt es:

„Hat der Verbraucher im Inland seinen Wohnsitz oder seinen gewöhnlichen Aufenthalt oder ist er im Inland beschäftigt, so kann für eine Klage gegen ihn nach den §§ 88, 89, 93 Abs. 2 und § 104 Abs. 1 JN nur die Zuständigkeit des Gerichtes begründet werden, in dessen Sprengel der Wohnsitz, der gewöhnliche Aufenthalt oder der Ort der Beschäftigung liegt; dies gilt nicht für Rechtsstreitigkeiten, die bereits entstanden sind."[737]

Der Begriff des Verbrauchergeschäfts bestimmt sich nach § 1 KSchG. Verbraucher ist danach eine Person, für die das Geschäft nicht zum Betrieb eines Unternehmens gehört. Der Begriff des Unternehmens ist in § 1 Abs. 2 KSchG geregelt. Danach ist ein Unternehmen „jede auf Dauer angelegte Organisation selbstständiger wirtschaftlicher Tätigkeit, mag sie auch nicht auf Gewinn gerich-

---

[734] S. *Rudisch*, in: Internationales Verbraucherschutzrecht, 1995, S. 191 (206).

[735] S. Krejci / *Jelinek*, Handbuch zum Konsumentenschutzgesetz, 1981, S. 859 (860).

[736] § 14 Abs. 1 KSchG enthält Prorogationsverbote. Die Vorschrift beschränkt nicht nur die eigentliche Vereinbarung eines Gerichtsstandes (§ 104 JN), sondern auch die Vereinbarung des Erfüllungsortes als Gerichtsstandsvoraussetzung (§ 88 JN) sowie des Wechselzahlungsorts (§§ 89, 93 Abs. 2 JN). § 88 Abs. 1 JN erfordert die Vereinbarung eines ErfüllungsorteS. Die Begründung des Fakturengerichtsstandes (§ 88 Abs. 2 JN) liegt zwar in der mangelnden Abwehr des außergerichtlichen Aktes der Faktura, weist jedoch als subjektiver Zuständigkeitsgrund Elemente der Zuständigkeitsvereinbarung auf, vgl. dazu Krejci / *Jelinek*, Handbuch zum Konsumentenschutzgesetz, 1981, S. 859 (893 ff.).

[737] *Bydlinski*, Österreichische Gesetze, § 1 Abs. 1 KSchG.

tet sein."[738] Der Verbraucherbegriff unterscheidet sich von demjenigen des europäischen Rechts nur gering. Die Kriterien auf Dauer angelegte, wirtschaftliche, selbständige Tätigkeit finden sich auch in den Begriffen der beruflichen oder gewerblichen Tätigkeit des Art. 13 EuGVÜ/LGVÜ sowie Art. 15 EuGVO.[739] Auch in Österreich war die Ungleichgewichtslage zwischen Verbrauchern und Unternehmern Grund für den Erlass des KSchG.[740] Das Prorogationsverbot des § 14 Abs. 1 KSchG gilt aber nur für Verbraucher, die im Inland ihren Wohnsitz, gewöhnlichen Aufenthalt oder ihre Beschäftigung haben. Absatz 1 bezieht sich dabei auf Gerichtsstandsvereinbarungen bei Klagen gegen den Verbraucher.[741]

Der Unternehmer kann den Verbraucher an dem allgemeinen und an den besonderen Gerichtsständen verklagen. Von den Wahlgerichtsständen stehen dem Unternehmer alle diejenigen Gerichtsstände zur Verfügung, die § 14 Abs. 1 KSchG weder ausdrücklich noch implizit einschränkt.[742] Vom Anwendungsbereich des § 14 Abs. 1 KSchG betroffen sind nur der vereinbarte Gerichtsstand (§ 104 Abs. 1 JN), der Gerichtsstand des Erfüllungsortes einschließlich des Fakturengerichtsstandes (§ 88 JN) und der Gerichtsstand des Wechselzahlungsortes (§§ 89, 93 Abs. 2 JN). Mittelbar betroffen sind zudem der Gerichtsstand der Streitgenossenschaft sowie der Gerichtsstand der Widerklage (§§ 93 Abs. 1, 96 JN), da diese Gerichtsstände nicht gegeben sind, wenn Prorogationsverbote bestehen.[743] Zuständig sind diese Gerichte gemäß § 14 Abs. 1 KSchG nur, wenn der Verbraucher in ihrem Sprengel Wohnsitz, gewöhnlichen Aufenthalt oder den Ort seiner Beschäftigung hat. Der Begriff des Wohnsitzes und des gewöhnlichen Aufenthalts bestimmt sich dabei nach § 66 JN.[744]

Gerichtsstandsvereinbarungen nach Entstehung der Streitigkeit sind immer zulässig. Diese Einschränkung des Prorogationsverbotes stimmt mit Art. 15 Nr. 1 EuGVÜ/LGVÜ überein.

Entscheidend für den Anwendungsbereich des § 14 KSchG ist der Zeitpunkt des Vertragsabschlusses. Wird der Inlandsbezug erst nachträglich hergestellt, so führt dies nicht zur nachträglichen Rechtsunwirksamkeit einer früher getroffenen Gerichtsstandsvereinbarung.[745] § 14 Abs. 1 KSchG findet keine Anwendung, wenn der beklagte Verbraucher im Streitfall in einem Drittstaat wohnt, da die Vorschrift nur zugunsten von Verbrauchern gilt, die ihren Wohnsitz oder

738 *Bydlinski*, Österreichische Gesetze, § 1 Abs. 2, S. 1 KSchG.

739 Vgl. zu dem Begriff der beruflichen oder gewerblichen Tätigkeit oben, § 5, A., I., 2.

740 Vgl. *Krejci*, Konsumentenschutzgesetz, 1986, § 1, Rn. 5.

741 Vgl. *Krejci*, Konsumentenschutzgesetz, 1986, § 14, Rn. 4 f.

742 S. Krejci / *Jelinek*, Handbuch zum Konsumentenschutzgesetz, 1981, S. 859 (876).

743 S. Krejci / *Jelinek*, Handbuch zum Konsumentenschutzgesetz, 1981, S. 859 (876).

744 Dazu oben, § 16, C., I.

745 S. *Schoibl*, in: Beiträge zum Zivilprozeßrecht, 1991, S. 121 (188).

gewöhnlichen Aufenthalt in Österreich haben oder in Österreich beschäftigt sind.

2. § 14 Abs. 2 KSchG

Gemäß § 14 Abs. 2 KSchG ist das Fehlen der Zuständigkeit in jeder Lage des Verfahrens von Amts wegen zu prüfen. Die Bestimmungen über die Heilung fehlender internationaler Zuständigkeit (§ 104 Abs. 3 i.V.m. § 27a JN) bleiben bestehen. Verklagt daher der Anbieter den Verbraucher vor einem gemäß § 14 Abs. 1 KSchG international unzuständigen Gericht, so wird dieser Verstoß geheilt, wenn sich der beklagte Verbraucher auf den Rechtsstreit eingelassen hat oder (im Falle einer fehlenden Vertretung durch Anwalt oder Notar) er durch den Richter belehrt wurde und die fehlende internationale Zuständigkeit im Verfahren nicht eingewendet hat. Der Verbraucher ist in diesen Fällen nicht schutzwürdig.

3. § 14 Abs. 3 KSchG

Absatz 3 betrifft den Fall einer Klage des Verbrauchers gegen den Unternehmer. Danach ist eine Gerichtsstandsvereinbarung rechtsunwirksam, mit der ein gesetzlich vorgesehener Gerichtsstand für eine Klage des Verbrauchers gegen einen Unternehmer ausgeschlossen wird. Diese Vorschrift macht die gesetzlichen Gerichtsstände bei einer Klage des Verbrauchers unabdingbar.[746] Die Vorschrift regelt Fragen der internationalen Zuständigkeit, da das Verbot, gesetzlich gegebene Gerichtsstände zu derogieren, gemäß § 27a JN auch das Verbot beinhaltet, die internationale Zuständigkeit durch Gerichtsstandsvereinbarung auszuschließen.

Hintergrund der Regelung war die wachsende Anzahl von Zuständigkeitsvereinbarungen, die Unternehmer mit Verbrauchern geschlossen hatten, um den allgemeinen Gerichtsstand der Unternehmen oder auch andere Gerichtsstände für Klagen gegen die Unternehmen auszuschließen.[747] Das Verbot des § 14 Abs. 3 KSchG bezieht sich allerdings nur auf die Vereinbarungen von ausschließlichen Zuständigkeiten.[748] Zuständigkeitsvereinbarungen, mit denen Wahlgerichtsstände eröffnet werden, bleiben dagegen zulässig. In diesen Fällen wird kein gesetzlicher Gerichtsstand ausgeschlossen. Die Zulassung weiterer Gerichtsstände ist auch nicht nachteilig für den Verbraucher.

Möglich ist die Vereinbarung weiterer Wahlgerichtsstände sowie die ausdrückliche Vereinbarung einer gesetzlichen Zuständigkeit (wobei diese Vereinbarung nicht ausschließlich sein darf). Auf diese Weise bleiben dem Verbraucher auch die Gerichtsstände erhalten, an denen er ohne die Zuständigkeitsvereinbarung

---

746 S. Krejci / *Jelinek*, Handbuch zum Konsumentenschutzgesetz, 1981, S. 859 (921).

747 S. Krejci / *Jelinek*, Handbuch zum Konsumentenschutzgesetz, 1981, S. 859 (921).

748 S. *Schoibl*, in: Beiträge zum Zivilprozeßrecht, 1991, S. 121 (189).

hätte Klage erheben können.[749] Art. 14 Abs. 3 KSchG findet allerdings wie Art. 14 Abs. 1 KSchG nur auf Verbraucher Anwendung, deren Wohnsitz, Aufenthaltsort oder Arbeitsort sich in Österreich befindet.

In § 14 Abs. 4 wird ausdrücklich auf den Vorrang völkerrechtlicher Bestimmungen sowie den Vorrang besonderer gesetzlicher Anordnungen hingewiesen.

V. Heilung fehlender internationaler Zuständigkeit

Der 1997 neu gefasste § 104 Abs. 3 JN ermöglicht eine Heilung der fehlenden internationalen Zuständigkeit. Hier ist zwischen zwei Fallkonstellationen zu unterscheiden. Kann die internationale Zuständigkeit in einem Fall durch Prorogation begründet werden („prorogable internationale Unzuständigkeit")[750], so wird das Fehlen dieser Vereinbarung geheilt, wenn sich die beklagte Partei rügelos zur Hauptsache einlässt (§ 104 Abs. 3 JN). Ist der Beklagte dabei durch einen Rechtsanwalt oder Notar vertreten, so muss die Einwendung spätestens in der Klagebeantwortung (im Gerichtshofverfahren) bzw. im ersten Termin der Streitverhandlung (im bezirksgerichtlichen Verfahren) vor Einlassung zur Hauptsache erfolgen. Ist der Beklagte dagegen nicht durch einen Rechtsanwalt oder Notar vertreten, so hat das Gericht den Beklagten über die Möglichkeit der Unzuständigkeitseinrede zu belehren. Der Fehler ist erst geheilt, wenn der Beklagte die fehlenden internationale Zuständigkeit trotz gerichtlicher Belehrung im Verfahren nicht einwendet. Erfolgt dagegen keine gerichtliche Belehrung, so kann die fehlende internationale Zuständigkeit bis zur Rechtskraft der Entscheidung berücksichtigt werden.[751] Gemäß § 42 Abs. 1 JN hat das Gericht die fehlende internationale Zuständigkeit auch schon vor Zustellung der Klage an den Beklagten von Amts wegen zu beachten und gegebenenfalls bereits vor Zustellung der Klage an den Beklagten die Klage zurückzuweisen. Kommt es aber zu einer mündlichen Verhandlung, so verweist § 182 Abs. 2 ZPO auf die Heilungsmöglichkeit nach § 104 JN.[752]

Kann in einem Fall gemäß § 104 Abs. 4, 5 JN die internationale Zuständigkeit dagegen nicht durch Prorogation begründet werden („unprorogable internationale Unzuständigkeit")[753], so ist die fehlende internationale Zuständigkeit erst mit der Rechtskraft der Entscheidung geheilt.

Gemäß § 29, S. 1 JN bleibt die einmal begründete internationale Zuständigkeit auch in den Fällen bestehen, in denen die Voraussetzungen für die internationale Zuständigkeit später wegfallen (Grundsatz der perpetuatio jurisdictionis).

---

749 Vgl. *Schoibl*, in: Beiträge zum Zivilprozeßrecht, 1991, S. 121 (190).

750 Zu dem Begriff vgl. *Rechberger / Simotta*, Zivilprozeßrecht, 2000, Rn. 71/3.

751 S. *Ballon*, Einführung in das österreichische Zivilprozeßrecht, 1999, S. 80, Rn. 96.

752 S. *Heiss / Mayr*, IPRax 1999, S. 305 (307).

753 Zu dem Begriff vgl. *Rechberger / Simotta*, Zivilprozeßrecht, 2000, Rn. 71/1.

VI. Ordination (§ 28 JN)

Mit der WGN 1997 wurde auch die Bestimmung der Ordination gemäß § 28 JN in der Absicht neu geregelt, den Zugang zur inländischen Gerichtsbarkeit für Streitigkeiten ausserhalb des Anwendungsbereichs der völkerrechtlichen Verträge, zu erleichtern.[754] Besteht keine örtliche Zuständigkeit im Inland, so hat der Oberste Gerichtshof (OGH) in den in § 28 Abs. 1 JN genannten Fällen die örtliche Zuständigkeit eines sachlich zuständigen Gerichts von Amts wegen (§ 28 Abs. 4 JN) zu bestimmen. Gemäß § 28 Abs. 1 Nr. 1 JN hat der OGH das örtlich zuständige Gericht in den Fällen festzulegen, in denen Österreich aufgrund eines völkerrechtlichen Vertrages zur Ausübung der Gerichtsbarkeit verpflichtet ist. So hat der OGH die Ordination in einem Fall durchzuführen, in dem der Anwendungsbereich des Art. 14 Abs. 1 EuGVÜ/LGVÜ eröffnet ist, da diese Vorschriften die örtliche Zuständigkeit nicht regeln und § 14 Abs. 3 KSchG für Klagen des Verbrauchers keinen besonderen Gerichtsstand schafft.[755]

Ist der Kläger österreichischer Staatsbürger oder hat er seinen Wohnsitz, gewöhnlichen Aufenthalt oder Sitz im Inland und ist die Rechtsverfolgung im Ausland ausnahmsweise unmöglich oder unzumutbar, so hat gemäß § 28 Abs. 1, Nr. 2 JN ebenfalls eine Ordination zu erfolgen. Der Gesetzgeber hat hier die internationale Zuständigkeit erweitert. Es handelt sich um eine Notkompetenz, die nur in Ausnahmefällen greift. Da EuGVÜ und LGVÜ die internationale Zuständigkeit der Vertragsstaaten ausdrücklich regeln, erfolgt im Anwendungsbereich dieser völkerrechtlichen Verträge keine Ordination nach § 28 Abs. 1, Nr. 2 JN.[756] Eine Unzumutbarkeit bzw. Unmöglichkeit der Rechtsverfolgung im Ausland wurde in Lehre und Rechtsprechung nur in Sonderfällen angenommen.[757]

Gemäß § 28 Abs. 1, Nr. 3 JN hat der OGH das örtlich zuständige Gericht zu bestimmen, wenn die Parteien zwar die internationale Zuständigkeit Österreichs, nicht aber das örtlich zuständige Gericht vereinbart haben. Die rechtswirksame Zuständigkeitsvereinbarung ist in diesen Fällen zu beweisen (§ 28 Abs. 4 JN).

D. Auswirkungen auf den Verbraucherschutz

Das autonome österreichische Zuständigkeitsrecht enthält mit § 14 KSchG eine eigene Vorschrift zum Schutze der Verbraucher. Zu untersuchen ist, ob diese Vorschrift bei Verbraucherstreitigkeiten außerhalb des Anwendungsbereich des europäischen Rechts, einen ausreichenden Schutz bietet, wenn vor einem österreichischen Gericht Klage erhoben wird.

---

754 S. *Heiss / Mayr*, IPRax 1999, S. 305 (307).

755 Vgl. zu dem Problem im deutschen Recht oben, § 6, A., I.

756 S. *Simotta*, in: FS Schütze, 1999, S. 831 (845).

757 Vgl. zu diesen Sonderfällen ausführlich *Simotta*, in: FS Schütze, 1999, S. 831 (849 ff.) m.w.N.

I. Der Verbraucher in der Rolle des Beklagten

Der Anbieter hat den Verbraucher gemäß § 66 i.V.m. § 27a JN bei internationalen Streitigkeiten grundsätzlich am Gericht des Wohnsitzes oder am Gericht des gewöhnlichen Aufenthaltes des Verbrauchers zu verklagen. Der Verbraucher ist im österreichischen Recht daher grundsätzlich durch den actor sequitur forum rei-Grundsatz geschützt. Die internationale Zuständigkeit der inländischen Gerichte ist bei einer Klage gegen den Verbraucher ebenfalls eröffnet, wenn die Voraussetzungen eines der Wahlgerichtsstände vorliegen, die § 14 Abs. 1 KSchG weder ausdrücklich noch implizit einschränkt. Das Prorogationsverbot des § 14 Abs. 1 KSchG schützt den Verbraucher. Internationale Gerichtsstandsvereinbarungen (gemäß § 104 Abs. 1 i.V.m. § 27a JN) sind nur möglich, wenn die Zuständigkeit eines Gerichts vereinbart wird, zu dem der Verbraucher eine gewisse Nähe hat. Das Prorogationsverbot des § 14 Abs. 1 KSchG bezieht sich auch auf den Gerichtsstand des Erfüllungsorts, des Fakturengerichtsstandes (§ 88 JN) sowie des Wechsel- oder Scheckzahlungsortes (§§ 89, 93 Abs. 2 JN i.V.m. Art. 59a ScheckG). Die internationale Zuständigkeit der Gerichte ist gemäß § 14 Abs. 1 KSchG i.V.m. § 27a JN nur eröffnet, wenn der Verbraucher seinen Wohnsitz, gewöhnlichen Aufenthalt oder eine Beschäftigung im Inland hat.

Von dieser Schutzvorschrift nicht umfasst werden der Gerichtsstand des früheren allgemeinen Gerichtsstandes für Klagen eines Kleingewerbetreibenden (§ 97 JN) sowie der Gerichtsstand des Vermögens (§ 99 JN). Dem Gerichtsstand des früheren allgemeinen Gerichtsstands kommt heute kaum Bedeutung zu. Möglich bleibt aber auch bei internationalen Verbraucherstreitigkeiten eine Klage des Unternehmers gegen den Verbraucher am inländischen Gerichtsstand des Vermögens, wenn der Verbraucher keinen allgemeinen Gerichtsstand im Inland hat.

§ 14 KSchG schützt den Verbraucher nicht vor der Heilung fehlender internationaler Zuständigkeit der Gerichte. Wird der Verbraucher vor einem gemäß § 14 Abs. 1 KSchG unzuständigen Gericht verklagt, so ist dieser Verstoß geheilt, sobald sich der Verbraucher auf den Rechtsstreit einlässt. Eine rügelose Einlassung bleibt daher auch im Anwendungsbereich des § 14 Abs. 1 KSchG möglich.

Der Schutz des § 14 Abs. 1 KSchG ist auf inländische Verbraucher begrenzt. Hat der Verbraucher keinen Wohnsitz oder gewöhnlichen Aufenthalt im Inland oder ist er nicht in Österreich beschäftigt, so kommt § 14 Abs. 1 KSchG nicht zur Anwendung. § 14 Abs. 1 KSchG kann Verbraucher bei Passivprozessen daher nicht umfassend schützen.

II. Der Verbraucher in der Rolle des Klägers

Der Verbraucher kann seinen Vertragspartner grundsätzlich vor den Gerichten des Staates verklagen, an dem sich der Sitz der Hauptverwaltung des Unternehmens befindet (§ 75 i.V.m. § 27a JN). Die besonderen Wahlgerichtsstände eröffnen dem klagenden Verbraucher weitere Klagemöglichkeiten im Inland. So kann der Verbraucher seinen Vertragspartner vor den inländischen Gerichten am Gerichtsstand der Betriebsstätte, Zweigniederlassung oder eines bewirtschafteten Guts verklagen (§ 87 i.V.m. § 27a JN). Möglich ist im Falle einer Erfüllungsortvereinbarung auch eine Klage am Gerichtsstand des Erfüllungsortes (§ 88 Abs. 1 iVm § 27a JN) sowie gemäß § 88 Abs. 2 i.V.m. 27a JN eine Klage am Fakturengerichtsstand. Nur selten wird der Verbraucher seinen Vertragspartner auch vor den inländischen Gerichten des Scheckzahlungsortes (§§ 89, 93 Abs. 2 JN i.V.m. 59 a ScheckG i.V.m. § 27a JN) oder am inländischen Vermögensgerichtsstand (§§ 99, 27a JN) verklagen können.

Geschützt wird der Verbraucher durch das Derogationsverbot des § 14 Abs. 3 KSchG. Diese Vorschrift schützt Verbraucher, indem sie ihnen die Möglichkeit erhält, einen inländischen Gerichtsstand zu wählen. Allerdings schützt auch § 14 Abs. 3 KSchG nur Verbraucher, deren Wohnsitz, Aufenthalt oder Arbeitsort in Österreich liegt. Andere Verbraucher sind vor der Vereinbarung einer ausschließlichen Zuständigkeit dagegen nicht geschützt.

Gerichtsstandsvereinbarungen, mit denen weitere Zuständigkeiten zugunsten des Verbrauchers geschaffen werden, sind gemäß § 104 Abs. 1 i.V.m. § 27a JN zulässig. Die Einschränkung des § 14 KSchG gilt hier nicht. In diesen Fällen besteht aber auch kein besonderes Schutzbedürfnis der Verbraucher, da die Vereinbarung dem Verbraucher lediglich eine größere Wahlmöglichkeit bietet.

III. Internet-Verträge

Die Vorschriften des österreichischen Rechts gewähren keinen gesonderten Schutz des Verbrauchers bei Verträgen, die über das Internet geschlossen wurden. § 14 KSchG kommt auch bei diesen Verträgen zur Anwendung. Es muss nur ein Rechtsgeschäft zwischen einem Unternehmer und einem Verbraucher i.S.d. § 1 KSchG vorliegen. Weitere Anforderungen an den Abschluss des Vertrages oder die Vertragsart werden nicht gestellt. Bei Aktivprozessen ist der Verbraucher ausreichend geschützt.

Wird der „inländische" Verbraucher verklagt, so schützt ihn das Prorogationsverbot des § 14 Abs. 1 KSchG.[758] Hat der Verbraucher aber keinen Wohnsitz, gewöhnlichen Aufenthalt oder eine Beschäftigung in Österreich, so findet § 14 KSchG keine Anwendung. Der Verbraucher kann im Inland verklagt werden, wenn die Voraussetzungen einer der Wahlgerichtsstände vorliegen. Ein Schutz für den Verbraucher, der seinen Wohnsitz im Ausland hat, besteht nicht. In diesem Fall ist der Verbraucher auch nicht vor einer ausschließlichen Gerichtsstandsvereinbarungen zugunsten der österreichischen Gerichte gemäß § 103 i.V.m. § 27a JN geschützt.

---

758 Der Gerichtsstand des Vermögens (§ 99 i.V.m. 27a JN) ist in diesem Fall nicht eröffnet, da ein allgemeiner Gerichtsstand im Inland besteht.

IV. Abschließende Bewertung

Das österreichische internationale Zuständigkeitsrecht entspricht in seiner verbraucherschützenden Wirkung weitgehend dem deutschen Recht. Zwar findet sich im österreichischen Recht in § 14 KSchG eine Vorschrift zum Schutze des Verbrauchers, der Anwendungsbereich dieser Vorschrift ist aber begrenzt.

§ 14 Abs. 1 und 3 KSchG schützt nur inländische Verbraucher. Bei Aktivprozessen ist der inländische Verbraucher durch § 14 Abs. 3 KSchG umfassend geschützt. Bei Passivprozessen bleiben trotz des § 14 Abs. 1 KSchG -wie oben gezeigt- Lücken beim Schutz des Verbrauchers.

Bemängeln lässt sich im österreichischen Recht wie auch im deutschen Zuständigkeitsrecht zudem die Unübersichtlichkeit der zahlreichen Gerichtsstände. Einem Schutz des Verbrauchers als Rechtsanwender ist diese Unübersichtlichkeit nicht zuträglich. Einen dem europäischen Zuständigkeitsrecht (EuGVÜ/LGVÜ/EuGVO) vergleichbaren Verbraucherschutz kann der einseitige Inländerschutz des § 14 KSchG nicht bieten.

§ 17 Das Recht der internationalen Zuständigkeit in der Schweiz

A. Verhältnis von nationalem Recht und europäischem Recht

Die Schweiz ist nicht Mitglied der EG. EuGVÜ und EuGVO gelten daher nicht im Verhältnis zur Schweiz. Als EFTA-Staat ist die Schweiz aber dem LGVÜ beigetreten. Dieser völkerrechtliche Vertrag hat daher Anwendungsvorrang vor dem IPRG vom 1. Januar 1989.[759]

Bis zur Einführung des IPRG fehlte es an einer positiv-rechtlichen Regelung der internationalen Zuständigkeit. Ähnlich wie im deutschen und österreichischen Recht verwendeten die schweizerischen Gerichte daher das Prinzip der Doppelfunktionalität der örtlichen Zuständigkeitsvorschriften. Die Zuständigkeit ergab sich dabei aber aus den verschiedenen kantonalen Vorschriften. Die internationale Zuständigkeit war unübersichtlich geregelt. Das IPRG stellt gemäß Art. 1 Abs. 1, lit. a IPRG nun abschließend „die Zuständigkeit der schweizerischen Gerichte oder Behörden [im internationalen Verhältnis]“dar.[760] Das am 01.01.2001 in Kraft getretene Gerichtsstandsgesetz (GestG)[761] regelt dagegen nur die örtliche Zuständigkeit in Zivilsachen, sofern „kein internationales Verhältnis vorliegt“ (Art. 1 Abs. 1 GestG). Bei grenzüberschreitenden Streitigkeiten entscheidet daher das IPRG über die internationale Zuständigkeit der Gerichte.[762] Neben der internationalen Zuständigkeit regelt das schweizerische IPRG das anwendbare Recht sowie die Anerkennung und Vollstreckung ausländischer Entscheidungen. Im Verhältnis zum kantonalen Prozessrecht ist das IPRG vorrangig. Bestehen im Regelungsbereich des IPRG Lücken, so sind diese als Bundesrecht vom Richter zu füllen.[763]

In den Artt. 196 ff. IPRG finden sich Übergangsnormen. Gemäß Art. 197 Abs. 1 IPRG sind die zuständigkeitsrechtlichen Bestimmungen des IPRG nur auf Klagen anwendbar, die nach dem 1. Januar 1989 eingereicht wurden. Die Vorschrif-

---

759 Bundesgesetz über das Internationale Privatrecht, abgedruckt in: *Rehbinder / Zäch*, Schweizerische Gesetze.

760 Vgl. *F. Sandrock*, Die Vereinbarung eines neutralen internationalen Gerichtsstandes, 1996, S. 114 f.

761 Abgedruckt in: *Spühler / Vock*, Gerichtsstandsgesetz, 2000.

762 Zum Anwendungsbereich des GestG, vgl. *Reetz*, Die allgemeinen Bestimmungen des Gerichtsstandsgesetzes, 2001, S. 21 ff.

763 S. *Schwander*, Einführung in das internationale Privatrecht I., 2000, Rn. 599.

ten des IPRG bestimmen auch die örtliche Zuständigkeit, soweit sie auf räumlich bestimmte Kriterien abstellen.[764]

B. Das System der internationalen Zuständigkeit im schweizerischen Recht

Im Folgenden werden die allgemeinen und besonderen Gerichtsstände des IPRG dargestellt, die bei Verbraucherstreitigkeiten Andwendung finden.

I. Allgemeine Gerichtsstände

1. Gerichtsstand des Wohnsitzes

Art. 2 IPRG bestimmt den allgemeinen Gerichtsstand. Die Vorschrift nimmt den Gedanken des Art. 59 BV auf, wonach ein Beklagter grundsätzlich an seinem Wohnsitz in der Schweiz zu verklagen ist.[765] International zuständig sind gemäß Art. 2 IPRG die Gerichte am Wohnsitz des Beklagten, soweit keine besondere Zuständigkeit im Gesetz geregelt ist. Auch im schweizerischen internationalen Zuständigkeitsrecht gilt daher der actor sequitur forum rei-Grundsatz. Art. 2 IPRG ist aber subsidiär gegenüber den übrigen Zuständigkeitsbestimmungen. Die Vorschrift kommt lediglich in den Fällen zur Anwendung, in denen sich keine Zuständigkeit aus den Vorschriften des besonderen Teils (Artt. 33-165 IPRG) ergibt und auch die Artt. 4-8 bzw. 10 IPRG nicht die internationale Zuständigkeit der schweizerischen Gerichte eröffnen. Der Gerichtsstand am Wohnsitz des Beklagten fungiert daher nur noch als Auffanggerichtsstand zur Sicherung des natürlichen Gerichtsstandes.

Der Wohnsitz i.S.d. Art. 2 IPRG bestimmt sich nach Art. 20, lit. a IPRG. Eine natürliche Person hat „ihren Wohnsitz in dem Staat, in dem sie sich mit der Absicht dauernden Verbleibens aufhält". Die Vorschrift unterbindet in Absatz 2 einen mehrfachen Wohnsitz und erklärt das schweizerischen Zivilgesetzbuch für unanwendbar. Das schweizerische IPRG verwendet hier eine andere Technik als das europäische Recht. Die Vorschrift des Art. 52 EuGVÜ/LGVÜ, Art. 59 EuGVO verweisen zur Bestimmung des Wohnsitzes auf das materielle Recht des Gerichtsstaates. Nach diesen Vorschriften ist z.T. auch ein mehrfacher Wohnsitz möglich.

Bei Gesellschaften gilt der Sitz als Wohnsitz (Art. 21 IPRG). Gesellschaften sind gemäß Art. 150 IPRG „organisierte Personenzusammenschlüsse und orga-

---

[764] S. *Levante*, Wohnsitz und gewöhnlicher Aufenthalt im internationalen Privat- und Zivilprozessrecht der Schweiz, 1998, S. 6; vgl. zur subsidiären Anwendbarkeit des GestG, *Reetz*, Die allgemeinen Bestimmungen des Gerichtsstandsgesetzes, 2001, S. 31 f.; eine tabellarische Übersicht über die entsprechenden Normen in GestG, IPRG und LGVÜ findet sich bei *Walder-Richli*, in: FS Geimer, 2002, S. 1411 (1419 ff.).

[765] Vgl. *Walter*, Internationales Zivilprozessrecht der Schweiz, 1998, S. 106.

nisierte Vermögenseinheiten.“ Eine Gesellschaft hat ihren Sitz nach Art. 21 Abs. 2 IPRG an dem in den Statuten oder im Gesellschaftsvertrag bezeichneten Ort. Fehlt es an einer solchen Bezeichnung, so gilt der Ort als Sitz, an dem die Gesellschaft tatsächlich verwaltet wird (Art. 21 Abs. 2 IPRG).

2. Gerichtsstand der Notzuständigkeit

Art. 3 IPRG eröffnet eine allgemeine Notzuständigkeit an dem Ort, „mit dem der Sachverhalt einen genügenden Zusammenhang aufweist.“ Gemäß Art. 3 IPRG ist eine solche Notzuständigkeit gegeben, wenn das IPRG keine Zuständigkeit in der Schweiz vorsieht und ein Verfahren im Ausland nicht möglich oder unzumutbar ist. Mit dieser Vorschrift wollte der Gesetzgeber die abschließende Regelung der internationalen Urteilszuständigkeit der Schweiz betonen. Die Vorschrift schützt den Rechtssuchenden vor rechtlicher, faktischer oder politischer Unmöglichkeit. Er wird davor bewahrt, ein unzumutbares Verfahren im Ausland durchführen zu müssen.[766] Die Vorschrift hat lediglich geringe Bedeutung.

3. Gerichtsstandsvereinbarungen

In vermögensrechtlichen Streitigkeiten können die Parteien Gerichtsstandsvereinbarungen treffen (Art. 5 IPRG). Die Vereinbarung muss sich auf einen bestehenden oder zukünftigen Rechtsstreit über vermögensrechtliche Ansprüche beziehen. Art. 5 IPRG wird bei Verbraucherverträgen aber gemäß Art. 114 Abs. 2 IPRG eingeschränkt.[767] Ein Konsument kann danach nicht im Voraus auf den Gerichtsstand an seinem Wohnsitz oder gewöhnlichen Aufenthalt verzichten. Nach Abschluss des Vertrages sind Gerichtsstandsvereinbarungen aber grundsätzlich zulässig.

Das Rechtsverhältnis muss für Art. 5 IPRG bestimmt oder bestimmbar sein. Überwiegend wird verlangt, dass neben dem international zuständigen Gericht auch das örtlich zuständige Gericht bestimmt werden müsse.[768] Art. 5 IPRG steht unter einem Missbrauchsvorbehalt (Art. 5 Abs. 2 IPRG). Die Vorschrift dient dem Schutz der geschäftsunkundigen bzw. sozial schwächeren Partei.[769] Der Entzug des gesetzlichen Gerichtsstandes ist missbräuchlich, wenn eine Partei den vereinbarten Gerichtsstand aufgrund ihrer stärkeren ökonomischen Stellung durchsetzt.[770] Ein Ausnutzen der stärkeren Position kann ebenfalls einen

---

766 S. *Schwander*, Einführung in das internationale Privatrecht I., 2000, Rn. 629.

767 Dazu näher unten, § 17, B., III.

768 S. *Walter*, Internationales Zivilprozessrecht der Schweiz, 1998, S. 127 m.w.N.; so auch die Ansicht der Rechtsprechung, vgl. dazu Kassationsgericht, ZR 90 (1991), Nr. 75, S. 244 ff.; a.A. Honsell / *Hess*, Internationales Privatrecht, 1996, Art. 5, Rn. 42.

769 Vgl. *Leipold*, in: FS Schwab, 2000, S. 51 (66 f.).

770 S. *Schwander*, Einführung in das internationale Privatrecht I., 2000, Rn. 645.

solchen Missbrauch begründen. Ein Missbrauch liegt auch vor, wenn eine Partei der anderen Partei materiellrechtliche Schutzvorschriften entziehen will.[771]

Voraussetzung für eine wirksame Gerichtsstandsvereinbarung ist die Einigung der Parteien. Art. 5 Abs. 1, S. 2 IPRG beinhaltet ein Schriftformerfordernis. Erforderlich ist danach die eigenhändige Unterschrift der Vereinbarung durch beide Parteien. Die Unterschriften müssen sich nicht auf demselben Dokument befinden. Ausdrücklich zugelassen sind Vereinbarungen durch Telegramm, Telex und Telefax. Der Ausdruck wird hier dem Original gleichgestellt. Nicht erfasst werden aber Internet-Verträge, da die elektronische Unterschrift den Formerfordernissen nicht genügt. Der Nachweis einer Gerichtsstandsvereinbarung muss mit einem Text erbracht werden können. Wird das Formerfordernis nicht beachtet, so ist die Gerichtsstandsvereinbarung ungültig.[772]

Gemäß Art. 5 Abs. 3 IPRG darf das vereinbarte schweizerische Gericht seine Zuständigkeit nicht ablehnen, „wenn eine Partei ihren Wohnsitz, ihren gewöhnlichen Aufenthalt oder eine Niederlassung im Kanton des vereinbarten Gerichts hat“. Eine Ablehnung der internationalen Zuständigkeit durch die schweizerischen Gerichte ist auch unzulässig, wenn nach dem IPRG auf den Streitgegenstand schweizerisches Recht anzuwenden ist. Dieses gilt nach überwiegender Ansicht auch bei einer Rechtswahl zugunsten schweizerischen Rechts.[773]

Art. 5 Abs. 1 enthält in Satz 3 eine Vermutungsregel. Danach wird vermutet, dass die Parteien eine ausschließliche Zuständigkeit vereinbart haben, soweit sich aus der Vereinbarung nicht etwas Anderes entnehmen lässt.

4. Gerichtsstand der vorbehaltlosen Einlassung

In Art. 6 IPRG heißt es: „In vermögensrechtlichen Streitigkeiten begründet die vorbehaltlose Einlassung die Zuständigkeit des angerufenen schweizerischen Gerichtes, sofern dieses nach Artikel 5 Absatz 3 seine Zuständigkeit nicht ablehnen kann.“ Art. 6 IPRG weist einen engen sachlichen Zusammenhang mit Art. 5 IPRG auf. In der Prozessliteratur wird daher auch von einer ausdrücklichen und einer stillschweigenden Gerichtsstandsvereinbarung gesprochen.[774] Zulässig ist eine zuständigkeitsbegründende Einlassung lediglich in vermögensrechtlichen Streitigkeiten. Eingegrenzt wird die Einlassung auch durch den Verweis auf Art. 5 Abs. 3 IPRG. Hat eine Partei ihren Wohnsitz, gewöhnlichen Aufenthalt oder eine Niederlassung im Kanton des Gerichtes oder ist nach dem IPRG auf den Streitgegenstand schweizerisches Recht anzuwenden, so kann das Gericht seine durch rügelose Einlassung begründete Zuständigkeit nicht ableh-

---

771 S. Honsell / *Hess*, Internationales Privatrecht, 1996, Art. 5, Rn. 60.

772 Vgl. *Schwander*, Einführung in das internationale Privatrecht I., 2000, Rn. 647.

773 Vgl. *Leipold*, in: FS Schwab, 2000, S. 51 (68) m.w.N.

774 Vgl. Heini / *Volken*, IPRG Kommentar, 1993, Art. 6, Rn. 1; Honsell / *Hess*, Internationales Privatrecht, 1996, Art. 6, Rn. 21 m.w.N.

nen.[775] Art. 5 Abs. 3 IPRG stellt dabei nur Mindestanforderungen auf. Bei Vorliegen dieser Kriterien ist die Ablehnung der Zuständigkeit durch den Richter nicht zulässig. Sind diese Kriterien dagegen nicht erfüllt, so kann das Gericht, vor dem sich der Beklagte vorbehaltlos eingelassen hat, sich dennoch für unzuständig erklären.[776]

Eine vorbehaltlose Einlassung liegt vor, wenn der Beklagte unzweideutig vor dem angerufenen Gericht zur Hauptsache verhandelt. Stellt der Beklagte nur Anträge formeller Art, liegt keine Einlassung vor. Art. 18 EuGVÜ/LGVÜ ist dagegen weniger streng. Dort genügt die Verhandlung des Beklagten zu formellen Fragen. Die vorbehaltlose Einlassung bewirkt die direkte und die indirekte Zuständigkeit des eigentlich unzuständigen Gerichts.

5. Gerichtsstand der Widerklage

Art. 8 IPRG regelt die Zulässigkeit der Widerklage. Besteht ein sachlicher Zusammenhang zwischen Haupt- und Widerklage, so ist das Gericht der Hauptklage auch für die Widerklage international zuständig. Für den sachlichen Zusammenhang genügt eine Verrechenbarkeit nicht.[777]

II. Besondere Gerichtsstände

Die besonderen Zuständigkeitsvorschriften sind in den Artt. 33 ff. IPRG enthalten. In den Artt. 112-115 IPRG finden sich besondere Regeln für die Zuständigkeit bei schuldrechtlichen Streitigkeiten. Besonders hervorzuheben ist Art. 114 IPRG, der einen Gerichtsstand in Verbrauchersachen begründet.[778] Die Vorschriften der Artt. 112, 113 IPRG sind subsidiär gegenüber Art. 114 IPRG.[779]

1. Gerichtsstand des Vertrages (Art. 112 IPRG)

Für Klagen aus Schuldverträgen besteht grundsätzlichen eine Zuständigkeit der schweizerischen Gerichte am Wohnsitz bzw. Sitz der beklagten Partei. Auch bei Schuldverträgen gilt daher der Grundsatz actor sequitur forum rei. Hat die beklagte Partei keinen Wohnsitz in der Schweiz oder fehlt es überhaupt an einem Wohnsitz, so kann sie an ihrem gewöhnlichen Aufenthaltsort verklagt werden, sofern dieser in der Schweiz liegt. Unerheblich ist dabei, ob der Beklagte einen Wohnsitz im Ausland hat. Die schweizerische Aufenthaltszuständigkeit kann

---

775 S. Honsell / *Hess*, Internationales Privatrecht, 1996, Art. 6, Rn. 27.

776 Vgl. Honsell / *Hess*, Internationales Privatrecht, 1996, Art. 6, Rn. 28.

777 Vgl. *Walder*, Einführung in das internationale Zivilprozessrecht der Schweiz, 1989, § 5, Rn. 31.

778 Das IPRG verwendet hier den Begriff Konsument.

779 Zur Subsidiarität der Artt. 112, 113 IPRG vgl. Heini / *Keller / Kren Kostkiewicz*, IPRG Kommentar, 1993, Art. 114, Rn. 8.

hier mit der ausländischen Wohnsitzzuständigkeit konkurrieren.[780] Wohnsitz und gewöhnlicher Aufenthalt bestimmen sich nach Art. 20 Abs. 1, lit. a, b IPRG. Eine natürliche Person hat „ihren gewöhnlichen Aufenthalt in dem Staat, in dem sie während längerer Zeit lebt, selbst wenn diese Zeit von vornherein befristet ist".[781] Entscheidend ist der Zeitpunkt, in dem die Klage anhängig gemacht wurde.[782] Art. 112 Abs. 2 IPRG eröffnet zudem einen Gerichtsstand am Ort der Niederlassung, wenn sich die Klage auf die Tätigkeit der Niederlassung bezieht. Dieser Gerichtsstand steht zur Zuständigkeit gemäß Absatz 1 im Verhältnis der Alternativität. Die Niederlassung einer Gesellschaft befindet sich in dem Staat, in dem sie ihren Sitz oder eine Zweigniederlassung hat (Art. 21 Abs. 3 IPRG). Die Zuständigkeit am Ort der Niederlassung ist eröffnet, wenn der Schuldvertrag mit der Niederlassung geschlossen worden ist, der Schuldvertrag von der Niederlassung erfüllt werden soll oder es sich um Verpflichtungen handelt, die das Unternehmen zum Zwecke des Betriebes der Niederlassung eingegangen ist.[783] Die schuldrechtliche Klage muss mit der Geschäftstätigkeit der Niederlassung zusammenhängen.[784] Mit der Klagemöglichkeit am Ort der Niederlassung hat sich das schweizerische Recht dem EG-Recht (Art. 5 Nr. 5, Art. 8 Abs. 2, Art. 13 Abs. 2 EuGVÜ/LGVÜ, bzw. Art. 5 Nr. 5, Art. 9 Abs. 2, Art. 15 Abs. 2 EuGVO) angepasst.[785] Art. 112 IPRG begründet keine ausschließliche Zuständigkeit. Gerichtsstandsvereinbarungen sowie rügelose Einlassung bleiben weiterhin möglich.

2. Gerichtsstand des Erfüllungsortes (Art. 113 IPRG)

Art. 113 IPRG eröffnet die internationale Zuständigkeit der schweizerischen Gerichte in den Fällen, in denen „der Beklagte weder Wohnsitz oder gewöhnlichen Aufenthalt, noch eine Niederlassung in der Schweiz [hat] [.], aber die Leistung in der Schweiz zu erbringen [ist]".[786] Die Vorschrift, die gegenüber Art. 112 IPRG subsidiär ist, hat auch Eingang in das europäische Zuständigkeitsrecht gefunden (Art. 5 Nr. 1 EuGVÜ/LGVÜ/EuGVO).[787] Es kann nur in den Fällen am schweizerischen Erfüllungsort geklagt werden, in denen die Voraussetzungen für eine Klage am Wohnsitz, Sitz, gewöhnlichen Aufenthalt oder

---

780 S. Honsell / *Amstutz / Vogt / Wang*, Internationales Privatrecht, 1996, Art. 112, Rn. 9.

781 Zum Begriff des Wohnsitzes vgl. oben, § 17, B., I., 1.; ausführlich zum Wohnsitz und gewöhnlichen Aufenthalt im IPRG: *Levante*, Wohnsitz und gewöhnlicher Aufenthalt im internationalen Privat- und Zivilprozessrecht der Schweiz, 1998.

782 S. *Schwander*, Einführung in das internationale Privatrecht II., 1997, Rn. 680.

783 S. *Schwander*, Einführung in das internationale Privatrecht II., 1997, Rn. 680.

784 Vgl. Honsell / *Amstutz / Vogt / Wang*, Internationales Privatrecht, 1996, Art. 112, Rn. 11.

785 Vgl. *Stürner*, in: FS Schwab, 1990, S. 465 (476).

786 Art. 113 IPRG, abgedruckt in *Rehbinder / Zäch*, Schweizerische Gesetze.

787 Vgl. *Stürner*, in: FS Schwab, 1990, S. 465 (477).

der Niederlassung in der Schweiz nicht gegeben sind.[788] Ein schweizerischer Vertragspartner kann aber alternativ gemäß Art. 112 oder Art. 113 IPRG vorgehen, wenn der Beklagte keine solche Beziehung zur Schweiz hat. Die internationale Zuständigkeit der schweizerischen Gerichte wird dadurch erweitert. Art. 113 IPRG ist nur innerstaatlich subsidiär. Der Leistungsgegenstand muss in der Schweiz erbracht werden.[789] Die Qualifikation des Erfüllungsortes ist umstritten. Während nach überwiegender Ansicht in der Literatur eine Qualifikation lege fori verlangt wird, will eine Mindermeinung hier im Einklang mit der Praxis zum EuGVÜ lege causae qualifizieren. Dieser Mindermeinung folgt zu Recht auch die schweizerische Rechtsprechung.[790]

3. Gerichtsstand des Konsumenten (Art. 114 Abs. 1 IPRG)

Art. 114 Abs. 1 IPRG eröffnet „für die Klagen eines Konsumenten aus einem Vertrag, der den Voraussetzungen von Artikel 120 Absatz 1 entspricht," einen Wahlgerichtsstand am Wohnsitz oder gewöhnlichen Aufenthalt des Konsumenten (Art. 114 Abs. 1, lit. a IPRG) oder am Wohnsitz des Anbieters bzw., wenn ein solcher fehlt, an dessen gewöhnlichem Aufenthalt (Art. 114 Abs.1, lit. b).[791]

Gemäß Art. 120 IPRG liegt ein Konsumentenvertrag vor, wenn es sich um „Verträge über Leistungen des üblichen Verbrauchs [handelt], die für den persönlichen oder familiären Gebrauch des Konsumenten bestimmt sind und nicht im Zusammenhang mit der beruflichen oder gewerblichen Tätigkeit des Konsumenten stehen". Weder in der Begründung zu Art. 120 IPRG noch in den Materialien zu den Kodifikationen wird der Begriff der „Leistung" sowie der Begriff des „üblichen Verbrauchs" näher bestimmt. In der schweizerischen Literatur und Rechtsprechung wird hier von einer weiten Auslegung dieser Begriffe im Sinne von „Verträgen mit Konsumenten" ausgegangen.[792] Art. 120 Abs. 1 IPRG erfasst dabei sämtliche Vertragstypen, sofern sie die Anforderungen an einen Konsumentenvertrag erfüllen. Im Gegensatz zu den Vorschriften der Art. 13 Abs. 3 EuGVÜ/LGVÜ, Art. 15 Abs. 3 EuGVO unterliegen auch Beförderungsverträge dem Schutz des Art. 114 IPRG. Vom Anwendungsbereich des Art. 114 IPRG ausgenommen sind lediglich Arbeitsverträge, für die Art. 115 IPRG eine eigene Zuständigkeitsvorschrift enthält.[793]

---

788 Vgl. *Schwander*, Einführung in das internationale Privatrecht II., 1997, Rn. 681.

789 Auf den französischen Wortlaut verweisen Honsell / *Amstutz / Vogt / Wang*, Internationales Privatrecht, 1996, Art. 113, Rn. 7.

790 Ausführlich zum Streitstand hier Honsell / *Amstutz / Vogt / Wang*, Internationales Privatrecht, 1996, Art. 113, Rn. 13.

791 Artt. 114, 120 IPRG, abgedruckt in *Rehbinder / Zäch*, Schweizerische Gesetze.

792 Zur Ansicht in der schweizerischen Literatur vgl. Heini / *Keller / Kren Kostkiewicz*, IPRG Kommentar, 1993, Art. 120, Rn. 14.

793 Vgl. Heini / *Keller / Kren Kostkiewicz*, IPRG Kommentar, 1993, Art. 120, Rn. 14.

Art. 114 IPRG ermöglicht keine Klage des Verbrauchers am Sitz der Niederlassung i.S.d. Art. 112 Abs. 2 IPRG. Möglich ist nur eine Klage am gewöhnlichen Aufenthalt des Anbieters, wenn der Anbieter eine natürliche Person ist (Art. 20 Abs. 1, lit. b IPRG). Sinn und Zweck des Art. 114 Abs. 1 IPRG ist es aber, dem Verbraucher im Aktivprozess einen möglichst umfassenden Schutz zu gewähren. Folgt man hier einer teleologischen Auslegung, so muss dem Verbraucher auch die Möglichkeit einer Klage am inländischen Sitz der Niederlassung (entsprechend Art. 112 Abs. 2 IPRG) offen stehen.[794] Art. 114 IPR findet lediglich Anwendung, sofern die Voraussetzungen des Art. 120 IPRG vorliegen.

a. *Konsumentenvertrag*

Das schweizerisches Konsumentenrecht wurde gezielt an das europäische Recht angeglichen.[795] Auffällig ist die Ähnlichkeit des Konsumentenbegriffs mit dem Begriff des Verbrauchers in Art. 13 EuGVÜ, LGVÜ bzw. 15 EuGVO. Art. 120 Abs. 1 IPRG definiert den Begriff des Verbrauchers ebenfalls nicht ausdrücklich. Das Vorliegen eines Konsumentenvertrages wird vielmehr negativ bestimmt. Entscheidend ist auch hier, dass der Vertrag nicht im Zusammenhang mit der beruflichen oder gewerblichen Tätigkeit steht. Nach überwiegender Ansicht soll als Konsument dabei nur eine natürliche Person gelten.[796]

Im Gegensatz zu den Staatsverträgen (und zur EuGVO) ließ der schweizerische Gesetzgeber eine negative Abgrenzung des Konsumentenbegriffs aber nicht ausreichen. Zusätzlich wurde eine positive Abgrenzung vorgenommen.[797] Die Leistung muss für den persönlichen oder familiären Gebrauch des Konsumenten bestimmt sein. In der schweizerischen Lehre und Rechtsprechung ist man sich darin einig, dass diese doppelte Abgrenzung unnötig ist.[798] Allerdings besteht Uneinigkeit darüber, welches der beiden Abgrenzungskriterien weggelassen werden kann. Diejenigen in der Literatur, die das negative Abgrenzungskriterium weglassen wollen, begründen ihre Ansicht damit, dass das positive Merkmal des persönlichen oder familiären Gebrauchs gleichzeitig auch die Negation (kein Zusammenhang mit der beruflichen oder gewerblichen Tätigkeit) enthalte.[799] Dagegen stellt *Weber-Stecher* hier das Interesse an internationaler Harmonie in

---

794 So zu Recht *Weber-Stecher*, Internationales Konsumvertragsrecht, 1997, S. 194 f.

795 Honsell / *Brunner*, Internationales Privatrecht, 1996, Art. 120, Rn. 3.

796 S. Heini / *Keller / Kren Kostkiewicz*, IPRG Kommentar, 1993, Art. 120, Rn. 18.

797 Vgl. *Weber-Stecher*, der die Ursache dieser Tautologie in der Zurückhaltung des Schweizer Gesetzgebers gegenüber dem Konsumentenrecht sieht, die seiner Ansicht nach rechtspolitisch motiviert ist, *Weber-Stecher*, Internationales Konsumvertragsrecht, 1997, S. 45, Fn. 229 m.w.N.

798 S. *Rehbinder*, JKR 1995, S. 59; Heini / *Keller / Kren Kostkiewicz*, IPRG Kommentar, 1993, Art. 120, Rn. 12; Honsell / *Brunner*, Internationales Privatrecht, 1996, Art. 120, Rn. 21; Bezirksgericht Zürich, ZR 87 (1988), Nr. 92, S. 214 (221 f.).

799 S. Heini / *Keller / Kren Kostkiewicz*, IPRG Kommentar, 1993, Art. 120, Rn. 12; Bezirksgericht Zürich, ZR 87 (1988), Nr. 92, S. 214 (221 f.).

den Vordergrund und erklärt das positive Abgrenzungskriterium für entbehrlich, da das negative Abgrenzungskriterium in Europa verbreiteter sei.[800] Mit Blick auf einen umfassenden vergleichbaren europäischen Schutz ist dieser Ansicht zu folgen.

Im Ergebnis entsprechen aber beide schweizerischen Definitionen derjenigen des europäischen Rechts unabhängig davon, welches Kriterium weggelassen wird. Auch im schweizerischen Recht wird der Zweck des Vertrages in den Vordergrund gestellt. Entscheidend für das Vorliegen eines Konsumentenvertrages ist die Abgrenzung zwischen dem privaten und dem beruflichen oder gewerblichen Zweck.[801] Sowohl im schweizerischen Recht als auch im europäischen Recht soll die schwächere Vertragspartei geschützt werden.[802] Verbrauchervertrag und Konsumentenvertrag sind daher vergleichbar.[803]

Keine Anwendung findet Art. 114 Abs. 1 IPRG auf Verbraucherverbandsklagen. Es soll wie bei Art. 13 EuGVÜ/LGVÜ (Art. 15 EuGVO) lediglich der private Endverbraucher aufgrund seiner besonderen Stellung im Wirtschaftsleben geschützt werden.[804]

b. Art. 120 Abs. 1, lit. a IPRG

Art. 120 Abs. 1, lit. a i.V.m. Art. 114 IPRG eröffnet den Anwendungsbereich des Verbrauchergerichtsstands in den Fällen, in denen der Anbieter eine Bestellung des Konsumenten an dessen gewöhnlichen Aufenthalt entgegengenommen hat. Diese Geschäftskonstellation ist im EuGVÜ/LGVÜ nicht geregelt. Die Vorschrift entspricht vielmehr Art. 5 Abs. 2, 2. Gedankenstrich EVÜ (Art. 29 Abs. 1, Nr. 2 EGBGB). Unter Bestellung ist dabei eine vertragsrechtliche Annahmeerklärung zu verstehen.[805] Entscheidend ist das räumliche Verbleiben des Konsumenten im Aufenthaltsland. Nimmt der Anbieter (oder ein Stellvertreter) die Annahmeerklärung des Konsumenten in einem anderen Land als dem Aufenthaltsland des Konsumenten entgegen, so findet Art. 120 Abs. 1, lit. a IPRG keine Anwendung. Diese Vorschrift erweitert den Anwendungsbereich der verbraucherschützenden Zuständigkeitsvorschrift gegenüber den europäischen Vorschriften.

---

800 S. *Weber-Stecher*, Internationales Konsumvertragsrecht, 1997, S. 46.

801 Zum Streitstand zu den Begriffen „Konsument" und „Verbraucher", vgl. *Kren*, ZVglRWiss 88 (1989), S. 49 (61, Fn. 76) m.w.N.

802 Vgl. zum Schweizer IPRG: Honsell / *Brunner*, Internationales Privatrecht, 1996, Art. 120, Rn. 2.; zum EuGVÜ/LGVÜ/EuGVO, vgl. Staudinger / Hausmann, 2002, Anh. Art. 27-37 EGBGB, Rn. 92, 106.

803 Im Folgenden wird einheitlich der Begriff des Verbrauchers verwendet.

804 Vgl. dazu oben unter: § 5, A., IV.

805 S. Honsell / *Brunner*, Internationales Privatrecht, 1996, Art. 120, Rn. 30.

c. *Art. 120 Abs. 1, lit. c IPRG*

Art. 120 Abs. 1, lit. c IPRG entspricht ebenfalls keiner Regelung des EuGVÜ/LGVÜ, sondern wurde Art. 5 Abs. 2, 3. Gedankenstrich EVÜ (Art. 29 Abs. 1 Nr. 3 EGBGB) entnommen. Danach ist der Anwendungsbereich des Art. 120 IPRG auch eröffnet, „wenn der Anbieter den Konsumenten veranlasst hat, sich ins Ausland zu begeben und seine Bestellung dort abzugeben." Der Anwendungsbereich der verbraucherschützenden Regelungen ist eröffnet, obwohl der Verbraucher bewusst seinen Rechtskreis verlassen hat. Schutzwürdig ist der Verbraucher in diesen Fällen, da er vom Anbieter dazu bewegt wurde, das Inland zu verlassen. Diese Fälle der „Kaffeefahrten" umfasst nun auch die Vorschrift des Art. 15 Abs. 1, lit. c EuGVO.[806]

d. *Art. 120 Abs. 1, lit. b IPRG*

Art. 120 Abs. 1, lit. b entspricht weitgehend Art. 13 Abs. 1, Nr. 3 EuGVÜ/LGVÜ. Die Vorschrift verlangt ein Angebot oder eine Werbung, die dem Vertragsabschluss vorausgegangen ist, sowie die Vornahme der erforderlichen Rechtshandlung durch den Verbraucher am gewöhnlichen Aufenthaltsort. Insoweit ist auf die Ausführung zu Art. 13 Abs. 1 Nr. 3 EuGVÜ/LGVÜ zu verweisen.[807] Art. 120 IPRG verlangt im Gegensatz zum europäischen Recht aber keinen Bezug zum Wohnsitzland des Verbrauchers. Ausreichend ist ein Bezug zum Aufenthaltsort des Verbrauchers. Art. 120 Abs. 1, lit. b IPRG begrenzt den Anwendungsbereich auch nicht auf Dienstleistungen oder die Lieferung beweglicher Sachen. Die Vorschrift ist daher weiter als Art. 13 EuGVÜ/LGVÜ. Umfasst werden sämtliche Verträge, die mit Verbrauchern geschlossen wurden, sofern dem Vertragsschluss ein Angebot oder eine Werbung im Aufenthaltsland des Verbrauchers vorausging und der Verbraucher die zum Abschluss des Vertrages erforderlichen Rechtshandlungen in der Schweiz vorgenommen hat.[808] Die Vorschrift entspricht im Ergebnis eher dem neuen Art. 15 Abs. 1, lit. c EuGVO, der allerdings nur eine Ausrichtung der Tätigkeit auf den Wohnsitzstaat des Verbrauchers verlangt. Art. 15 Abs. 1, lit. c EuGVO ist daher weiter als der ein Angebot oder eine Werbung voraussetzende Art. 120 Abs. 1, lit. b IPRG.

---

[806] Vgl. dazu oben, § 12, B., II.

[807] Vgl. oben: § 5, B., III., 3.

[808] Mit Hinweisen auf Gesetzgebungsmaterialien zu Art. 120 IPRG und der Bestimmung des Art. 31 sexies, Abs. 3 Bundesverfassung der Schweizerischen Eidgenossenschaft vom 29. Mai 1874 (SR 101), Heini / *Keller / Kren Kostkiewicz*, IPRG Kommentar, 1993, Art. 120, Rn. 15 ff.

III. Unverzichtbarkeit der gesetzlichen Gerichtstände gemäß Art. 114 Abs. 2 IPRG

Der Verbraucher kann nicht im Voraus auf den Gerichtsstand an seinem Wohnsitz oder gewöhnlichen Aufenthalt verzichten (Art. 114 Abs. 2 IPRG). Zweck dieser Regelung ist es, den klagenden Verbraucher davor zu schützen, dass die ihm zustehenden Gerichtsstände mittels Formularverträgen ausgeschaltet werden.[809] Die Vorschrift entspricht inhaltlich Art. 15 Nr. 1 EuGVÜ/LGVÜ (Art. 17 Nr. 1 EuGVO). Im Gegensatz zu den europäischen Vorschriften stellt sie aber ein Verbot auf. Der Verbraucher kann sich nicht aufgrund seiner Unkenntnis zu einer Klage vor einem Gericht verpflichten, das von seinen Heimatgerichten weit entfernt ist. Unzulässig ist nur ein Verzicht auf die Gerichtsstände am Wohnsitz oder gewöhnlichen Aufenthalt des Verbrauchers. Zulässig ist daher (entsprechend Art. 15 Nr. 2 EuGVÜ/LGVÜ, Art. 17 Nr. 2 EuGVO) die Vereinbarung eines Gerichtsstandes zusätzlich zu dem Gerichtsstand des Wohnsitzes oder des gewöhnlichen Aufenthalts zu Gunsten des Verbrauchers.[810] Der Verbraucher kann zudem seinen zur Zeit des Vertragsabschlusses in der Schweiz liegenden Wohnsitz für maßgeblich erklären, damit ihm der Anbieter im Falle eines Wohnsitzwechsels nicht ins Ausland folgen muss.[811] Dies entspricht Art. 15 Nr. 3 EuGVÜ/LGVÜ, Art. 17 Nr. 3 EuGVO. Eine rügelose Einlassung i.S.d. Art. 6 IPRG bleibt ebenfalls zulässig, da die Streitigkeit im Zeitpunkt der Einlassung bereits entstanden ist.

Der Schutzbereich des Art. 114 Abs. 2 IPRG stimmt mit dem des Art. 15 Nr. 1-3 EuGVÜ/LGVÜ (Art. 17 Nr. 1-3 EuGVO) überein. Art. 114 Abs. 2 IPRG bietet insoweit einen dem europäischen Recht vergleichbaren Schutz. Art. 114 Abs. 2 IPRG gilt auch für den Passivgerichtsstand, da die Vorschrift, anders als Art. 114 Abs. 1 IPRG, keine Beschränkung auf Klagen des Verbrauchers enthält.[812]

Der Schutz der Verbraucher ist bei Gerichtsstandsvereinbarungen aufgrund des Art. 5 IPRG im schweizerischen Recht sogar weiter als der des europäischen Rechts. Der Verbraucher wird zusätzlich durch das Missbrauchsverbot des Art. 5 Abs. 2 IPRG geschützt. Nutzt der Anbieter seine stärkere Verhandlungsposition, um einen ihm vorteilhaften Gerichtsstand zu vereinbaren, so kann diese Vereinbarung auch noch nach Entstehung der Streitigkeit missbräuchlich i.S.d.

---

[809] S. Heini / *Keller / Kren Kostkiewicz*, IPRG Kommentar, 1993, Art. 114 IPRG, Rn. 10.

[810] A.A. *Rudisch*, in: Internationales Verbraucherschutzrecht, 1997, S. 191 (209), mit Verweis auf die Botschaft zum Bundesgesetz über das internationale Privatrecht, BBl. 135 (1983), I, S. 263 (412 f.).

[811] S. *Weber-Stecher*, Internationales Konsumvertragsrecht, 1997, S. 198.

[812] S. *Rudisch*, in: Internationales Verbraucherschutzrecht, 1995, S. 191 (209).

Art. 5 Abs. 2 IPRG sein. Die Gerichte können hier eigene Fallgruppen entwickeln.[813]

Art. 5 Abs. 2 IPRG schützt aber lediglich vor einer Gerichtsstandsvereinbarung, mit der die schweizerische Zuständigkeit entzogen wird. Klagt ein Anbieter gegen einen Verbraucher mit Wohnsitz oder gewöhnlichem Aufenthalt in einem anderen Staat, so wird der Verbraucher nicht durch Art. 5 Abs. 2 IPRG geschützt.

C. Auswirkungen auf den Verbraucherschutz

Der Anwendungsbereich des LGVÜ ist bei Verbraucherstreitigkeiten in den gleichen Fällen eröffnet wie der des EuGVÜ.[814] Der Schutzbereich der verbraucherschützenden Regelungen der Art. 114 i.V.m. Art. 120 IPRG ist durch den Verweis auf die Vorschrift des Art. 120 IPRG weiter als der des Art. 13 EuGVÜ/LGVÜ. Fraglich ist aber, ob die Zuständigkeitsregel des Art. 114 IPRG Verbraucher umfassender schützt als die Vorschriften des europäischen Zuständigkeitsrechts.

I. Der Verbraucher in der Rolle des Beklagten

Klagt der Anbieter gegen den Verbraucher, so bestimmt sich die internationale Zuständigkeit der schweizerischen Gerichte nach den allgemeinen Vorschriften des IPRG. Eine besondere Schutzvorschrift zugunsten des beklagten Verbrauchers findet sich im schweizerischen Recht nicht. Art. 114 Abs. 1 IPRG regelt ausschließlich den Fall eines Aktivprozesses des Verbrauchers. Eine Vorschrift, die Art. 14 Abs. 2 EuGVÜ/LGVÜ (Art. 16 Abs. 2 EuGVO) entspricht, fehlt.

Der inländische Gerichtsstand am Wohnsitz des Beklagten ist gemäß Art. 112 Abs. 1 IPRG eröffnet. Der Verbraucher kann auch am Gerichtsstand des Erfüllungsortes (Art. 113 IPRG) verklagt werden, sofern er weder Wohnsitz noch gewöhnlichen Aufenthalt im Inland hat.[815] Zudem kann der Anbieter den

---

813 Vgl. Honsell / *Hess*, Internationales Privatrecht, 1996, Art. 5, Rn. 60.

814 *Weber-Stecher* übersieht, dass bei einer Klage eines schweizerischen Anbieters gegen einen Verbraucher mit Sitz in einem Drittstaat die schweizerischen Gerichte nach ihrem IPRG und nicht nach dem LGVÜ entscheiden (vgl. *Weber-Stecher*, Internationales Konsumvertragsrecht, 1997, S. 196).

815 Anders dagegen *Weber-Stecher*, der hier die Klagemöglichkeit des Anbieters am Gerichtsstand des Erfüllungsortes verneint. Er begründet diese Ansicht damit, dass die Eröffnung des Gerichtsstands am Erfüllungsort für die Klagen des Anbieters der Grundidee der Konsumentenvorschriften des IPRG widerspreche. Die Vorschriften des IPRG sollen dem Konsumenten ein möglichst nahes Forum sicheRn. Der Gerichtsstand des Erfüllungsortes könne daher nicht eröffnet sein (S. *Weber-Stecher*, Internationales Konsumvertragsrecht, 1997, S. 196 f.). Dagegen ist aber einzuwenden, dass das IPRG keinen entsprechenden Hinweis enthält. Es fehlt hier an einer Regelungslücke. Lediglich die Vorschrift des Art. 114 Abs. 2 IPRG findet auf Passivklagen Anwendung. Sämtliche all-

Verbraucher am inländischen Gerichtsstand der Widerklage (Art. 8 IPRG) verklagen.[816] Das schweizerische Recht schützt den Verbraucher in diesen Fällen nicht. Die internationale Zuständigkeit der schweizerischen Gerichte ist eröffnet, obwohl keine besondere Nähebeziehung zur Schweiz besteht.

Im Falle von Gerichtsstandsvereinbarungen wird der Verbraucher im Passivprozess durch Art. 114 Abs. 2 IPRG geschützt. Diese Vorschrift ist nicht auf Aktivprozesse des Verbrauchers begrenzt. Sie entspricht Art. 15 Nr. 1-3 EuGVÜ/LGVÜ (Art. 17 Nr. 1-3 EuGVO). Der Verbraucher kann danach nicht im Voraus auf den Gerichtsstand an seinem Wohnsitz oder gewöhnlichen Aufenthalt verzichten. Möglich bleibt aber eine Vereinbarung mit dem Vertragspartner, nach der die Gerichte am schweizerischen Wohnsitz des Verbrauchers auch bei einem Wohnsitzwechsel des Verbrauchers zuständig sind. Der Anbieter muss dem Verbraucher in diesen Fällen nicht ins Ausland folgen. Die Eröffnung der internationalen Zuständigkeit durch rügelose Einlassung des Beklagten wird durch Art. 114 Abs. 2 IPRG nicht eingeschränkt. Der Verbraucher verzichtet hier nicht im Voraus auf den Gerichtsstand an seinem Wohnsitz.

Der Schutzbereich des Art. 114 Abs. 2 IPRG wird durch das Missbrauchsverbot des Art. 5 Abs. 2 IPRG gegenüber dem europäischen Recht erweitert. Der Verbraucher wird mit diesen Vorschriften umfassend vor Gerichtsstandsvereinbarungen geschützt, mit denen ihm ein schweizerischer Gerichtsstand entzogen wird. Die Vorschrift schützt auch vor dem Entzug des inländischen Gerichtsstandes nach Entstehung der Streitigkeit. Der Missbrauchstatbestand des Art. 5 Abs. 2 IPRG findet aber nur auf den Entzug eines schweizerischen Gerichtsstands Anwendung.[817]

II. Der Verbraucher in der Rolle des Klägers

Klagt ein Verbraucher i.S.d. Art. 120 IPRG, der seinen Wohnsitz oder gewöhnlichen Aufenthalt in der Schweiz hat, gegen einen Anbieter, so wird er durch Art. 114 Abs. 1 IPRG geschützt. Der Verbraucher kann seinen Vertragspartner wahlweise an seinem Wohnsitz oder an seinem gewöhnlichen Aufenthalt verklagen (Art. 114 Abs. 1, lit. a IPRG).

Art. 114 Abs. 1, lit. b IPRG ermöglicht zudem eine Klage des Verbrauchers am Wohnsitz des Anbieter oder, wenn ein solcher fehlt, an dessen gewöhnlichem Aufenthalt. Ein Verbraucher, der im Ausland ansässig ist, kann daher ebenfalls vor den schweizerischen Gerichten klagen, wenn der Anbieter in der Schweiz domiziliert ist oder dort zumindest seinen gewöhnlichen Aufenthalt hat. Nach dem Sinn und Zweck des Art. 114 Abs. 1 IPRG muss zudem eine Klage am in-

---

gemeine Vorschriften finden daher Anwendung; ohne Begründung Art. 113 IPRG hier bejahend: Heini / *Keller / Kren Kostkiewicz*, IPRG Kommentar, 1993, Art. 114, Rn. 12.

816 S. *Rudisch*, in: Internationales Verbraucherschutzrecht, 1995, S. 191 (208).

817 Vgl. *Rudisch*, in: Internationales Verbraucherschutzrecht, 1995, S. 191 (210).

ländischen Sitz der Niederlassung des Anbieters i.S.d. Art. 112 Abs. 2 IPRG möglich sein.

Gerichtsstandsvereinbarungen, mit denen die Zuständigkeit der Gerichte am Wohnsitz oder gewöhnlichen Aufenthalt des Verbrauchers eingeschränkt werden sollen, sind gemäß Art. 114 Abs. 2 IPRG nur zulässig, wenn die Vereinbarung nach Entstehung der Streitigkeit erfolgt. Möglich bleibt aber die Vereinbarung weiterer Gerichtsstände zusätzlich zum Gerichtsstand des Wohnsitzes oder gewöhnlichen Aufenthalts zu Gunsten des klagenden Verbrauchers. Die internationale Zuständigkeit der schweizerischen Gerichte kann auch durch rügelose Einlassung begründet werden.

Werden dem Verbraucher die schweizerischen Gerichtsstände nachträglich, missbräuchlich entzogen, so ist er gemäß Art. 5 Abs. 2 IPRG geschützt. Eine dem Art. 5 Abs. 2 IPRG entsprechende Vorschrift findet sich im EuGVÜ/LGVÜ bzw. der EuGVO nicht.

III. Internet-Verträge

Im Falle von Verträgen, die über das Internet geschlossen wurden, werden Verbraucher im schweizerischen Recht ebenfalls durch die Vorschriften in Art. 114 i.V.m. Art. 120 IPRG geschützt. Gemäß Art. 114 i.V.m. Art. 120 Abs. 1, lit. a IPRG ist der Verbrauchergerichtsstand in einem Fall eröffnet, in dem der Anbieter eine Bestellung des Konsumenten an dessen gewöhnlichem Aufenthalt entgegengenommen hat. Stellt man für eine online abgegebene Willenserklärung darauf ab, wo sich der Verbraucher bei der Abgabe der Willenserklärung befand, so führt eine im Aufenthaltsstaat abgegebene und entgegengenommene Willenserklärung zur Anwendbarkeit der Art. 114 i.V.m. Art. 120 Abs. 1, lit. a IPRG.[818]

Art. 114 i.V.m. Art. 120 Abs. 1, lit. b IPRG ist bei Internet-Verträgen ebenfalls anwendbar. Art. 120 Abs. 1, lit. b IPRG umfasst sämtliche Verträge, die mit Verbrauchern geschlossen wurden, sofern dem Vertragsschluss ein Angebot oder eine Werbung im Aufenthaltsland des Verbrauchers vorausging und der Verbraucher die zum Abschluss des Vertrages erforderlichen Rechtshandlungen in seinem Aufenthaltsland vorgenommen hat.[819] Die Voraussetzung eines Angebots oder einer Werbung sowie das Erfordernis einer Rechtshandlung in der Schweiz lassen sich hier mit den gleichen Argumenten begründen wie bei dem (fast wortgleichen) Art. 13 Abs. 1, Nr. 3 EuGVÜ/LGVÜ.[820] Allerdings fehlt bei

818 Art. 120 Abs. 1, lit. a IPRG hier bejahend: *Weber-Stecher*, Internationales Konsumvertragsrecht, 1997, S. 144; vgl. zu Art. 13 Abs. 1, Nr. 3 EuGVÜ/LGVÜ oben, § 5, E., IV.

819 Mit Hinweisen auf Gesetzgebungsmaterialien zu Art. 120 IPRG und der Bestimmung des Art. 31 sexies, Abs. 3 Bundesverfassung der Schweizerischen Eidgenossenschaft vom 29. Mai 1874 (SR 101), Heini / *Keller / Kren Kostkiewicz*, IPRG Kommentar, 1993, Art. 120, Rn. 15 ff.

820 Vgl. oben: § 5, E.

der schweizerischen Norm eine Begrenzung auf Dienstleistungen oder die Lieferung beweglicher Sachen. Die Vorschrift entspricht insoweit eher dem neuen Art. 15 Abs. 1, lit. c EuGVO, der allerdings kein Angebot oder Werbung und auch keine Rechtshandlung im Aufenthaltsstaat des Verbrauchers verlangt. Art. 114 IPRG findet daher grundsätzlich auch auf Verträge Anwendung, die ein Verbraucher über das Internet abgeschlossen hat.

IV. Abschließende Bewertung

Besonders hervorzuheben ist der abschließenden Charakter des schweizerischen IPRG. Das Gesetz regelt umfassend die internationale Zuständigkeit, das anwendbares Recht sowie die Anerkennung und Vollstreckung ausländischer Entscheidungen. Zu begrüßen ist die starke Anlehnung der Vorschriften in Art. 114 i.V.m. Art. 120 IPRG an das europäische Recht. Zwar orientiert sich Art. 120 IPRG stärker an Art. 5 EVÜ (Art. 29 EGBGB) als an Art. 13 EuGVÜ/LGVÜ; er entspricht aber in weiten Teilen dem neuen Art. 15 EuGVO.

Im Gegensatz zum österreichischen Konsumentenschutzgesetz hilft das schweizerische IPRG nicht nur Verbrauchern mit Wohnsitz oder gewöhnlichem Aufenthalt oder Beschäftigung in der Schweiz, sondern findet auch auf Verbraucher mit Wohnsitz in ausländischen Staaten Anwendung. Im Falle von Aktivprozessen ist der Verbraucher weitgehend geschützt; ihm wird ein Wahlgerichtsstand in der Schweiz gewährt und er wird vor Gerichtsstandsvereinbarungen zu seinen Lasten bewahrt. Dagegen besteht kein umfassender Schutz des Verbrauchers nach dem IPRG im Falle von Passivprozessen. Die internationale Zuständigkeit der schweizerischen Gerichte kann sich aus dem Erfüllungsort in der Schweiz ergeben, obwohl der Verbraucher weder Wohnsitz noch gewöhnlichen Aufenthalt in der Schweiz hat.[821] Hier bleiben auch im schweizerischen Recht Schutzlücken.[822] Das schweizerische IPRG bietet daher trotz der verbraucherschützenden Zuständigkeitsregel keinen dem europäischen Zuständigkeitsrecht vergleichbaren Verbraucherschutz.

---

[821] Die Begründung der internationalen Zuständigkeit durch rügelose Einlassung ist auch im europäischen Recht möglich (Art. 18 EuGVÜ/LGVÜ, Art. 24 EuGVO).

[822] A.A. *Weber-Stecher*, der im Falle von Passivprozessen des Konsumenten die Anwendbarkeit des Art. 113 IPRG verneint, vgl. *Weber-Stecher*, Internationales Konsumvertragsrecht, 1997, S. 144.

§ 18 Das Recht der internationalen Zuständigkeit in England

A. Verhältnis von nationalem Recht und europäischem Recht

Am 9. Oktober 1978 traten das Vereinigte Königreich und Irland dem EuGVÜ bei. Das Übereinkommen konnte in England nicht durch Ratifizierung in nationales Recht umgesetzt werden.[823] Es bedurfte eines Transformationsgesetzes. Umgesetzt wurde das EuGVÜ im Vereinigten Königreich daher in Form eines Mantelgesetzes durch den Civil Jurisdiction and Judgments Act 1982 (CJJA 1982), der am 1. Januar 1987 in Kraft trat.[824] Die weiteren Beitrittsübereinkommen zum EuGVÜ wurden durch Änderungen des CJJA 1982 übernommen. Der CJJA 1982 enthält siebenundfünfzig *sections*, einzelne Vorschriften, die das EuGVÜ im Vereinigten Königreich umsetzen und siebzehn *schedules*, Anhänge mit den Übereinkommenstexten.[825] Der eigentliche Text des EuGVÜ befindet sich in schedule 3. Das Übereinkommen wird durch Section 2 (1) CJJA 1982 direkt in Kraft gesetzt.

Das Übereinkommen von Lugano wurde durch ein weiteres Gesetz in nationales Recht transformiert.[826] Es trat am 1. Mai 1992 durch den Civil Jurisdiction and Judgments Act 1991 in Kraft.[827] Es wurde ein neuer schedule (3c) in den CJJA 1982 eingefügt, der den Text des Übereinkommens enthält.[828] Der CJJA 1982 ersetzt das traditionelle englische Zuständigkeitsrecht nur im sachlichen und räumlichen Anwendungsbereich des EuGVÜ. Da das Vereinigte Königreich keinen einheitlichen Staat darstellt, sondern in die Staaten England, Wales, Schottland und Nordirland geteilt ist, wurden Regelungen erforderlich, die die Zuständigkeit der Gerichte der jeweiligen Staaten bestimmen. In abgewandelter Form gelten die Vorschriften des EuGVÜ daher auch im interlokalen Recht zwischen England, Wales, Schottland[829] und Nordirland (Modified Convention).[830]

---

[823] *Collins*, Dicey and Morris on the conflict of laws, 1987, S. 8 f.

[824] Civil Jurisdiction and Judgments Act 1982 (1982 c 27), abgedruckt in: Halsbury's Statutes, Vol. 11, S. 1158 ff.

[825] S. *v. Rönn*, Die Anwendung des Europäischen Gerichtsstands- und Vollstreckungsübereinkommens, 1996, S. 26 f.

[826] Civil Jurisdiction and Judgments Act 1991 (1991 c 12), abgedruckt in: Halsbury's Statutes, Vol. 11, S. 1410 f.

[827] Civil Jurisdiction and Judgments Act 1991 (Commencement) Order 1992, SI 1992/754.

[828] S. *v. Rönn*, Die Anwendung des Europäischen Gerichtsstands- und Vollstreckungsübereinkommens, 1996, S. 26 f.

[829] Zu den Besonderheiten des schottischen Zuständigkeitsrecht vgl. *Niegisch*, Mehrspurigkeit des Internationalen Zivilverfahrensrechts in den Mitgliedsstaaten der Europäischen

Entscheidend für die Anwendbarkeit des EuGVÜ ist der Wohnsitz des Beklagten. Da der englische Begriff des *domicile* erheblich von dem Wohnsitzbegriff des EuGVÜ abwich, wurde das Vereinigte Königreich von den anderen Vertragsstaaten dazu verpflichtet, seinen Begriff des *domicile* an den kontinentaleuropäischen Begriff anzupassen.[831] Entsprechende Regelungen finden sich in section 41-46 CJJA 1982.[832]

Das Vereinigte Königreich und Irland erklärten gemäß Art. 3 des Protokolls Nr. 4 zum Amsterdamer Vertrag dass sie sich an der Annahme und der Anwendung der EuGVO beteiligen wollen.[833] Innerhalb des Anwendungsbereichs des EuGVÜ/LGVÜ bzw. der EuGVO ist das nationale Recht daher ausgeschlossen.

B. Das System der internationalen Zuständigkeit im englischen Recht

Im April 1999 trat in England, das bis zu diesem Zeitpunkt kein umfassend kodifziertes Zivilprozessrecht besaß, erstmalig eine der deutschen ZPO ähnelnde Kodifikation in Kraft, die im Kern für alle englischen Gerichte gleichermaßen Anwendung findet.[834]

Die internationale Zuständigkeit ist nach dem englischen *common law* grundsätzlich immer dann eröffnet, wenn die Gerichte die Möglichkeit haben, dem Beklagten die Klageschrift (*writ of summons*) zuzustellen. Das englische Recht unterscheidet dabei zwischen zwei Klageformen. Die *action in personam* bezeichnet das Verfahren, in dem die obligatorischen Rechte gegen eine natürliche

---

Gemeinschaft am Beispiel des Vereinigten Königreiches, 1993, S. 97 ff.; *Mennie,* in: Ein internationales Zivilverfahrensrecht für Gesamteuropa, 1992, S. 395 (416 ff.).

830 Die Modified Convention ist Bestandteil der CJJA 1982 (section 16, i.V.m. schedule 4); zu Recht verweist *Kohler* darauf, dass diese autonome Rezeption nicht zwindend auch die Vorschriften der EuGVO erfasst. Schließlich wurden die Vorschriften des EuGVÜ in diesem Fall nicht unverändert in das innerstaatliche Recht übernommen; vgl dazu *Kohler,* in: FS Geimer 2002, S. 461 (464).

831 Vgl. *v. Rönn*, Die Anwendung des Europäischen Gerichtsstands- und Vollstreckungsübereinkommens, 1996, S. 54 ff.

832 Section 41 II, a, b, CJJA 1982: "An individual is domiciled in the United Kingdom if and only if he is resident in the United Kingdom; and the nature and circumstances of his residence indicate that he has a substantial connection with the United Kingdom." Section 42 III CJJA 1982: "A corporation or association has its seat in the United Kingdom if and only if it was incorporated or formed under the law of a part of the United Kingdom and has its registered office or some other official address in the United Kingdom; or its central management and control is exercised in the United Kingdom."

833 S. Einleitung zu der Verordnung (EG) 44/2001, ABl.EG 2001 L 12/1 vom 16.1.2001, S. 2, Rn. 20.

834 Vgl. ausführlich zu den civil procedure rules: *Greene*, The New Civil Procedure Rules, 1999; *Stürner*, ZVglRWiss 99 (2000), 310 ff.

oder eine juristische Person geltend gemacht werden. Das Urteil eines solchen Rechtsstreits wirkt wie im deutschen Recht nur inter partes. Daneben besteht die Möglichkeit, eine dingliche Klage zu erheben (*action in rem*). Diese Verfahrensart ist eine Besonderheit des englischen Rechts.

Die *action in personam* umfasst grundsätzlich alle zivilprozessualen Verfahren. Nicht umfasst sind die Verfahren in Scheidungs-, Familiensachen, Entmündigungs- und Pflegschaftsverfahren sowie Konkurs– und Schiedsgerichtsverfahren.

Für Verbraucherstreitigkeiten ist die *jurisdiction in rem* nicht von Bedeutung.[835] Zu untersuchen ist hier daher nur die *jurisdiction in personam*. Im englischen Zuständigkeitsrecht finden sich keine speziellen verbraucherschützenden Vorschriften. Im Folgenden ist daher zu untersuchen, wie sich das englische Zuständigkeitsrecht auf Verbraucherstreitigkeiten auswirkt. Dabei ist von dem Verbraucherbegriff des europäischen Zuständigkeitsrechts (EuGVÜ / LGVÜ / EuGVO) auszugehen.

C. Jurisdiction in personam

I. Zuständigkeitsbegründung durch Zustellung im Vereinigten Königreich

Das englische Zuständigkeitsrecht stellt auf die körperliche Anwesenheit des Beklagten in England ab (*presence*). Die Zuständigkeit der englischen Gerichte ist grundsätzlich dann eröffnet, wenn dem Beklagten während seiner Präsenz auf englischem Territorium die Klageschrift zugestellt werden kann. In der deutschen Literatur wird diese Regel als Zustellungszuständigkeit bezeichnet. Dabei ist zwischen natürlichen Personen, Personengesellschaften und Kapitalgesellschaften zu unterscheiden.

1. Natürliche Personen

Natürliche Personen müssen im Zeitpunkt der Zustellung körperlich auf englischem Territorium anwesend sein. Selbst ein nur vorübergehender Aufenthalt

---

835 Die *action in rem* ist ein Verfahren, dass sich gegen Schiffe oder andere Sachen richtet, die mit einem Schiff in Verbindung stehen. Zumeist handelt es sich hierbei um Streitigkeiten über die Schiffe selbst, ihre Ladung oder das Frachtgeld. Die Parteien müssen die Klagen in der Admiralty Division der Queen`s Bench führen. Die möglichen Ansprüche sind in der section 20 Supreme Court Act (SCA) 1981 enumerativ aufgelistet. Ziel der *action in rem* ist es, den Kläger aus der Sache zu befriedigen. Das Gericht belegt die Sache mit einem Arrest. Das resultierende Urteil stellt die Rechte an der Sache mit Wirkung inter omnes fest. Die Unterscheidung zwischen obligatorischen und dinglichen Klagen stammt noch aus dem römischen Recht und fand im späten Mittelalter Eingang in das *common law*; vgl. dazu *Ingenhoven*, Grenzüberschreitender Rechtsschutz durch englische Gerichte, 2001, S. 36 ff.

von wenigen Stunden genügt, um die Zuständigkeit der englischen Gerichte zu begründen.[836] Auch in den Fällen, in denen der Beklagte nachträglich das Land verlässt, bleibt die einmal begründete internationale Zuständigkeit der englischen Gerichte bestehen. Nach heutiger Rechtsprechung genügt es, wenn sich der Beklagte innerhalb von sieben Tagen nach Zustellung der Klageschrift in England aufgehalten und von der Klageschrift Kenntnis erlangt hat.

Der technische Vorgang der Zustellung erfolgte bisher durch Parteizustellung. Möglich war auch eine Anwaltszustellung, wenn der Beklagte seinen Anwalt zur Entgegennahme solcher Urkunden bevollmächtigt hatte. Auch die vertragliche Abbedingung und Ersetzung der persönlichen Zustellung durch eine beliebige Art der Übermittlung war möglich. In Ausnahmefällen war mit Genehmigung des Richters daher eine Ersatzzustellung per Post, öffentlicher Zustellung oder an einen dem Zustellungsadressat nahestehenden Empfänger möglich (*substituted service*).[837]

Mit der am 26. April 1999 in Kraft getretenen Reform des englischen Zivilprozessrecht (*Civil Procedure Rules*) wurde die Amtszustellung als neue Zustellungsform eingeführt.[838] Die Parteien können die Parteizustellung aber weiterhin beantragen (CPR, r. 6.3 (1) (b)). Die verschiedenen Zustellungsmöglichkeiten sind in CPR, r. 6.2 aufgelistet. Die Zustellung kann durch Zusendung der Klageschrift per Post, durch persönliche Überreichung einer Kopie und den Einwurf in den Briefkasten erfolgen. Möglich ist nun auch die Zustellung durch Hinterlassen der Schrift in einem speziellen Postfach, wie es *solicitors* führen, sowie per Fax oder über elektronische Medien.

2. Personengesellschaften

Partner einer Personengesellschaft (*partnership*), die gesamtschuldnerisch haften, können unter ihrer Firma klagen und verklagt werden. Eine *partnership* ist keine juristische Person und kann mit einer deutschen OHG verglichen werden.[839] Auch die Personengesellschaft muss sich auf englischem Territorium befinden, wenn die Klageschrift zugestellt wird. Die Klage gegen eine *partnership* ist am inländischen Hauptsitz einem Gesellschafter oder einer Person, die die Leitung und Kontrolle der *partnership* innehat, zuzustellen CPR, r. 6.4 (5). Aus-

---

836 Vgl. hierzu die neueren Urteile englischer Gerichte: Svendborg v. Wansa [1996] 2 Lloyd`s Rep. 559; Haji-Ioannou v. Frangos [1999] 2 Lloyd`s Rep. 337 (343); Barclays Bank of Swaziland v. Hahn [1989] 1 W.L.R., 506 ff.

837 Vgl. *Bunge*, Zivilprozeß und Zwangsvollstreckung in England, 1995, S. 86 f.

838 Vgl. CPR, r. 6.3; ausführlich zu den neuen Civil Procedure Rules: *Sobich*, JZ 1999, S. 775.

839 Die limited partnership entspricht dabei einer deutschen KG.

reichend ist auch die Zustellung an eine Geschäftsniederlassung auf englischem Hoheitsgebiet.[840]

3. Kapitalgesellschaften

Im Falle von Kapitalgesellschaften (*companies*) wird die internationale Zuständigkeit der englischen Gerichte ebenfalls durch Zustellung der Klageschrift an eine im Zeitpunkt der Klageerhebung in England präsente Gesellschaft eröffnet. Nach der englischen Rechtsprechung bestimmt sich die Anwesenheit nach der Geschäftstätigkeit. Entscheidend ist, dass zumindest ein vertretungsberechtigter Agent, der an keine Weisungen gebunden ist, in England tätig ist.

II. Zuständigkeitsbegründung durch Auslandszustellung

Der Gesetzgeber erkannte, dass das alleinige Abstellen auf die körperliche Anwesenheit des Beklagten in England dazu führen kann, dass der Kläger trotz offensichtlicher Verbindung des Falles zu England die andere Partei im Ausland verklagen muss. Aus diesem Grund wurde die Vorschrift der Ord. 11 Rules of the Supreme Court (RSC) eingefügt, die in bestimmten, abschließend aufgezählten Fällen auch eine Auslandszustellung zur Begründung der internationalen Zuständigkeit der englischen Gerichte genügen ließ. Mit Erlass der CPR 1999 wurden diese Regelungen in eine eigene „*rule*" übernommen.

Es ist hier zwischen der Auslandszustellung mit und ohne Genehmigungserfordernis zu unterscheiden.

Ohne Genehmigung des Gerichts kann eine Klage zugestellt werden, wenn Gesetze, wie z.B. der Protection of Trading Interests Act 1980, es erlauben (CPR, r. 6.19 (2)). Ist die internationale Zuständigkeit der englischen Gerichte nach den Vorschriften des EuGVÜ oder LGVÜ eröffnet, so ermöglicht CPR, r. 6.19 zudem eine Zustellung im Ausland ohne Genehmigung. Die Klage muss eine Erklärung über die Gründe beinhalten, nach denen der Kläger berechtigt ist, die Klage außerhalb des englischen Zuständigkeitsbereichs zuzustellen (CPR, r. 6.19 (3)). Zudem muss der Kläger schriftlich bescheinigen, dass das Gericht kraft des Civil Jurisdiction and Judgments Act 1982 (CJJA 1982) die Befugnis hat, den Kläger zu hören und die Klage zu entscheiden. Gemäß CPR, r. 6.19 (1) (a) darf die Klage dabei nicht in einem anderen Vertragsstaat anhängig sein.[841] In diesen Fällen bewirkt die Auslandszustellung dann nicht die internationale Zuständigkeit der englischen Gerichte, da sich diese bereits aus dem vorrangigen Staatsvertrag ergibt.

Die Genehmigung (*leave or permission of the court*) für eine Auslandzustellung erfolgt nur unter bestimmten formellen und materiellen Voraussetzungen. Die

---

840 Vgl. *Ingenhoven*, Grenzüberschreitender Rechtsschutz durch englische Gerichte, 2001, S. 42 f.

841 S. *Sime*, A Practical Approach to Civil Procedure, 2000, S. 117.

Erteilung der Genehmigung liegt dabei im Ermessen des Gerichts. Der Kläger muss als materielle Voraussetzung für die Genehmigung darlegen, dass seine Klage unter einen der Zuständigkeitsgründe des CPR, r. 6.20 fällt. Zudem muss die Klage eine vernünftige Aussicht auf Erfolg in der Hauptsache aufweisen und das Gericht muss davon überzeugt sein, dass England das forum conveniens ist.

Für Verbraucherstreitigkeiten sind dabei nur einige Zuständigkeitsgründe relevant. Gemäß CPR, r. 6.20 (1) ist eine Auslandszustellung in den Fällen zulässig, in denen ein Rechtsbehelf gegen eine Person beantragt wird, die ihren Wohnsitz in England hat, sich aber im Zeitpunkt der Klageerhebung nicht dort aufhält. Eine Person hat ihren Wohnsitz in England, wenn sie sich dort aufhält und die Natur und Umstände des Aufenthalts ergeben, dass die Person hinreichende Verbindungen zu England hat.[842]

Bei vertragsrechtlichen Anspruchsgrundlagen ist gemäß CPR, r. 6.20 (5) die Zuständigkeit in den Fällen eröffnet, in denen der Vertrag in England geschlossen wurde (CPR, r. 6.20 (5) (a)), der Vertrag durch einen in England ansässigen oder dort tätigen Vertreter angebahnt oder abgeschlossen wurde (CPR, r. 6.20 (5) (b)), der Vertrag englischem Recht unterliegt (CPR, r. 6.20 (5) (c)) oder eine Gerichtsstandsvereinbarung zugunsten eines englischen Gerichts geschlossen wurde (CPR, r. 6.20 (5) (e)).[843] Ein Zuständigkeitsgrund besteht auch für den Fall, dass der Vertrag in England gebrochen wird (CPR, r. 6.20 (6)). Häufigste Art eines Vertragsbruches ist die Nichtleistung auf eine Geldforderung.[844] CPR, r. 6.20 (7) betrifft den Fall, dass eine Klage auf Feststellung erhoben wurde, dass kein Vertrag existiert und, wenn er doch existiert, den Vorschriften des Absatzes 5 entspricht.

In einem letzten Schritt prüft das englische Gericht die Zulässigkeit einer Auslandszustellung nach den Grundsätzen der forum non conveniens-Lehre. Hält das Gericht die ausländischen Gerichte zur Lösung des konkreten Falles für geeigneter, so lehnt es die Auslandszustellung ab. Kommt das Gericht dagegen zu dem Ergebnis, dass die englischen Gerichte zur Entscheidung des Rechtsstreites besser geeignet sind, so wird die Auslandszustellung genehmigt. Die internationale Zuständigkeit der englischen Gerichte ist dann eröffnet. Im Falle eines non liquet, in dem sich das geeignetere Forum nicht ermitteln lässt, muss das englische Gericht die Genehmigung ebenfalls ablehnen, da der Kläger bei einer Aus-

---

842 *Jasper*, Forum Shopping in England und Deutschland, 1990, S. 36.

843 Nicht entscheidend ist, ob die Anwendung englischen Rechts durch Rechtswahl oder objektiv bestimmt wird; S. *Ingenhoven*, Grenzüberschreitender Rechtsschutz durch englische Gerichte, 2001, S. 89, Fn. 29.

844 *Ingenhoven* verweist darauf, dass diese Vorschrift dem Gerichtsstand des Erfüllungsortes entspreche. Der Leistungsort werde nach englischem Recht nach der lex fori bestimmt. Der Leistungsort liege mangels ausdrücklicher oder konkludenter Vereinbarung daher beim Gläubiger; *Ingenhoven*, Grenzüberschreitender Rechtsschutz durch englische Gerichte, 2001, S. 89, Fn. 31.

landszustellung die Beweislast dafür trägt, dass das englische Gericht forum conveniens ist.

Auf den ersten Blick entsprechen diese Zuständigkeitsgründe den kontinentaleuropäischen Vorschriften. Ein gravierender Unterschied zu dem kontinentaleuropäischen Zuständigkeitssystem ergibt sich aber daraus, dass die in CPR, r. 6.20 aufgeführten Gerichtsstände unter dem Vorbehalt der forum non conveniens-Lehre stehen. Nur wenn der streitige Fall nach richterlichem Ermessen die größte Nähe zu den englischen Gerichten hat, ist die internationale Zuständigkeit der englischen Gerichte auch eröffnet.

III. Unterwerfung

Die Zuständigkeit der englischen Gerichte kann auch auf Unterwerfung (*submission*) gestützt werden. In diesen Fällen erfolgt die Begründung der internationalen Zuständigkeit ebenfalls durch die Zustellung einer Klageschrift im Inland oder durch Auslandszustellung unter den Voraussetzungen des CPR, r. 6.20. Gestützt wird die internationale Zuständigkeit der englischen Gerichte in diesen Fällen aber auf den Konsens der Parteien. Ein ausdrücklicher Konsens liegt vor, wenn eine Gerichtsstandsvereinbarung zwischen den Parteien geschlossen wurden. Möglich ist aber auch ein konkludenter Konsens. Dieser ist anzunehmen, wenn ein objektiver Dritter das Verhalten der Partei mit ihren Einwänden gegen die Zuständigkeit des Gerichts für unvereinbar halten muss. So wird ein konkludenter Konsens beispielsweise angenommen, wenn sich der Beklagte rügelos auf das Verfahren eingelassen hat.[845] Ausreichend ist aber auch die Anweisung des Beklagten an einen Anwalt, die Klageschrift an seiner Stelle entgegenzunehmen, die Anerkennung der Zustellung vor tatsächlichem Zugang der Klageschrift sowie ein Antrag des Beklagten auf Teilabweisung der Klage.[846] Die Zuständigkeit wird lediglich nach den Grundsätzen der forum non conveniens-Lehre geprüft.[847]

Eine besondere Form der Unterwerfung ist die Gerichtsstandsvereinbarung. Das englische Recht erkennt internationale Gerichtsstandsvereinbarungen grundsätzlich an.[848] Eine Gerichtsstandsvereinbarung hat allerdings keine absolut bindende Wirkung. Insbesondere im Rahmen der forum non conveniens-Lehre kann die Anerkennung der Vereinbarung durch die englischen Gerichte versagt werden.[849]

---

845 S. *Sime*, A Practical Approach to Civil Procedure, 2000, S. 101 f.

846 S. *Ingenhoven*, Grenzüberschreitender Rechtsschutz durch englische Gerichte, 2001, S. 44 m.w.N.

847 Dazu ausführlich unten, § 18, C., IV.

848 Vgl. ausführlich zur Gerichtsstandsvereinbarung im englischen Recht: *F. Sandrock*, Die Vereinbarung eines neutralen internationalen Gerichtsstandes, 1996, S. 161 ff.

849 S. *Leipold*, in: FS Schwab, 2000, S. 51 (71).

Die Gerichtsstandsvereinbarung wird im englischen Recht überwiegend als ein materiellrechtlicher Vertrag mit prozessualen Rechtsfolgen angesehen.[850] Folge dieser Zweiteilung ist, dass die materiellrechtlichen Elemente der lex causae unterliegen, während sich die prozessuale Wirkung nach der lex fori bestimmt. Unterliegt die Zulässigkeit der Gerichtsstandsvereinbarung dem englischen materiellen Recht, so muss eine vertragliche Einigung zwischen den Parteien vorliegen. Gerichtsstandsvereinbarungen sind nach dem englischen *common law* grundsätzlich formfrei möglich.[851] Eine Gerichtsstandsvereinbarung in Allgemeinen Geschäftsbedingungen ist nur dann möglich, wenn die Vereinbarung deutlich hervorgehoben wurde. Es genügt in diesen Fällen bereits die Annahme des Vertragsangebotes für eine wirksame Gerichtsstandsvereinbarung.[852] Die Gerichtsstandsvereinbarung indiziert die Eignung des forum prorogatum. Das richterliche Ermessen nach der forum conveniens Lehre wird eingeschränkt.[853]

Prorogieren die Parteien die ausschließliche Zuständigkeit der englischen Gerichte, so kommt es bei einer Auslandszustellung zu einer Umkehr der Beweislast. Der Kläger, der bei einer Auslandszustellung die Zuständigkeit der englischen Gerichte zu beweisen hat, muss diesen Beweis nicht mehr gesondert erbringen. Die Zuständigkeit der englischen Gerichte wird vermutet. Wird eine nicht ausschließliche Zuständigkeit der englischen Gerichte vereinbart, so wird die Zuständigkeit der englischen Gerichte ebenfalls vermutet. Zulässig bleiben aber forum non conveniens-Erwägungen des Gerichts.[854]

Im Falle einer ausschließlichen Derogation wird bei einer Klage vor englischen Gerichten der sogenannte „El Amria-Test" vorgenommen. In der Entscheidung „The El Amria" stellte das Court of Appeal Kriterien auf, anhand derer die Zulässigkeit ausschließlicher Derogationen zu überprüfen ist.[855] Im Ergebnis stellt diese Rechtsprechung aber nur verhältnismäßig niedrige Anforderungen an die

---

850 S. *Ingenhoven*, Grenzüberschreitender Rechtsschutz durch englische Gerichte, 2001, S. 126 f. m.w.N.

851 Vgl. *Ingenhoven*, Grenzüberschreitender Rechtsschutz durch englische Gerichte, 2001, S. 129 ff.

852 S. *F. Sandrock*, Die Vereinbarung eines neutralen internationalen Gerichtsstandes, 1996, S. 164 f.; *Jung / Sandrock*, in: Handbuch der internationalen Vertragsgestaltung, Bd. 2, 1980, § 18, Rn. 194 ff.; *Graupner*, AWD 1973, S. 129 (130); *Cohn*, AWD, 1972, S. 601 ff.

853 S. *F. Sandrock*, Die Vereinbarung eines neutralen internationalen Gerichtsstandes, 1996, S. 176.

854 Anders hier *F. Sandrock*, Die Vereinbarung eines neutralen internationalen Gerichtsstandes, 1996, S. 186, die hier nicht zwischen ausschließlicher und nicht ausschließlicher Prorogation differenziert. Im Falle einer Prorogation der englischen Gerichte kann nach ihrer Ansicht daher nur in besonderen Ausnahmenfällen von der Prorogationsvereinbarung abgewichen werden.

855 Aratra Potato Co. Ltd. v. Egyptian Navigation Co. (The El Amria) [1981] 2 Lloyd's Rep. 119 (123).

Überwindung einer Derogation der englischen Gerichte. Der Beklagte muss im Falle einer Inlandszustellung die Gerichte nicht mehr von der Unzuständigkeit der englischen Gerichte überzeugen. Vielmehr bewirkt die ausschließliche Derogation, dass der Kläger die Gerichte von der Zuständigkeit der englischen Gerichte überzeugen muss. Liegt ein Fall der Auslandszustellung (die die Zuständigkeit der englischen Gerichte begründen würde) vor, so werden schärfere Anforderungen an die Genehmigung gestellt. Wird im Falle einer Derogation eine nicht ausschließliche Zuständigkeit vereinbart, so fehlt es an eindeutigen Rechtsgrundsätzen im englischen Recht. In diesen Fällen wird zumeist ebenfalls eine Umkehr der Beweislast vorgenommen. In Fällen der Inlandszustellung muss der Kläger darlegen, dass England das geeignetere Forum ist. Im Falle der Auslandszustellung werden die Anforderungen an die Genehmigung höher gesetzt.[856]

Im Falle einer Prorogation der englischen Gerichte spricht eine hohe Wahrscheinlichkeit für die Zuständigkeit der englischen Gerichte. Eine Derogation führt dagegen lediglich zu einer Beweiserleichterung für den Beklagten.

IV. Forum non conveniens-Lehre

Eine Besonderheit des englischen Zuständigkeitssystem ist die forum non conveniens-Lehre. Die Gerichten können danach die durch die Präsenz des Beklagten oder die Auslandszustellung begründete internationale Zuständigkeit noch einmal überprüfen. Der Richter muss England als ein zur Durchführung des Verfahrens effizientes und gerechtes Forum ansehen.[857]

Die forum non conveniens-Lehre findet ihren Ursprung im schottischen Recht und hat sich im englischen Recht erst vor wenigen Jahrzehnten etabliert.[858] Im Fall „The Abidin Daver" erklärte das House of Lords erstmals ausdrücklich, dass es im englischen Recht eine Lehre vom forum non conveniens gebe, die dem schottischen Vorbild entspreche.[859] In der Entscheidung „The Spiliada" stellte das House of Lords allgemeingültige Prinzipien für die forum non conveniens-Lehre auf. Darin heißt es, eine Aussetzung des Verfahrens aus Gründen des forum non conveniens werde nur gewährt, wenn das Gericht davon überzeugt sei, dass ein anderes Gericht verfügbar ist, das zuständig ist und das den

---

856 Vgl. *Ingenhoven*, Grenzüberschreitender Rechtsschutz durch englische Gerichte, 2001, S. 147.

857 S. *Ingenhoven*, Grenzüberschreitender Rechtsschutz durch englische Gerichte, 2001, S. 45.

858 Zur Geschichte ausführlich: *Jasper*, Forum Shopping in England und Deutschland, 1990, S. 65 ff.

859 The Abidin Daver (1984) 1 All ER, 470 (476).

Fall im Interesse aller Parteien und der Gerechtigkeit passender verhandeln könne.[860]

Die Gerichte entwickelten in der Praxis eine zweistufiges Verfahren für die forum non conveniens-Lehre. In einem ersten Schritt wird das natürliche Forum (*natural forum*) für die Verhandlung des Falles bestimmt. Von besonderer Bedeutung sind dabei der Wohnsitz und der Sitz der Parteien bzw. der Mittelpunkt ihrer Geschäftstätigkeit. Einfluss haben aber auch das zur Anwendung gelangende materielle Recht und Gerichtsstandsvereinbarungen. Auch Aufenthaltsort und Sprache der Zeugen sowie Belegenheitsort und Beweismittel können Einfluss nehmen. Ist das natürliche Forum bestimmt, so wird geprüft, ob die Zuständigkeit dieses natürlichen Forums auch Gerechtigkeitserwägungen entspricht.[861] Das Gericht prüft, ob die Zuständigkeit des natürlichen Forums im konkreten Einzelfall zu einem ungerechten Ergebnis führen würde, wobei der bloße Verlust eines persönlichen oder rechtlichen Vorteils nicht zur Verweisung an ein anderes Gericht genügt.[862]

1. Beweislastverteilung

Zu unterscheiden ist die Lehre vom forum non conveniens im engeren und im weiteren Sinne. Die Lehre vom forum non conveniens im engeren Sinne betrifft die Fälle, in denen die Zuständigkeit der englischen Gerichte durch die Anwesenheit des Beklagten in England begründet wird (*presence*). In diesem Fall muss der Beklagte darlegen, dass ein anderes Gericht „klar und eindeutig geeigneter ist als das englische Forum."[863]

Befindet sich der Beklagte dagegen nicht in England, so kann die internationale Zuständigkeit der englischen Gerichte nur durch Auslandszustellung eröffnet werden (forum non conveniens im weiteren Sinne). In diesem Fall ist die Beweislast umgekehrt. Der Kläger muss begründen, dass England das forum conveniens ist.[864] Gewährt das Gericht die Genehmigung für eine Auslandszustel-

---

860 The Spiliada (1986) 3 All ER 843, (845j, 855h).

861 Vgl. *Ingenhoven*, Grenzüberschreitender Rechtsschutz durch englische Gerichte, 2001, S. 104 ff., der hier eine Systematisierung verschiedener Gerechtigkeitserwägungen vornimmt.

862 Es besteht für die Richter auch die Möglichkeit, das englische Verfahren unter der Bedingung auszusetzen, dass bestimmte Rechte im ausländischen Verfahren nicht wahrgenommen werden (*conditional stays*). Folge dieser *conditional stays* sind oft sogenannte *party undertakings*, bei denen sich eine Partei zu einem bestimmten Verhalten verpflichtet, wie z.B. dem Verzicht auf Erhebung der Einrede der Verjährung im ausländischen Verfahren (The Al Battani (1993) 2 Lloyd`s Rep 219, 223; vgl. *Ingenhoven*, Grenzüberschreitender Rechtsschutz durch englische Gerichte, 2001, S. 93).

863 The Spiliada (1986) 3 All ER 843 (854j, 855h).

864 S. *Hau*, Positive Kompetenzkonflikte im Internationalen Zivilprozeßrecht, 1996, S. 118 ff.

lung, so kann der Beklagte die Aufhebung dieser Genehmigung bei Gericht beantragen (CPR 11 (6) (b)).[865]

Im Falle einer Gerichtsstandsvereinbarung ist die Beweislast umgekehrt. Vereinbaren die Parteien die Zuständigkeit der englischen Gerichte, so muss der Kläger im Falle der Auslandszustellung nicht mehr den Beweis dafür erbringen, dass die englischen Gerichte forum conveniens sind. Die Zuständigkeit der englischen Gerichte wird vermutet. In diesem Fall muss dann der Beklagte den Beweis erbringen, dass das englische Gericht forum non conveniens ist. Im Falle der Derogation der englischen Gerichte liegt die Beweislast für die Zuständigkeit der englischen Gerichte bei dem Kläger. Der Kläger muss im Falle der Inlandszustellung beweisen, dass die englischen Gerichte geeigneter sind. Liegt eine Auslandszustellung vor, so werden schärfere Anforderungen an das Genehmigungserfordernis gestellt.

Auswirkung dieser forum non conveniens-Lehre ist eine neue Form des forum shoppings. Jeder Beklagter kann durch Bestreiten der englischen Zuständigkeit eine Streit über das Forum auslösen.[866] Die forum non conveniens-Lehre ist daher beklagtenfreundlich. Allerdings ist zu beachten, dass das Zusammenwirken der Zuständigkeitsbegründung durch Auslandszustellung in Verbindung mit der forum conveniens Lehre durchaus auch dem Kläger zum Vorteil gereichen kann. Der Kläger kann die englischen Gerichte für zuständig erklären lassen, obwohl der Beklagte sich nicht in England aufhält.

2. Anwendung der forum non conveniens-Lehre im Rahmen des EuGVÜ

In der Entscheidung „Re Harrods“ stellte das englische Court of Appeal erstmals die Frage, ob das englische Gericht trotz internationaler Zuständigkeit nach den Vorschriften des EuGVÜ die Grundsätze der forum non conveniens-Lehre anwenden und das Verfahren aussetzen könne.[867] In der Entscheidung kommt das Gericht zu dem Ergebnis, dass die forum non conveniens-Lehre mit den Zielen des EuGVÜ im Einklang stehe, wenn die Frage zu entscheiden ist, ob ein englisches Gericht oder das Gericht eines Nichtvertragsstaates für diesen Fall zuständig ist. Das Gericht erklärt, die forum non conveniens Doktrin sei mit dem Bestreben des EuGVÜ nach internationaler Entscheidungsharmonie innerhalb

---

865 S. *Ingenhoven*, Grenzüberschreitender Rechtsschutz durch englische Gerichte, 2001, S. 95 f.

866 Vgl. *Ingenhoven*, Grenzüberschreitender Rechtsschutz durch englische Gerichte, 2001, S. 109.

867 Re Harrods (Buenos Aires) Ltd [1991] 3 W.L.R., 397 ff.; dazu ausführlich: *Niegisch*, Mehrspurigkeit des Internationalen Zivilverfahrensrechts in den Mitgliedsstaaten der Europäischen Gemeinschaft am Beispiel des Vereinigten Königreiches, 1993, S. 186 ff.; *Ingenhoven*, Grenzüberschreitender Rechtsschutz durch englische Gerichte, 2001, S. 115 ff. m.w.N.

der Vertragsstaaten vereinbar, da keine englische Entscheidung erginge, die dann in anderen Vertragsstaaten zu vollstrecken sei. Wird die internationale Zuständigkeit der englischen Gerichte aufgrund der Doktrin abgelehnt, so sind die Gerichte eines Nichtvertragsstaates zuständig.[868]

Im Gegensatz zu den Befürchtungen im Schrifttum, die Entscheidung führe zu einer Anwendung der forum non conveniens-Lehre auf sämtliche europäische Zuständigkeitsvorschriften, hat sich das Urteil in der Praxis bisher nicht ausgewirkt.[869]

D. Auswirkungen auf den Verbraucherschutz

Zu untersuchen ist, ob die Zuständigkeitsvorschriften des englischen Rechts Verbraucher bei internationalen Streitigkeiten schützen. Das autonome englische Zuständigkeitsrecht kennt keine besonderen verbraucherschützenden Zuständigkeitsvorschriften.

I. Der Verbraucher in der Rolle des Beklagten

Befindet sich ein Verbraucher auf englischem Territorium, so sind die englischen Gerichte nach Zustellung der Klageschrift an den Verbraucher international zuständig. Der Wohnsitz des Verbrauchers ist dabei unerheblich. Hält sich der Verbraucher dagegen nicht in England auf, so kann die Zuständigkeit der englischen Gerichte nur durch Zustellung der Klageschrift im Ausland eröffnet werden. Erforderlich ist dafür eine Genehmigung durch ein englisches Gericht. Die Genehmigung ist lediglich in wenigen, gesetzlich geregelten Fällen entbehrlich. Voraussetzung für eine solche Genehmigung ist das Vorliegen einer der in CPR, r. 6.20 aufgeführten Zuständigkeitsgründe. Geschützt wird der beklagte Verbraucher im Falle der Auslandszustellung nur durch die forum non conveniens-Lehre. Das Gericht darf die Genehmigung nur erteilen, wenn es davon überzeugt ist, dass England das forum conveniens ist. Der Anbieter muss darlegen, warum gerade die englischen Gerichte zur Entscheidung dieses Falles geeignet sind. Der beklagte Verbraucher kann bei Gericht die Aufhebung der Genehmigung beantragen (CPR 11 (6) (b)). Die forum non conveniens-Lehre schützt den Verbraucher auch bei Inlandszustellungen. Der Verbraucher kann

---

868 Vgl. *North*, IPRax 1992, S. 183.

869 Zu der nach der Entscheidung „Re Harrods" ergangenen Rechtsprechung vgl. ausführlich: *Ingenhoven*, Grenzüberschreitender Rechtsschutz durch englische Gerichte, 2001, S. 115 ff. Im Ergebnis fällt danach nur die Entscheidung „Re Harrods" aus dem System von autonomem Zuständigkeitsrecht und europäischem Recht herauS. *Ingenhoven* kommt daher zu dem Ergebnis, dass sich die Befürchtung, die Entscheidung „Re Harrods" führe zu einer Erosion der europäischen Zuständigkeitsordnung, nicht bewahrheitet habe. Er sieht allerdings ein Restrisiko der Ausweitung der Entscheidung.

darlegen, dass die englischen Gerichte zur Entscheidung dieses Falles nicht geeignet sind.

Gerichtsstandsvereinbarungen zu Gunsten der englischen Gerichte führen zu einer Umkehr der Beweislast. Eine Prorogation der englischen Gerichte bewirkt im Falle einer Auslandszustellung daher eine Beweiserleichterung für den Anbieter. Der Verbraucher muss den Beweis erbringen, dass die englischen Gerichte zur Entscheidung des Rechtsstreits ungeeignet sind. Er ist vor solchen Gerichtsstandsvereinbarungen nicht geschützt. Derogieren die Parteien die Zuständigkeit der englischen Gerichte, so führt diese Vereinbarung ebenfalls zu einer Beweiserleichterung. Das Gericht kann aber dennoch die Zuständigkeit der englischen Gerichte bejahen, wenn es die englischen Gerichte für geeigneter hält.

II. Der Verbraucher in der Rolle des Klägers

Der Verbraucher kann die internationale Zuständigkeit der englischen Gerichte durch Zustellung der Klageschrift an das beklagte Unternehmen eröffnen, wenn das Unternehmen sich auf englischem Territorium befindet. Im Falle einer Personengesellschaft ist die Klageschrift am inländischen Hauptsitz der Gesellschaft, einem Gesellschafter oder einer Person, die die Leitung und Kontrolle der Personengesellschaft innehat, zuzustellen. Ausreichend ist auch die Zustellung an eine Geschäftsniederlassung auf englischem Territorium. Bei einer Kapitalgesellschaft genügt die Zustellung an einen vertretungsberechtigten Agenten, der an keine Weisungen gebunden und in England tätig ist.

Die internationale Zuständigkeit der englischen Gerichte kann auch durch Auslandszustellung eröffnet werden, wenn die Zustellung im Ausland von den englischen Gerichten genehmigt wird. Allerdings steht auch im Falle eines Aktivprozesses des Verbrauchers die Zuständigkeit der englischen Gerichte unter dem Vorbehalt der forum non conveniens-Lehre. Im Falle einer Auslandszustellung muss der Verbraucher begründen, warum die englischen Gerichte das forum conveniens sind.

Vereinbaren die Parteien die Zuständigkeit der englischen Gerichte, so wird im Falle der Auslandszustellung die Zuständigkeit der englischen Gerichte vermutet. Im Falle einer Derogation der englischen Gerichte muss der Verbraucher den Beweis erbringen, dass die englischen Gerichte trotz der Vereinbarung geeigneter sind, diesen Fall zu entscheiden.

III. Internet-Verträge

Bei Verbraucherverträgen, die über das Internet geschlossen wurden, ist der Verbraucher durch das englische Recht nur schlecht geschützt. Die internationale Zuständigkeit der englischen Gerichte kann auch bei Internet-Verträgen durch Zustellung im Inland oder Auslandszustellung eröffnet werden. Die forum non conveniens-Lehre bietet dem Gericht aber die Möglichkeit auf die besonderen Interessen der Verbraucher einzugehen. Die Zuständigkeit aufgrund der Inlandszustellung und die Erteilung der Genehmigung für die Auslandszustellung liegen im Ermessen der Gerichte. Der Verbraucher kann aber nicht darauf vertrauen, dass die Abwägung stets zu seinen Gunsten ausfallen wird.

Websites, die Gerichtsstandsvereinbarungen zugunsten der Gerichte am Sitz des Unternehmens enthalten, bleiben zulässig. In diesen Fällen wird es dem Verbraucher schwer fallen, den Beweis dafür zu erbringen, dass seine Heimatgerichte forum conveniens sind.

IV. Abschließende Bewertung

Das autonome englische Recht nimmt keine besondere Rücksicht auf die Interessen der Verbraucher. Die englischen Gerichte können international zuständig sein, obwohl der Verbraucher keinen Wohnsitz in England hat. Ein Verbraucher kann auch nicht damit rechnen, seinen Vertragspartner immer vor den englischen Gerichten verklagen zu können. Im Einzellfall können die englischen Gerichte mit Hilfe der forum non conveniens-Lehre zwar die besonderen Interessen des Verbrauchers berücksichtigen, mit einer ihm günstigen Ermessensentscheidung kann der Verbraucher aber nicht immer rechnen. Ein dem europäischen Recht entsprechender Schutz der Verbraucher gewährt das englische Recht daher nicht.

§ 19 Das Recht der internationalen Zuständigkeit in Italien

A. Verhältnis von nationalem Recht und europäischem Recht

Das Gesetz über die Reform des internationalen Privatrechts trat in Italien am 1.9.1995 in Kraft.[870] Mit dem Gesetz Nr. 218 wurde das Kollisionsrecht modernisiert.[871] Die bis auf das Jahr 1865 zurückzuführenden Vorschriften der Artt. 17-31 der Einführungsbestimmungen zum Codice civile, der sogenannte *preleggi*, wurde mit diesem Gesetz abgelöst.[872]

Gemäß Art. 2 Abs. 1 IPRG beeinträchtigen die Bestimmungen des IPRG die Anwendung der internationalen Verträge, die für Italien in Kraft sind, nicht. Auch in Italien besteht ein Anwendungsvorrang der Staatsverträge (EuGVÜ und LGVÜ). Als unmittelbar geltendes Recht hat die EuGVO Vorrang vor dem IPRG.

B. Das System der internationalen Zuständigkeit im italienischen Recht

Titel II des IPRG ist überschrieben mit den Worten „*giurisdizione italiana*". Dieser Ausdruck kann sowohl mit „italienischer Gerichtsbarkeit", als auch mit „internationaler Zuständigkeit" übersetzt werden. Vereinzelte weitere Bestimmungen der internationalen Zuständigkeit für die jeweiligen Sachgebiete finden sich aber auch in Titel III. Die für die Frage der internationale Zuständigkeit in Verbrauchersachen entscheidenden Normen sind in Titel II. enthalten.

I. Art. 3 Abs. 1 IPRG

Gemäß Art. 3 Abs. 1 IPRG sind die italienischen Gerichte international zuständig, „wenn der Beklagte seinen Wohnsitz oder seinen gewöhnlichen Aufenthalt in Italien hat oder dort einen Vertreter hat, der gemäß Art. 77 der Zivilprozessordnung bevollmächtigt ist, vor Gericht aufzutreten, und in den anderen vom Gesetz vorgesehenen Fällen."[873]

---

[870] Grundsätzlich zu den neuen italienischen Bestimmungen des internationalen Zivilprozessrechts mit Rechtsprechungshinweisen: *Salerno*, ZZPInt 5 (2000), S. 169 ff.

[871] Vgl. dazu *Pesce*, RIW 1995, S. 977 ff.; *Walter*, ZZP 109 (1996), S. 3 ff.; *Kindler*, RabelsZ 61 (1997), S. 227 ff.; *Boschiero*, ZfRV 1996, S. 143 ff.; *de Meo*, ZfRV 1996, S. 46 ff.

[872] Vgl. *Kapellmann*, ZfRV 1997, S. 177.

[873] Übersetzung nach *Riering*, IPR-Gesetze in Europa, 1997, S. 43; so auch die Übersetzung nach *de Meo*, ZfRV 1996, S. 46 (54).

Das italienische Zuständigkeitsrecht knüpft wie das europäische Recht an den Wohnsitz des Beklagten an. Im Gegensatz zum europäischen Recht verwendet das italienische Recht aber den Begriff des gewöhnlichen Aufenthalts.[874] Die Begriffe *domicilio* und *residenza* sind im Deutschen mit „Wohnsitz" und „gewöhnlichem Aufenthalt" zu übersetzen.[875] Eine Definition dieser Begriffe ist im IPRG nicht enthalten. Sie bestimmen sich daher nach dem nationalen materiellen Recht. Gemäß Art. 43 Codice civile befindet sich *il domicilio* einer Person „an dem Ort, an dem sie den Hauptsitz ihrer Geschäfte und Interessen begründet hat."[876] *La residenza* befindet sich an dem Ort, an dem eine Person ihren *dimora abituale* (= gewöhnlichen Aufenthalt) hat. Für den Wohnsitz fordert die italienische Rechtsprechung neben einem tatsächlichen Bezug zu einem Ort den Willen der Person, diesen Ort zum Lebensschwerpunkt zu machen.[877] An diesem Willen fehlt es bei Minderjährigen und Mündeln (Art. 45 II, III c.c.). Schwierig ist die Abgrenzung zum Begriff des gewöhnlichen Aufenthalts. Gemäß Art. 43 Abs. 2 c.c. setzt auch der gewöhnliche Aufenthalt den Willen der betroffenen Person voraus, länger an diesem Ort zu bleiben.[878] Eine klare Unterscheidung zwischen diesen Begriffen ist im italienischen Recht kaum möglich. Bei den Vorarbeiten zum Codice civile hatte man daher erwogen, die Unterscheidung zwischen Wohnsitz und gewöhnlichem Aufenthalt aufzugeben. Aus Praktikabilitätserwägungen beließ man es aber bei dieser Differenzierung.[879] Entscheidend für den Anwendungsbereich des Art. 3 Abs. 1 IPRG ist daher der erkennbare Wille des Beklagten, längere Zeit in Italien zu verweilen.

II. Art. 3 Abs. 2 IPRG

Eine dem Art. 3 Abs. 2 IPRG entsprechende Vorschrift findet sich in keinem der bisher untersuchten nationalen Rechte. Die Vorschrift verweist auf die Abschnitte 2, 3 und 4 des Titel II des EuGVÜ. In Art. 3 Abs. 2 IPRG heißt es: „Wenn es sich um eines der Sachgebiete handelt, die vom Anwendungsbereich des Über-

---

874 In der EuGVO findet sich der Begriff des gewöhnlichen Aufenthalts weiterhin nur in den Vorschriften des Art. 5 Nr. 2 und 17 Nr. 3 EuGVO (= Art. 5 Nr. 2, 15 Nr. 3 EuGVÜ/LGVÜ); vgl. dazu oben, § 11, B.

875 So auch die Übersetzungen in: *Riering*, IPR-Gesetze in Europa, 1997, S. 43; vgl. auch die Materialien in RabelsZ 61 (1997), S. 344; so im Ergebnis auch *Walter*, ZZP 109 (1996), S. 3 (12).

876 Übersetzung: *Walter*, ZZP 109 (1996), S. 3 (12).

877 Corte Suprema di Cassazione, 21 marzo 1968, n. 884, Il Foro italiano, Volume XCI, Parte I-182, 2861.

878 S. *Kindler*, Einführung in das italienische Recht, 1993, S. 88 f.

879 Zum Begriff des gewöhnlichen Aufenthalts in der italienischen Rechtsprechung: Corte Suprema di Cassazione, 21. marzo 1968, n.884, Il Foro italiano, Volume XCI, Parte I-182, 2861: „ Per identificare la residenza di una persona deve aversi riguardo alla sua permanenza in un dato luogo ed allo svolgimento in esso delle normali relaziono sociali con l'intenzione di improntarvi stabile dimora."

einkommens erfaßt werde, besteht die Gerichtsbarkeit ferner auf Grund der Kriterien, die festgelegt werden in den Abschnitten 2, 3 und 4 des 2. Titels des Übereinkommens".[880]

Fraglich ist, ob sich der Verweis auch auf die EuGVO bezieht. Ausdrücklich sollen die Abschnitte 2, 3 und 4 des Titels II des EuGVÜ auch für die nachfolgenden und für Italien in Kraft gesetzten Änderungen des EuGVÜ gelten. Die EuGVO tritt an die Stelle des EuGVÜ, wenn ihr Anwendungsbereich eröffnet ist. Ab dem Zeitpunkt des Inkrafttretens der EuGVO verweist Art. 3 Abs. 2 IPRG daher auch auf die entsprechenden Vorschriften der Verordnung.[881]

Art. 3 Abs. 2 IPRG bewirkt, dass die verbraucherschützenden Vorschriften des EuGVÜ/EuGVO auch in den Fällen Anwendung finden, in denen der Beklagte in einem Drittstaat wohnt.[882] Es handelt sich um einen materiellen Verweis auf die im 4. Abschnitt des EuGVÜ (EuGVO) enthaltenen Kriterien.[883] Entscheidend für die Anwendbarkeit der Vorschriften des Titels II des EuGVÜ/EuGVO ist die Eröffnung des sachlichen Anwendungsbereichs des Übereinkommens (EuGVO) gemäß Art. 1 EuGVÜ/EuGVO. Handelt es sich um eine Streitigkeit auf dem Gebiet der Zivil- und Handelssachen, die nicht gemäß Art. 1 Abs. 2 EuGVÜ/EuGVO vom Anwendungsbereich ausgenommen wurde, so finden die Vorschriften der Abschnitte 2, 3 und 4 des Titels II EuGVÜ/EuGVO auch in den Fällen Anwendung, in denen der Beklagte in einem Drittstaat wohnt. Ist der sachliche Anwendungsbereich des EuGVÜ/EuGVO dagegen nicht eröffnet, so erklärt die Vorschrift die autonomen Regelungen über die örtliche Zuständigkeit für anwendbar. „Im Hinblick auf die anderen Sachgebiete besteht die Gerichtsbarkeit auch auf Grund der Kriterien, die durch die örtliche Zuständigkeit bestimmt werden."[884] Zu Recht wird zudem vertreten, der Verweis beziehe sich auch auf die Regelung der örtlichen Zuständigkeit, soweit das EuGVÜ internationale und örtliche Zuständigkeit zusammen regelt.[885]

---

880 *Riering*, IPR-Gesetze in Europa, 1997, S. 45.

881 Dies bezweifelt *Kohler*, in: FS Geimer 2002, S. 461 (464 f.). Er geht davon aus, dass die Bestimmung in Art. 3 Abs. 2 des italienischen IPRG nicht ohne weiteres bedeute, dass auch künftige, d.h. nach Erlass der die Verweisung enthaltenden Vorschrift erfolgende Änderungen des EuGVÜ erfasst werden. Die Zulässigkeit einer derartigen dynamischen Verweisung sei durch das nationale Verfassungsrecht zu beurteilen.

882 Zu Recht verweist *Pocar* darauf, dass der Verweis auf Art. 13 EuGVÜ (Art. 15 EuGVO) sich nicht auch auf Art. 4 EuGVÜ/EuGVO beziehen könne. Die Kriterien des Übereinkommens sollten durch den Verweis auf das Übereinkommen vielmehr gerade auch auf Fälle mit Bezug zu Dritstaaten ausgedehnt werden. Es wäre daher unlogisch, auf eine Vorschrift zu verweisen, die den Anwendungsbereich des Übereinkommen (der Verordnung) definiert; vgl. IPRax 1997, S. 145 (147 f.).

883 Vgl. *Pocar,* IPRax 1997, S. 145 (146).

884 *Riering*, IPR-Gesetze in Europa, 1997, S. 45.

885 Vgl. *Pocar,* IPRax 1997, S. 145 (148).

Die Begründung der internationalen Zuständigkeit der italienischen Gerichte gemäß Art. 3 Abs. 1 IPRG bleibt weiterhin möglich. Dies folgt aus dem Wortlaut des Art. 3 Abs. 2 IPRG, der nur „darüber hinaus" auf die Kriterien der Abschnitte 2, 3 und 4 des Titels II des EuGVÜ verweist.[886] Besteht keine ausschließliche Zuständigkeit bei Verbraucherstreitigkeiten nach den Vorschriften des EuGVÜ (EuGVO), so bleibt daher ein Rückgriff auf die Zuständigkeitsbegründung durch Art. 3 Abs. 1 IPRG möglich.

1. Zur Vorlagefähigkeit des nationalen Rechts

Streitig ist, ob der EuGH nach dem Auslegungsprotokoll zum EuGVÜ von 1971 auch zur Auslegung der italienischen Vorschriften berechtigt ist. Die betroffenen Drittstaatensachverhalte fallen nicht in den Anwendungsbereich des EuGVÜ. Die Auslegungskompetenz des EuGH lässt sich daher nicht ohne Weiteres auf das Auslegungsprotokoll zum EuGVÜ zurückführen.[887] Damit verbunden ist die Frage nach der Vorabentscheidungsbefugnis des EuGH. Eine Vorlage an den EuGH nach Art. 3 des Luxemburger Protokolls scheidet insoweit aus, als es sich hier nicht um eine Frage der „Auslegung des Übereinkommens" selbst handelt.

Die Kompetenz des EuGH zur Auslegung der Vorschriften der EuGVO ergibt sich aus Art. 68 i.V.m. Art. 234 EG. Danach darf der EuGH über die Auslegung der auf Titel IV EG-Vertrag gestützten Rechtsakte entscheiden. Fraglich ist auch hier, ob der EuGH die Kompetenz hat, über die Vorschriften der EuGVO zu entscheiden, auf die Art. 3 Abs. 2, S. 1 IPRG verweist.

a. Die Rechtsprechung des EuGH

Der EuGH nahm erstmals in der Rechtssache Dzodzi zu der Frage Stellung, ob er über die Auslegung gemeinschaftsrechtlicher Vorschriften entscheiden dürfe, die aufgrund einer Verweisung des nationalen Rechts zur Anwendung kommen.[888] In dieser Entscheidung erklärte der EuGH: „Wird das Gemeinschaftsrecht durch die Bestimmungen des nationalen Rechts für anwendbar erklärt, so hat allein das nationale Gericht die genaue Tragweite dieser Verweisung auf das Gemeinschaftsrecht zu beurteilen."[889] Der EuGH betont, dass sich seine Zuständigkeit auf die Prüfung der Bestimmungen des Gemeinschaftsrechts beschränke. Sei das nationale Gericht der Auffassung, dass der Inhalt einer gemeinschaftsrechtlichen Bestimmung auf einen rein internen Sachverhalt anwendbar ist, so könne es dem Gerichtshof gemäß Art. 234 EG (Art. 177 EGV) eine Frage zur

---

886 Vgl. *Pocar*, IPRax 1997, S. 145 (147).

887 *Gebauer*, Jahrbuch des italienischen Rechts, Band 9, 1996, S. 61 (72).

888 EuGH, RS. 297/88 und 197/89 (Massam Dzodzi/Belgischer Staat), Slg. 1990, I, S. 3763.

889 EuGH, RS. 297/88 und 197/89 (Massam Dzodzi/Belgischer Staat), Slg. 1990, I, S. 3763, Nr. 41.

Vorabentscheidung vorlegen.[890] Die Systematik der Bestimmungen des nationalen Rechts, die gleichzeitig mit der Verweisung auf das Gemeinschaftsrecht auch den Umfang dieser Verweisung festlegen, könnten durch den EuGH aber nicht berücksichtigt werden.[891]

Besonderer Bedeutung bei der Frage der Vorlagebefugnis nationaler Gerichte kommt dem „Kleinwort Benson-Urteil" des EuGH zu. Das Gericht verweigerte in diesem Fall die Entscheidung über die Vorabentscheidungsfrage des Court of Appeal mit der Begründung, der englische Civil Jurisdiction and Judgments Act 1982 enthalte keine unmittelbare und unbedingte Verweisung auf die Vorschriften des EuGVÜ, sondern beschränke sich darauf, das Übereinkommen als Muster zu nehmen.[892] Zudem sehe der CJJA 1982 für die Behörden die Möglichkeit vor, Änderungen vorzunehmen, die Unterschiede zwischen dem EuGVÜ und den englischem Vorschriften ermöglichten.[893] Das Gericht weist in dieser Entscheidung auch darauf hin, dass die englischen Gerichte nach dem CJJA 1982 nicht dazu verpflichtet seien, der Auslegung des Übereinkommens durch den EuGH absolut und unbedingt zu folgen. Ausdrücklich wird betont, dass in diesem Fall, anders als in der Dzodzi-Rechtsprechung, die Vorschriften des Gemeinschaftsrechts nicht als solche durch das Recht des betreffenden Vertragsstaates für anwendbar erklärt worden seien.[894]

Eine jüngere Entscheidung zur Frage der Vorlagebefugnis der nationalen Gerichte bei Verweisung des nationalen Rechts auf das Gemeinschaftsrecht ist die Entscheidung Leur-Bloem.[895] Darin nimmt der Gerichtshof zu der Frage Stellung, ob er für die Auslegung des Gemeinschaftsrechts zuständig ist, wenn das Gemeinschaftsrecht den fraglichen Sachverhalt nicht unmittelbar regelt, aber der nationale Gesetzgeber seine Rechtsvorschriften an das Gemeinschaftsrecht (hier eine Richtlinie) angepasst hat.[896] Das Gericht bekräftigt in dieser Entscheidung noch einmal seine Rechtsprechung in dem Urteil Dzodzi und betont die unterschiedliche Sachverhaltslage bei den Entscheidungen Kleinwort Benson und Dzodzi.[897] Ausdrücklich wird dargelegt, in welchen Fällen der EuGH ein von einem nationalen Gericht gestelltes Ersuchen zurückweisen kann. Zurückgewie-

---

890 EuGH, RS. 297/88 und 197/89 (Massam Dzodzi/Belgischer Staat), Slg. 1990, I, S. 3763, Nr. 41.

891 EuGH, RS. 297/88 und 197/89 (Massam Dzodzi/Belgischer Staat), Slg. 1990, I, S. 3763, Nr. 42.

892 EuGH, RS. 346/93 (Kleinwort Benson/City of Glasgow), Slg. 1995, I, S. 615, Nr. 16.

893 EuGH, RS. 346/93 (Kleinwort Benson/City of Glasgow), Slg. 1995, I, S. 615, Nr. 18.

894 EuGH, RS. 346/93 (Kleinwort Benson/City of Glasgow), Slg. 1995, I, S. 615, Nr. 16.

895 EuGH, RS. 28/95 (Leur-Bloem/Inspecteur der Belastingdienst), Slg. 1997, I, S. 4161.

896 EuGH, RS. 28/95 (Leur-Bloem/Inspecteur der Belastingdienst), Slg. 1997, I, S. 4161, Nr. 16.

897 EuGH, RS. 28/95 (Leur-Bloem/Inspecteur der Belastingdienst), Slg. 1997, I, S. 4161, Nr. 29.

sen werden kann danach das Ersuchen nur, „wenn sich zeigt, daß das Verfahren des Artikels 177 EG-Vertrag [Art. 234 EG] zweckentfremdet wurde und der Gerichtshof in Wirklichkeit mittels eines konstruierten Rechtsstreits zu einer Entscheidung veranlasst werden soll, oder wenn es auf der Hand liegt, daß das Gemeinschaftsrecht auf den konkreten Sachverhalt weder unmittelbar noch mittelbar angewandt werden kann“.[898]

Entscheidenden Wert legt der EuGH in seinen Urteilen somit auf das interne Recht der Länder. Maßgebende Kriterien sind die unmittelbare und unbedingte Verweisung dieses internen Rechts auf das Gemeinschaftsrecht. Zudem muss eine Bindungswirkung der Entscheidungen des EuGH zugelassen werden. Diese Bindungswirkung braucht sich dabei nicht aus dem Gemeinschaftsrecht zu ergeben, sondern kann auch aus dem autonomen Recht selber geschlossen werden. Ob eine solche Bindungswirkung besteht, soll dabei das vorlegende nationale Gericht entscheiden. Zurückgewiesen werden kann das Vorlageersuchen des nationalen Gerichts nur, wenn sich zeigt, dass das Verfahren des Art. 234 EG (Art. 177 EGV) zweckentfremdet wurde und der Gerichtshof in Wirklichkeit mittels eines konstruierten Rechtsstreits zu einer Entscheidung veranlasst werden sollte. Ebenso kann das Ersuchen zurückgewiesen werden, wenn klar erkennbar ist, dass das Gemeinschaftsrecht auf den konkreten Sachverhalt weder unmittelbar noch mittelbar anwendbar ist.[899]

b. *Die Ansicht der Literatur*

In der Literatur werden verschiedene Ansichten vertreten.[900] Vorwiegend wird in Deutschland die Ansicht vertreten, eine Vorlagebefugnis der italienischen Gerichte bestehe auch bezüglich dieser verweisenden autonomen Vorschriften.[901]

Als Argument für die Auslegungskompetenz des EuGH wird die vom Gesetzgeber angestrebte Harmonisierung des europäischen und des autonomen internationalen Zivilprozessrechts herangezogen. Eine unterschiedliche Auslegung der Staatsverträge (bzw. EuGVO) und des autonomen italienischen Rechts würde

---

898 EuGH, RS. 28/95 (Leur-Bloem/Inspecteur der Belastingdienst), Slg. 1997, I, S. 4161, Nr. 26.

899 So im Ergebnis *Gebauer*, Grundfragen der Europäisierung des Privatrechts, 1998, S. 298; *ders.*, Jahrbuch des italienischen Rechts, Band 9, 1996, S. 61 (74); mit einer ausführlichen Untersuchung der Rechtsprechung des EuGH: *Kropholler / von Hein*, in: FS Großfeld, 1999, S. 615 (624).

900 Zur italienischen Literatur vgl. ausführlich: *Kropholler / von Hein*, in: FS Großfeld, 1999, S. 615 (624) m.w.N.; *Starace*, Rev. Crit. 85 (1996), S. 67 (73); *Gaja*, Riv. Dirt. Int. 78 (1995), S. 757 f.; *Mari*, Foro italiano 1996 IV., S. 365 (378 ff.); *Bariatti*, Le nuove leggi civili commentate, 1996, S. 889 (899); *Ballarino*, Diritto internazionale privato, 1999, S. 109 ff.

901 Die Vorlagefähigkeit zumindest grundsätzlich bejahend: *Jayme / Kohler*, IPRax 1996, S. 377 (379); *Walter*, ZZP 109 (1996), S. 3 (14); *Gebauer*, Jahrbuch des italienischen Rechts, Band 9, 1996, S. 61 (73).

den Willen des Gesetzgebers unterlaufen, das autonome Recht dem europäischen Recht anzugleichen.[902] Hingewiesen wird auch auf Art. 2 Abs. 2 IPRG, der eine einheitliche Auslegung internationaler Übereinkommen voraussetze.[903] *Kropholler* und *von Hein* kommen aufgrund der Dzodzi-Rechtsprechung des EuGH zu dem Ergebnis, dass es für die Vorlagebefugnis der nationalen Gerichte ausreiche, „wenn der einzelne Vertragsstaat nach seinem internen Recht seine Gerichte an die EuGH-Rechtsprechung bindet“.[904]

Diese Autoren lehnen die Ansicht *Kindlers* ab, der eine Vorlagebefugnis der nationalen Gerichte und eine Vorabentscheidungsbefugnis des EuGH hier verneint. *Kindler* hält Art. 3 Abs. 2, S. 1 IPRG für eine bloße „Erstreckungsformel“, mit der der Text des EuGVÜ in das innerstaatliche Recht transportiert werde. Seiner Ansicht nach handelt es sich im Falle des Art. 3 Abs. 2, S. 1 IPRG nicht um eine Transformation des EuGVÜ in innerstaatliches Recht, sondern um eine „materielle Rezeption“.[905] Während ein Transformationsgesetz die innerstaatliche Anwendbarkeit des außerstaatlichen Rechts begründe, transportiere hier die Verweisung nur einen Gesetzestext in das innerstaatliche italienische Recht. Das Übereinkommen selber finde keine Anwendung.[906]

Die Zweiteilung des Gemeinschaftsrecht, die *Kindler* vornimmt, wird mit dem Argument zurückgewiesen, der EuGH habe mehrfach die von den Generalanwälten (Darmon, Tesauro und Jacobs) vorgetragene Ansicht, es gebe kein Gemeinschaftsrecht außerhalb des Gemeinschaftsrechts, zurückgewiesen.[907] Auch gemeinschaftsrechtliche Regelungen können sich danach im nationalen Recht befinden. Gegen die Ansicht *Kindlers* spreche auch die Überlegung, dass die Verweisung des EuGVÜ auf nationales Recht (z.B. durch Art. 4 Abs. 1 EuGVÜ/EuGVO) dieses Recht nicht in Konventionsnormen transformiere. Im umgekehrten Fall, in dem nationales Recht auf EuGVÜ/EuGVO verweist, könne das Übereinkommen daher ebenfalls nicht in nationales Recht umgewandelt werden.[908]

---

902 Vgl. dazu im italienischen Schrifttum: *Gaja*, Riv. Dirt. Int. 78 (1995), S. 757 (758); *Mari*, Foro italiano 1996 IV., S. 365 (378 f.); *Ballarino*, Diritto internazionale privato, 1999, S. 112 ff.

903 Zu Recht weist *Kropholler* hier aber darauf hin, dass Art. 2 Abs. 2 IPRG nur im Anwendungsbereich eines Übereinkommens anwendbar ist und erklärt, *Starace* greife letztendlich auf eine teleologische Interpretation des Art. 3 Abs. 2 IPRG zurück; *Kropholler / von Hein*, in: FS Großfeld, 1999, S. 615 (625).

904 *Kropholler / von Hein*, in: FS Großfeld, 1999, S. 615 (626).

905 So *Kindler*, RabelsZ 61 (1997), S. 227 (237).

906 Vgl. *Kindler*, RabelsZ 61 (1997), S. 227 (238).

907 S. *Kropholler / von Hein*, in: FS Großfeld, 1999, S. 615 (628).

908 S. *Kropholler / von Hein*, in: FS Großfeld, 1999, S. 615 (628).

c. *Eigene Stellungnahme*

Vorlagebefugnis der nationalen Gerichte und Vorabentscheidungsbefugnis des EuGH sind bei Art. 3 Abs. 2 IPRG zu bejahen. Dies folgt schon aus der Rechtsprechung des EuGH. Das Kriterium einer unmittelbaren und unbedingten Verweisung des italienischen Rechts auf den Übereinkommenstext ist im Falle des Art. 3 Abs. 2 IPRG erfüllt. Die Vorschriften des 2., 3. und 4. Abschnitts des EuGVÜ/EuGVO kommen gemäß Art. 3 Abs. 2 IPRG unmittelbar zur Anwendung. Fraglich ist aber, ob auch das Kriterium der Bindungswirkung der Auslegung des EuGH erfüllt ist. Über das Vorliegen einer solchen Bindungswirkung entscheidet nach der Rechtsprechung des EuGH das vorlegende Gericht. Es ist daher davon auszugehen, dass der Gerichtshof ein Vorlageersuchen der italienischen Gerichte zu einer Norm des EuGVÜ oder der EuGVO, die über Art. 3 Abs. 2 IPRG zur Anwendung kommt, zulassen wird.

Für eine Vorlageberechtigung bzw. Vorabentscheidungsbefugnis spricht auch, dass der italienische Gesetzgeber das autonome Zuständigkeitsrecht gerade an die europäischen Vorschriften angleichen wollte. Eine einheitliche Auslegung der nationalen Vorschriften und der europäischen Vorschriften setzt eine Vorlagebefugnis der italienischen Gerichte voraus.[909]

III. Art. 4 IPRG

Art. 4 IPRG ermöglicht sowohl die Begründung als auch den Ausschluss der internationalen Zuständigkeit der italienischen Gerichten. Gemäß Art. 4 Abs. 1 IPRG kann die internationale Zuständigkeit durch vertragliche Vereinbarung oder rügelose Einlassung auch in einem Fall eröffnet werden, in dem keine Gerichtsbarkeit gemäß Art. 3 IPRG besteht.

Die Derogation der italienischen Gerichte ist gemäß Art. 4 Abs. 2 IPRG in den Fällen möglich, in denen die Streitigkeit verfügungsfähige Rechte betrifft und die Schriftform nachgewiesen wird. Im Gegensatz zu Absatz 1 wird bei der Derogation gefordert, dass es sich gerade um verfügungsfähige Rechte handelt.[910] Art. 4 Abs. 3 IPRG erklärt die Derogation aber für unwirksam, „wenn der angegebene Richter oder die Schiedsrichter ihre Zuständigkeit verneinen oder jedenfalls in der Sache nicht erkennen können."[911] Erweist sich das Verfahren im Ausland als undurchführbar, so ist die Derogation gemäß Art. 4 Abs. 3 IPRG daher unwirksam. Auf diese Weise wird italienisches und ausländisches Zuständigkeitsrecht koordiniert.[912]

---

909 Auf die Gefahren einer Überlastung des EuGH aufgrund der Ausdehnung der Auslegungskompetenz weist besonders hin: *Boschiero*, ZfRV 1996, S. 143 (144).

910 Daraus schließt *Walter*, dass eine Prorogation italienischer Gerichte in allen zivilrechtlichen Streitigkeiten möglich sein soll, ZZP 109 (1996), S. 3 (15).

911 Übersetzung nach *Walter*, ZZP 109 (1996), S. 3 (5).

912 S. *Pocar*, IPRax 1997, S. 145 (149); dazu auch: *Salerno*, ZZPInt 5 (2000), S. 169 (187).

Im Falle von Verbraucherverträgen bestimmt sich die internationale Zuständigkeit gemäß Art. 3 Abs. 2 IPRG nach den Vorschriften des EuGVÜ/EuGVO. Auf den 6. Abschnitt des EuGVÜ (7. Abschnitt EuGVO) verweist Art. 3 Abs. 2 IPRG allerdings nicht. Die Vorschriften bezüglich Gerichtsstandsvereinbarung und rügelose Einlassung, Artt. 17, 18 EuGVÜ (Artt. 23, 24 EuGVO) kommen über Art. 3 Abs. 2 IPRG daher nicht zur Anwendung. Es ist daher auf die Vorschriften des IPRG zurückzugreifen. Die Zulässigkeits- und Formvoraussetzungen von Gerichtsstandsvereinbarungen und rügeloser Einlassung bestimmen sich daher grundsätzlich nach Art. 4 IPRG.

Bei Verbraucherverträgen stellt sich die Frage, ob die Zulässigkeit von Gerichtsstandsvereinbarungen durch den Verweis des Art. 3 Abs. 2 IPRG auf die Bestimmungen in Art. 15 EuGVÜ (Art. 17 EuGVO) eingeschränkt wird. Dem Wortlaut der Vorschrift ist nicht zu entnehmen, dass der Verweis lediglich die Vorschriften in Art. 13 EuGVÜ (Art. 15 EuGVO) betrifft. Vielmehr veweist Art. 3 Abs. 2 IPRG auf den gesamten 4. Abschnitt des EuGVÜ. Für eine Einbeziehung des Art. 15 EuGVÜ sprechen aber vor allem Zweckerwägungen. Zweck des Verweises auf die Vorschriften des EuGVÜ war es, eine Harmonisierung von nationalem und europäischem Recht zu erreichen. Eine Harmonisierung der verbraucherschützenden Vorschriften setzt aber gerade voraus, dass auch die Möglichkeit, Gerichtsstandsvereinbarungen abzuschließen, angeglichen wird.[913] Gerichtsstandsvereinbarungen sind bei Verbraucherstreitigkeiten im italienischen Recht auch außerhalb des Anwendungsbereichs des EuGVÜ daher nur unter den stark eingeschränkten Voraussetzungen des Art. 15 EuGVÜ (Art. 17 EuGVO) möglich. Die formellen Voraussetzungen der Gerichtsstandsvereinbarung bestimmen sich dabei nach Art. 4 IPRG. Die Möglichkeit, die internationale Zuständigkeit der Gerichte durch rügelose Einlassung zu begründen, regelt diese Vorschrift ebenfalls.

Eine Prorogation ist gemäß Art. 4 IPRG nur schriftlich möglich. Das Schriftformerfordernis dient gemäß Art. 2725 c.c. i.V.m. Art. 12 IPRG Beweiszwecken. Grundsätzlich sind daher auch mündliche Gerichtsstandsvereinbarungen zulässig, wenn der Abschluss einer solchen Vereinbarung durch ein schriftliches Dokument nachgewiesen werden kann. Es genügen auch Gerichtsstandsvereinbarungen in Allgemeinen Geschäftsbedingungen (Art. 1341 Abs. 2 c.c.).[914] Eine rügelose Einlassung ist erfolgt, wenn nicht bereits mit der ersten Verteidigungshandlung gerügt wurde. Die Vorschrift entspricht Art. 18 EuGVÜ (Art. 24 EuGVO).[915]

---

913 Im Ergebnis so auch *Pocar*, IPRax 1997, S. 145 (148); dagegen aber *Starace*, Il Corriere Giuridico 1995, S. 1234 (1235).

914 S. *Kindler*, RabelsZ 61 (1997), S. 227 (246).

915 Vgl. zu Art. 24 EuGVO: *Kropholler*, Europäisches Zivilprozeßrecht, 2002, Art. 24, Rn. 15.

C. Auswirkungen auf den Verbraucherschutz

Gemäß Art. 3 Abs. 1 IPRG sind die italienischen Gerichte grundsätzlich in den Fällen international zuständig, in denen der Beklagte seinen Wohnsitz oder gewöhnlichen Aufenthalt in Italien hat. Auch im italienischen Zuständigkeitsrecht gilt daher das Prinzip actor sequitur forum rei. Im italienischen IPRG finden sich aber auch besondere Vorschriften zum Schutz der Verbraucher. Art. 3 Abs. 2 IPRG verweist auf die Vorschriften des 4. Abschnitts des EuGVÜ/EuGVO. Der Schutz der europäischen Zuständigkeitsvorschriften wird dadurch auf Fälle außerhalb des Anwendungsbereichs der Staatsverträge (bzw. EuGVO) erweitert.

I. Der Verbraucher in der Rolle des Beklagten

Wird eine Person, die Verbraucher i.S.d. Art. 13 Abs. 1 EuGVÜ (Art. 15 Abs. 1 EuGVO) ist, vor italienischen Gerichten verklagt, so sind die Heimatgerichte des Verbrauchers international zuständig (Art. 14 Abs. 2 EuGVÜ/Art. 16 Abs. 2 EuGVO i.V.m. Art. 3 Abs. 2 IPRG). Die Vorschriften des 4. Abschnitts des EuGVÜ/EuGVO gelangen gemäß Art. 3 Abs. 2 IPRG auch in den Fällen zur Anwendung, in denen der beklagte Verbraucher in einem Drittstaat ansässig ist. Die internationale Zuständigkeit der italienischen Gerichte ist dann nicht eröffnet.

Art. 3 Abs. 2 IPRG verweist nicht auf den 6. Abschnitt des EuGVÜ (7. Abschnitt EuGVO). Die Zulässigkeit von Gerichtsstandsvereinbarungen und rügeloser Einlassung bestimmt sich daher nicht nach den europäischen Vorschriften, sondern grundsätzlich nach Art. 4 IPRG. Verbraucher i.S.d. Art. 13 Abs. 1 EuGVÜ (Art. 15 Abs. 1 EuGVO) sind aber dadurch geschützt, dass Art. 3 Abs. 2 IPRG auf den gesamten 4. Abschnitt des EuGVÜ/EuGVO verweist. Zulässig sind Gerichtsstandsvereinbarungen daher nur in den Grenzen des Art. 15 EuGVÜ (Art. 17 EuGVO). Es besteht auch bei Verbraucherstreitigkeiten die Möglichkeit, die internationale Zuständigkeit der italienische Gerichte durch rügelose Einlassung zu begründen (Art. 4 IPRG). Die Vorschrift entspricht insoweit Art. 18 EuGVÜ (Art. 24 EuGVO).[916]

Der beklagte Verbraucher ist umfassend geschützt, unabhängig davon, ob sich sein Wohnsitz innerhalb oder außerhalb eines Vertrags- oder Mitgliedstaates befindet.

II. Der Verbraucher in der Rolle des Klägers

Art. 3 Abs. 2 IPRG begründet auch in den Fällen ein Wahlzuständigkeit der italienischen Gerichte bei Verbraucherstreitigkeiten i.S.d. Art. 13 EuGVÜ (Art. 15 EuGVO), in denen der räumliche Anwendungsbereich von EuG-

---

916 Vgl. zum Problem der rügelosen Einlassung bei Verbraucherstreitigkeiten im EuGVÜ oben, § 8, B.

VÜ/LGVÜ/EuGVO nicht eröffnet ist. Hat der Anbieter seinen Sitz in einem Drittstaat und unterhält er keine Niederlassung in einem Vertragsstaat (bzw. Mitgliedsstaat) so findet die Vorschrift des Art. 14 Abs. 1 EuGVÜ (Art. 16 Abs. 1 EuGVO) gemäß Art. 3 Abs. 2 IPRG dennoch Anwendung. Der Verbraucher kann seinen Vertragspartner vor den italienischen Gerichten verklagen.

Die Zuständigkeit der italienischen Gerichte kann gemäß Art. 4 Abs. 1 IPRG auch durch rügelose Einlassung des beklagten Vertragspartners des Verbrauchers eröffnet werden. Gerichtsstandsvereinbarungen sind gemäß Art. 3 Abs. 2 IPRG auch bei Aktivprozessen des Verbrauchers nur unter den Voraussetzungen des Art. 15 EuGVÜ (Art. 17 EuGVO) zulässig. Art. 3 Abs. 2 IPRG schützt daher auch den klagenden Verbraucher umfassend.

III. Internet-Verträge

Schließt ein Verbraucher einen Vertrag mit einem ausländischen Unternehmen über das Internet, so ist er im Anwendungsbereich des italienischen IPRG umfassend geschützt. Bejaht man, wie hier, im Falle von Verträgen, die ein Verbraucher über das Internet geschlossen hat, den Anwendungsbereich des Art. 13 Abs. 1 Nr. 3 EuGVÜ, so besteht ein umfassender Schutz des Verbrauchers.[917] Im Anwendungsbereich des Art. 15 Abs. 1, lit. c EuGVO ist aber eine einschränkende Auslegung des Art. 15 Abs. 1, lit. c EuGVO im Hinblick auf eine gerechte Lastenverteilung zwischen den Vertragsparteien erforderlich.[918] Art. 3 Abs. 2 IPRG i.V.m. Artt. 14, 15 EuGVÜ (Artt. 16, 17 EuGVO) schützen Verbraucher auch bei Verträgen, die über das Internet geschlossen wurden.

IV. Abschließende Bewertung

Die Inkorporation der europäischen verbraucherschützenden Zuständigkeitsvorschriften in das autonome italienische Recht ist zu begrüßen. Insbesondere ausländischen Rechtsanwendern erleichtert der Verweis des Art. 3 Abs. 2 IPRG den Zugang zum italienischen Rechtssystem. Anstatt die Systematik des ausländischen Rechts und dessen Rechtsprechung vollständig überschauen und überprüfen zu müssen, genügt die Kenntnis der europäischen Vorschriften. Allerdings ist zu beachten, dass der Verweis auf die Vorschriften des EuGVÜ in das autonome Recht eingebettet ist. Zur Prüfung der internationalen Zuständigkeit bedarf es daher einer Kenntnis der Systematik des italienischen Zuständigkeitsrechts nach dem IPRG.

Verwiesen wird zudem lediglich auf die Abschnitte 2, 3 und 4 des EuGVÜ. Die Voraussetzungen einer Gerichtsstandsvereinbarung bzw. einer rügelosen Einlas-

---

[917] Vgl. zur Anwendbarkeit des Art. 13 Abs. 1, Nr. 3 EuGVÜ auf Internet-Verträge oben, § 5, E.

[918] Vgl. zum Begriff des „Ausrichtens" bei Art. 15 Abs. 1, lit. c EuGVO im E-Commerce oben: § 12, F., I.

sung unterliegen daher trotz Anwendbarkeit des 4. Abschnitts des EuGVÜ auch bei Verbraucherverträgen dem autonomen Recht (Art. 4 IPRG).

Die teilweise Abschaffung der Mehrspurigkeit des Zuständigkeitsrechts stellt eine deutliche Vereinfachung für den Verbraucher dar. Die italienischen Gerichte werden sich bei der Auslegung der Vorschriften des 2., 3. und 4. Abschnitts des EuGVÜ/EuGVO an der Rechtsprechung den EuGH orientieren. Eine Abweichung von den Grundsätzen, die dieses Gericht zu den Vorschriften entwickelt hat, ist nicht zu erwarten.[919] Diese im italienischen Recht verwendete Systematik ist daher trotz bestehender Unsicherheiten bezüglich der Vorlageberechtigung der italienischen Gerichte zu begrüßen.[920] Der europäische Standard wird zum Maßstab auch in Fällen mit Drittstaatenbezug erhoben.[921]

---

919 So auch *Pocar*, IPRax 1997, S. 145 (146).

920 *Gebauer* bemängelt zudem, dass der Vorschrift des Art. 3 IPRG ein Hinweis auf den Vorrang des Luganer Übereinkommen fehlt, vgl. *Gebauer*, Grundfragen der Europäisierung des Privatrechts, 1998, S. 296; der Vorrang des LGVÜ folgt aber bereits aus dem Prinzip des Vorrangs der Staatsverträge vor dem nationalen Recht.

921 S. *Gebauer*, Jahrbuch des italienischen Rechts, Bd. 9, 1996, S. 61 (71).

§ 20 Ergebnis der rechtsvergleichenden Untersuchung

Die europäischen Staaten regeln bei Verbraucherstreitigkeiten außerhalb des Anwendungsbereichs des europäischen Rechts die internationale Zuständigkeit sehr unterschiedlich. Bereits bei den hier untersuchten Ländern bestehen große Differenzen. Während im deutschen und österreichischen Recht die Gerichtsstandsnormen nach dem Prinzip der Doppelfunktionalität auch die internationale Zuständigkeit regeln, finden sich in neueren Gesetzen in der Schweiz und Italien abschließende Vorschriften für internationale Streitigkeiten. In England wird dagegen ein völlig anderes System verwendet. Die internationale Zuständigkeit bestimmt sich dort nach dem Prinzip der Zustellungszuständigkeit.

Das deutsche Zuständigkeitsrecht bietet Verbrauchern bei grenzüberschreitenden Streitigkeiten weder bei Aktiv- noch bei Passivprozessen einen ausreichenden Schutz.

Das österreichische Recht kann im Bereich der internationalen Zuständigkeit trotz der verbraucherschützenden Vorschriften ebenfalls keinen dem europäischen Recht vergleichbaren Verbraucherschutz bieten. Zwar werden „inländischer" Verbraucher[922] bei Aktivprozessen von Verbrauchern geschützt, Schutzlücken bleiben aber sowohl bei Verbrauchern, die weder Wohnsitz noch gewöhnlicher Aufenthalt oder Beschäftigung in Österreicht haben als auch bei Passivprozessen „inländischer" Verbraucher.

Das schweizerische IPRG hat dagegen einen Weg gefunden, auch im Falle von Streitigkeiten mit Bezug zu Drittstaaten einen sehr weitreichenden Verbraucherschutz zu gewähren. Bei Aktivprozessen sind Verbraucher umfassend geschützt. Dagegen kann auch bei Passivprozessen von Verbrauchern eine Zuständigkeit der inländischen Gerichte eröffnet sein, obwohl der Verbraucher weder Wohnsitz noch gewöhnlichen Aufenthalt in der Schweiz hat.

Im englischen Zuständigkeitsrecht finden sich keine besonderen verbraucherschützenden Vorschriften. Der Verbraucher kann sich trotz der forum non conveniens-Lehre weder im Aktiv- noch im Passivgerichtsstand darauf verlassen, dass die Gerichte an seinem Wohnsitz zuständig sind.

Den umfassendsten Schutz der Verbraucher bei Fragen der internationalen Zuständigkeit gewährt das italienische IPRG, indem es auf die Vorschriften des 4. Abschnitts des EuGVÜ (bzw. EuGVO) verweist. Bei Verbraucherverträgen mit Drittstaatenbezug kommt es im italienischen Recht daher zur Anwendung der europäischen verbraucherschützenden Vorschriften.

Keine der hier untersuchten nationalen Rechtsordnungen kann sowohl den klagenden als auch den beklagten Verbraucher so umfassend schützen wie das italienische Recht mit dieser Verweisung auf die europäischen Vorschriften. Das

---

922 Gemeint ist hier der für § 14 Abs. 1 KSchG erforderliche Bezug des Verbrauchers zum Inland (Wohnsitz, gewöhnlicher Aufenthalt oder Beschäftigung in Österreich).

italienische System kann daher als Vorbild für ein Reformvorhaben in Deutschland fungieren.

Teil 4: Reformüberlegungen

§ 21 Überlegungen zu einer Reform der internationalen Zuständigkeit im deutschen Recht

A. Einführung

Die voranstehenden Untersuchungen haben gezeigt, dass die verbraucherschützenden Zuständigkeitsregelungen des EuGVÜ, LGVÜ und der EuGVO auf europäischer Ebene einen weitreichenden Schutz bei Verbraucherstreitigkeiten bieten, indem sie bei Aktivprozessen eine Wahlzuständigkeit und bei Passivprozessen eine ausschließliche Zuständigkeit am Wohnsitz des Verbrauchers garantieren und die Zulässigkeit von Gerichtsstandsvereinbarungen eingrenzen. Die Neuregelung des 4. Abschnitts der EuGVO hat den Schutz der Verbraucher bei grenzüberschreitenden Streitigkeiten stark erweitert. Insbesondere modernen Vermarktungstechniken sollte dadurch Rechnung getragen werden.

Außerhalb des Anwendungsbereichs von EuGVÜ, EuGVO oder LGVÜ fehlt es bisher aber an einheitlichen Regelungen. Der Schutz, den die verschiedenen nationalen Gesetze bei grenzüberschreitenden Streitigkeiten Verbrauchern bietet, differiert auch innerhalb Europas stark. Forum shopping bleibt für die Anbieter insbesondere im Hinblick darauf attraktiv, dass der auf europäischer Ebene weitgehend vereinheitlichte kollisionsrechtliche und materielle Schutz der Verbraucher durch die Zuständigkeit eines drittstaatlichen Gerichts umgangen werden kann. Die Gesetzgebung ist der voranschreitenden Globalisierung bisher nicht ausreichend gefolgt. Zwar ist in den letzten Jahren das weltweite Haager Übereinkommen über die gerichtliche Zuständigkeit und Entscheidungen in Zivil- und Handelssachen wieder verstärkt vorangetrieben worden, zum jetzigen Zeitpunkt ist eine Einigung aber noch nicht absehbar. Während einige Länder, wie beispielsweise die Schweiz, besondere Zuständigkeitsregelungen zum Schutz von Verbrauchern bei internationalen Streitigkeiten getroffen haben, fehlt es in Deutschland an entsprechenden Regelungen. Die §§ 12 ff. ZPO berücksichtigen die Interessen der Verbraucher bei grenzüberschreitenden Sachverhalten nur unzureichend. Erstmalig wurde dem prozessualen Verbraucherschutz in Deutschland mit der Einfügung des § 29c ZPO Rechnung getragen. Aufgrund des begrenzten Anwendungsbereichs genügt diese Vorschrift den Anforderungen an verbraucherschützende Zuständigkeitsvorschriften für grenzüberschreitenden Sachverhalte aber nicht. Es bestehen hier Schutzlücken, die sich im deutschen Recht dahingehend auswirken können, dass der kollisionsrechtliche Verbraucherschutz (Art. 29, 29a EGBGB) leerläuft.[923] Verbrauchern wird im deutschen Recht der Zugang zu den Gerichten nicht erleichtert.

---

[923] S. dazu *Vollkommer / Vollkommer*; in: FS Geimer, 2002, S. 1367 (1386 f.).

Im Folgenden werden daher Regelungsmodelle für diejenigen grenzüberschreitenden Verbraucherstreitigkeiten entwickelt, die nicht in den Anwendungsbereich von EuGVÜ, EuGVO oder LGVÜ fallen.[924] Dabei beschränkt sich die Überlegung auf Fragen der internationalen Zuständigkeit.[925] Es wird zunächst untersucht, in welchen Fällen das autonome Recht die internationale Zuständigkeit bei grenzüberschreitenden Verbraucherstreitigkeiten regelt. Im Anschluss daran werden Modelle für eine entsprechende Norm im deutschen Recht entwickelt und dann dargelegt, welchen Regelungsgehalt eine deutsche Gerichtsstandsregelung zum Schutz der Verbraucher bei internationalen Streitigkeiten haben sollte.

B. Anwendungsbereich des nationalen Rechts

Nationale Vorschriften zur Regelung der internationalen Zuständigkeit greifen lediglich in den Fällen ein, in denen die deutschen Gerichte angerufen wurden und weder EuGVÜ oder EuGVO noch LGVÜ zur Anwendung kommen.[926] Anhand von Fallgruppen ist der durch den Anwendungsbereich der europäischen Zuständigkeitsvorschriften begrenzte räumliche Anwendungsbereich entsprechender nationaler verbraucherschützender Vorschriften kurz darzustellen. Zu beachten ist, dass die deutschen Gerichte immer nur ihre Zuständigkeit oder Unzuständigkeit bestimmen können. Sind die deutschen Gerichte international unzuständig, so haben sie die Klage abzuweisen. Der Kläger muss Klage in einem anderen Staat erheben, der die internationale Zuständigkeit dann wieder nach seinem Recht bestimmt.

I. Der Verbraucher in der Rolle des Klägers

Der Anwendungsbereich autonomer Vorschriften ist eröffnet, wenn der in einem EG- oder EFTA-Staat ansässige Verbraucher Klage vor einem deutschen Gericht erhebt und der beklagte Vertragspartner weder Sitz noch Zweigniederlassung, Agentur oder sonstige Niederlassung in einem Mitgliedstaat der EG- oder einem EFTA-Staat hat.

---

924 Bereits der Report zum X. Weltkongresses für Prozessrecht 1995 in Taormina kommt zu dem Ergebnis, dass eine Harmonisierung in Einzelschritten sinnvoller ist als eine Harmonisierung des gesamten ProzessrechtS. Für einzelne abgrenzbare Regelungskreise sollen jeweils Modellvorstellungen entwickelt werden, die dann in das nationale Recht der einzelnen Staaten integriert werden können; vgl. *Prütting*, Prozeßrecht an der Jahrtausendwende, 1999, S. 169 (173).

925 Fragen der Anerkennung und Vollstreckung können im Rahmen dieser Arbeit hingegen nicht ausführlich behandelt werden.

926 Dabei wird der oben dargelegte Anwendungsbereich von EuGVÜ/LGVÜ und EuGVO zugrunde gelegt; vgl. oben: § 4 B.

Erhebt ein Verbraucher Klage vor einem deutschen Gericht und haben beide Parteien ihren Wohnsitz in einem Drittstaat, so bestimmt sich die internationale Zuständigkeit ebenfalls nach dem nationalen Recht.

II. Der Verbraucher in der Rolle des Beklagten

Wird der Verbraucher vor einem deutschen Gericht verklagt, so bestimmt sich die internationale Zuständigkeit der deutschen Gerichte nach den deutschen Zuständigkeitsregelungen, wenn beide Parteien ihren Wohnsitz in einem Drittstaat haben.

Der Anwendungsbereich der nationalen Vorschriften ist zudem eröffnet, wenn der Vertragspartner des Verbrauchers, der in einem EG- oder EFTA-Staat sitzt, Klage vor einem deutschen Gericht erhebt, der Verbraucher aber in einem Drittstaat wohnt.

III. Gerichtsstandsvereinbarungen und rügelose Einlassung

Haben im Falle einer Gerichtsstandsvereinbarung weder Kläger noch Beklagter ihren Wohnsitz in einem EG- oder EFTA-Staat, aber gleichwohl die internationale Zuständigkeit der Gerichte eines solchen Staates vereinbart, so bestimmt sich die internationale Zuständigkeit nach dem autonomen Recht, wenn Klage vor einem deutschen Gericht erhoben wird. Das gleiche gilt, wenn diese Parteien einen Drittstaat prorogieren.

Ausnahmsweise kommt es aber zur Anwendung der verbraucherschützenden Vorschriften des europäischen Rechts, wenn die Parteien die internationale Zuständigkeit eines Drittstaates vereinbaren und sich der Wohnsitz einer Partei in einem Mitgliedstaat befindet. Steht diese Vereinbarung Art. 15 EuGVÜ/LGVÜ bzw. Art. 17 EuGVO entgegen, so führen Schutzzweckerwägungen zur Anwendung des Prorogationsverbots des Art. 23 Abs. 5 EuGVO (= Art. 17 Abs. 3 EuGVÜ/LGVÜ). Dies wurde oben ausführlich dargestellt.[927] Die internationale Zuständigkeit der deutschen Gerichte kraft rügeloser Einlassung bestimmt sich nach dem autonomen Recht, wenn keine Partei in einem EG- oder EFTA-Staat wohnt.

C. Modellüberlegungen

Die internationale Zuständigkeit kann bei grenzüberschreitenden Verbraucherstreitigkeiten im deutschen Recht auf zwei Wegen geregelt werden. Zum einen könnte eine neue, verbraucherschützende örtliche Zuständigkeitsvorschrift entwickelt werden, die in die ZPO eingefügt würde. Diese Vorschriften bestimmte nach dem Prinzip der Doppelfunktionalität der Gerichtsstandsregelungen sowohl die örtliche als auch die internationale Zuständigkeit bei Verbraucherstreitigkei-

---

[927] S. oben, § 7, D.

ten.[928] Zum anderen wäre aber die Entwicklung einer isolierten Regelung für Fragen der internationalen Zuständigkeit bei Verbraucherstreitigkeiten möglich.[929]

Zugunsten einer verbraucherschützenden örtlichen Zuständigkeitsvorschrift spricht, dass sich eine solche Regelung gut in die ZPO einfügte. Neben dem Gerichtsstand bei Haustürgeschäften bestünde ein allgemeiner Verbrauchergerichtsstand.

Schwierigkeiten bereiten im Fall einer örtlichen Zuständigkeitsvorschrift aber die zu verwendenden Abgrenzungskriterien. Während eine Übernahme von Regelungen entsprechend Art. 15 Abs. 1, lit. a, b EuGVO auch zur Bestimmung der örtlichen Zuständigkeit bei innerstaatlichen Sachverhalten geeignet ist, bestehen bei Art. 15 Abs. 1, lit. c EuGVO Schwierigkeiten.[930] So weisen *Vollkommer / Vollkommer* zu Recht darauf hin, dass eine Vorschrift wie Art. 15 Abs. 1, lit. c EuGVO, die auf das Ausrichten der Tätigkeit auf den Wohnsitzstaat des Verbrauchers abstellt, bei rein innerstaatlichen Sachverhalten keine geeigneten Abgrenzungskriterien bietet. Eine wortgetreue Übernahme einer solchen, auf internationale Sachverhalte zugeschnittenen Regelungen ist daher zur Regelung der örtlichen Zuständigkeit nicht möglich.[931]

Derartigen Schwierigkeiten kann entgegengetreten werden, indem eine isolierte Regelung für Fragen der internationalen Zuständigkeit bei Verbraucherstreitigkeiten geschaffen würde. Eine solche Vorschrift gelangte ausschließlich bei grenzüberschreitenden Sachverhalten zur Anwendung und wäre in ihrem Anwendungsbereich vorrangig gegenüber den doppelfunktionalen örtlichen Zuständigkeitsvorschriften des deutschen Rechts. Es würde anhand dieser Vorschrift zunächst über die internationale Zuständigkeit der deutschen Gerichte entschieden. Bestünde die internationale Zuständigkeit der deutschen Gerichte am Wohnsitz des Verbrauchers, so könnte diese Vorschrift zugleich auch die

---

928 Für die Einfügung einer solchen Zuständigkeitsregel in die ZPO, die sich an den Art. 13 ff. EuGVÜ orientiert: *de Bra*, Verbraucherschutz durch Gerichtsstandsregelungen, 1992, S. 218 ff.

929 Denkbar wäre auch eine Spezialgesetz zur einheitlichen Regelung des IZPR oder sogar eine einheitliche Kodifikation zur Regelung von IPR und IZPR entsprechend dem schweizerischen oder italienischen Recht. Gegen diese Art der Regelung sprechen aber Systematik und historische Entwicklung des deutschen IZPR; für eine einheitliche Kodifikation von IPR und IZPR in einem Gemeinschaftsrechtsakt: *Heß*, NJW 2000, S. 23 (32); vgl. zur Vereinheitlichung der Kollisionsregeln allgemein: *Basedow*, in: FS Stoll, 2001, S. 40 ff.

930 Vgl. dazu *Vollkommer / Vollkommer*; in: FS Geimer, 2002, S. 1367 (1390), die eine an Art. 15 Abs. 1, lit. a, b orientierte örtliche Zuständigkeitsvorschrift befürworten.

931 Vgl. dazu *Vollkommer / Vollkommer*; in: FS Geimer, 2002, S. 1367 (1390).

örtliche Zuständigkeit der Gerichte am Wohnsitz des Verbrauchers begründen.[932]

D. Regelungsgehalt eines autonomen Verbrauchergerichtsstandes

Die Vorschriften des 4. Abschnitts der EuGVO gewähren Verbrauchern bei grenzüberschreitenden Streitigkeiten einen weitreichenden Schutz, indem sie insbesondere der steigenden Anzahl von Verbraucherverträgen durch neue Medien Rechnung tragen. Einen effektiven prozessualen Schutz der Verbraucher erreicht von den hier untersuchten Ländern lediglich Italien, indem es auf die Vorschriften des 4. Abschnitts des EuGVÜ (bzw. EuGVO) verweist. Im Verhältnis zu der Mehrzahl der europäischen Länder gilt seit dem 1. März 2002 die EuGVO. Auch das LGVÜ wird in Zukunft an diese Verordnung angepasst werden. Eine Orientierung der deutschen internationalen Zuständigkeitsregelung an den verbraucherschützenden Vorschriften der Verordnung ist daher sinnvoll. Der Anwendungsbereich der verbraucherschützenden Vorschriften würde über den innereuropäischen Bereich hinaus erweitert. Zwar ist der Anwendungsbereich der nationalen verbraucherschützenden Regelungen nur gering, die Anlehnung des deutschen Rechts an die verbraucherschützenden Vorschriften der EuGVO würde die Rechtssicherheit für Verbraucher und Anbieter aber verstärken. Es bestünde bei Klagen vor einem deutschen Gericht einheitliche Regelungen unabhängig vom Wohnsitz der Parteien. Die auf gemeinschaftsrechtlichen Vorgaben beruhenden deutschen kollisionsrechtlichen Vorschriften zum Schutze der Verbraucher wären zudem durch eine auf europäischen Vorgaben beruhende Zuständigkeitsregelung abgesichert. Zu untersuchen ist, ob und inwieweit die Vorschriften des 4. Abschnitts der EuGVO als Vorbild für eine deutsche internationale Zuständigkeitsregelung dienen können.

I. Gerichtsstandsregelung

1. Anlehnung an Art. 16 EuGVO

Art. 16 EuGVO bestimmt das zuständige Gericht bei grenzüberschreitenden Verbraucherstreitigkeiten, indem zwischen Aktiv- und Passivprozessen unterschieden wird. Eine entsprechende Differenzierung zwischen Aktiv- und Passivprozessen bei Verbraucherstreitigkeiten findet sich im deutschen Zuständigkeitsrecht bisher lediglich in § 29c ZPO sowie bei § 26 FernUSchG.

Eine Anlehnung einer deutschen verbraucherschützenden Zuständigkeitsvorschrift an diese Differenzierung ist sinnvoll. Es hat sich gezeigt, dass Vorschriften, die Verbrauchern bei Aktivprozessen eine Wahl zwischen verschiedenen

---

932 Zur Frage eines Verbrauchergerichtsstands für rein innerstaatliche Sachverhalte, vgl. *Vollkommer / Vollkommer*; in: FS Geimer, 2002, S. 1367 (1390).

zuständigen Gerichten ermöglichen, Verbrauchern den Zugang zu den Gerichten erleichtern. Entsprechend der Regelung des Art. 16 Abs. 1 EuGVO sollte daher auch bei Fällen mit Bezug zu Drittstaaten ein inländischer Wahlgerichtsstand für Aktivprozesse von Verbrauchern bestehen. Die internationale Zuständigkeit der deutschen Gerichte sollte bei Aktivprozessen von Verbrauchern sowohl in den Fällen eröffnet sein, in denen sich der Wohnsitz des Verbrauchers im Inland befindet als auch in den Fällen, in denen der Anbieter seinen (Wohn-)sitz im Inland hat. Hierbei ist zu beachten, dass eine Klage am Sitz des Anbieters in Deutschland bei Verbraucherverträgen regelmäßig den Anwendungsbereich des europäischen Zuständigkeitsrechts eröffnet. Eine solche nationale Regelung begründete daher nur sehr selten die internationale Zuständigkeit der deutschen Gerichte.[933] Sie hätte aber Auswirkungen auf die Anerkennungsfähigkeit und Vollstreckbarkeit eines ausländischen Urteils. Ein ausländisches Urteil könnte gemäß §§ 328, 722 f. ZPO in Deutschland anerkannt und vollstreckt werden, wenn sich der (Wohn-)sitz des Anbieters im Urteilsstaat befunden und der Verbraucher dort Klage erhoben hatte. Es bestünde die für die Anerkennung erforderliche spiegelbildliche Zuständigkeit des Erststaates gemäß § 328 Nr. 1 ZPO.[934]

Bei Passivprozessen von Verbrauchern ist eine Anlehnung der nationalen Vorschrift an Art. 16 Abs. 2 EuGVO denkbar. Es könnte eine ausschließliche internationale Zuständigkeit der deutschen Gerichte für die Fälle bestimmt werden, in denen der Verbraucher seinen Wohnsitz in Deutschland hat. Im Regelfall wird der Wohnsitz des Verbrauchers in Deutschland bei Klagen gegen den Verbraucher vor deutschen Gerichten zwar den Anwendungsbereich des europäischen Zuständigkeitsrechts eröffnen, die nationale Vorschrift schützte aber zumindest Verbraucher mit Wohnsitz in Drittstaaten vor einer internationalen Zuständigkeit der deutschen Gerichte. Diese Regelung hätte zudem positive Auswirkungen auf die Anerkennung und Vollstreckung ausländischer Urteile gegen Verbraucher. Es fehlte an der erforderlichen spiegelbildlichen Zuständigkeit der deutschen Gerichte gemäß §§ 328 Abs. 1, Nr. 1, 722 f. ZPO.[935]

Wohnsitz des Verbrauchers und Sitz der juristischen Person bestimmten sich weiterhin nach der lex fori. Bei Verbrauchern ergäbe sich der Wohnsitz daher aus den §§ 7 ff. BGB. Über den Sitz einer juristischen Person würde das im konkreten Fall anwendbare materielle Recht (lex causae) entscheiden. Entscheidend müsste auch hier der Wohnsitz im Zeitpunkt der Klageerhebung sein. Ver-

---

933 Denkbar ist hier der Fall, dass der zeitliche Anwendungsbereich von EuGVÜ/LGVÜ und EuGVO nicht eröffnet ist.

934 Vgl. zur derzeitigen Lage: *Vollkommer / Vollkommer*; in: FS Geimer, 2002, S. 1367 (1387).

935 Ein Schutzbedürfnis besteht auch hier natürlich nur, sofern die Anwendungsbereiche von EuGVÜ/LGVÜ und EuGVO nicht eröffnet sind.

legte ein Verbraucher erst nach Vertragsschluss seinen Wohnsitz nach Deutschland, so wäre dieser (neue) Wohnsitz entscheidend.

Um Unstimmigkeiten zu vermeiden die dadurch entstehen, dass das deutsche Recht keine örtliche Zuständigkeitsregel für Verbraucherprozesse enthält, sollte die Vorschrift neben der internationalen Zuständigkeit bei Aktivprozessen entsprechend Art. 16 Abs. 1 EuGVO auch die örtliche Zuständigkeit der Gerichte am Wohnsitz des Verbrauchers eröffnen. Zudem sollte sie aber auch die örtliche Zuständigkeit der Gerichte am Wohnsitz des Verbrauchers bei Passivprozessen von Verbrauchern begründen. Im Falle der internationalen Zuständigkeit der deutschen Gerichte nach dem europäischen Zuständigkeitsrecht (Art. 14 Abs. 1, 2 EuGVÜ/LGVÜ, Art. 16 Abs. 2 EuGVO) könnte die autonome Vorschrift auch die örtlichen Zuständigkeit der Gerichte am Wohnsitz des Verbrauchers eröffnen.[936]

Die Vorschrift sollte auch eine Regelung entsprechend Art. 16 Abs. 3 EuGVO enthalten. Eine Widerklage vor dem Gericht, bei dem die Klage gemäß den verbraucherschützenden Regelungen anhängig ist, muss möglich sein.

2. Anlehnung an Art. 15 Abs. 2 EuGVO

Art. 15 Abs. 2 EuGVO stellt eine Zweigniederlassung, Agentur oder sonstige Niederlassung dem (Wohn-)sitz des Unternehmers gleich. Fraglich ist, welchen Anwendungsbereich eine an dieser Regelung angelehnte nationalen Zuständigkeitsregelung hätte.

Bei Passivprozessen von Verbrauchern hätte eine an Art. 15 Abs. 2 EuGVO orientierte nationale Regelung keinen Regelungsgehalt, da der (Wohn-)sitz des Anbieters bei Klagen gegen Verbraucher unerheblich ist. Zuständig sollen bei Passivprozessen von Verbrauchern stets die Gerichte am Wohnsitz des Verbrauchers sein.

Bei Aktivprozessen könnte eine an Art. 15 Abs. 2 EuGVO angelehnte Vorschrift Verbrauchern die Möglichkeit einräumen, Klage vor den Gerichten am inländischen Sitz der Niederlassung zu erheben, wenn es sich um eine Streitigkeit aus dem Betrieb dieser Niederlassung handelte. Der Anwendungsbereich dieser nationalen Regelung wäre aber außerordentlich gering, da bei Aktivprozessen von Verbrauchern die verbraucherschützenden europäischen Vorschriften direkt zur Anwendung gelangen, wenn der Anbieter eine Niederlassung in Deutschland unterhält (Art. 13 Abs. 2 EuGVÜ/LGVÜ bzw. Art. 15 Abs. 2 EuGVO). Auswirkungen hätte aber auch diese Regelung aufgrund der spiegelbildlichen Zuständigkeit der deutschen Gerichte auf die Anerkennungsfähigkeit und Vollstreckbarkeit eines ausländischen Urteils in Deutschland (§§ 328 Abs. 1, Nr. 1, 722 f. ZPO). Den Verbrauchern sollte durch eine an Art. 15 Abs. 2 EuGVO angelehnte Regelung daher die Möglichkeit eingeräumt werden, Klage am inländischen Ge-

---

936 Vgl. dazu auch : *Vollkommer / Vollkommer*; in: FS Geimer, 2002, S. 1367 (1376).

richtsstand der Zweigniederlassung, Agentur oder sonstigen Niederlassung zu erheben, wenn es sich um eine Streitigkeit aus dem Betrieb dieser Niederlassung handelt.

II. Persönlicher Anwendungsbereich

Der persönliche Anwendungsbereich sollte entsprechend Art. 15 Abs. 1 EuGVO auf einen Vertrag oder Ansprüche aus einem Vertrag mit einem Verbraucher beschränkt sein, den dieser zu einem Zweck geschlossen hat, der nicht seiner beruflichen oder gewerblichen Tätigkeit zugerechnet werden kann. Durch die Übernahme der negativen Verbraucherdefinition des Art. 15 EuGVO entstünden keine Widersprüche zum deutschen materiellen Recht, da nach der hier vertretenen Auffassung lediglich selbstständige berufliche Tätigkeiten vom Anwendungsbereich des 4. Abschnitts der EuGVO ausgeschlossen sind. Die in Art. 15 EuGVO verwendete Verbraucherdefinition entspricht insoweit der deutschen Definition des § 13 BGB. Verträge zwischen zwei Privaten wären nicht erfasst. Eine Anlehnung an die Verbraucherdefinition in Art. 15 Abs. 1 EuGVO ist daher möglich.

Der in Art. 15 Abs. 1 EuGVO enthaltene Vorbehalt zugunsten von Art. 4 und Art. 5 Nr. 5 EuGVO ist dagegen nicht in eine autonome Vorschrift zu übernehmen. Der Hinweis auf Art. 4 EuGVO ist bei Sachverhalten mit Bezug zu Drittstaaten gerade nicht erforderlich, da bereits nationales Recht zur Anwendung kommt. Art. 5 Nr. 5 EuGVO müßte ebenfalls keinen Eingang in das autonome Recht finden, da eine Klage des Verbrauchers am inländischen Sitz der Niederlassung bereits durch eine Anlehnung an Art. 15 Abs. 2 EuGVO ermöglicht würde.

III. Sachlicher Anwendungsbereich

Der Anwendungsbereich einer verbraucherschützenden Gerichtsstandsregelung könnte entsprechend Art. 15 Abs. 1, lit. a-c EuGVO auf bestimmte Erwerbsgeschäfte begrenzt werden. Auf diese Weise würden die bewährten europäischen Vorschriften auf Fälle mit Bezug zu Drittstaaten erweitert. An dem internationalen Verbrauchergerichtsstand sollten dabei auch sämtliche konkurrierenden Ansprüche geltend gemacht werden können, die im Zusammenhang mit dem Verbrauchergeschäft stehen.[937] Es bestünde ein einheitlicher Schutz der Verbraucher über den innereuropäischen Rechtsverkehr hinaus. Verbraucher und Anbieter könnten sich auf diese Regelungen einstellen.

1. Anlehnung an Art. 15 Abs. 1 EuGVO

Art. 15 Abs. 1 EuGVO begrenzt den Anwendungsbereich der verbraucherschützenden Vorschriften der EuGVO. Die Übernahme der Buchstaben a und b in das

---

[937] Vgl. zur Annexzuständigkeit am Verbrauchergerichtsstand oben, § 5, A., I., 1.

deutsche Recht bereitet keine Schwierigkeiten. Der Verbrauchergerichtsstand wäre nur bei Teilzahlungskäufen sowie bei Darlehens- oder Kreditgeschäften zur Finanzierung des Kaufs einer beweglichen Sache eröffnet.[938] Es bestünde auch bei Fällen mit Bezug zu Drittstaaten ein besonderer Schutz für Erwerbsgeschäfte, die aufgrund ihres Inhalts besonders gefährlich für Verbraucher sind.[939]

Schwierigkeiten könnte aber die Übernahme einer Regelung entsprechend Art. 15 Abs. 1, lit. c EuGVO in das deutsche Recht bereiten. Dem unklaren Abgrenzungskriterium des „ausrichtens" kann durch eine enge Auslegung entsprechend Art. 15 EuGVO begegnet werden. Probleme bereitet hier aber die Tatsache, dass Art. 15 Abs. 1, lit. c EuGVO keine Eingrenzung auf bestimmte Vertragstypen enthält, sondern lediglich auf die Umstände des Vertragsschlusses abstellt. Eine entsprechende nationale Vorschrift umfasste daher sämtliche Streitigkeiten zwischen Verbrauchern und Anbietern, sofern der Vertragspartner des Verbrauchers seine berufliche oder gewerbliche Tätigkeit auf irgend einem Wege auf den Wohnsitzstaat des Verbrauchers ausgerichtet hätte und der Vertrag in den Bereich dieser Tätigkeit fiele. Die deutsche Vorschrift wäre dadurch weiter als die entsprechende europäische Vorschrift. Während der Anwendungsbereich der europäischen Vorschrift durch die vorrangigen Sonderregelungen für Arbeitsverträge (Artt. 18 ff. EuGVO), Versicherungsverträge (Artt. 8 ff. EuGVO) sowie die ausschließliche Zuständigkeit gemäß Art. 22 Nr. 1 EuGVO begrenzt ist, fehlte es an einer entsprechenden Begrenzung im deutschen Recht. Umfasst wären daher beispielsweise auch Versicherungsverträge zwischen einem Verbraucher und einem Anbieter. Der Verbraucherschutz wäre gegenüber dem europäischen Recht erweitert.

Zwar spricht sehr viel für die Annahme, dass die nationalen Gerichte die an das europäische Recht angeglichene Norm entsprechend auslegen würden. Die von der Verordnung vorausgesetzte Abgrenzung der Verbraucherstreitigkeiten zu den gesondert geregelten Vertragstypen (Streitigkeiten aus individuellen Arbeitsverträgen, Versicherungsverträgen sowie Verträgen i.S.d. Art. 22 Nr. 1 EuGVO) könnte auf diese Weise auch in das nationale Recht ausstrahlen. Eine rechtliche Bindung an die Auslegung der entsprechenden europäischen Vorschriften durch den EuGH bestünde für die nationalen Gerichte aber nicht.[940]

Grundsätzlich ist eine Ausweitung des Verbraucherschutzes, wie sie sich hier für das nationale Recht ergeben könnte, zweckmäßig. Der Schutz der Verbraucher würde auf Versicherungsverträge sowie Miet- und Pachtverträge ausgedehnt. Gegen diese Ausdehnung des Verbraucherschutzes spricht aber das Ar-

---

938 Vgl. dazu auch *Vollkommer / Vollkommer*; in: FS Geimer, 2002, S. 1367 (1389 f.), die eine Anlehnung an diese Vorschriften sogar für die Regelung der örtlichen Zuständigkeit befürworten.

939 S. Staudinger / *Hausmann*, 2002, Anh. Art. 27-37 EGBGB, Rn. 95.

940 Vgl. zur methodischen Bindung der nationalen Gerichte an die Auslegung der EuGVO durch den EuGH unten: § 21, F.

gument der Rechtssicherheit. Je nachdem, ob der streitige Sachverhalt Bezug zu Drittsstaaten hätte oder nicht, wäre der Anwendungsbereich des Art. 15 Abs. 1, lit.c EuGVO unterschiedlich weit. Die bezweckte Angleichung von europäischem und nationalem Recht würde gerade nicht erreicht. Die nationale Vorschrift sollte daher entsprechend dem europäischen Recht eingegrenzt werden.

Der nationale Gesetzgeber könnte zur Angleichung der nationalen an die europäische Norm den Anwendungsbereich der Vorschrift begrenzen. Eine solche Begrenzung könnte ausdrücklich normiert werden. So könnten Versicherungsverträge und Verträge über Wohnraum bzw. in Anlehnung an den Wortlaut des Art. 22 Nr. 1 EuGVO Klagen, die Miete oder Pacht von unbeweglichen Sachen zum Gegenstand haben, vom Anwendungsbereich der nationalen verbraucherschützenden Zuständigkeitsregelung ausgeschlossen werden. Im Falle von Arbeitsverträgen bedürfte es einer solchen Eingrenzung dagegen nicht, da diese Verträge zu einem Zweck geschlossen werden, der der beruflichen oder gewerblichen Tätigkeit der Person zugerechnet werden kann. Der persönliche Anwendungsbereich einer an Art. 15 Abs. 1 EuGVO orientierten nationalen Regelung wäre in diesen Fällen von vornherein nicht eröffnet.

Eine ausschließliche Anlehnung der deutschen Vorschrift an Art. 15 Abs. 1, lit. c EuGVO, wie sie *Vollkommer / Vollkommer* vorschlagen, ist abzulehnen. In den Fällen der Art. 15 Abs. 1, lit a, b EuGVO folgt die Schutzbedürftigkeit der Verbraucher schon aus dem Inhalt des Erwerbsgeschäfts und nicht erst aus den Umständen des Vertragsschlusses. Diese besondere Schutzbedürftigkeit rechtfertigt auch bei Verträgen mit Bezug zu Drittstaaten eine ausdrückliche Einbeziehung in eine verbraucherschützende Vorschrift. Zudem wird ein einheitlicher Schutz der Verbraucher über den innereuropäischen Rechtsverkehr hinaus nur dadurch gewährleistet, dass europäische und nationale Vorschriften möglichst weitgehend angeglichen werden. Es ist daher für den Anwendungsbereich einer verbraucherschützenden Gerichtsstandsregelung eine Anlehnung an Art. 15 Abs. 1 lit. a-c EuGVO zu befürworten.

2. Anlehnung an Art. 15 Abs. 3 EuGVO

Art. 15 Abs. 3 EuGVO schließt Beförderungsverträge vom Anwendungsbereich des 4. Abschnitts aus. Ausdrücklich einbezogen sind hingegen Reiseverträge, die für einen Pauschalpreis kombinierte Beförderungs- und Unterbringungsleistungen vorsehen. Eine Übernahme dieser Vorschrift in das nationale Recht bereitet keine Schwierigkeiten und ist insbesondere im Hinblick auf die gesonderte Regelung dieser Verträge durch verschiedene Übereinkommen sinnvoll.

IV. Gerichtsstandsvereinbarungen und rügelose Einlassung

1. Gerichtsstandsvereinbarungen

Ein umfassender Schutz der Verbraucher ist bei Fragen der internationalen Zuständigkeit lediglich dann gewährleistet, wenn Gerichtsstandsvereinbarungen nur ausnahmsweise zulässig sind. Die voranstehenden Untersuchungen haben gezeigt, dass Art. 17 EuGVO die Zulässigkeit von Gerichtsstandsvereinbarungen auf ein Maß beschränkt, dass die Interessen der Verbraucher umfassend berücksichtigt. Eine Anlehnung der autonomen Regelung an die europäische Vorschrift bietet sich daher an.

Denkbar ist eine Einschränkung der Zulässigkeit von internationalen Gerichtsstandsvereinbarungen (gemäß § 38 ZPO) durch eine Regelung entsprechend Art. 17 EuGVO. Die verbraucherschützende Zuständigkeitsnorm könnte internationale Gerichtsstandsvereinbarungen nur in eingeschränkten Fallkonstellationen zulassen.

Würde eine an Art. 17 EuGVO angelehnte Regelung in das autonome Recht integriert, so wären internationale Gerichtsstandsvereinbarungen lediglich unter den restriktiven Voraussetzungen der Art. 17 Nr. 1-3 EuGVO zulässig. Die Vereinbarung müsste aber weiterhin den Anforderungen des § 38 ZPO entsprechen. Insbesondere die Formerfordernisse des § 38 ZPO wären zu beachten.

Bei Verbraucherstreitigkeiten wären internationale Gerichtsstandsvereinbarungen bei Aktivprozessen vor Entstehung der Streitigkeit lediglich zulässig, sofern die Vereinbarung dem Verbraucher die Befugnis einräumt, zusätzlich andere Foren anzurufen, als die verbraucherschützende Zuständigkeitsvorschrift selbst vorsieht (entsprechend Art. 17 Nr. 2 EuGVO). Zulässig wären entsprechend Art 17 Nr. 3 EuGVO auch Gerichtsstandsvereinbarungen für den Fall, dass die Parteien im Zeitpunkt der Vereinbarung ihren Wohnsitz oder gewöhnlichen Aufenthalt in demselben Staat haben und die Zuständigkeit dieses Staates für den Fall vereinbart wird, dass eine Partei aus diesem Staat verzieht. Die Möglichkeit gemäß § 38 Abs. 2 ZPO bei grenzüberschreitenden Streitigkeiten Gerichtsstandsvereinbarungen auch schon vor Entstehung der Streitigkeit zu treffen würde bei Verbraucherstreitigkeiten dadurch zu Gunsten der Verbraucher eingeschränkt. Verbraucher würden umfassend geschützt, ohne dass Gerichtsstandsvereinbarungen insgesamt ausgeschlossen würden. Nach Entstehung der Streitigkeit sollten internationale Gerichtsstandsvereinbarungen auch bei Verbraucherbeteiligung entsprechend Art. 17 Nr. 1 EuGVO (§ 38 Abs. 3 Nr. 1 ZPO) weiterhin zulässig bleiben.

2. Rügelose Einlassung

Es stellt sich die Frage, ob es bei internationalen Verbraucherstreitigkeiten zusätzlich einer Regelung für die Fälle der rügelosen Einlassung bedürfte. Fehlte es an einer speziellen Regelung für die Fälle der rügelosen Einlassung bei grenzüberschreitenden Verbraucherstreitigkeiten, so wäre insoweit auf die nachrangigen doppelfunktionalen örtlichen Zuständigkeitsvorschriften zurückzugreifen. Die Möglichkeit, die internationale Zuständigkeit durch rügelose Einlassung zu eröffnen bestimmte sich nach § 39 ZPO. Diese Vorschrift entspricht Art. 18 EuGVÜ/LGVÜ (= Art. 24 EuGVO). Eine rügelose Einlassung ist auch im deutschen Recht erst im Zeitpunkt der mündlichen Verhandlung und somit nach Entstehung der Streitigkeit zulässig. Verbraucher werden durch diese Vorschrift nicht benachteiligt. Einer speziellen Regelung zum Schutze der Verbraucher bei grenzüberschreitenden Sachverhalten bedarf es daher im autonomen Recht nicht.

V. Ergebnis

Eine deutsche Vorschrift zur Regelung der internationalen Zuständigkeit bei Verbraucherstreitigkeiten könnte weitgehend an die Vorschriften des 4. Abschnitts der EuGVO angelehnt werden. Die Regelung der internationalen Zuständigkeit sollte sich an Art. 16 EuGVO orientieren und bei Passivprozessen eine ausschließliche Zuständigkeit der inländischen Gerichte am Wohnsitz des Verbrauchers sowie im Falle von Aktivprozessen eine Wahlzuständigkeit der Gerichte am inländischen (Wohn-)sitz des Anbieters oder am inländischen Wohnsitz des Verbrauchers bestimmen. Entsprechend Art. 15 Abs. 2 EuGVO sollte auch eine Klagemöglichkeit des Verbrauchers am inländischen Sitz der Niederlassung bestehen. Dabei sollte der persönliche Anwendungsbereich weitgehend an Art. 15 Abs. 1 EuGVO angelehnt werden. Eine Übernahme der in Art. 15 Abs. 1 EuGVO enthaltenen Vorbehalte zugunsten von Art. 4 und Art. 5 Nr. 5 EuGVO ist aber nicht zweckmäßig. Der sachliche Anwendungsbereich der Norm sollte sich an Art. 15 Abs. 1, lit. a-c EuGVO orientieren, so dass die verbraucherschützende Gerichtsstandsregelung auf die dort genannten Erwerbsgeschäfte begrenzt wäre.

Neben der internationalen Zuständigkeit sollte die Vorschrift sowohl bei Aktiv- als auch bei Passivprozessen von Verbrauchern zugleich auch die örtliche Zuständigkeit am Wohnsitz des Verbrauchers eröffnen. Art. 15 Abs. 3 EuGVO kann ebenfalls als Vorbild dienen. Eine Einschränkung internationaler Prorogation und Derogation entsprechend Art. 17 EuGVO ist auch im autonomen Recht sinnvoll.

E. Form der Angleichung

In welcher Form die Vorschriften des 4. Abschnitts der EuGVO in das deutsche Recht integriert werden, ist letztlich eine Frage der „bloßen Gesetzestechnik“.[941] Möglich ist zum einen eine inhaltliche Angleichung der nationalen Vorschrift an den 4. Abschnitt der EuGVO. Es könnte aber auch eine (Teil-) Verweisung auf die Vorschriften der EuGVO entsprechend dem italienischen Recht erfolgen.

Zugunsten einer Verweisung auf die Vorschriften der EuGVO spricht insbesondere die Möglichkeit, die Verweisung so auszugestalten, dass Änderungen der EuGVO ebenfalls erfasst sind. Die Frage, ob und inwieweit eine dynamische Verweisung im deutschen Recht überhaupt zulässig ist, bestimmt sich nach dem

---

[941] *Kohler*, in: FS Geimer, 2002, S. 461 (464).

deutschen Verfassungsrecht.[942] Eine Überprüfung anhand des Art. 23 GG wäre erforderlich. Eine verweisende Vorschrift erhöhte die Wahrscheinlichkeit einer einheitlichen Auslegung der europäischen und nationalen Vorschriften durch die deutschen Gerichte. Die deutschen Gerichte würden im Falle einer direkten Verweisung auf die Verordnung die Vorschriften kaum anders auslegen als der EuGH.

Im Falle einer verbraucherschützenden internationalen Zuständigkeitsregelung ist aber eine inhaltliche Angleichung des nationalen Rechts an die Vorschriften der EuGVO die vorzugswürdige Lösung. Die hier dargestellten Änderungen der Regelungen des 4. Abschnitts der EuGVO lassen sich auf diese Weise einfacher in das nationale Recht integrieren. Unter den deutschen Gerichtsstandsregelungen findet sich auch bislang keine Vorschrift, die auf Vorschriften einer europäischen Verordnung verweist. Eine solche Verweisung entspricht daher nicht der Systematik des deutschen Rechts. Im Falle einer inhaltlichen Angleichung des autonomen Rechts an die Vorschriften der Verordnung ist eine Anlehnung der deutschen Rechtsprechung an die Auslegung der entsprechenden Vorschriften durch den EuGH zudem ebenfalls wahrscheinlich. Die Gerichte würden sich an den Vorgaben des EuGH orientieren.

F. Auslegung des angeglichenen Rechts

Wird das nationale Recht an das europäische Recht angeglichen, so stellt sich die Frage nach der Auslegung dieses neu geschaffenen nationalen Rechts. Eine unmittelbare Bindung an die Auslegung der entsprechenden europäischen Vorschriften durch den EuGH besteht für die nationalen Gerichte nicht. Gleichwohl erfordert die angestrebte Angleichung des nationalen Rechts an das Gemeinschaftsrecht aber die übereinstimmende Auslegung dieser Vorschriften.

Die Bindung der hier vorgeschlagenen Vorschrift an die Auslegung des europäischen Rechts durch den EuGH folgt methodisch bereits daraus, dass die vorgeschlagene Vorschrift den Wortlaut der Artt. 15 ff. EuGVO teilweise unverändert übernehmen soll. Würde in der Gesetzesbegründung zur nationalen Vorschrift zudem das Ziel einer Angleichung von nationalem und europäischem Recht zum Ausdruck gebracht werden, so ergäbe sich auch aus Sinn und Zweck der angeglichenen Vorschrift eine Bindung an die Rechtsprechung des EuGH. Methodisch wären die nationalen Gerichte somit zu einer einheitlichen Auslegung von angeglichenem und europäischem Recht gezwungen und dadurch insbesondere an die Rechtsprechung des EuGH zu Artt. 15 ff. EuGVO gebunden.[943]

Verfahrensrechtlich stellt sich die Frage nach den Vorlagemöglichkeiten dieses angeglichenen Rechts an den EuGH. Entstünden bei der Auslegung des angegli-

---

942 S. *Kohler*, in: FS Geimer, 2002, S. 461 (464 f.).

943 Vgl. dazu *Schulze*, Auslegung europäischen Privatrechts und angeglichenen Rechts, 1999, S. 9 (17 ff.).

chenen nationalen Rechts Auslegungsschwierigkeiten, die nicht bereits durch eine Entscheidung des EuGH zum europäischen Recht geklärt wurden, so sollte den nationalen Gerichten die Möglichkeit einer Vorlage dieser Frage an den EuGH eröffnet sein.

Der EuGH hat sich in mehreren Entscheidungen zur Frage der Vorlagefähigkeit von nationalem Recht geäußert, das lediglich an das Gemeinschaftsrecht angeglichen worden war. Der Gerichtshof hat in diesen Entscheidungen bestimmte Kriterien für die Vorlagefähigkeit aufgestellt.[944] Er betont dabei immer wieder, dass sich seine Zuständigkeit auf die Prüfung der Bestimmungen des Gemeinschaftsrechts beschränke. Maßgebende Kriterien für eine Vorlagefähigkeit seien die unmittelbare und unbedingte Verweisung des internen Rechts der Länder auf das Gemeinschaftsrecht. Erforderlich ist nach der Rechtsprechung des Gerichtshofs zudem, dass eine Bindungswirkung der Entscheidungen des EuGH zugelassen wird. Diese Bindungswirkung könne dabei auch aus dem nationalen Recht selbst erwachsen. Über das Bestehen einer solchen Bindungswirkung entscheide das vorlegende nationale Gericht.

Die Erfüllung dieser Kriterien bereitet bei einer inhaltlichen Angleichung mit entsprechenden Änderungen Schwierigkeiten.[945] Dennoch sollte den Gerichten die Möglichkeit einer Vorlage an den EuGH auch im Falle der hier vorgeschlagenen Vorschrift eröffnet sein. Der Zweck einer derartigen Vorschrift besteht gerade in der Angleichung an das europäische Recht. Dieser Zweck wird insbesondere durch eine einheitliche Auslegung der europäischen und der angeglichenen nationalen Vorschriften verwirklicht. Die Übereinstimmung des autonomen Rechts mit dem Gemeinschaftsrecht sollte daher durch eine Vorlage an den EuGH überprüfbar sein.[946]

---

944 S. dazu ausführlich oben, § 19, B., II., 1., a; vgl. dazu insbesondere die Entscheidung EuGH, RS. 28/95 (Leur-Bloem/Inspecteur der Belastingdienst), Slg. 1997, I, S. 4161 ff.

945 Vgl. dazu auch die Entscheidung EuGH, RS. 346/93 (Kleinwort Benson/City of Glasgow), Slg. 1995, I, S. 615.

946 Im Ergebnis so auch *Schulze,* Auslegung europäischen Privatrechts und angeglichenen Rechts, 1999, S. 9 (17 ff.).

§ 22 Schlussbetrachtung

A. Weltweite und europäische Lösung

Die hier skizzierte Reformvorschrift kann die bestehenden Schutzlücken bei verbraucherschützenden internationalen Zuständigkeitsregelungen zwar verringern, aber nicht vollständig schließen. Der Anwendungsbereich dieser nationalen Vorschrift ist begrenzt. Einen umfassenden Schutz der Verbraucher bei Verbraucherstreitigkeiten kann nur ein weltweites Übereinkommen erreichen. Eine Lösung bietet der von der Haager Konferenz für internationales Privatrecht entwickelte Entwurf für ein weltweites Zuständigkeitsübereinkommen. Es bleibt abzuwarten, ob die Vertragsstaaten bezüglich der verbraucherschützenden Zuständigkeitsregeln Einigkeit erzielen können.

Eine weltweite legislatorische Vereinheitlichung der internationalen Zuständigkeitsvorschriften sowie der Anerkennung ist auch auf anderem Wege denkbar. Der Anwendungsbereich der EuGVO sowie des EuGVÜ könnte durch völkerrechtliche Verträge zwischen der Gemeinschaft und Drittstaaten auf diese ausgedehnt werden. Schwierigkeiten ergeben sich im Falle einer derartigen Ausdehnung der Verordnung hinsichtlich der Auslegungszuständigkeit des EuGH. Gegen eine Ausdehnung dieser Rechtsakte wird aber vor allem eingewendet, die Rechtsakte beruhten gerade auf der Einheitlichkeit des europäischen Binnenmarktes und könnten daher nicht ohne weiteres auf Drittstaaten ausgedehnt werden.[947]

Möglich bleibt der Beitritt weiterer Staaten zum LGVÜ, wobei auch im Falle eines derartigen Beitritts eine gewisse Übereinstimmung mit dem Recht der Vertragstaaten bestehen muss.[948]

Auf Gemeinschaftsebene lassen sich ebenfalls Lösungen zu einer Vereinheitlichung der verbraucherschützenden Zuständigkeitsvorschriften über den europäischen Binnenmarkt hinaus finden.[949] Es könnte ein einheitliches, umfassendes europäisches Zivilprozessrecht geschaffen werden.[950] Auf diese Weise ließen

---

947 S. dazu ausführlich *Leisle,* Dependenzen auf dem Weg vom EuGVÜ, über die EuGVVO, zur EuZPO, 2002, S. 206 f.

948 Vgl. dazu *Leisle,* Dependenzen auf dem Weg vom EuGVÜ, über die EuGVVO, zur EuZPO, 2002, S. 206 ff.

949 Zu den möglichen Grundmodellen auf europäischer Ebene, vgl. *Stürner,* in: Wege zu einem europäischen Zivilprozeßrecht, 1992, S. 1 (2 ff.); *Leisle,* Dependenzen auf dem Weg vom EuGVÜ, über die EuGVVO, zur EuZPO, 2002, S. 192 ff.

950 Vgl. dazu: *Heß,* IPRax 2001, S. 389 ff.; *ders.,* NJW 2000, S. 23 ff.; *Ehricke,* IPRax 1999, S. 311 ff.; *Prütting,* Prozeßrecht an der Jahrtausendwende, 1999, S. 169 ff.; *ders.,* in: FS Baumgärtel, 1990, S. 457 ff.; *ders.,* in: FS Schumann, 2001, S. 309 (319 ff.); *Lemken,* ZZP 109 (1996), S. 337 ff.; *Schack,* ZZP 108 (1995), S. 47 ff.; *ders.,* ZZP 107 (1994), S. 279 ff.; *Storme,* RabelsZ 56 (1992), S. 290 ff.; *Habscheid,* Unity of Civil Procedure Law and Its National Divergencies, 1994, S. 76 ff.; *Stürner,* in: Wege zu einem

sich die Regelungen der internationalen Zuständigkeit für sämtliche Klagen vor europäischen Gerichten vereinheitlichen. Denkbar ist eine zusammenhängende Kodifikation des Prozessrechts in einer EG-Verordnung.[951] Die Kodifikation müsste einen Regelungsabschnitt für Fragen der internationalen Zuständigkeit bei Verbraucherstreitigkeiten enthalten. Innerhalb der EG bestünden dann auch im Verhältnis zu Drittstaaten keine unterschiedlichen Regelungen mehr. Diese verbraucherschützenden Zuständigkeitsvorschriften kämen zur Anwendung, sofern Klage vor den Gerichten eines Mitgliedstaates erhoben wird. Über die internationale Zuständigkeit der Gerichte der Drittstaaten könnten die europäischen Gerichte allerdings weiterhin nicht entscheiden.

Fraglich ist, ob Art. 65, lit. a, b i.V.m. Artt. 61, lit. c, 67 EG der Gemeinschaft die Kopmetenz zum Erlass eines entsprechenden Rechtsaktes gibt. Art. 65 EG ermöglicht nur den Erlass von Maßnahmen die für das reibungslose Funktionieren des Binnenmarktes erforderlich sind. Ausreichend ist nach *Leible / Staudinger* dabei eine mittelbare Unterstützungsfunktion für den Binnenmarkt.[952] Die Kodifikationen würden aber nicht nur den Binnenmarkt betreffen, sondern darüber hinaus auch das Verhältnis der Mitgliedstaaten zu Drittstaaten regeln. Aus dem Begriff des Binnenmarktes folgt aber keine dahingehende Schranke, dass ausschließlich Regeln für Binnenmarktsachverhalte geschaffen werden dürfen. Bereits die auf Art. 65, lit. a EG beruhende EuGVO erfasst nicht nur Sachverhalte, die ausschließlich Mitgliedstaatenbezug haben. Umfasst werden auch Fälle, in denen lediglich der Beklagte in einem Mitgliedstaat der EG wohnt. Einen reinen Binnensachverhalt fordert daher schon die EuGVO nicht.[953]

Geht man davon aus, dass für den Anwendungsbereich des Art. 65 EG bereits eine mittelbar binnenmarktfördernde Wirkung eines Rechtsakts genügt, so ermächtigt Art. 65 EG zum Erlass sämtlicher Harmonisierungsmaßnahmen für die Bereiche des internationalen Zivilverfahrens- und Privatrechts sowie des sonstigen Zivilprozessrechts.[954] Für Fragen bezüglich dieser Regelungen bestünde die

---

europäischen Zivilprozeßrecht, 1992, S. 1 ff.; *Prütting*, Die Entwicklung eines europäischen Zivilprozeßrechts, 1992, passim.; *M. Wolf*, in: Wege zu einem europäischen Zivilprozeßrecht, 1992, S. 35 ff.; *Jayme*, in: Ein internationales Zivilverfahrensrecht für Gesamteuropa, 1992, S. 3 ff. und passim.; *Leisle*, Dependenzen auf dem Weg vom EuGVÜ, über die EuGVVO, zur EuZPO, 2002, S. 197 ff.; Methoden einer europäischen Annäherung werden auch diskutiert bei *Storme*, in: FS Drobnig, 1998, S. 177 (191).

951 So bereits *Pfeiffer* in einem Diskussionsbeitrag, dargestellt bei *Lemken*, ZZP 109 (1996), S. 337 (341); *Heß*, NJW 2000, S. 23 (32); *Leisle*, Dependenzen auf dem Weg vom EuGVÜ, über die EuGVVO, zur EuZPO, 2002, S. 201.

952 S. *Leible / Staudinger*, The European Legal Forum 2000/01, S. 225 (229).

953 S. *Leible / Staudinger*, The European Legal Forum 2000/01, S. 225 (230).

954 So *Leible / Staudinger*, The European Legal Forum 2000/01, S. 225 (230); vgl. zu den Kompetenzschranken: *Leisle*, Dependenzen auf dem Weg vom EuGVÜ, über die EuGVVO, zur EuZPO, 2002, S. 204 f., der als Kompetenzgrundlage Artt. 61, lit. c,

Vorabentscheidungsbefugnis des EuGH gemäß Art. 68 EG, da eine entsprechende Verordnung auf Art. 65 EG beruhte.

Ein einheitliches europäisches Prozessrecht könnte den Rechtsschutz bei grenzüberschreitenden Streitigkeiten effektiv verbessern und den Bürgern den Zugang zum Recht erleichtern. Diese Lösung ist allerdings mit einem großen gesetzgeberischen Aufwand verbunden. Diesen Weg eines einheitlichen europäischen Zivilprozessrechts scheint der europäische Gesetzgeber bisher nicht einschlagen zu wollen.[955] Die Idee eines einheitlichen Zivilprozessrechts für Europa wird nicht weiter vorangetrieben.[956]

B. Zusammenfassung der Ergebnisse

Die neuen Medien haben den internationalen Rechtsverkehr stark vereinfacht. Die Zahl internationale Streitigkeiten wächst an. Soll das Vertrauen der Verbraucher in den transnationalen Rechtsverkehr gestärkt werden, so sind klare, übersichtliche Regelungen erforderlich. Die Vielfalt der bestehenden nationalen Regelungen kann dieses Vertrauen nicht stärken.

Die Untersuchung der verbraucherschützenden Zuständigkeitsvorschriften von EuGVÜ und LGVÜ in Teil 1 hat gezeigt, dass diese Vorschriften trotz ihres begrenzten Anwendungsbereichs Verbrauchern den Zugang zu den Gerichten erleichtern, indem sie nach der Rolle des Verbrauchers im Prozess differenzieren. Schwierigkeiten bereitet neben dem Verbraucherbegriff insbesondere die Abgrenzung des Begriffs der Dienstleistung bei Art. 13 Abs. 1, Nr. 3 EuGVÜ/LGVÜ. Der dort erforderliche Inlandsbezug grenzt den Anwendungsbereich des 4. Abschnitts zusätzlich ein. Gleichwohl wird die überwiegende Zahl der praxisrelevanten Sachverhalte vom Anwendungsbereich dieser Vorschriften erfasst. Insbesondere bei Vertragsschlüssen im Internet bieten die Vorschriften des 4. Abschnitts Verbrauchern einen umfassenden Schutz, ohne einseitig zu wirken. Es bestehen hinreichende Möglichkeiten für die Anbieter, Vertragsschlüsse mit Verbrauchern zu umgehen, zu deren Rechtsordnung sie keinen Kontakt wünschen. Im Anwendungsbereich der verbraucherschützenden Vorschriften verhindert Art. 15 EuGVÜ/LGVÜ zudem Gerichtsstandsvereinbarungen, die zu Lasten der Verbraucher wirken. Die Möglichkeit, die internationale Zuständig-

---

i.V.m. 65, lit. a, b, c i.V.m. Art. 95 Abs. 1 EG annimmt, den Erlass einer EuZPO zur Zeit aber noch an der Verhältnismäßigkeit gemäß Art. 5 Abs. 3 EG scheitern sieht.

955 *Heß* hält aber die Aufhebung der autonomen Kollisionsrechte in den EG-Staaten für absehbar, vgl. *Heß*, NJW 2000, S. 23 (30); *Pirrung* weist auf die Gefahren hin, aufgrund einer „EG-Euphorie“ die größeren Zusammenhänge zu vergessen. Haager Konferenz, Unidroit, Europarat und EG-Staaten sollten weiter zusammenarbeiten und Wirtschaft und Praxis in ihre Arbeit mit einbeziehen, vgl. *Pirrung*, in: Aufbruch nach Europa, 2001, S. 785 ff.

956 Vgl. dazu *Heß*, JZ 1998, S. 1021 (1032).

keit der Gerichte durch rügelose Einlassung zu begründen, bedarf dagegen keiner Einschränkung. Verbraucher sind hier ausreichend geschützt.

In Teil 2 wurden die sich aus der Neuregelung des EuGVÜ in Form einer Verordnung ergebenden Änderungen auf ihre Schutzwirkung untersucht. Zu begrüßen ist die Orientierung an dem bewährten System der Staatsverträge sowie der Wegfall des Begriffs der Dienstleistung und die Einbeziehung des „aktiven Verbrauchers“, der seinen Rechtskreis verlässt, in den Schutzbereich der verbraucherschützenden Vorschriften. Zweifelhaft ist hingegen die Formulierung, die für Art. 15 Abs. 1, lit. c EuGVO gewählt wurde. Der Schutzbereich des 4. Abschnitts wurde dadurch stark erweitert. Dieser Ausdehnung des Anwendungsbereichs ist bei Streitigkeiten aus Internet-Verträgen zugunsten der Anbieter durch eine einschränkende Auslegung des Art. 15 EuGVO zu begegnen. Der Verbraucher muss den Vertrag direkt über die aktive Internetseite abgeschlossen haben.

Die sich aus der räumlichen Begrenzung von EuGVÜ und EuGVO auf EG-Mitgliedstaaten ergebenden Schutzlücken im prozessualen Verbraucherschutz könnten durch ein weltweites Gerichtsstands- und Vollstreckungsübereinkommen, wie es von der Haager Konferenz für internationales Privatrecht in Angriff genommen wurde, geschlossen werden. Das Bestreben um ein solches Übereinkommen lässt den Wunsch der Mitgliedstaaten erkennen, Zuständigkeitsregeln zu schaffen, die einen dem europäischen Recht vergleichbaren prozessualen Verbraucherschutz bieten, ohne dabei einseitig zu wirken. Dem hier untersuchten Entwurf vom Juni 2001 gelingt dies jedoch nur zum Teil. Insbesondere bei Passivprozessen von Verbrauchern werden die Interessen der Anbieter in diesem Entwurf nicht hinreichend berücksichtigt. Umstritten blieb zudem die Zulässigkeit von Gerichtsstandsvereinbarungen bei Beteiligung von Verbrauchern. Es bleibt abzuwarten, ob die Mitgliedstaaten Einigung über entsprechende verbraucherschützende Zuständigkeitsregeln werden erzielen können und welche Entwicklung die weitere Überarbeitung der Entwürfe mit sich bringen wird.

In Teil 3 wurde die Regelungen der internationalen Zuständigkeit in Deutschland, Österreich, der Schweiz, England und Italien auf ihre Schutzwirkung bei Streitigkeiten mit Beteiligung von Verbrauchern untersucht. Es wurde festgestellt, dass selbst innerhalb Europas kein einheitlicher Schutz der Verbraucher bei Streitigkeiten mit Bezug zu Drittstaaten besteht. Es kann daher vom Zufall abhängen, ob ein Gerichtsstand am Wohnsitz des Verbrauchers eröffnet ist. Die beste Lösung der hier untersuchten autonomen Regelungen bietet das italienische Recht mit der Verweisung auf die Vorschriften des 4. Abschnitts des EuGVÜ (bzw. EuGVO).

Die Erkenntnisse über die bestehenden Schutzlücken im prozessualen Verbraucherschutz münden in Teil 4 in Überlegungen zu einer verbraucherschützende Zuständigkeitsvorschrift für das deutsche Recht. Der nationale Gesetzgeber kann bestehende Schutzlücken verkleinern, indem ein inländischer Verbrauchergerichtsstand zur Verfügung gestellt wird. Denkbar ist die Entwicklung einer am Wortlaut der verbraucherschützenden Regelungen der EuGVO angelehnte Vorschrift für die ZPO, die isoliert die Frage der internationalen Zuständigkeit regelt. Die Vorschrift sollte bei Passivprozessen eine ausschließliche Zuständigkeit der inländischen Gerichte am Wohnsitz des Verbrauchers und bei Aktivprozessen eine Wahlzuständigkeit der Gerichte am inländischen (Wohn-)sitz des Anbieters oder am inländischen Wohnsitz des Verbrauchers eröffnen. Dem Verbraucher sollte eine zusätzliche Klagemöglichkeit am inländischen Sitz der Niederlassung des Anbieters eröffnet sein. Für den Fall der internationalen Zuständigkeit der deutschen Gerichte sollte die Vorschrift auch die örtlichen Zuständigkeit regeln. Persönlicher und sachlicher Anwendungsbereich dieser Vorschrift könnten weitgehend an Art. 15 EuGVO angelehnt werden. Internationale Gerichtsstandsvereinbarungen sollten entsprechend Art. 17 EuGVO nur eingeschränkt zugelassen werden.

Die Möglichkeit einer solchen autonomen Lösung, die Modellcharakter für andere Staaten haben könnte, sollte aber nicht den Blick auf umfassendere Regelungsmöglichkeiten verstellen. Eine autonome Vorschrift kann stets nur über die Zuständigkeit oder Unzuständigkeit der Gerichte dieses Staates entscheiden. Forum shopping bleibt daher insbesondere für Anbieter attraktiv. Die EG verfügt mit Art. 65 EG über die Kompetenz zu einer europaweiten Angleichung des IZPR durch eine Verordnung. Möglich ist auch eine Ausdehnung des Anwendungsbereichs von EuGVÜ, EuGVO oder LGVÜ auf weitere Staaten. Auf weltweiter Ebene bleibt zu hoffen, dass das Haager Gerichtsstands- und Vollstreckungsübereinkommen nicht endgültig scheitert.

Dem Ziel eines einheitlichen prozessualen Schutzes von Verbrauchern durch vereinfachten Zugang zu den Gerichten kann man durch die vorgeschlagenen legislativen Maßnahmen einen Schritt näher kommen.

Literaturverzeichnis

Annuß, Georg — Der Arbeitnehmer als solcher ist kein Verbraucher!, NJW 2002, S. 2844

Aull, Jacques Matthias — Der Geltungsanspruch des EuGVÜ: „Binnensachverhalte und Internationales Zivilverfahrensrecht in der Europäischen Union - Zur Auslegung von Art. 17 Abs. 1, S. 1 EuGVÜ, Frankfurt a.M. 1996

Baldus, Christian — Haustürgeschäfte und richtlinienkonforme Auslegung - Probleme bei der Anwendung angeglichenen europäischen Privatrechts, ZEuP 1997, S. 874

Ballarino, Tito — Diritto Internazionale Privato, 3. Aufl., Padova 1999

Ballon, Oskar J. — Einführung in das österreichische Zivilprozeßrecht, 9. Aufl., Graz 1999

Bar, Christian v. — Internationales Privatrecht, Band 2, Besonderer Teil, München 1991

Bariatti, Stefania — Riforma del sistema di diritto internazionale private, Art. 2 (Convenzioni internazionali), Le nuove leggi civile commentate, 1996, S. 889

Basedow, Jürgen — Europäisches Internationales Privatrecht, NJW 1996, S. 1921

ders. — Das Internationale Privatrecht in Zeiten der Globalisierung, in: *Hohloch, Gerhard (Hrsg.)*, Festschrift für Hans Stoll, Tübingen 2001

Baumbach Adolf / Lauterbach, Wolfgang — Zivilprozeßordnung, 60. Aufl., München 2002

Baumgärtel, Gottfried — Die Vereinbarung der internationalen Zuständigkeit nach dem EWG-Übereinkommen vom 27. September 1968 und nach § 38 Abs. 2 ZPO, in: *Lüderitz, Alexander / Schröder, Jochen (Hrsg.)*, Internationales Privatrecht und Rechtsvergleichung im Ausgang des 20. Jahrhunderts: Bewahrung oder Wende?; Festschrift für Gerhard Kegel, Frankfurt a.M. 1977

Beise, Herward — Rechtswahlklauseln in Time-Sharing-Verträgen, NJW 1995, S. 1724

Benicke, Christoph — Internationale Zuständigkeit deutscher Gerichte nach Art. 13, 14 EuGVÜ für Schadensersatzklagen geschädigter Anleger, WM 1997, S. 945

Berger, Christian — Gerichtspflichtigkeit infolge Internetpräsenz, in: *Bauknecht, Kurt (Hrsg.)*, Informatik 2001 – Wirtschaft und Wissenschaft in der Network-Economy, Wien 2001

Besse, Dirk — Die justitielle Zusammenarbeit in Zivilsachen nach dem Vertrag von Amsterdam und das EuGVÜ, ZEuP 1999, S. 107

ders. — Die Vergemeinschaftung des EuGVÜ, Baden-Baden 2000

Blaurock, Uwe — Verbraucherkredit und Verbraucherleitbild in der Europäischen Union, JZ 1999, S. 801

Böhm, Peter — Anm. zu OGH, Urteil vom 23.2.1988 – 5 Nd 609/87, JBl 1988, S. 460

Boele-Woelki, Katharina — Unification and Harmonization of Private International Law in Europe, in: *Basedow, Jürgen u.a. (Hrsg.)*, Private Law in the International Arena, Liber Amicorum Kurt Siehr, Den Haag 2000

Bohnet, Iris / Frey, Bruno S. / Huck, Steffen — Recht und Vertrauen: evolutionäre Spieltheorie in der Rechtswissenschaft, in: *Usteri, Martin (Hrsg.)*, Gene, Kultur und Recht, Bern 2000

Borges, Georg — Verbraucherschutz beim Internet-Shopping, ZIP 1999, S. 130

ders. — Weltweite Geschäfte per Internet und deutscher Verbraucherschutz, ZIP 1999, S. 565

Boschiero, Nerina — Die Reform des italienischen IPR-Systems, ZfRV 1996, S. 143

Bröcker, Marion — Verbraucherschutz im Europäischen Kollisionsrecht, Frankfurt a.M. 1998

Brügmann, Stefan — Das Recht auf ein Girokonto im System des Verbraucherschutzes gegenüber Banken, Frankfurt a.M. 1999

Buchner, Benedikt — Kläger- und Beklagtenschutz im Recht der internationalen Zuständigkeit - Lösungsansätze für eine zukünftige Gerichtsstands- und Vollstreckungskonvention, Tübingen 1998

ders. — E-Commerce und effektiver Rechtsschutz – oder: Wer folgt wem wohin?, EWS 2000, S. 147

Bülow, Peter — Verbraucherkreditrichtlinie, Verbraucherbegriff und Bürgschaft, ZIP 1999, S. 1613

Bülow, Peter / Artz, Markus — Fernabsatzverträge und Strukturen eines Verbraucherprivatrechts im BGB, NJW 2000, S. 2049

Bülow, Peter / Böckstiegel, Karl-Heinz / Geimer, Reinhold (Hrsg.) — Der internationale Rechtsverkehr, Stand 2001, München 2001

Bultmann, Fritz A. / Rahn, Gerd-Jürgen — Rechtliche Fragen des Teleshopping, NJW 1988, S. 2432

Bunge, Jürgen Zivilprozeß und Zwangsvollstreckung in England, Berlin 1995

Bydlinski, Franz Österreichische Gesetze, Loseblattsammlung Stand 2000, Wien

Calliess, Christian / Ruffert, Matthias (Hrsg.) Kommentar des Vertrages über die Europäische Union und des Vertrages zur Gründung der Europäischen Gemeinschaft - EUV/EGV -, 2. Aufl., Neuwied 2002

Canaris, Claus-Wilhelm Die Bedeutung allgemeiner Auslegungs- und Rechtsfortbildungskriterien im Wechselrecht, JZ 1987, S. 543

Cohn, E.J. Kein Zustandekommen von Gerichtsstandsvereinbarungen durch stillschweigende Annahme im Verhältnis zu Großbritannien, AWD 1972, S. 601

Collins, Lawrence *Dicey* and *Morris* on the conflict of laws, 11. Aufl., London 1987

Dauses, Manfred A. Information der Verbraucher in der Rechtsprechung des EuGH, RIW 1998, S. 750

de Bra, Peter Verbraucherschutz durch Gerichtsstandsregelungen im deutschen und europäischen Zivilprozeßrecht, Frankfurt a.M. 1992

de Lousanoff, Oleg Die Anwendung des EuGVÜ in Verbrauchersachen mit Drittstaatenbezug - Ein Beitrag zur Frage der örtlichen Zuständigkeit bei der exterritorialen Anwendung des EuGVÜ auf US-amerikanische Brokerhäuser, in: *Leipold, Dieter (Hrsg.)*, Gedächtnisschrift für Peter Arens, München 1993

de Meo, Francesco Reform des italienischen Internationalen Privatrechts - Gesetzestext mit Einführung und Übersetzung, ZfRV 1996, S. 46

Dißar, Björn-Axel Das Verhältnis der Zuständigkeitsnormen der CMR zum EuGVÜ/LugÜ, TranspR 2001, S. 387

Dopfel, Peter / Siehr, Kurt Thesen zur Reform des Internationalen Privat- und Verfahrensrechts, RabelsZ 44 (1980), S. 344

Dreher, Meinrad Der Verbraucher – Das Phantom in den opera des europäischen und deutschen Rechts?, JZ 1997, S. 167

Ebke, Werner F. Das Schicksal der Sitztheorie nach dem Centros-Urteil des EuGH, JZ 1999, S. 656

Ehricke, Ulrich Art. 12 I (ex 6 I) EG-Vertrag und das nationale Zivilprozeßrecht – Bilanz und Perspektiven, IPRax 1999, S. 311

Eickhoff, Wolfgang — Inländische Gerichtsbarkeit und internationale Zuständigkeit für Aufrechnung und Widerklage, Berlin 1985

Faber, Wolfgang — Elemente verschiedener Verbraucherbegriffe in EG-Richtlinien, zwischenstaatlichen Übereinkommen und nationalem Zivil- und Kollisionsrecht, ZEuP 1998, S. 854

Feuchtmeyer, Eberhard — EuGH in Sachen Gabriel und weiter? – Neues zur gerichtlichen Zuständigkeit bei § 661 a BGB, NJW 2002, S. 3598

Fischer, Klaus — Zur internationalen Zuständigkeit deutscher Gerichte nach § 23 ZPO, RIW 1990, S. 829

Fischer, Ansgar / Machunsky, Jürgen — Haustürwiderrufsgesetz, 2. Aufl., Neuwied 1995

Franzen, Martin — Internationale Gerichtsstandsvereinbarungen in Arbeitsverträgen zwischen EuGVÜ und autonomem internationalen Zivilprozeßrecht, RIW 2000, S. 81

Fricke, Martin — Neues vom Vermögensgerichtsstand?, NJW 1992, S. 3066

Gaja, Giorgio — L'interpretazione di norme interne riproduttive della Convenzione di Bruxelles da parte della Corte di giustizia, Riv. Dirt. Int. 78 (1995), S. 757

Gaudemet-Tallon, Hélène — Les Conventions de Bruxelles et de Lugano, Compétence internationale, reconnaissance et exécution des jugements en Europe, 2. Aufl., Paris 1996

Gebauer, Martin — Die italienische IPR-Reform – Ein Beispiel für neue Wege europäischer Rechtsangleichung, in: *Vereinigung für den Gedankenaustausch zwischen deutschen und italienischen Juristen e.V. (Hrsg.)*, Jahrbuch für italienisches Recht, Band 9 (1996), Heidelberg 1996

ders. — Grundfragen der Europäisierung des Privatrechts – Eine Untersuchung nationaler Ansätze unter Berücksichtigung des italienischen und des deutschen Rechts, Heidelberg 1998

Geimer, Reinhold — Eine neue internationale Zuständigkeitsordnung in Europa, NJW 1976, S. 441

ders. — Ungeschriebene Anwendungsgrenzen des EuGVÜ: Müssen Berührungspunkte zu mehreren Vertragsstaaten bestehen?, IPRax 1991, S. 31

ders. — Kompetenzrechtlicher Verbraucherschutz, EuZW 199 S. 564

ders. — Internationale Zuständigkeit und Gerichtsstand in Verbrauchersachen, Anm. zum Urteil des OLG München vom 21.1.1992 – 25 U 2987/91, RIW 1994, S. 59

ders. — Internationales Zivilprozeßrecht, 4. Aufl., Köln 2001

Geimer, Reinhold / Schütze, Rolf A. — Europäisches Zivilverfahrensrecht, München 1997

Gessner, Volkmar International Cases in German First Instance Courts, in: *Gessner, Volkmar (Hrsg.)*, Foreign Courts – Civil Litigation in Foreign Legal Cultures, Aldershot 1996

ders. Europas holprige Rechtswege – Die rechtskulturellen Schranken der Rechtsverfolgung im Binnenmarkt, in: *Krämer, Ludwig (Hrsg.)*, Law and diffuse Interests in the European Legal Order: Liber amicorum Norbert Reich, Baden-Baden 1997

Gilles, Peter Recht und Praxis des Telemarketing, Werbung und Vertrieb unter Einsatz teletechnischer Kommunikationsmittel und ihrer Schranken im Privat- und insbesondere Wettbewerbsrecht, NJW 1988, S. 2424

Grabau, Fritz-René / Hennecka, Jürgen Entwicklung des weltweiten Zuständigkeits- und Anerkennungsübereinkommens – Aktueller Überblick, RIW 2001, S. 569

Graham-Siegenthaler, Barbara Revision des Übereinkommens von Lugano, in: *Spühler, Karl u.a. (Hrsg.)*, Neuerungen im Zivilprozessrecht, Zürich 2000

Graupner, Rudolf Zum Abschluß von Gerichtsstandsvereinbarungen nach englischem Recht, AWD 1973, S. 129

Greene, David The new Civil Procedure Rules, London 1999

Greger, Reinhard Neue Regeln für die Verbandsklage im Verbraucherschutz- und Wettbewerbsrecht, NJW 2000, S. 2457

Groeben, Hans von der / Thiesing, Jochen / Ehlermann, Claus-Dieter (Hrsg.) Kommentar zum EU-/EG-Vertrag, 5. Aufl., Baden-Baden 1997

Grolimund, Pascal Geschäftsverkehr im Internet – Aspekte des internationalen Vertragsrechts, ZSchR 2000, S. 339

Gruber, Joachim Vertragsschluß im Internet unter kollisionsrechtlichen Aspekten, DB 1999, S. 1437

Grundmann, Stefan Richtlinienkonforme Auslegung im Bereich des Privatrechts – insbesondere: der Kanon der nationalen Auslegungsmethoden als Grenze, ZEuP 1996, S. 399

Habscheid, Walther Die Europäisierung des Zivilprozessrechts, in: Sawczuk, Mieczysław (Hrsg.), Unity of Civil Procedural Law and Its National Divergencies, Lublin 1994

Hartung, Klaus Joachim Termineinwand bei Warentermingeschäften an Auslandsbörsen, ZIP 1991, S. 1185

Hau, Wolfgang Jakob Positive Kompetenzkonflikte im Internationalen Zivilprozeßrecht – Überlegungen zur Bewältigung von multi-fora disputes, Frankfurt a.M. 1996

Haubold, Jens Internationale Zuständigkeit nach CMR und EuGVÜ/LugÜ, IPRax 2000, S. 91

Hausmann, Rainer — Einheitliche Anknüpfung internationaler Gerichtsstands- und Schiedsvereinbarungen? in: *Pfister, Berhard / Will, Michael R. (Hrsg.)*, Festschrift für Werner Lorenz, Tübingen 1991

ders. — Die Revision des Brüsseler Übereinkommens von 1968, Teil I: Internationale Zuständigkeit, The European Legal Forum 2000/01, S. 40

Heini, Anton u.a. (Hrsg.) — IPRG Kommentar, Zürich 1993

Heiss, Helmut / Mayr, Peter — Neuerungen im österreichischen internationalen Verfahrens- und Vertragsrecht, IPRax 1999, S. 305

Henrich, Dieter — Zum Stand der deutschen IPR-Reform, IPRax 1981, S. 2

Herrmann, Hans Joachim (Hrsg.) — Handbuch des Internationalen Zivilverfahrensrechts, Band I, Tübingen 1982

Heß, Burkhard — Amtshaftung als „Zivilsache" im Sinne von Art. 1 Abs. 1 EuGVÜ, IPRax 1994, S. 10

ders. — Der Binnenmarktprozeß - Neuer Verfahrenstyp zwischen nationalem und internationalem Zivilprozeßrecht, JZ 1998, S. 1021

ders. — Die „Europäisierung" des internationalen Zivilprozessrechts durch den Amsterdamer Vertrag – Chancen und Gefahren, NJW 2000, S. 23

ders. — Steht das geplante weltweite Zuständigkeits- und Vollstreckungsübereinkommen vorn dem Aus?, IPRax 2000, S. 342

ders. — Die Integrationsfunktion des Europäischen Zivilverfahrensrecht, IPRax 2001, S. 389

Höland, Armin — Leitbilder des Europäischen Verbraucherrechts, in: *Krämer, Ludwig (Hrsg.)*, Law and diffuse Interests in the European Legal Order, Liber amicorum Norbert Reich, Baden-Baden 1997

Hoeren, Thomas — Cybermanners und Wettbewerbsrecht – Einige Überlegungen zum Lauterkeitsrecht im Internet, wrp 1997, S. 993

ders. — Rechtsfragen des Internet, Köln 1998

ders. — Electronic Commerce and Law – Some Fragmentary Thoughts on the Future of Internet Regulation from a German Perspective, in: *Basedow, Jürgen / Kono, Toshiyuki (Hrsg.)*, Legal Aspects of Globalization, Conflict of Laws, Internet, Capital Markets and Insolvency in a Global Economy, The Hague 2000

Hoeren, Thomas / Oberscheidt, Jörn — Verbraucherschutz im Internet, VuR 1999, S. 371

Honsell, Heinrich / Vogt, Nedim Peter / Schnyder, Anton K. — Internationales Privatrecht, Basel 1996

Heuer, Klaus CMR und EuGVÜ: Nochmals zur Frage der internationalen Zuständigkeit (Art. 31 Abs. 1 CMR / Art. 20 EuGVÜ) und zur Einrede der Rechtshängigkeit bei negativer Feststellungsklage (Art. 31 Abs. 2 CMR / Art. 21 EuGVÜ), TranspR 2002, S. 221

Ingenhoven, Thomas Grenzüberschreitender Rechtsschutz durch englische Gerichte - prozessuale Gestaltungsmöglichkeiten für ausländische Unternehmen im Forum London, Baden-Baden 2001

Jametti-Greiner, Monique Die Revision des Brüsseler und des Lugano-Übereinkommens, AJP 1999, S. 1135

Jasper, Dieter Forum shopping in England und Deutschland, Berlin 1990

Jauernig, Othmar Zivilprozeßrecht, 27. Aufl., München 2002

Jayme, Erik Die Internationale Zuständigkeit bei Haustürgeschäften – Nationale und internationale Wege zu einem europäischen Prozessrecht, in: *Habscheid, Walther / Schwab, Karl Heinz (Hrsg.)*, Festschrift für Heinrich Nagel, Münster 1987

ders. Gesamteuropa: Möglichkeiten und Modelle einer Vereinheitlichung des Internationalen Zivilverfahrensrechts, in: *Jayme, Erik (Hrsg.)*, Ein internationales Zivilverfahrensrecht für Gesamteuropa, Heidelberg 1992

ders. U.S. Supreme Court: Zur Wirksamkeit grenzüberschreitender Gerichtsstandsklauseln in Vebraucherverträgen, IPRax 1993, S. 42

ders. Prozessuale Hindernisse für Timesharing-Anbieter in Auslandsfällen, IPRax 1996, S. 87

Jayme, Erik / Hausmann, Rainer (Hrsg.) Internationales Privat- und Verfahrensrecht, 11. Aufl., München 2002

Jayme, Erik / Kohler, Christian Europäisches Kollisionsrecht 1996 – Anpassung und Transformation der nationalen Rechte, IPRax 1996, S. 377

dies. Europäisches Kollisionsrecht 1997 - Vergemeinschaftung durch „Säulenwechsel"?, IPRax 1997, S. 385

dies. Europäisches Kollisionsrecht 1999 – Die Abendstunde der Staatsverträge, IPRax 1999, S. 401

Jeske, Anne-Kathrin Die falsche Verwendung des Begriffs "Europäische Union", NJW 2001, S. 1986

Juenger, Friedrich K. A Hague Judgments Convention?, BJIL 1998, S. 110

Junker, Abbo Internationales Vertragsrecht im Internet - Im Blickpunkt: Internationale Zuständigkeit und anwendbares Recht, RIW 1999, S. 809

Kapellmann, Susanne Der „rinvio" im italienischen Internationalen Privatrecht – Hintergründe und Auswirkungen, ZfRV 1997, S. 177

Kartzke, Ulrich Verträge mit gewerblichen Ferienhausanbietern, Inernationale Zuständigkeit nach dem EuGVÜ und anwendbares materielles Recht, NJW 1994, S. 823

Kaye, Peter — Civil Jurisdiction and enforcement of foreign judgments, the application in England and Wales of the Brussels Convention of 1968 on Jurisdiction and the Enforcement of Judgments in Civil and Commercial Matters under the Civil Jurisdiction and Judgments Act 1982, Oxford 1987

Kennett, Wendy — The Brussels I Regulation, IntCompLQ 2001, S. 725

Kerameus, Konstantinos — Erweiterung des EuGVÜ Systems und Verhältnis zu Drittstaaten, in: *Gottwald, Peter (Hrsg.)*, Revision des EuGVÜ – Neues Schiedsverfahrensrecht, Bielefeld 2000

Kerameus, Konstantinos / Prütting, Hanns — Die Revision des EuGVÜ – Bericht über ein Grotius–Projekt, ZZPInt. 3 (1998), S. 265

Kemper, Rainer — Verbraucherschutzinstrumente, Baden-Baden 1994

Kindler, Peter — Einführung in das italienische Recht, München 1993

ders. — Internationale Zuständigkeit und anwendbares Recht im italienischen IPR-Gesetz von 1995, RabelsZ 61 (1997), S. 227

Klingsporn, Burkhard — Zum Widerruf telefonisch angebahnter Haustürgeschäfte, NJW 1997, S. 1546

Koch, Harald — Verbraucherprozeßrecht – verfahrensrechtliche Gewährleistung des Verbraucherschutzes, Heidelberg 1990

ders. — Die Verbandsklage in Europa - Rechtsvergleichende, europa- und kollisionsrechtliche Grundlagen, ZZP 113 (2000), S. 413

Köhler, Helmut — EG-Recht, nationales Wettbewerbsrecht und Verbraucherschutz, JuS 1993, S. 447

ders. — Die Rechte des Verbrauchers beim Teleshopping (TV-Shopping, Internet-Shopping), NJW 1998, S. 185

Kohler, Christian — Internationale Gerichtsstandsvereinbarungen: Liberalität und Rigorismus im EuGVÜ, IPRax 1983, S. 265

ders. — Die Revision des Brüsseler und des Luganer Übereinkommens über die gerichtliche Zuständigkeit und die Vollstreckung gerichtlicher Entscheidungen in Zivil- und Handelssachen – Generalia und Gerichtsstnadsproblematik, in: *Gottwald, Peter (Hrsg.)*, Revision des EuGVÜ – Neues Schiedsverfahrensrecht, Bielefeld 2000

ders. — Vom EuGVÜ zur EuGVVO: Grenzen und Konsequenzen der Vergemeinschaftung, in: *Schütze, Rolf A. (Hrsg.)*, Einheit und Vielfalt des Rechts, Festschrift für Reinhold Geimer, München 2002

Kort, Michael — Zur europarechtlichen Zulässigkeit von Abkommen der Mitgliedstaaten untereinander, JZ 1997, S. 640

Krejci, Heinz — Handbuch zum Konsumentenschutzgesetz, Wien 1981

ders. — Konsumentenschutzgesetz, Wien 1986

Kren, Jolanta Schutz der schwächeren Partei im schweizerischen internationalen Vertragsrecht unter Berücksichtigung der deutschen Rechtsordnung, ZVglRWiss 88 (1989), S. 48

Kröll, Stefan Gerichtsstandsvereinbarungen aufgrund Handelsbrauchs im Rahmen des GVÜ, ZZP 113 (2000), S. 135

Kronke Herbert Electronic Commerce und Europäisches Verbrauchervertrags-IPR - Zur Umsetzung der Fernabsatzrichtlinie, RIW 1996, S. 985

Kropholler, Jan Europäisches Zivilprozeßrecht, 6. Aufl., Heidelberg 1998

ders. Europäisches Zivilprozeßrecht, 7. Aufl., Heidelberg 2002

ders. Internationales Privatrecht, 4. Aufl., Tübingen 2001

ders. Die Auslegung von EG-Verordnungen zum Internationalen Privat- und Verfahrensrecht – Eine Skizze, in: *Basedow, Jürgen u.a. (Hrsg.)*, Aufbruch nach Europa, Tübingen 2001

Kropholler, Jan / von Hein, Jan Eine Auslegungskompetenz des Europäischen Gerichtshofs jenseits des Europäischen Gerichtsstands- und Vollstreckungsübereinkommens, in: *Hübner, Ulrich / Ebke, Werner F. (Hrsg.)*, Festschrift für Bernhard Großfeld, Heidelberg 1999

Kubis, Sebastian Gerichtspflicht durch Schweigen? – Prorogation, Erfüllungsortvereinbarung und internationale Handelsbräuche, Anm. zu EuGH, Urteil vom 20.2.1997 – Rs. C-106/95, IPRax 1999, S. 10

Kühne, Gunther IPR-Gesetz-Entwurf, Heidelberg 1980

Küpper, Wolfgang Der Gerichtsstand bei Klagen aus culpa in contrahendo, DRiZ 1990, S. 445

Larenz, Karl / Canaris, Claus-Wilhelm Methodenlehre der Rechtswissenschaft, 3. Aufl., Heidelberg 1995

Leible, Stefan / Staudinger, Ansgar Art. 65 EGV im System der EG-Kompetenzen, The European Legal Forum 2000/01, S. 225

Leipold, Dieter Zuständigkeitsvereinbarungen in Europa, in: *Gottwald, Peter (Hrsg.)*, Dogmatische Grundfragen des Zivilprozesses im geeinten Europa, Festschrift Karl Heinz Schwab, Bielefeld 2000

Leisle, Jörg-Marcus Dependenzen auf dem Weg vom EuGVÜ, über die EuGVVO, zur EuZPO, Frankfurt a.M. 2002

ders. Außenkompetenzen und Konkurrenzen nach Vergemeinschaftung der Brüsseler Übereinkommen, ZEuP 2002, S. 316

Leisner, Walter Der mündige Verbraucher in der Rechtsprechung des EuGH, Zur europarechtlichen Zulässigkeit abstrakter Gefährdungstatbestände (§§ 6a, 6b UWG), EuZW 1991, S. 498

Lemken, Elmar Diskussionsbericht zum europäischen Zivilprozessrecht, ZZP 109 (1996), S. 337

Lenz, Carl Otto EG-Vertrag, 2. Aufl., Köln 1999

Levante, Marco Wohnsitz und gewöhnlicher Aufenthalt im internationalen Privat- und Zivilprozessrecht der Schweiz, St. Gallen 1998

Lindenmayr, Barbara Vereinbarung über die internationale Zuständigkeit und das darauf anwendbare Recht, Berlin 2002

Linke, Hartmut Internationales Zivilprozeßrecht, Leitfaden für Verfahren mit Auslandsbezug, 3. Aufl., Köln 2001

ders. Die Europäisierung des Internationalen Privat- und Verfahrensrecht, Traum oder Trauma?, in: *Schütze, Rolf A. (Hrsg.)*, Einheit und Vielfalt des Rechts, Festschrift für Reinhold Geimer, München 2002

Lorenz, Egon Die Rechtswahlfreiheit im internationalen Schuldvertragsrecht, Grundsatz und Grenzen, RIW 1987, S. 569

Lorenz, Stephan Internationale Zuständigkeit deutscher Gerichte und Anwendbarkeit von § 661 a BGB bei Gewinnmitteilungen aus dem Ausland: Erweiterungen des Verbrauchergerichtsstands durch die „Brüssel I-Verordnung", IPRax 2002, S. 192

ders. Gewinnmitteilungen aus dem Ausland: Kollisionsrechtliche und international-zivilprozessuale Aspekte von § 661 a BGB, NJW 2000, S. 3305

Lubitz, Markus Jurisdiction and Choice of Law for Electronic Contracts: an English Perspective, CRi 2001, S. 39

Lüderitz, Alexander Verbraucherschutz im internationalen Vertragsrecht – ein Zuständigkeitsproblem, in: *Jayme, Erik / Kegel, Gerhard / Lutter, Marcus (Hrsg.)*, Festschrift für Stefan Riesenfeld, Heidelberg 1983

Lüke, Gerhard / Wax, Peter (Hrsg.) Münchener Kommentar zur ZPO, Band 1, 2. Aufl., München 2000

dies. Münchener Kommentar zur ZPO, Band 3, 2. Aufl., München 2001

Lutter, Marcus Die Auslegung angeglichenen Rechts, JZ 1992, S. 593

Lutz, Paul / Neumann, Sybille Auslegung der Art. 13 ff. EuGVÜ auf Realkredite, RIW 1999, S. 827

Mankowski, Peter Zur Auslegung des Art 13 EuGVÜ, Anm. zu OLG Schleswig, Urteil vom 29.1.1997 – 5 W 47/96, RIW 1997, S. 990

ders. Das Internet im internationalen Vertrags- und Deliktsrecht, RabelsZ 63 (1999), S. 203

ders. Kurzkommentar zum Urteil des Cour d'appel de Colmar, Urt. v. 24.2.1999 – RG No. 1 B 9804470, EWiR 1999, S. 1171 *ders.* E-Commerce und Internationales Verbraucherschutzrecht, MMR-Beilage 7/2000, S. 22

ders. Internationales Privatrecht der Providerverträge, in: *Spindler, Gerald (Hrsg.)*, Vertragsrecht der Internet-Provider, Köln 2000

ders. Gerichtsstand der rügelosen Einlassung in europäischen Verbrauchersachen?, Anm. zu OLG Koblenz, Urteil vom 8.3.2000 – 2 U 1788/99, IPRax 2001, S. 310

Mansel, Heinz-Peter Gerichtliche Prüfungsbefugnis im forum delicti, IPRax 1989, S. 84

Mari, Luigi Corte Di Giustizia Delle Comunità Europee, Il Foro italiano 1996 IV., S. 365

Markus, Alexander R. Revidierte Übereinkommen von Brüssel und Lugano: Zu den Hauptpunkten, SZW/RSDA 1999, S. 205

Martiny, Dieter Internationale Zuständigkeit für „vertragliche Streitigkeiten", in: *Schütze, Rolf A. (Hrsg.)*, Einheit und Vielfalt des Rechts, Festschrift für Reinhold Geimer, München 2002

Mayr, Peter Das „Europäische Zivilprozeßrecht" und Österreich, ÖJZ 1997, S. 847

Meents, Jan Geert Verbraucherschutz bei Rechtsgeschäften im Internet, Anwendung und Wirkung klassischer Instrumentarien des Verbraucherschutzrechts und der europäischen Fernabsatzrichtlinie, Köln 1998

Mehrings, Josef Zum Wandlungsrecht beim Erwerb von Standardsoftware, NJW 1988, S. 2438

ders. Internet-Verträge und internationales Vertragsrecht, CR 1998, S. 613

Mennie, Alastair The Brussels and Lugano Conventions and the United Kingdom, in: *Jayme, Erik (Hrsg.)*, Ein internationales Zivilverfahrensrecht für Gesamteuropa, Heidelberg 1992

Merkt, Hanno Europäische Rechtssetzung und strengeres autonomes Recht - Zur Auslegung von Gemeinschaftsnormen als Mindeststandards, RabelsZ 61 (1997), S. 647

Meyring, Bernd Die Reform der Bereiche Justiz und Inneres durch den Amsterdamer Vertrag, EuR 1999, S. 309

Michalski, Lutz / Römermann, Volker Kommentar zum Partnerschaftsgesellschaftsgesetz, Köln 1999

Micklitz, Hans-W. / Rott, Peter Vergemeinschaftung des EuGVÜ in der Verordnung (EG) Nr. 44/2001, EuZW 2001, S. 325

Milleker, Erich Der negative internationale Kompetenzkonflikt – Versuch eines Beitrags zur Lehre vom Renvoi im Internationalen Zivilprozeß, Bielefeld 1975

Moritz, Hans-Werner Quo vadis elektronischer Geschäftsverkehr?, CR 2000, S. 61

Müller, Carsten — Internationales Privatrecht und Internet, in: *Hoeren, Thomas / Queck, Robert (Hrsg.)*, Rechtsfragen der Informationsgesellschaft, Berlin 1999

Nagel, Heinrich / Gottwald, Peter — Internationales Zivilprozessrecht, 5. Aufl., Münster 2002

Nassall, Wendt — Verbraucherschutz durch europäisches Verfahrensrecht, WM 1993, S. 1950

Neuhaus, Paul Heinrich — Internationales Zivilprozeßrecht und internationales Privatrecht, RabelsZ 20 (1955), S. 201

Neuhaus, Paul Heinrich / Kropholler, Jan — Entwurf eines Gesetzes über Internationales Privat- und Verfahrensrecht (IPR-Gesetz), RabelsZ 44 (1980), S. 326.

Neumann, Sybille / Rosch, Wolfgang — Ein Lehrstück zu Art. 13 EuGVÜ?, Anm. zu Cour d`apell de Colmar, Urteil vom 24.2.1999 – RG No. 1 B 9804470, IPRax 2001, S. 257

Niegisch, Martin — Mehrspurigkeit des internationalen Zivilverfahrensrechts in den Mitgliedsstaaten der Europäischen Gemeinschaft am Beispiel des Vereinigten Königreiches – Die Doktrin forum non conveniens und das EuGVÜ, Heidelberg 1993

North, P.M. — The Brussels Convention and Forum Non Conveniens, IPRax 1992, S. 183

Olgiati, Vittorio — Cross-Border Litigotation in Italy, in: *Gessner, Volkmar (Hrsg.)*, Foreign Courts – Civil Litigation in Foreign Legal Cultures, Aldershot 1996

Oppermann, Thomas — Europarecht, 2. Aufl., München 1999

Palandt, Otto — Bürgerliches Gesetzbuch, 61. Aufl., München 2002

Pesce, Angelo — Die Reform des italienischen Internationalen Privat- und Verfahrensrechts, RIW 1995, S. 977

Pfeiffer, Thomas — Der Verbraucher nach § 13 BGB, in: *Schulze, Reiner / Schulte-Nölke, Hans (Hrsg.)*, Die Schuldrechtsreform vor dem Hintergrund des Gemeinschaftsrechts, Tübingen 2001

ders. — Gerichtsstandsklauseln und EG-Klauselrichtlinie, in: *Geimer, Reinhold (Hrsg.)*, Wege zur Globalisierung des Rechts, Festschrift für Rolf A. Schütze zum 65. Geburtstag, München 1999

Pichler, Rufus — Internationale Gerichtszuständigkeit im Online-Bereich, in: *Hoeren, Thomas / Sieber, Ulrich (Hrsg.)*, Handbuch des Multimedia Recht, Stand Februar 2000, München 2001

Piltz, Burghard — Die Zuständigkeitsordnung nach dem EWG-Gerichtsstands- und Vollstreckungsübereinkommen, NJW 1979, S. 1071

ders. — Vom EuGVÜ zur Brüssel-I-Verordnung, NJW 2002, S. 789

Pirrung, Jörg — Internationales Privat- und Verfahrensrecht nach dem Inkrafttreten der Neuregelung des IPR - Texte, Materialien, Hinweise, Köln 1987 *ders.* Europäische justitielle Zusammenarbeit, Haager Konferenz und Unidroit, in: *Basedow, Jürgen u.a. (Hrsg.)*, Aufbruch nach Europa, Tübingen 2001

Pocar, Fausto Das neue italienische Internationale Privatrecht, IPRax 1997, S. 145

Prölss, Erich / Martin, Anton (Hrsg.) Versicherungsvertragsgesetz, 26. Aufl., München 1998

Prütting, Hanns Auf dem Weg zu einer Europäischen Zivilprozessordnung - Dargestellt am Beispiel des Mahnverfahrens, in: *Prütting, Hanns (Hrsg.)*, Festschrift für Gottfried Baumgärtel, Köln 1990

ders. Die Entwicklung eines europäischen Zivilprozeßrechts, Saarbrücken 1992

ders. Zivilprozeß ohne Grenzen: Die Harmonisierung und Vereinheitlichung des Prozessrechts, in: *Gilles, Peter (Hrsg.)*, Prozeßrecht an der Jahrtausendwende, Deutsche Landesberichte zur Weltkonferenz für Prozeßrecht in Wien, Österreich, 1999 = Procedural Law on the Threshold of a New Millennium, Baden-Baden 1999

ders. Die Strukturen des Zivilprozesses unter Reformdruck und europäische Konvergenz?, in: *Gottwald, Peter / Roth, Herbert (Hrsg.)*, Festschrift für Ekkehard Schumann, Tübingen 2002

Rauscher, Thomas Gerichtsstandsbeeinflussende AGB im Geltungsbereich des EuGVÜ, ZZP 104 (1991), S. 271

ders. Prozessualer Verbraucherschutz im EuGVÜ?, IPRax 1995, S. 289

Rebmann, Kurt / Säcker, Franz (Hrsg.) Münchener Kommentar zum Bürgerlichen Gesetzbuch, Band 1, 4. Aufl., München 2001

Rebmann, Kurt / Säcker, Franz (Hrsg.) Münchener Kommentar zum Bürgerlichen Gesetzbuch, Band 3, 3. Aufl., München 1995

Rebmann, Kurt / Säcker, Franz / Rixecker, Roland (Hrsg.) Münchener Kommentar zum Bürgerlichen Gesetzbuch, Band 4, 3. Aufl., München 1997

Rechberger, Walter Gibt es eine „internationale Zuständigkeit“ der österreichischen Gerichte?, in: *Habscheid, Walther J. / Schwab, Karl Heinz (Hrsg.)*, Beiträge zum internationalen Verfahrensrecht und zur Schiedsgerichtsbarkeit, Festschrift für Heinrich Nagel, Münster 1987

Rechberger, Walter (Hrsg.) Kommentar zur ZPO, 2. Aufl., Wien 2000

Rechberger, Walter H. / Simotta, Daphne-Ariane Grundriß des österreichischen Zivilprozeßrechts, 5. Aufl., Wien 2000

Reetz, Peter Die allgemeinen Bestimmungen des Gerichtsstandsgesetzes, Zürich 2001

Rehbinder, Manfred / Zäch, Roger Schweizerische Gesetze, Loseblattsammlung Stand 2001, Bern

Reich, Norbert Europäisches Verbraucherrecht - Eine problemorientierte Einführung in das europäische Wirtschaftsrecht, 3. Aufl., Baden-Baden 1996

ders. Verbraucherpolitik und Verbraucherschutz im Vertrag von Amsterdam, VuR 1999, S. 3

Reich, Norbert / Gambogi, Ana Paula Gerichtsstand bei internationalen Verbraucherstreitigkeiten im e-commerce, VuR 2001, S. 269

Reich, Norbert / Nordhausen, Annette Verbraucher und Recht im elektronischen Geschäftsverkehr (eG), 1. Aufl., Baden-Baden 2000

Reithmann, Christoph / Martiny, Dieter (Hrsg.) Internationales Vertragsrecht, 5. Aufl., Köln 1996

Riering, Wolfgang IPR-Gesetze in Europa, München 1997

Rönn, Kirsten von Die Anwendung des Europäischen Gerichtsstands- und Vollstreckungsübereinkommens im Vereinigten Königreich, Frankfurt a.M. 1996

Rosenberg, Leo / Schwab, Karl Heinz Zivilprozeßrecht, 15. Aufl., München 1993

Roth, Günter Internationalrechtliche Probleme bei Prorogation und Derogation, ZZP 93 (1980), S. 156

Roth, Herbert Inländische Gerichtsbarkeit, Gerichtsgewalt und internationale Zuständigkeit im österreichischen, europäischen und deutschen Zivilprozeßrecht, ZVglRWiss 90 (1991), S. 298

Rudisch, Bernhard Grenzüberschreitender Schutz bei Verbrauchergeschäften im Gefüge von internationalem Privatrecht und internationalem Verfahrensrecht, in: *Schnyder, Anton K. (Hrsg.)*, Internationales Verbraucherschutzrecht - Erfahrungen und Entwicklungen in Deutschland, Liechtenstein, Österreich und der Schweiz, Tübingen, 1995

Rüßmann, Helmut Internationale Zuständigkeit für die Durchsetzung von Ansprüchen aus Geschäfts- und Wettbewerbshandlungen im Internet, Jur PC Web-Dok. 108/1998, Abs. 1-56

ders. Verbraucherschutz im Internet, K&R 1998, S. 129

Rüthers, Bernd Rechtstheorie, München 1999

Rusche, Tim Der „enge Zusammenhang" im Sinne des Art. 29a EGBGB, IPRax 2001, S. 420

Sack, Rolf Die Präzisierung des Verbraucherleitbildes durch den EuGH, wrp 1999, S. 399

Saenger, Ingo Wirksamkeit internationaler Gerichtsstandsvereinbarungen, in: *Berger, Klaus Peter (Hrsg.)*, Festschrift für Otto Sandrock, Heidelberg 2000

ders. Gerichtsstandsvereinbarung nach EuGVÜ in international handelsgebräuchlicher Form, ZEuP 2000, S. 656

Samtleben, Jürgen Internationale Gerichtsstandsvereinbarungen nach dem EWG-Übereinkommen und nach der Gerichtsstandsnovelle, NJW 1974, S. 1590

Salerno, Francesco Erste Erkenntnisse der Rechtsprechung über die neuen italienischen Bestimmungen des internationalen Zivilprozessrechtes, ZZPInt 5 (2000), S. 169

ders. Europäische Gerichtsstandsvereinbarungen und Drittstaaten – viel Lärm um nichts?, RabelsZ 59 (1995), S. 670

Sandrock, Friederike E. Die Vereinbarung eines „neutralen" internationalen Gerichtsstandes, Heidelberg 1997

Sandrock, Otto (Hrsg.) Handbuch der Internationalen Vertragsgestaltung, Band 2, Heidelberg 1980

Schack, Heimo Der Erfüllungsort im deutschen, ausländischen und internationalen Privat- und Zivilprozeßrecht, Frankfurt a.M. 1985

ders. Derogation des Vermögensgerichtsstandes zwischen deutscher lex fori und ausländischem Prorogationsverbot, Anm. zu BGH, Urteil vom 24.11.1988 – III ZR 150/87, IPRax 1990, S. 19

ders. Perspektiven eines weltweiten Anerkennungs- und Vollstreckungsübereinkommens, ZEuP 1993, S. 306

ders. Wechselwirkungen zwischen europäischem und nationalem Zivilprozeßrecht, ZZP 107 (1994), S. 279

ders. Rechtsangleichung mit der Brechstange des EuGH – Vom Fluch eines falsch verstandenen Diskriminierungsverbots, ZZP 108 (1995), S. 47

ders. Internationales Zivilverfahrensrecht, 3. Aufl., München 2002

ders. Entscheidungszuständigkeiten in einem weltweiten Gerichtsstands- und Vollstreckungsübereinkommen, ZEuP 1998, S. 931

ders. Die EG-Kommission auf dem Holzweg von Amsterdam, ZEuP 1999, S. 805

Schaltinat, Katja H. Internationale Verbraucherstreitigkeiten – Unter besonderer Berücksichtigung des EuGVÜ, Frankfurt a.M. 1998

Scherer, Josef Gerichtsstände zum Schutze des Verbrauchers in Sondergesetzen: das neue Verbraucherkreditgesetz unter dem Aspekt der generellen Erforderlichkeit ausschließlicher Verbraucherschutzgerichtsstände, München 1991

Schilken, Eberhard Zivilprozeßrecht, 2. Aufl., Köln 1995

Schlosser, Peter Neues Primärrecht der Europäischen Gemeinschaften, NJW 1975, S. 2132

ders. Europäische Wege aus der Sackgasse des deutschen internationalen Insolvenzrechts, RIW 1983, S. 473

ders. Sonderanknüpfungen von zwingendem Verbraucherschutzrecht und europäisches Prozessrecht - Eine Studie unter besonderer Berücksichtigung der deutschen Rechtsprechung zu Differenzeinwand und Börsentermingeschäftsfähigkeit, in: *Bauer, Jürgen F. / Belke, Rolf, O. (Hrsg.)*, Festschrift für Ernst Steindorff, Berlin, 1990

ders. Einschränkung des Vermögensgerichtsstandes, IPRax 1992, S. 140

Schmid, Matthias Zahlungsklage im Verbraucherprozeß: Besonderer Gerichtsstand des Erfüllungsorts, MDR 1993, S. 410

Schmidt, Karsten / Basedow, Jürgen (Hrsg.) Münchener Kommentar zum Handelsgesetzbuch, Band 7, München 1997

Schoibl, Norbert A. Beiträge zum Zivilprozeßrecht, Wien 1991, S. 121

ders. Zum zeitlichen Anwendungsbereich und zum Ratifikationsstand des Brüsseler Übereinkommens und zum Konkurrenzverhältnis der beiden Europäischen Gerichtsstands- und Vollstreckungsübereinkommen EuGVÜ – LGVÜ, ÖJZ 2000, S. 481

Schröder, Jochen Internationale Zuständigkeit - Entwurf eines Systems von Zuständigkeitsinteressen im zwischenstaatlichen Privatverfahrensrecht aufgrund rechtshistorischer, rechtsvergleichender und rechtspolitischer Betrachtung, unveränderter Nachdruck, Opladen 1988

Schütze, Rolf A. Deutsches internationales Zivilprozeßrecht, Berlin 1985

Schulte-Beckhausen, Sabine Internationale Zuständigkeit durch rügelose Einlassung im europäischen Zivilprozeßrecht, Bielefeld 1994

Schulze, Reiner Auslegung Europäischen Privatrechts und angeglichenen Rechts – Einführung, in: *Schulze, Reiner (Hrsg.),* Auslegung europäischen Privatrechts und angeglichenen Rechts, Baden-Baden 1999

Schwander, Ivo Einführung in das internationale Privatrecht, Band II, St. Gallen 1997

ders. Einführung in das internationale Privatrecht, Band I, 3. Aufl., St. Gallen 2000

Schwartz, Ivo E. EG-Kompetenzen für den Binnenmarkt: Exklusiv oder konkurrierend/subsidiär?, in: *Due, Ole (Hrsg.)*, Festschrift für Ulrich Everling, Bd. 2, Baden-Baden 1995

Schwind, Fritz Der „gewöhnliche Aufenthalt“ im IPR, in: *Heldrich, Andreas (Hrsg.)*, Festschrift für Murad Ferid II, Frankfurt a.M.1988

Sedlmeier, Johannes Internationales und europäisches Verfahrensrecht, Neuere Entwicklungen bei der gegenseitigen Urteilsanerkennung in Europa und weltweit, The European Legal Forum 2002, S. 35

Senff, Thomas — Wer ist Verbraucher im internationalen Zivilprozeß?, Gerichtsstandsvereinbarungen in Verbrauchersachem im EuGVÜ/LugÜ und in Spanien und Deutschland, Frankfurt a.M. 2001

Sime, Stuart — A Practical Approach to Civil Procedure, 4. Aufl., London 2000

Simotta, Daphne-Ariane — Die Neuregelung der internationalen Zuständigkeit durch die Wertgrenzen-Novelle 1997, in: *Geimer, Reinhold (Hrsg.)*, Wege zur Globalisierung des Rechts, Festschrift für Rolf A. Schütze, München 1999

Sobich, Philip — Die Civil Procedure Rules 1999 – Zivilprozeßrecht in England, JZ 1999, S. 775

Sonnenberger, Hans Jürgen / Großerichter, Helge — Konfliktlinien zwischen internationalem Gesellschaftsrecht und Niederlassungsfreiheit, RIW 1999, S. 721

Spickhoff, Andreas — Grenzpendler als Grenzfälle: Zum „gewöhnlichen Aufenthalt" im IPR, IPRax, 1995, S. 185

Spindler, Gerald (Hrsg.) — Vertragsrecht der Internet-Provider, Köln 2000

ders. — Internationales Verbraucherschutzrecht im Internet, Auswirkungen der geplanten neuen Verordnung des Rates über die gerichtliche Zuständigkeit und die Anerkennung und Vollstreckung von Entscheidungen in Zivil- und Handelssachen, MMR 2000, S. 18

Spühler, Karl / Vock, Dominik — Gerichtsstandsgesetz (GestG), Gesetzesausgabe mit Anmerkungen, Zürich 2000

Stadler, Astrid — Musterverbandsklagen nach künftigem deutschen Recht, in: *Gottwald, Peter / Roth, Herbert (Hrsg.)*, Festschrift für Ekkehard Schumann, Tübingen 2002

Starace, Vincenzo — Le champ de la juridiction selon la loi de réforme du système italien de droit international privé, Rev. Crit. 85 (1996), S. 67

ders. — La disciplina dell'ambito della giurisdizione (Artt. 3-11), Il Corriere Giuridico 1995, S. 1234

Staudinger, Ansgar — Missbräuchliche Gerichtsstandsklauseln in Verbraucherverträgen: Befugnis des Gerichts zur Prüfung der Rechtswidrigkeit von Amts wegen, kein Erfordernis der Geltendmachung durch Verbraucher, DB 2000, S. 2056

ders. — Das Transportrechtsreformgesetz und seine Bedeutung für das Internationale Privatrecht, IPRax 2001, S. 183

ders. — Wider den Federstrich des ZPO-Reformgesetzgebers: Die Nachprüfung der internationalen Zuständigkeit darf nicht ausgeschlossen werden!, IPRax 2001, S. 298

Staudinger, Julius v. — Einführungsgesetz zum Bürgerlichen Gesetzbuch / IPR, 13. Aufl., Berlin 2002

ders. — Bürgerliches Gesetzbuch, Internationales Gesellschaftsrecht, 12. Aufl., Berlin 1998 *ders.* Bürgerliches Gesetzbuch, HWiG, 13. Aufl., Neubearbeitung 2000, Berlin 2000

Stein, Friedrich / Jonas, Martin (Hrsg.) Zivilprozeßordnung, Band 1, 21. Aufl., Tübingen 1993

Storme, Marcel Rechtsvereinheitlichung in Europa – Ein Plädoyer für ein einheitliches europäisches Prozeßrecht, RabelsZ 56 (1992), S. 290

ders. Das Prozeßrecht in Europa - e Diversitate Unitas?, in: *Basedow, Jürgen (Hrsg.)*, Festschrift für Ulrich Drobnig, Tübingen 1998

Storme, Marcel (Hrsg.) Rapprochement du Droit Judicaire de l'Union européenne – Approximation of Judicary Law in the European Union, Dordrecht 1994

Stürner, Michael „...What so exhausts finances, patience, courage, hope...", Zur Reform des englischen Zivilprozeßrechts, ZVglRWiss 99 (2000), S. 310

Stürner, Rolf Die neue schweizerische internationale Zuständigkeit im internationalen Vergleich, in: *Gottwald, Peter / Prütting, Hans (Hrsg.)*, Festschrift für Karl Heinz Schwab, München 1990

ders. Das Europäische Zivilprozeßrecht – Einheit oder Vielfalt?, in: *Grunsky, Wolfgang (Hrsg.)*, Wege zu einem europäischen Zivilprozeßrecht, Tübingen 1992

Teichmann, Arndt Die „Europäisierung des Zivilrechts" und ihre Auswirkungen auf die Hermeneutik, in: *Hadding, Walther (Hrsg.)*, Festgabe Zivilrechtslehrer 1934/1935, Berlin 1999

Thomas, Heinz / Putzo, Hans Zivilprozeßordnung, 23. Aufl., München 2001

dies. Zivilprozessordnung, 24. Aufl, München 2002

Thorn, Karsten Verbrauchergerichtsstand nach EuGVÜ und örtliche Zuständigkeit, IPRax 1994, S. 426

ders. Verbraucherschutz bei Verträgen im Fernabsatz, IPRax 1999, S. 1

Tonner, Klaus Verflechtungen und Auslandsbeteiligungen der großen vier deutschen Reiseveranstalter, VuR 1993, S. 45

Vollkommer, Max / Vollkommer, Gregor Auswirkungen und Impulse des Transportrechtsreformgesetzes von 1998 auf das Prozessrecht, in: *Schachtschneider, Karl Albrecht / Piper, Henning / Hübsch, Michael, (Hrsg.)*, Transport - Wirtschaft – Recht, Gedächtnisschrift für Johann Georg Helm, Berlin 2001

dies. Empfiehlt sich ein (ggf. subsidiärer) allgemeiner oder besonderer Verbrauchergerichtsstand in der ZPO? in: *Schütze, Rolf A. (Hrsg.)*, Einheit und Vielfalt des Rechts, Festschrift für Reinhold Geimer, München 2002

Wach, Karl J.T. / Weberpals, Thomas — Inländischer Gerichtsstand für Bereicherungsklagen gegen ausländische Brokerfirmen aus unverbindlichen Termin- und Differenzgeschäften, AG 1989, S. 193

Wagner, Rolf — Verfahrens- und internationalprivatrechtliche Fragen beim Teleshopping, WM 1995, S. 1129

ders. — Die geplante Reform des Brüsseler und des Lugano-Übereinkommens, IPRax 1998, S. 241

ders. — Die Bemühungen der Haager Konferenz für Internationales Privatrecht um ein Übereinkommen über die gerichtliche Zuständigkeit und ausländische Entscheidungen in Zivil- und Handelssachen, Ein Sachstandsbereich nach dem 1. Teil der Diplomatischen Konferenz, IPRax 2001, S. 533

Walchshöfer, Alfred — Die deutsche internationale Zuständigkeit in der streitigen Gerichtsbarkeit, ZZP 80 (1967), S. 165

Waldenberger, Arthur — Grenzen des Verbraucherschutzes beim Abschluß von Verträgen im Internet, BB 1996, S. 2365

Walder, Hans Ulrich — Einführung in das Internationale Zivilprozessrecht der Schweiz, Zürich 1989

Walder-Richli, Hans Ulrich — Die Gerichtsstandsbestimmungen des schweizerischen Gerichtsstandsgesetzes und des Bundesgesetzes über das Internationale Privatrecht im Vergleich zu denen des Lugano-Übereinkommens, in: *Schütze, Rolf A. (Hrsg.),* Einheit und Vielfalt des Rechts, Festschrift für Reinhold Geimer, München 2002

Walter, Gerhard — Reform des internationalen Zivilprozeßrechts in Italien, ZZP 109 (1996), S. 3

ders. — Internationales Zivilprozessrecht der Schweiz, 2. Aufl., Bern 1998

ders. — Der Entwurf für ein weltweites Haager Zuständigkeits- und Vollstreckungs-Übereinkommen aus Schweizer Sicht, in: *Schütze, Rolf A. (Hrsg.),* Einheit und Vielfalt des Rechts, Festschrift für Reinhold Geimer, München 2002

Walter, Gerhard / Walther, Fridolin M. R. — International litigation, Swiss papers on European integration (Nr. 25), Bern 2000

Weber-Stecher, Urs — Internationales Konsumvertragsrecht – Grundbegriffe, Zuständigkeit, Anerkennung und Vollstreckung sowie anwendbares Recht (LugÜ, IPRG, EVÜ, EGBGB), Zürich 1997

Wendehorst, Christiane — Das neue Gesetz über Fernabsatzverträge und andere Fragen des Verbraucherrechts, DStR 2000, S. 1311

Westphalen, Friedrich Graf von (Hrsg.) — Vertragsrecht und AGB-Klauselwerke, München 2001

Westphalen, Friedrich Graf von / Emmerich, Volker / Rottenburg, Franz von, — Verbraucherkreditgesetz, 2. Aufl., Köln 1996

Wieczorek, Bernhard / Schütze, Rolf A. (Hrsg.) Zivilprozeßordnung und Nebengesetze, 3. Aufl., Berlin 1994

Wittwer, Alexander Vorbeugende Unterlassungsklagen von Verbraucherverbänden – Gesicherte Kontinuität unter EuGVÜ und EuGVO, ELR 2002, 477

Wolf, Manfred Abbau prozessualer Schranken im europäischen Binnenmarkt, in: *Grunsky, Wolfgang, (Hrsg.)*, Wege zu einem europäischen Zivilprozeßrecht, Tübingen 1992

Zimmer, Daniel Internationales Gesellschaftsrecht und Niederlassungsfreiheit: Das Rätsel vor der Lösung?, BB 2000, S. 1361

Zippelius, Reinhold Juristische Methodenlehre, 7. Aufl., München 1999

Zöller, Richard Zivilprozeßordnung, 22. Aufl., Köln 2001

ders. Zivilprozessordnung, 23. Aufl., Köln 2002

Kolibri 360 GmbH
Ferdinand-Jühlke-Straße 7
99095 Erfurt, Deutschland
produktsicherheit@kolibri360.de

Druck:
CPI Druckdienstleistungen GmbH
im Auftrag der
Kolibri 360 GmbH
Ferdinand-Jühlke-Str. 7
99095 Erfurt